어휘끝 수능

CEDU 쎄듀는 A **C**omprehensive **E**nglish e**DU**cation(종합적 영어교육)의 약자입니다.

Mobile & PC 동시 학습이 가능한

 **쎄듀런 단어 암기** 서비스

학생용

문제 유형	유료 서비스		무료 서비스
	영단어 카드학습 영단어 고르기 뜻고르기 예문 빈칸 고르기	예문 빈칸 쓰기 영단어 쓰기 단어 매칭 게임	영단어 카드학습 단어 매칭 게임

어휘끝 수능 온라인 유료 학습 50% 할인쿠폰 (모든 유형)

할인쿠폰 번호 **LFCVVXGXDD4R**
쿠폰 사용기간 **쿠폰 등록일로부터 90일**

PC 쿠폰 사용 방법

1 쎄듀런에 학생 아이디로 회원가입 후 로그인해 주세요.
2 [결제내역→쿠폰내역]에서 쿠폰 번호를 등록하여 주세요.
3 쿠폰 등록 후 홈페이지 최상단의 [상품소개→(학생전용) 쎄듀캠퍼스]에서 할인쿠폰을 적용하여 상품을 결제해주세요.
4 [마이캠퍼스→쎄듀캠퍼스→어휘끝 수능 클래스]에서 학습을 시작해주세요.

유의사항

- 학습 이용 기간은 결제 후 1년입니다.
- 본 할인쿠폰과 이용권은 학생 아이디로만 사용 가능합니다.
- 쎄듀캠퍼스 상품은 PC에서만 결제할 수 있습니다.
- 해당 서비스는 내부 사정으로 인해 조기 종료되거나 정가 등이 변경될 수 있습니다.

어휘끝 수능 온라인 무료 학습 이용권 (일부 유형)

무료 체험권 번호 **TGKR9X444QHM**
클래스 이용기간 **이용권 등록일로부터 90일**

Mobile 쿠폰 등록 방법

1 쎄듀런 앱을 다운로드해 주세요.
2 쎄듀런에 학생 아이디로 회원가입 후 로그인해 주세요.
3 마이캠퍼스에서 [쿠폰등록]을 클릭하여 번호를 입력해주세요.
4 쿠폰 등록 후 [마이캠퍼스→쎄듀캠퍼스→<무료> 어휘끝 수능]에서 학습을 바로 시작해주세요.

PC 쿠폰 등록 방법

1 쎄듀런에 학생 아이디로 회원가입 후 로그인해 주세요.
2 [결제내역→쿠폰내역]에서 쿠폰 번호를 등록하여 주세요.
3 쿠폰 등록 후 [마이캠퍼스→쎄듀캠퍼스→<무료> 어휘끝 수능]에서 학습을 바로 시작해주세요.

쎄듀런 모바일앱 설치

쎄듀런 홈페이지
www.cedulearn.com/student

쎄듀런 카페
cafe.naver.com/cedulearnteacher

어휘끝 수능

WORD COMPLETE

이 책을 만든 사람들

김기훈　現 (주)쎄듀 대표이사
　　　　現 메가스터디 영어영역 대표강사
　　　　前 서울특별시 교육청 외국어 교육정책자문위원회 위원
　　저서　천일문 / 천일문 문제집 / 천일문 독해 / 천일문 GRAMMAR
　　　　쎄듀 본영어 / 독해가 된다 / ALL씀 서술형 / 수능영어 ONE SHOT
　　　　어휘끝 / 어법끝 / 문법의 골든룰 101 / 독해비 / 첫단추
　　　　파워업 / 쎈스업 / 수능영어 절대유형 / 빈순삽함 / 수능실감 등

쎄듀 영어교육연구센터
쎄듀 영어교육센터는 영어 콘텐츠에 대한 전문지식과 경험을 바탕으로
최고의 교육 콘텐츠를 만들고자 최선의 노력을 다하는 전문가 집단입니다.
한예희 책임연구원 · **구민지** 전임연구원 · **이누리** 연구원

마케팅　　　　콘텐츠 마케팅 사업본부
영업　　　　　문병구
제작　　　　　정승호
인디자인 편집　올댓에디팅
디자인　　　　쎄듀 디자인팀
일러스트　　　아몬드 초콜릿
영문교열　　　Stephen Daniel White

펴낸이　　김기훈 · 김진희
펴낸곳　　(주)쎄듀 / 서울시 강남구 논현로 305 (역삼동)
발행일　　2023년 1월 2일 제1개정판 1쇄
내용문의　www.cedubook.com
구입문의　콘텐츠 마케팅 사업본부
　　　　　　Tel. 02-6241-2007
　　　　　　Fax. 02-2058-0209
등록번호　제22-2472호
ISBN　　　978-89-6806-268-1

INTRODUCTION

우리말을 비롯하여 모든 언어의 궁극의 실력은 어휘력에서 판가름 난다고 해도 과언이 아니다. 그 어떠한 언어보다 풍부한 어휘를 자랑하는 영어에서는 두말할 필요도 없다. 그런데 그렇게 중요한 영어의 어휘력을 증진시키는 데 가장 효율적이고 합리적인 방법론에 대한 진지한 고민 없이 '그냥 열심히 외우면 된다.'라는 생각을 갖고 있는 학습자들이 너무나도 많은 것이 심각한 문제다.

오랫동안 답습되어온 우리의 영어교육 실정에서는 문법과 구문의 틀을 짓고, 어휘라는 벽돌을 쌓아가는 것이 올바른 방법이라는 생각이 지배해 왔다. 우리는 영어를 습득하기에 최악의 EFL(English as a Foreign Language: 외국어로서의 영어) 환경에 있어서 영어에 관한 노출량이 모국어에 비해 터무니없이 적기 때문에, 문법과 구문을 제대로 다지는 것은 중요한 선행 과제일 수 있다. 그러나 기초, 기본과정부터 올바른 어휘 학습 방법론을 익히고 실천해 나가는 것이 그에 못지않게 중요하다는 것이 지난 20여 년간 180만 명이 넘는 수험자들을 지도해 오면서 뼈저리게 느껴온 바다.

진정한 어휘력을 길러주는, 어휘끝
이제는 진정한 어휘력이 과연 무엇인가에 대한 사고의 전환이 필요하다! 어휘력은 개별적으로 그 뜻을 아는 어휘량이 척도가 아니다! 일차적으로는 실제 상황에서 듣거나 읽었을 때, 전체적 맥락에 맞게 정확하게 이해하는 데 지장이 없어야 하며, 나아가 스스로 말을 하고 글을 쓸 때, 영어를 모국어로 하는 사람처럼 적재적소에 쓸 수 있어야만 그것이 진정한 어휘력인 것이다.

항상 모든 것은 문제가 무엇인지 정확하게 알면 해결책도 정확하게 알아낼 수 있다. 이 책이 어휘에 대한 모든 문제점을 해결해 주고자 한다. 진정한 어휘력을 폭넓게 집중적으로 연마해서 곧바로 수능과 직결되는 독해력과 청해력을 향상시킬 수 있게 해주고자 한다.

무엇이 개정되었는가
1. **최근 기출 단어 업데이트**: 수능/모의/학평/EBS/교과서에 등장한 최신 기출을 포함
2. **수능/모의 기출 예문 보강**: 실전 감각을 익힐 수 있도록 기출 예문 추가
3. **유닛당 단어 수 통일**: 하루에 한 유닛 40단어씩 학습할 수 있도록 구성
4. **휴대용 암기장 제공**: 간편하게 반복 학습

이 책으로 올바른 어휘학습 방법론을 정립하고 낭비 없는 효율적 노력을 기울이면, 제목처럼 수능 어휘는 반드시 끝을 낼 수 있을 것으로 확신한다.

저자

변화하는 수능에 맞추다!

1. 적중률 강화

본 어휘끝 시리즈는 역대 [1]수능 및 모평과 학평, [2]교육부 지정 기본 어휘, 교과서, [3]EBS뿐만 아니라 현재 가장 널리 알려진 빈도 기반 기본어휘목록인 [4]NGSL(New General Service List), NAWL(New Academic Word List) 및 각종 영영 사전에서 기본어휘로 규정하고 있는 [5]Defining vocabulary 등을 총망라하여 엄선하였습니다. 이는 최근 수능에서 본문주석으로 주어지는 성격이나 수준이 아닌, 그보다 출제 가능성이 더 높은 것들을 보다 촘촘히 학습하고자 함입니다. 이로써, 수록된 어휘가 실제 독해 지문에 나올 가능성이 한층 높아졌다고 자부합니다.

이렇게 모아진 35,009개의 어휘에서, 초등 수준이나 -ly 등이 붙은 단순한 파생어, 고유명사, 쉬운 복합어(e.g. world-famous), 전문·특수용어 등을 제외한 어휘를 고교기본편(2,472개)과 수능편(3,447개)에 나누어 수록하였고 두 시리즈 간의 중복 어휘는 약 5%에 달합니다.

---

[1] 1994년 이후의 역대 수능 기출 어휘
  모평·학평은 자료로서 의미 있다고 생각되는 2000년 이후의 모평·학평

[2] 교육부 지정 기본 어휘 3,000
  고등교과서 11종, 중등 13종

[3] EBS교재에는 다른 어떤 데이터에도 없는 단어의 수가 매우 많아 수록 여부를 신중히 판단하여
  교재의 Appendix에 상당수 수록함.

[4] NGSL: 영어기본필수어휘 2,800개 (2013년판)
  NAWL: NGSL과는 중복되지 않으면서 기초학문영어에서 특히 많이 쓰이는 어휘 963개

[5] Oxford사전 5,508개, Longman사전 2,073개, Macmillan사전 2,454개

* 영영 사전의 기본 어휘 Defining vocabulary: 영어 학습자들을 위한 영영 사전에서 표제어를 설명하기 위해
  사용하는 단어. 즉, 사전의 영영 풀이를 이해할 수 있으려면 이 단어들을 알고 있어야 한다.
  각각의 사전 회사에서 보유하고 있는 수억 단어의 방대한 영어 자료에서 가장 높은 빈도의 단어들을 정리한
  것으로서, 각각 보유한 자료의 다양성 때문에 각 Defining vocabulary의 어휘들이 약간씩 다르다.

2. 실전에 강한 진정한 어휘력

실전에서 어휘는 언제나 문맥 속에서 주어집니다. '어휘-우리말 뜻'의 조합을 아무리 잘 암기하였다고 해도 실제 문맥상에서 그 어휘의 적절한 의미를 적용할 수 있어야 독해가 가능합니다. 또한, 영어어휘는 각종 접사가 이중삼중으로 덧붙어 언뜻 보기에 생소한 것처럼 느껴지는 것으로 수능 지문에 쓰이는 경우가 너무나 많습니다. (아래 수능 실제 적용 사례 참고) 그러므로, 처음 보는 단어라 하더라도 문맥과 알고 있는 어원 지식을 활용하여 의미를 적극적으로 추론해내는 능력과 자신감이 필수적입니다.

이 같은 진정한 어휘력을 기르기 위해, 개정된 어휘끝에서는

❶ 영어어휘의 개념을 확실히 잡아주는 우리말 뜻풀이가 되도록 최선을 다하였으며 때로는 간략한 보충 설명들까지 빠짐없이 달았습니다.

❷ 핵심 뜻뿐만 아니라 제2, 3의 뜻으로 쓰인 예문들까지 수록하여, 필요할 경우 바로 문맥 속에서 뜻을 확인할 수 있도록 하였습니다.

❸ 실제 기출 예문 등을 이용하여 어휘 의미의 정확한 적용력과 추론력을 강화하는 훈련을 집중 강화하였습니다.

수능 실제 적용 사례

Our **irresistible** tendency to see things in human terms — that we are often mistaken in attributing complex human motives and processing abilities to other species — does not mean that an animal's behavior is not, in fact, complex. Rather, it means that the complexity of the animal's behavior is not purely a product of its internal complexity. … [중략]

1. 문맥
인간의 관점에서 사물을 보려는 우리의 _____ 성향이 동물들의 행동이 사실 복잡하지 않다는 것을 의미하지 않는다. 오히려 동물들의 행동은 복잡성의 산물이라는 것을 의미한다.

2. 어원 분석
irresistible ir(not) + resist + ible(형용사화 접미사)
　　　　🔁 **resist** 저항하다
　　　　　🔁 **irresistible** 저항할 수 없는

COMPOSITION

❶ ORIENTATION 1~3

올바른 어휘 학습을 위하여!

어휘 학습의 십계명을 비롯하여, 구체적인 학습법이 소개됩니다.

❷ 빠르게 외우는 빈출 기본 어휘

수능·모의·EBS 고빈출 및 필수 어휘 점검!

시험별로 특히 빈출되는 어휘들을 모은 것으로 빼놓지 않고 알아두도록 합니다. 어느 소재의 글에서나 고루 잘 쓰이는 것들이므로 중요성이 높습니다. 이미 알고 있는 어휘들이 있을지라도, 제2, 제3뜻도 모두 중요한 어휘들이므로 빠르고 철저하게 정리해두어야 합니다.

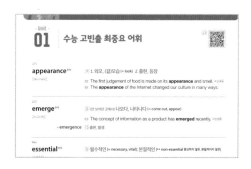

❸ Prefixes·Suffixes 접사

이해할 수 있는 어휘의 수 폭증!

특히 수능이나 모의, EBS에 등장하는 많은 어휘들은 접사가 붙어 의미나 기능이 변화된 것이므로 처음 보는 단어라도 기존에 알고 있던 어휘 지식에 접사 지식을 더하면 충분히 이해할 수 있습니다.
접사와 연결되는 어근들은 이미 학생들이 익히 알고 있을만한 단어들로 구성하였습니다.

❹ Essential Roots / Stems 어근

50여개 어근으로 수백 개 단어를 단번에!

학습에 유의미하고 효과적인 어근과 어휘들만을 싣기 위해 연구와 검증을 거듭하여 엄선하였습니다.
해당 어휘들의 뜻을 이해하는 데 최적화된 것으로서, 모르는 어휘의 의미를 추론해내는 데 결정적인 역할을 할 것입니다.

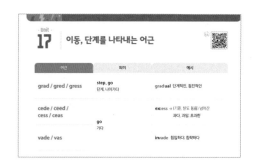

❺ Phrasal Verbs 구동사

구동사의 중심 의미부터 파악하라!

구동사의 기본 의미를 이루는 구성 원리부터 학습하므로 그 원리와
개념을 한꺼번에 잡을 수 있습니다.

❻ Themes 테마

모아서 학습하면 한결 쉽다!

주요 장르별, 내용 주제별로 공통적으로 등장하는 어휘를 모아서 학습
하는 방식으로 서로 관련 없는 단어를 무작정 암기하는 것에 비해
어휘의 개념에 대한 쉬운 이해를 돕고 어휘 간의 의미 관계도 알 수
있습니다. 또한, 앞서 배운 어원 지식이 적용되는 것은 빠짐없이
수록하였으므로, 암기 지속 기간이 배가되는 효과를 볼 수 있습니다.

❼ Words with Multiple Meanings 다의어

다의어 학습은 기본 개념에서부터!

다의어의 기본 개념에서부터 출발하여 문맥에 따라 우리말이 어떻게
바뀌는지를 이해할 수 있게 해줍니다. 테마편 유닛마다 1~3개씩 실어
학습 부담감을 덜었고 능동적인 학습 구조를 통해 직접 예문에 적용
하고 확인할 수 있으므로 학습 효과가 배가됩니다.

❽ 실전에 강해지는 훈련_문맥 적용 & 의미 추론

실전에서의 든든한 버팀목!

아무리 많은 어휘를 외워도 실전에서 모르는 단어는 꼭 나오기 마련
입니다. 이때 당황하지 않고 의미를 추론해낼 수 있도록 접사, 어근,
테마편 사이사이에 집중적으로 훈련합니다. 문맥과 앞서 배운 어원
지식까지 완벽하게 적용해볼 수 있습니다.

HOW TO STUDY 추천 학습법

표제어 익히기

방법예시 ❶ 별이 많은 단어부터 익히기

✹✹ 최중요 어휘:
데이터베이스 내 출제된 시험 종류와
수록 분야가 넓고 빈도가 가장 높은 어휘

✹ 중요 어휘:
데이터베이스 내 출제된 시험 종류와
수록 분야가 넓은 어휘

무표시:
난이도가 높고 고득점을 가르는 어휘

1회차 별 2개 집중암기
2회차 별 1개 집중암기 + 별 2개 암기점검
3회차 별 0개 집중암기 + 별 1~2개 암기점검

0417
panel ✹✹
발음주의 [pǽnəl]

〔명〕 1. (목재, 유리, 금속 등으로 된) 판 2. 천 조각 3. 토론 위원; 패널

01 In a sunny region, solar **panels** are an excellent way
individual homes. 모의응용
02 The pants have double **panels** on the knee for extra
03 The jurors are intended to be an impartial **panel**. 모의

0418
scroll ✹
[skroul]

〔동〕 (컴퓨터 화면을) 스크롤하다 〔명〕 두루마리

04 I **scrolled** down the page to look for a mobile for my
05 Silk was used to make writing **scrolls** in ancient China
durability. 모의응용

0419
aggregate
발음주의
〔동〕[ǽgrigət] 〔명〕[ǽgrigeit]

〔명〕 총계, 총액 〔형〕 총계의, 총합의 〔동〕 총계[총액]가 ~이 되다
06 The student president gained an **aggregate** of 80 p

방법예시 ❷ 학습 포인트별로 익히기

학습 포인트별로 집중 학습하는 방식입니다.

1회차 단어의 발음 익히기 (단어 발음 숙달용(단어 2회) MP3파일 이용)
2회차 단어와 뜻 암기하기 (셀프 스터디용(단어-우리말) MP3파일 이용)
3회차 예문해석으로 암기 체크하기 (리스닝 훈련용(단어-예문) MP3파일 이용)

본문에 쓰인 여러 기호

[ ] : 대신 쓸 수 있는 표현	= : 유사어(구)	〔명〕 : 명사
큰 ( ) : 우리말 의미의 일부	↔ : 반의어(구)	〔동〕 : 동사
작은 ( ) : 의미의 부연 설명	to-v : to부정사	〔형〕 : 형용사
《 》 : 의미에 대한 보충 설명	v-ing : 동명사, 현재분사	〔부〕 : 부사
		〔전〕 : 전치사

암기장 이용하기

암기장을 휴대하고 다니면서 언제 어디서나
간편하게 반복학습이 가능합니다.

부가서비스 이용하기

어느 누구도 한 번에 어휘 학습을 완료할 수 없습니다. 하루 뒤 → 일주일 뒤 → 한 달 뒤와 같은 방식으로 복습하는 것이
기억을 오래 지속시킬 수 있는 비법입니다. 다음과 같이 제공되는 여러 서비스를 잘 활용하시기 바랍니다.

1. 총 3가지 버전의 MP3 파일

유닛 상단의 QR코드를 스캔해서 듣거나, www.cedubook.com에서 다운받을 수 있습니다.

단어 발음 숙달용
단어 발음 2회씩
발음만 빠르게 익히는 코스입니다.

셀프 스터디용
단어 발음 2회-우리말 뜻
단어를 들으면서 우리말 뜻을 떠올린 뒤 확인하는 순서로 진행하면 셀프 테스트용으로도 활용이 가능합니다.

리스닝 훈련용
단어 발음 1회-예문
영어(단어와 예문)로만 구성되어 있습니다.

2. 쎄듀런 이용하기 (무료)

암기한 어휘를 쎄듀런 웹사이트와 앱을 통해 학습할 수 있습니다. www.cedulearn.com

· 유닛별 TEST 제공
· 파트별 누적 TEST 제공

· 온라인 TEST 및 학사관리 제공
· 오프라인용 TEST 인쇄 서비스 제공

쎄듀런

CONTENTS

STUDY PLAN 9주 완성

	1일차	2일차	3일차	4일차	5일차	6·7일차
week **01**	ORIENTATION STUDY PLAN PART 01 **Unit 01**	**Unit 02**	**Unit 03**	**Unit 04**	**Unit 05**	복습
week **02**	PART 02 **Unit 06**	**Unit 07**	**Unit 08**	**Unit 09**	**Unit 10**	복습
week **03**	**Unit 11**	PART 03 **Unit 12**	**Unit 13**	**Unit 14**	**Unit 15**	복습
week **04**	**Unit 16** 실전에 강해지는 훈련 ①	PART 04 **Unit 17**	**Unit 18**	**Unit 19**	**Unit 20**	복습
week **05**	**Unit 21**	**Unit 22** 실전에 강해지는 훈련 ②	PART 05 **Unit 23**	**Unit 24**	**Unit 25**	복습
week **06**	**Unit 26**	**Unit 27**	**Unit 28**	**Unit 29**	**Unit 30** 실전에 강해지는 훈련 ③	복습
week **07**	PART 06 **Unit 31**	**Unit 32**	**Unit 33**	**Unit 34**	**Unit 35** 실전에 강해지는 훈련 ④	복습
week **08**	PART 07 **Unit 36**	**Unit 37**	**Unit 38**	**Unit 39**	**Unit 40** 실전에 강해지는 훈련 ⑤	복습
week **09**	PART 08 **Unit 41**	**Unit 42**	**Unit 43**	**Unit 44**	**Unit 45** 실전에 강해지는 훈련 ⑥	복습

어휘 공부, 이렇게 끝장 보자!
공부에 왕도는 없다지만,
어휘를 학습하는 데 '전략'은 있다!
우선 꼭 알아둬야 할 사전 지식을 '탑재'하자.

ORIENTATION

word complete

ORIENTATION 1

영어 어휘 학습 10계명

문법, 구문, Reading Skills 등 그 모든 능력을 다 갖췄다고 하더라도 어휘력이 빈약하면 좋은 점수를 받을 수 없다. 실전에서 어휘 때문에 고전하지 않으려면 과학적이고 합리적인 방법론으로 접근해야 한다.

다음에 제시되는 어휘 학습 방법론에는 어느 누구도 이론(異論)을 제기할 수 없을 것이다. 반드시 시키는 대로 하라!

1st *commandment*

독해 문제를 풀 때, 절대로 어휘목록을 참조하지 마라!

저명한 영어교육학자 Stephen Krashen의 Input Hypothesis에 따르면 학습자에게 적절한 수준의 읽기자료는 학습자의 수준을 'i'라 했을 때, 'i +1', 즉, 본인의 수준보다 한 단계 더 높은 자료가 가장 적절하다고 한다. 즉, 어휘 수준으로 범위를 좁혀 말하자면 97%의 어휘를 알고 있다면 나머지 3%는 모르더라도 온전한 이해가 가능하다는 것이다. 이를 수능에 적용해보자면 하나의 단락에서 모르는 어휘가 3~5개 정도가 있더라도 대의와 핵심정보 파악에는 무리가 없다는 것이다. 모르거나 낯선 어휘가 나올 때마다 어휘목록을 참조하거나 사전을 찾게 되면 그때까지 읽어 온 글의 흐름이 무용지물이 된다. 지엽적인 나무를 살피느라 전체 숲을 놓치는 우를 범하지 말라!

2nd *commandment*

모르는 단어가 나오면 우선 무시하고, 정말 중요한 어휘라면 문맥으로 추론하라!

우선 지문이해와 문제풀이에 지장이 있는지, 없는지 판단하라. 지장이 없으면 과감히 무시하고, 지장이 있다면 문맥을 적극적으로 활용하라. 처음에는 잘 안되더라도 절대 포기하지 말고 계속해야 한다. 아무리 열심히 영어 어휘를 암기해도 수능 당일 모르는 어휘는 반드시 등장할 것이며, 실전 상황에서는 어떠한 도움도 받을 수 없기 때문이다. 무엇이든 그렇지만, 하면 할수록 반드시 추론 능력이 늘게 되어 있다.

3rd commandment

우선 필수접사부터 암기, 활용하라!

당연히 어휘는 암기가 필요하다. 그러나 그 많은 걸 어찌 무턱대고 외울 수 있겠는가? 우선 접두사, 접미사의 암기와 활용을 통해 외워야 할 어휘 수를 최대 5분의 1까지 줄여라! 어근의 앞에 붙는 접두사는 의미를 바꿔놓고, 뒤에 붙는 접미사는 품사를 바꿔 놓는다. 꼭 알아야 할 접사는 모두 다 합쳐 100개를 넘지 않는다. 그러나 이것은 수천 개의 어휘를 이해할 수 있게 해주는 막강한 위력을 발휘한다. 다음의 수능 기출어휘들은 외울 단어가 아니라 이해할 단어들이다.

e.g. **un**just   **un**lock
      just**ify**   **ir**relev**ant**
      overestim**ate** commun**al**
      correla**tion**   **re**inforce
      disapproval   **in**dubit**able**
      invari**ably**

4th commandment

다음 단계로는 어근을 외워라!

쓸데없는 것은 빼고 수능필수어휘를 5개 이상 만들어 낼 수 있는 필수 어근 약 50개면 충분하다. 이것이 접사와 조합되면 수능어휘 절반 이상이 단숨에 끝난다.

e.g. in**fin**ity
      intro**spect**ive

5th commandment

단어장은 '다의어'와 '혼동되기 쉬운 어휘'에 관한 것만 만들어라!

모든 어휘를 단어장을 만들어 정리하는 것은 시간대비 매우 비효율적인 방법이다. 그러나 전혀 뜻밖의 새로운 뜻을 지니고 있는 다의어와 혼동되기 쉬운 어휘는 별도의 정리를 통해 틈날 때마다 반복하는 것이 효율적이다.

e.g. If our situation changes, we will call you to **resume** delivery.
(resume은 '이력서'라는 뜻 외에 '다시 시작하다'라는 의미를 갖는 다의어이다.)

6th *commandment*

이해 가능한 표현은
암기대상에서 제외시켜라!

두 개 이상의 단어가 모여 개별적인 의미의 조합으로는 이해가 불가한 '전혀 새로운 의미를 만들어 내는 표현'만 숙어로 간주하고 외워라. 외워야 할 단어도 많은데 조금만 생각해보면 당연히 하나의 뜻일 수밖에 없는 덩어리 표현들도 숙어라고 판단하여 무작정 암기하려 든다면 외워야 할 것이 너무나 많아지고, 다 외울 수도 없다.

e.g. take on   on edge
      cave in to   have (something) to do with
      be at (one's) wit's end

7th *commandment*

복합어는 개별 의미의
조합으로 뜻을 만들어내라!

글 쓰는 사람이 얼마든 창의적으로 만들어 낼 수 있는 것이라 그냥 이해해주면 끝이다.

e.g. worst-performing   melt-in-one's-mouth
      long-winded   one-size-fits-all

8th *commandment*

연어(連語, collocation) 등
말뭉치는 통째로 외워라!

우리말에도 '위험을 무릅쓰다'와 같이 특정 어휘끼리만 호응하는 표현이 있다. 영어에서도 마찬가지다. 이렇게 끼리끼리 어울리는 말뭉치를 연결되는 말, 즉 연어라 한다. 이것은 한 단어처럼 외워야 한다. 이것은 독해나 청해와 같은 수동적인 이해에는 그다지 중요하지 않은 듯 보이지만 말하기와 쓰기에서는 영어다운 영어 구사를 위해 필수적이다.

e.g. place an order   beat[break] the record
      take a deep breath   critical thinking

9th commandment

상기 항목에 해당되지 않는 어휘는 이제 반복해서 외워라!

우선 발음을 정확하게 해두고, 발음과 철자를 대응시켜 딱 세 번만 써라. 그리고 핸드폰 메모장에 저장하거나 메모지에 써서 잘 보이는 곳에 붙여두고 수시로 보면서 반복해서 외워라. 당연히 외워진다. 누구나 난생 처음 본 어휘는 외워도, 외워도 잊게 된다. 어떤 어휘가 온전히 학습자의 어휘력으로 자리매김하기 위해서는 최소 7~8번 정도 그 어휘가 사용된 각기 다른 맥락에 노출되어야 한다는 것이 정설이다. 안 외워진다고 좌절하지 말고, 모든 방법을 동원해 반복하라! 어떤 어휘든 반드시 그대에게 무릎을 꿇을 것이다.

10th commandment

다시 처음으로 돌아가라!

어휘를 암기하는 궁극적인 이유는 영어문장을 이해하고, 정답을 이해하기 위함이다. 독해하다 모르는 단어가 나와도 당황하지 말고 '호연지기(浩然之氣)'로 대처하라! 무시해버리거나 추론해버리면 끝이다!

e.g. Experienced martial artists use their experience as a filter to separate the essential from the irrelevant. When that filter mistakenly screens out something essential, then even **seasoned** masters can make mistakes.

(첫 문장은 숙련된 무술가들이 무관한 것들로부터 본질을 분리할 때 경험을 사용한다는 내용이다. 따라서, 두 번째 문장은 '숙련된(seasoned)' 고수들이라도 이 과정에서 실수할 수 있다는 내용임을 추론할 수 있다.)

ORIENTATION 2 영어 어휘 학습법

1 접사 학습법

Strategy ❶ 어휘의 생성 원리를 이해한다.

| un | cover | (뚜껑을) 열다; 적발하다
접두사+어근

| price | less | 값을 매길 수 없는; 대단히 귀중한
어근+접미사

| ir | resist | ible | 저항할 수 없는; 불가항력적인
접두사+어근+접미사

어근(word stems)은 접사(affixes)와 조합하여 어휘가 된다. 어근은 어휘 의미의 중심이 되는 것이고 접사가 붙어 의미나 기능(즉, 품사)이 변화된다. 어근을 익히면 어휘 의미를 파악하기가 한층 쉬워진다.

Strategy ❷ 필수 접사를 통해 이해할 수 있는 어휘의 폭을 넓힌다.

대부분의 어휘는 접사가 붙어 의미나 기능(품사)이 변화된다. 접사 중에서도 특히 높은 빈도로 활용되는 것들이 있어 그 필수 접사의 뜻과 기능을 알아두면 이해할 수 있는 어휘의 수가 폭발적으로 늘어난다.

interpret	동 (의미를) 해석하다; 통역하다
interpret**ation**	명 해석, 설명, 이해
interpret**ative**	형 해석상의
misinterpret	동 잘못 해석하다, 왜곡하다
misinterpret**ation**	명 오해, 오역
reinterpret	동 재해석하다, 새롭게 해석하다
reinterpret**ation**	명 재해석

Strategy ❸ 주요 접사 지식을 더하여 아는 어휘의 수를 획기적으로 늘린다.

→ 122 쪽 참고

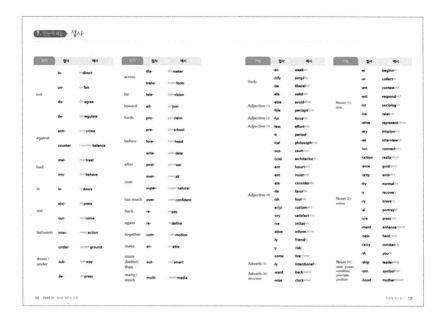

Strategy ❶ 어근의 뜻을 중심으로 어휘를 암기한다.

이때 주의할 점은 어근의 의미가 명확히 어휘의 뜻을 연상시켜줄 수 있는 것이어야 한다. 그렇지 않은 어휘의 어근을 학습하는 것은 의미가 없다.

anim = life

animal	명 동물
animation	명 생기; 만화 영화
animate	동 생기를 불어넣다 형 살아있는, 생물의
in**anim**ate	형 무생물의; 활기 없는
animism	명 애니미즘 (만물에 영혼이나 생명이 있다는 믿음)

Strategy ❷ 50여개 어근으로 수능필수 어휘를 자동 암기한다.

→ 182 쪽 참고

3 다의어 학습법

Strategy ❶ 핵심 의미에서 확장 의미로 학습하라.

영어 단어 중에는 뜻이 여러 가지인 다의어가 많다. 대부분의 다의어는 어떤 기본적인 한 가지 의미에서 문맥에 따라 여러 의미를 파생시킨다. 따라서 그 기본적인 한 가지 의미에 주목하여 다의어 학습을 하면 학습 부담이 몇 배로 줄어든다.

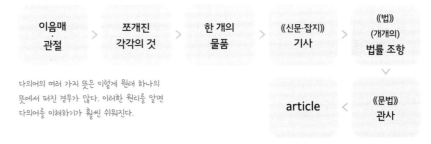

다의어의 여러 가지 뜻은 이렇게 원래 하나의 뜻에서 퍼진 경우가 많다. 이러한 원리를 알면 다의어를 이해하기가 훨씬 쉬워진다.

can(할 수 있다; 통조림의 깡통), bill(계산서; 새의 부리), bank(은행; 둑) 등의 경우와 같이 서로 전혀 다른 의미를 가지는 것들도 있는데, 그러한 것들은 철자와 발음만 같지 전혀 다른 단어(homonym: 동철·동음이의어)라 할 수 있다.

Strategy ❷ 다의어는 반드시 문맥에서 이해하라.

1 An **article** of clothing is what they need.
2 I'm a regular reader of your magazine. The **articles** are very informative. [수능]
3 **Article** 1 of the constitution guarantees freedom of religion.
4 In English, the indefinite **article** is *a(n)* and the definite article is *the*.

4 구동사 학습법

Strategy 구동사의 기본 의미에서 확장 의미까지 간파하라

bring up과 같은 형태의 구동사에서 의미의 중심이 동사가 아니라 부사에 있는 경우, 부사는 문맥에 따라 기본적 의미에서부터 추상적, 관용적 의미까지 나타낼 수 있어 보다 심도 깊은 학습이 필요하다. 이때, 학습은 반드시 문맥 속에서 그 의미 확장 과정을 이해하는 방식으로 진행해야 한다. 동사와 부사의 결합인 구동사를 이어동사(two-word verbs)라 부르기도 하며, 구동사 학습의 주된 초점은 바로 이어동사의 추상적, 관용적 의미에 있다.

Q bring up의 뜻은?

A bring과 up의 기본 의미를 염두에 두고, 문맥에서 그 의미를 확장시켜라!

1 1차적, 물리적 의미	When the doctor arrives, bring him **up** to the second floor. → 의사가 도착하면 그를 2층으로 _____데려오세요_____.
2 2차적, 추상적 의미	The music brought **up** memories of the past. → 그 음악은 과거의 추억을 _____떠올리게 했다_____. Parents bring **up** their children with all the love and care. → 부모는 사랑과 관심을 다하여 자녀를 _____양육한다_____. I'd like to bring **up** the question of the reorganization of the committee. → 나는 그 위원회를 재구성하는 것에 관한 문제를 _____제기하고_____ 싶다.
3 3차적, 관용적 의미	This case brings us **up** against the problem of punishment in schools. → 이 사건으로 인해 우리는 학교 체벌 문제에 _____직면한다_____.

5 기출 테마별 어휘

수많은 어휘라도 범주화하여 외운다면 어휘 간에 연결 고리를 만들어 쉽게 암기할 수 있다. 또한, 한 단어가 글의 주제에 따라 어떤 의미로 쓰이는지도 확인해봐야 할 중요사항이다.

Strategy 내용 주제별로 관련 있는 어휘를 묶어 학습한다.

Business ▶ **corporate** 기업의
finance (사업) 자금
merge 합병하다

Politics ▶ **municipal** 지방 자치제의
radical 급진적인 (↔ conservative 보수적인)
rally (정치적) 집회

Education ▶ **aptitude** 소질, 적성
assess 평가하다
potential 잠재력

ORIENTATION 3

어휘를 어느 정도 학습한 학생들이 호소하는 어려움 중의 하나는, 막상 듣기나 독해를 할 때 그 의미가 잘 떠오르지 않는 경우가 있다는 것이다. 그 이유는 예문 보기를 소홀히 하고 그 어휘에 일대일로 대응되는 우리말 의미만을 외웠기 때문일 가능성이 크다. 그러한 학습은 빠른 시간 내에 많은 단어를 외운 것 같은 착각이 들게 하며, 주어진 어휘의 우리말 의미만 쓰면 되는 단어 테스트에서 유용할 수 있다. 그러나 듣기와 독해가 이루어져야 하는 실전 상황에서는 문맥에서 어휘력이 발휘되어야 하고 때로는 모르는 어휘의 의미까지도 추론해낼 수 있어야 한다. 이러한 능력은 다음과 같은 훈련들을 통해 기를 수 있다.

품사의 확인

명사, 동사, 형용사, 부사 등의 품사는 문장에서 가까이에 위치한 다른 품사의 어휘와 서로 의미적으로 긴밀하게 연결되어 있을 가능성이 크므로 이를 먼저 살펴보는 것이 좋다. 즉, 모르는 어휘의 품사가 명사일 경우 이를 수식하는 형용사 또는 이를 목적어로 하는 동사와의 의미 관계를 확인한다. 동사의 의미를 모를 경우에는 이를 수식하는 부사 또는 목적어와의 의미 관계를 살펴본다. 형용사나 부사의 의미를 모를 경우에는 그것들이 수식하는 명사, 동사와의 의미 관계부터 확인해본다.

문맥 확인

의미 추론의 단서가 되는 어구가 문맥에 존재하는지 확인하고 이를 적절히 이용한다. 이때 확인해야 할 문맥의 범위는 앞뒤에 위치한 어구는 물론, 절이나 문장으로 넓어질 수 있다.

Strategy ❶ Synonym Context Clues

유사한 의미를 지닌 표현을 활용하라

| 단서 어구 | as / also / like / likewise / similar to / the same as 등
*단시 이구가 명시적으로 드러나지 않는 경우도 있으나, 이때도 문맥, 즉 주변 어휘들을 통해 판단이 가능할 수 있다.

> ✸ The number of people who need medical help for breathing problems ⎡like⎤ asthma
> tends to increase during very windy weather.
>
> • asthma의 뜻은?
> • breathing problem(호흡 장애) 증상을 보이는 어떤 질병의 이름일 것으로 추론 가능
> • asthma → 천식

Strategy ❷ Antonym Context Clues

상반되는 의미의 표현을 활용하라

| 단서 어구 | but / whereas / however / although / on the contrary / by contrast / in contrast
to / on the other hand 등
*단서 어구가 없더라도 문맥을 통해서 상반되는 개념을 찾을 수 있다.

> ✸ I tried reading his notes but I found them illegible. ⎡However,⎤ yours were easy to read.
>
> • illegible의 뜻은?
> • illegible ↔ easy to read: 읽기 쉬운
> • illegible → 읽기 어려운
>
> ✸ The economy faltered badly last year ⎡but⎤ has now started to improve.
>
> • falter의 뜻은?
> • 경기가 나아지는 것과 상반되는 개념으로 추론 가능
> • falter → 불안정해지다, 흔들리다

Strategy ❸ Definition or Restatement Context Clues

정의하거나 부연 설명을 해주는 표현을 찾아라

| 단서 어구 | be동사 / 대시(—) / 콜론(:) / 세미콜론(;) / 동격을 나타내는 콤마(,)나 of / that is 등
*A = B라고 직접적으로 정의되거나 뒤에 부연 설명이 이어진다.

> ✶ Scientism is the view that the scientific description of reality is the only truth there is.
>   = [수능]
> - scientism의 뜻은?
> - scientism = 현실에 관한 과학적 설명이 존재하는 유일한 진실이라는 견해 → 과학만능주의

Strategy ❹ Example or Explanation Context Clues

| 단서 어구 | such as / for example / for instance 등

> ✶ Recently, sales of major home appliances such as refrigerators and ranges have risen.
>   = [수능]
> - home appliance의 뜻은?
> - home appliance = refrigerator, range와 같은 것 → 가전제품

Strategy ❺ Cause-and-effect Context Clues

| 단서 어구 | because / since / therefore / consequently / as a result / when 등

> ✶ Sunny became incensed when I refused to give her my biology notes, and she hasn't
> spoken to me since.
> - incensed의 뜻은?
> - 내가 Sunny에게 생물학 노트를 보여주지 않자, 그녀가 incensed되었고 그 이후로 내게 말을 하지 않았으므로
>   Sunny가 화가 났다는 의미일 것으로 추론할 수 있음.
> - incensed → 몹시 화난

Strategy ❻ Definition or Restatement Context Clues

대강의 의미라도 파악하라

정확한 의미는 모르더라도 문맥상 대강의 우리말 뜻을 생각해보거나 또는 그 어휘가 주는 느낌 정도라도 파악해 본다. 즉 '어떤 행동'을 나타낸다든지 '사람의 직업'을 뜻한다든지, 아니면 의미가 '긍정적'인지 '부정적'인지 정도의 감만 잡아도 충분하다.

접사와 어근 지식으로 추론한 의미를 검증하라

알고 있는 어원 지식을 통하여 의미를 검증하라. 접사나 어근 중에는 여러 가지 의미로 쓰이는 것이 많고 어휘 자체에 추론할 만한 접사나 어근이 없을 수도 있기 때문에, 문맥으로 의미를 추론하는 것이 우선이다. 그러나 어휘가 의미 검증에 도움이 되는 구성으로 되어 있을 경우 알고 있는 지식을 활용한다.

아래의 예시를 보자. '안으로'와 '아닌'의 의미가 모두 가능한 접두사 im-이지만, '아닌'의 의미로 쓰였다는 것을 문맥을 통해 확정할 수 있다.

⟆ Long before Walt Whitman wrote *Leaves of Grass*, poets had addressed themselves to fame. Horace, Petrarch, Shakespeare, Milton, and Keats all hoped that poetic greatness would grant them a kind of earthly **immortality**. Whitman held a similar faith that for centuries the world would value his poems. But to this ancient desire to live forever on the page, he added a new sense of fame. ... [중략]

1. 문맥

   시(詩)적 위대함은 자신들에게 이승에서의 _____을 부여해줄 것으로 희망했다. Whitman도 수 세기 동안 자신의 시가 가치를 인정받을 것이라는 유사한 생각을 가지고 있었다.

2. 어원 분석

   immortality im(not) + mortal + ity(명사화 접미사)
   - ⟿ **mortal** 언젠가 반드시 죽는, 필멸(必滅)의
   - ⟿ **immortal** 죽지 않는, 불멸의
   - ⟿ **immortality** 불멸

—

빠르게 외우는
빈출 기본 어휘

How to infer the meanings of words
from their context

0001

appearance**

[əpíərəns]

명 1. 외모, (겉)모습(= look) 2. 출현, 등장

01 The first judgement of food is made on its **appearance** and smell. 수능응용
02 The **appearance** of the Internet changed our culture in many ways.

0002

emerge**

[imə́:rdʒ]

동 (안 보이던 곳에서) **나오다, 나타나다**(= come out, appear)

03 The concept of information as a product has **emerged** recently. 수능응용

• emergence 명 출현, 발생

0003

essential**

[isénʃəl]

형 필수적인(= necessary, vital); 본질적인(↔ non-essential 중요하지 않은, 본질적이지 않은)

04 Creativity is **essential** to artists. 모의응용

• essentially 부 근본[본질]적으로
• essence 명 본질, 정수(精髓)

0004

major*

[méidʒər]

형 중요한, 주된(↔ minor 중요하지 않은) 동 전공하다
명 1. 전공(↔ minor 부전공) 2. 《군사》 소령

05 In many countries, cities face **major** environmental problems.
06 She **majored** in English literature at university.
07 Sam is a **major** in the US army.

◆ major in ~을 전공하다

• majority 명 대부분, 대다수; 과반수(↔ minority 소수; 소수집단[민족])

0005

sake**

[seik]

명 이익; 목적

08 For the **sake** of everyone's safety, stop wearing headphones while
riding a scooter. 모의응용

◆ for the sake of A A의 이익[가치]을 위해서(= for A's sake)

---

01 음식에 대한 첫 번째 판단은 그것의 **겉모습**과 냄새에 따라 이루어진다. 02 인터넷의 **출현**은 우리 문화를 여러모로 변화시켰다. 03 상품으로서의 정보라는 개념이 최근에 **나타났다**. 04 창의력은 예술가에게 **필수적이다**. 05 많은 국가에서, 도시들은 **중요한** 환경 문제를 마주한다. 06 그녀는 대학에서 영문학을 **전공했다**. 07 Sam은 미국 군대의 **소령**이다. 08 모두의 안전을 **위해서**, 스쿠터를 타는 중에 헤드폰 착용을 하지 말아라.

0006
radical**
[rǽdikəl]

형 1. 급진적인, 과격한 2. 근본적인 (= fundamental)

01 a **radical** idea that challenges the existing art forms 모의
02 Married couples sometimes have **radical** differences in values.

• **radically** 부 1. 급진적으로, 과격하게 2. 근본적으로

0007
feature**
[fíːtʃər]

명 1. 특징 (= quality) 2. 이목구비; 용모 3. (신문, 텔레비전 등의) 특집
동 특징으로 삼다

03 The distinctive **features** of the film for most critics were the fast-paced action and visual style.
04 He was generally described as having handsome **features**.
05 a double-page **feature** on global warming

0008
grant**
[grænt]

동 (공식적으로) 승인하다, 허락하다 (= allow, permit)
명 1. 승인, 허락 2. (정부 등의) 보조금

06 Her request for support was officially **granted** yesterday.
07 We take it for **granted** that people of different ages behave differently. 수능

08 Her study is being funded by a government **grant**.

◆ **take A for granted** A를 당연하다고 여기다

0009
tone**
[toun]

명 1. 어조, 말투 2. 음색 3. 색조

09 The **tone** of another person's voice gives us information about them. 수능응용

10 The clear, beautiful **tone** of a flute came from somewhere.
11 The carpet has warm **tones** of brown and orange.

0010
relieve**
[rilíːv]

동 (고통, 문제 등을) 완화시키다, 덜어주다 (= ease)

12 Taking a trip is a great way to **relieve** stress. 수능

• **relief** 명 1. 완화, 경감; 안도 2. (재난의) 구호(품)

---

01 기존의 예술 형식에 도전하는 **급진적인** 생각 02 부부들은 때때로 가치관의 **근본적인** 차이가 있다. 03 대부분의 비평가에게 그 영화의 독특한 **특징**은 빠른 속도의 액션과 시각적 스타일이었다. 04 그는 대개 잘생긴 **용모**를 가진 것으로 묘사되었다. 05 지구 온난화에 대한 두 페이지짜리 **특집** 06 그녀의 지원 요청은 어제 공식적으로 **승인되었다.** 07 우리는 다른 연령대의 사람들이 다르게 행동하는 것을 **당연하다고 여긴다.** 08 그녀의 연구는 정부의 **보조금**으로 기금을 받고 있다. 09 다른 사람 목소리의 **어조**는 우리에게 그들에 관한 정보를 준다. 10 플루트의 맑고 아름다운 **음색**이 어딘가에서 들려왔다. 11 그 카펫은 갈색과 주황색의 따뜻한 **색조**를 가진다. 12 여행을 가는 것은 스트레스를 **완화시키는** 아주 좋은 방법이다.

phenomenon **

발음주의, 강세주의 [finámənàn]

명 ((복 phenomena)) 현상, 사건

01 Glaciers are an interesting natural **phenomenon**.

• phenomenal 형 1. (자연) 현상의 2. 경이적인, 경탄스러운

---

contain **

[kəntéin]

동 1. 포함하다, 함유하다(= include) 2. 억누르다, 억제하다

02 Apple peel has nutritional value and **contains** dietary fiber. 수능용

03 The little girl couldn't **contain** her excitement at meeting her newborn baby brother.

• container 명 1. 그릇, 용기 2. (화물 수송용) 컨테이너

---

absorb **

[əbsɔ́:rb]

동 1. 흡수하다; 받아들이다 2. (마음을) 몰두시키다, 열중하게 하다

04 Greenhouse gases **absorb** heat and hold it in the atmosphere. 수능용

05 That book **absorbed** the children all afternoon.

◆ **be absorbed in** ~에 열중하다

• absorption 명 1. 흡수 2. 열중

---

prior **

발음주의 [práiər]

형 사전의, 앞의(= earlier)

06 She will be unable to attend because of a **prior** engagement.

◆ **prior to** ~에 앞서, 전에

• priority 명 우선(사항)

---

comfort **

[kʌ́mfərt]

명 1. 안락, 편안(↔ discomfort 불편) 2. 위안, 위로 동 위안하다, 위로하다

07 These shoes are designed for **comfort** and good performance.

08 I was **comforted** by the support of friends.

---

01 빙하는 흥미로운 자연 **현상**이나. 02 사과 껍질은 영양적인 가치가 있고 식이섬유를 **함유하고 있다**. 03 그 어린 소녀는 갓 태어난 남동생을 만나 흥분을 **억누를** 수 없었다. 04 온실가스는 열을 **흡수하여** 그것을 대기 중에 잡아놓는다. 05 그 책은 오후 내내 아이들을 **열중하게 했다**. 06 그녀는 **사전** 약속 때문에 참석할 수 없을 것이다. 07 이 신발은 **편안함**과 좋은 성능을 위해 디자인되었다. 08 나는 친구들의 지지에 **위안을 받았다**.

0016
ensure**

강세주의 [inʃúər]

동 보장하다, 반드시 ~하게 하다 (= make certain, guarantee)

01 The life jacket had certainly **ensured** her survival.

0017
derive**

[diráiv]

동 (~에서) 유래하다, 비롯되다 (= stem from); 끌어내다

02 Some English words are **derived** from Latin.

* **A be derived from B** A가 B에서 나오다

• derivation 명 유래, 기원; 어원

0018
generate**

[dʒénərèit]

동 1. 발생시키다, 만들어내다 2. (감정 등을) 일으키다

03 There are plants that **generate** poison to protect themselves. 모의
04 The advertising campaign **generated** a lot of interest in our work.

• generation 명 1. 발생 2. 세대, 대(代) 《비슷한 연령층; 약 30년 단위의 시대 구분》

0019
population**

[pàpjuléiʃən]

명 인구, 주민

05 China accounts for about 20% of the world's **population**. 모의응용

• populate 동 거주하다, 살다
• populous 형 인구가 많은, 붐비는

0020
demonstrate**

[démənstrèit]

동 1. (증거, 실례를 통해) 보여주다, 설명하다 (= prove) 2. 시위하다 (= protest)

06 The study **demonstrates** the link between poverty and education.
07 Supporters **demonstrated** outside the courtroom during the trial.

• demonstration 명 1. 입증; (시범) 설명 2. 시위

0021
humanity**

[ʰjuːmǽnəti]

명 1. 인류 (= humankind) 2. 인간성; 인류애

08 The history of **humanity** is filled with wars. 수능응용
09 He showed his **humanity** by taking care of the poor.

---

01 그 구명조끼가 확실하게 그녀의 생존을 **보장해 주었다.** 02 어떤 영어 단어들은 라틴어에서 **유래되었다.** 03 자신을 보호하기 위해 독을 **만들어내는** 식물들이 있다. 04 그 광고 캠페인은 우리 일에 많은 관심을 **일으켰다.** 05 중국은 세계 **인구**의 약 20퍼센트를 차지한다. 06 그 연구는 빈곤과 교육 사이의 관련성을 **보여준다.** 07 지지자들은 재판 동안 법정 밖에서 **시위했다.** 08 **인류**의 역사는 전쟁으로 가득하다. 09 그는 가난한 사람들을 돌봄으로써 **인간성**을 보여줬다.

neutral **

발음주의 [njúːtrəl]

몡 중립 혱 중립의, 어느 편도 들지 않는; 중간의, 중성의

01 He remained **neutral** while his brothers argued.

• neutralize 동 1. 중립화하다 2. 무효화하다 3. 《화학》 중화하다

---

ultimate **

발음주의 [ʌltimət]

혱 1. 궁극적인, 최종의(= final) 2. 최고[최상/최악]의

02 The **ultimate** goal of studying culture is to understand its people. 모의응용
03 the **ultimate** power of the central government

• ultimately 문 궁극적으로, 결국

---

session **

[séʃən]

몡 (특정 활동을 위한) 시간, 기간

04 We offer special **sessions** of our science camps. 모의응용

---

strip **

stripped-stripped-stripping
[strip]

동 1. 옷을 벗다; (껍질 등을) 벗기다 2. 빼앗다 몡 길고 가느다란 조각

05 The kids all **stripped** and ran into the water.
06 They **stripped** the prisoners of weapons and cash.
07 a **strip** of material

♦ strip A of B A에게서 B를 빼앗다

---

illusion **

[ilúːʒən]

몡 환상; 착각

08 People believe they can affect the outcome of a coin toss, but this is an **illusion**. 수능응용

---

tempt **

[tempt]

동 (좋지 않은 일을 하도록) 유혹하다, 부추기다(= lure); 유도하다

09 Don't be **tempted** to spend too much money.

• temptation 몡 유혹

---

01 그는 남동생들이 언쟁하는 동안 계속 **중립**을 지켰다. **02** 문화를 공부하는 **궁극적인** 목적은 그 문화의 사람들을 이해하는 것이다. **03** 중앙 정부의 **최고** 권력 **04** 우리는 과학 캠프에서 특별한 **시간**을 제공한다. **05** 아이들은 모두 **옷을 벗고** 물속으로 뛰어들었다. **06** 그들은 포로들에게서 무기와 현금을 **빼앗았다**. **07** 길고 가느다란 천 **조각** 하나 **08** 사람들은 자신들이 동전 던지기의 결과에 영향을 줄 수 있다고 생각하지만, 이는 **착각**이다. **09** 돈을 너무 많이 쓰도록 **유혹당하지** 말아라.

0028

modify **

[mádəfài]

图 1. 수정하다, 바꾸다(= change, alter) 2. 《문법》 수식하다, 한정하다

01 He **modified** the recipe by using oil instead of butter.
02 Adverbs **modify** verbs and adjectives.

• modification 명 1. 수정, 변경 2. 《문법》 수식, 한정

0029

owe **

발음주의 [ou]

图 1. (~에게) 빚지고 있다 2. 신세를 지고 있다 3. (~의) 덕분이다

03 She **owes** her friend fifty dollars.
04 He **owes** countless things to his parents.
05 He **owed** his success to hard work.

0030

expose **

[ikspóuz]

图 1. 노출시키다, 드러내다(= reveal) 2. (비밀 등을) 폭로하다(= disclose)

06 **Expose** students to as many outside experiences as possible. 수능용법
07 His job as a journalist is to **expose** the truth.

• exposure 명 1. 노출 2. 폭로

0031

passage **

발음주의 [pǽsidʒ]

명 1. 통로 2. (책 등의) 단락, 구절 3. (시간의) 흐름

08 The larger bedroom was at the end of the **passage**.
09 He read me a **passage** from his favorite book.
10 Even after a long **passage** of time, our love is still strong. 수능용법

0032

register **

강세주의 [rédʒistər]

图 등록하다, 기재하다 명 등록부, 명부

11 Visit our website to **register** for the bike sharing service. 수능용법

• registration 명 등록, 기재

---

01 그는 버터 대신 기름을 사용함으로써 요리법을 **수정했다**. **02** 부사는 동사와 형용사를 **수식한다**. **03** 그녀는 친구에게 50달러를 **빚지고 있다**. **04** 그는 부모님께 셀 수 없이 많은 것들을 **신세 지고 있다**. **05** 그는 열심히 일한 **덕분에** 성공했다. **06** 학생들을 가능한 한 많은 외부 경험에 **노출시켜라**. **07** 기자로서 그의 일은 진실을 **폭로하는** 것이다. **08** 더 큰 침실은 **통로** 끝에 있었다. **09** 그는 자신이 가장 좋아하는 책의 한 **구절을** 내게 읽어주었다. **10** 오랜 시간의 **흐름** 후에도 우리의 사랑은 여전히 강하다. **11** 자전거 공유 서비스에 **등록하려면** 저희 웹사이트에 방문하세요.

• up의 의미

상승·증가	위치나 움직임의 상승 또는 양, 크기, 속도, 정도 등의 증가를 나타냄. · The sun came **up** at 6 a.m. (해가 오전 6시에 떴다.) · Newspapers were piled **up** on the floor. (신문이 바닥에 쌓여있었다.)
출현·접근	없다가 나타나거나, 간격이 좁혀짐을 나타냄. · He showed **up** late for the meeting. (그는 회의에 늦게 나타났다.)
전체	일부가 아닌 전체에 완전한 영향을 줌. · Don't use **up** all the milk — we need some for breakfast. (우유를 다 마셔버리지 마라. 아침 식사에 조금 필요하다.)

0033
break up

1. (완전히) **부서지다, 부수다**
2. **해체[해산]하다** (↔ assemble 모이다, 집합시키다); (관계 등이) **끝나다**

break + up (전체) → 전체적으로 부서지다[깨지다]

01 The fisherman struck the ice and **broke it up** into pieces.
02 After the trio officially **broke up**, Cole emerged as a popular solo vocalist. 모의응용

0034
brush up (on)

복습하다, 다시 공부하다

brush + up (출현) + on → 솔질해서 나타나게 하다

03 Hyeri spent much of last summer **brushing up on** her English.

0035
build up

강화하다, 기르다

build + up (증가) → 만들어서 증가시키다

04 My physical therapist advised me to **build up** my muscle strength for my health. 모의응용

---

01 어부가 얼음을 쳐서 조각조각으로 **부쉈다.** 02 그 트리오가 공식적으로 **해체한** 후, Cole은 대중적인 솔로 가수로 등장하였다. 03 혜리는 지난여름의 많은 시간을 영어를 **복습하면서** 보냈다. 04 물리치료사는 건강을 위해 내게 근력을 **기를** 것을 권했다.

0036
burn up

1. 완전히 타버리다 2. 몹시 열이 나다

burn + up (전체; 상승) → 완전히 타버리다; 불타오르다

01 Meteors **burn up** when they hit the earth's atmosphere.
02 "You're **burning up**!" the doctor said, touching my forehead.

0037
call up

1. (기억을) **불러일으키다** 2. (군대 등을) **소집[징집]하다**

call + up (출현) → 불러서 나타나게 하다

03 The sound of the ocean **called up** memories of my childhood.
04 When the war began, he was too old to be **called up**.

0038
come up with

생각해내다(= hit on[upon]); **제시[제안]하다**

come + up (상승) + with → ~을 가지고 올라오다

05 Doctors should **come up with** a treatment based on the root causes of a disease. 수능응용

0039
dry up

1. (강, 호수 등이) **바싹 말라붙다** 2. **줄어들다, 고갈되다**

dry + up (전체; 상승) → 완전히 마르다; 점점 마르다

06 During the drought the river **dried up**.
07 Interest in the product has **dried up** over the past year.

0040
hold up

1. **떠받치다; 떠받들다** 2. (좋은 상태를) **유지하다**(= sustain)

hold + up (상승) → 위로 떠받치다

08 The builders used some pieces of wood to **hold up** the roof.
09 Sales have **held up** well in spite of economic difficulties.

01 유성은 지구 대기와 충돌할 때 **완전히 타버린다**. 02 "**몹시 열이 나고 있네요!**" 의사가 내 이마를 짚으며 말했다. 03 바닷소리가 내 어린 시절의 기억들을 **불러일으켰다**. 04 전쟁이 시작되었을 때, 그는 너무 나이가 많아 **징집될** 수 없었다. 05 의사들은 병의 근본적인 원인에 근거한 치료법을 **제시해야** 한다. 06 가뭄 동안 강이 **바싹 말라붙었다**. 07 그 제품에 대한 관심은 지난 1년 동안 **줄어들었다**. 08 건축업자들은 지붕을 **떠받치기** 위해 몇몇 나무토막을 사용했다. 09 경제적인 어려움에도 불구하고 판매는 잘 **유지되어** 왔다.

0041

attain**
[ətéin]

동 1. 성취하다, 이루다(= achieve, accomplish) 2. (나이, 수준 등에) 이르다(= reach)

01 Be ambitious if you desire to **attain** your goals. 모의응용
02 The curved wings of this plane help it to **attain** great height and speed. 모의응용

• attainment 명 1. 성취, 달성 2. 도달

0042

abandon**
[əbǽndən]

동 1. 유기하다, 버리다(= desert) 2. (하다가) 그만두다, 포기하다

03 As soon as the thief saw the police, he **abandoned** the stolen car and ran away.
04 The players **abandoned** the match because of rain.

• abandonment 명 1. 유기, 버림 2. 포기

0043

facilitate**
발음주의 [fəsílətèit]

동 용이하게 하다, 가능하게 하다(= assist, aid)

05 Learning a foreign language **facilitates** access to another culture. 모의응용

• facilitation 명 1. 용이하게 함 2. 조장, 촉진

0044

inherent**
강세주의 [inhérənt]

형 내재하는, 타고난(= innate, intrinsic)(↔ extrinsic 외적인, 외부의)

06 As social creatures, our need for human interaction is essential and **inherent**.

• inherently 부 본질적으로, 선천적으로

0045

exceed**
[iksíːd]

동 (수, 양, 한도 등을) 넘다, 초과하다

07 Make sure your video submission does not **exceed** three minutes. 모의응용

---

01 너의 목표를 **이루고** 싶다면 야망을 가져라. **02** 이 비행기의 곡면 날개는 비행기가 높은 고도와 속도에 **이를** 수 있게 해준다. **03** 도둑이 경찰을 보자마자, 훔친 차를 **버리고** 도망갔다. **04** 선수들은 비 때문에 경기를 **포기했다. 05** 외국어를 배우는 것은 다른 문화에 대한 접근을 **용이하게 한다. 06** 사회적 동물로서, 사람과 상호작용을 하고자 하는 우리의 욕구는 근본적이고 **타고난** 것이다. **07** 당신이 제출하는 영상이 3분을 **초과하지** 않도록 하세요.

0046

dense**

[dens]

형 빽빽한; (안개 등이) 짙은; (인구가) 밀집한 (= thick)

01 Italy was covered in **dense** forests when the Romans first took control. 수능응용

- densely 부 빽빽하게; 짙게 (= thickly)
- density 명 밀도, 농도

0047

seemingly**

[síːmiŋli]

부 외견상으로, 겉보기에는

02 Most **seemingly** impossible obstacles can be overcome with a gradual approach. 모의응용

0048

interfere**

발음주의 [ìntərfíər]

동 1. 방해하다 2. 간섭하다, 개입하다 (= intervene)

03 Stress at mealtimes can **interfere** with digestion. 수능응용
04 My friend **interfered** in my business as if it were his own, so I got upset. 수능응용

- **interfere with** ~을 방해하다
- **interfere in** ~에 간섭[개입]하다
- interference 명 1. 방해 2. 간섭

0049

substitute**

발음주의 [sʌ́bstitʃùːt]

동 대체[대신]하다 (= replace) 명 대용품, 대리인

05 Vegetarians can **substitute** beans for meat in their diet. 모의응용
06 The pianist broke his arm, so I agreed to help him as a **substitute**. 모의응용

- **substitute A with B / substitute B for A** B를 A 대신 쓰다
- substitution 명 대체, 교체; 대용품, 대리인

0050

eliminate**

[ilímənèit]

동 제거하다, 없애다 (= get rid of, remove)

07 We should conserve natural resources and **eliminate** pollution. 모의응용

- elimination 명 제거, 삭제

---

01 로마인들이 처음 지배했을 때 이탈리아는 **빽빽한** 숲으로 덮여 있었다. **02** **겉보기에는** 불가능한 대부분의 장애물들은 점진적인 접근으로 극복할 수 있다. **03** 식사 시간의 스트레스는 소화를 **방해할** 수 있다. **04** 내 친구가 내 일에 마치 자기 일처럼 **간섭해서**, 나는 화가 났다. **05** 채식주의자들은 식단의 고기를 콩으로 **대체한다**. **06** 피아니스트의 팔이 부러져서, 내가 **대리인**으로 그를 돕기로 했다. **07** 우리는 천연자원을 보호하고 공해를 **제거해야** 한다.

0051

versus **
[və́:rsəs]

전 (경기 등에서) - 대(對)(약어 vs.)

01 It is France **versus** Brazil in the final.

0052

assign **
[əsáin]

동 1. (일 등을) 배정하다, 맡기다(= allocate) 2. (사람을) 배치하다

02 The lawyer was **assigned** to a tax case.
03 Managers should **assign** staff to all counters during rush hour.

• assignment 명 1. 과제, 임무; (일의) 배정 2. 배치

0053

assemble **
발음주의 [əsémbəl]

동 1. 집합시키다, 모이다 2. 조립하다(↔ disassemble 해체[분해]하다)

04 The celebrity was welcomed to the stage by the **assembled** crowd. 모의응용

05 There's no fee for delivery, but if you want us to **assemble** the drawer, it'll cost $30 extra. 모의응용

• assembly 명 1. 집회 2. 조립 3. 의회, 입법 기관

0054

glow **
[glou]

동 1. (계속 은은히) 빛나다(= shine) 2. 상기되다
명 1. 불빛 2. 홍조

06 The star-shaped light hanging from the ceiling is **glowing** beautifully. 모의응용

07 Jason's face **glowed** when his favorite player finally scored. 모의응용

0055

trigger **
[trígər]

동 촉발시키다, 유발하다(= bring about, cause)
명 1. 계기 2. (총의) 방아쇠

08 Food allergies can **trigger** symptoms such as coughing. 모의응용
09 To fire the gun, simply squeeze the **trigger**.

0056

browse **
발음주의 [brauz]

동 둘러보다(= look around), 대강 훑어보다(= scan)

10 After breakfast on Sunday morning, I **browse** through the papers. 모의응용

---

01 결승전은 프랑스 대 브라질이다. 02 그 변호사는 세금 사건에 **배정되었다.** 03 매니저들은 바쁜 시간 동안 직원을 모든 계산대에 **배치해야** 한다. 04 그 연예인은 **모인** 군중들에게 무대에서 환영받았다. 05 배송은 무료이지만, 저희가 서랍 **조립하기**를 원하시면 30달러가 추가로 들 것입니다. 06 천장에 달린 별모양의 조명이 아름답게 **빛나고 있다.** 07 Jason이 가장 좋아하는 선수가 마침내 득점했을 때 그의 얼굴은 행복으로 **상기되었다.** 08 음식 알레르기는 기침과 같은 증상을 **유발할** 수 있다. 09 총을 쏘려면 **방아쇠**를 당기기만 하면 된다. 10 일요일 아침에 식사를 한 후, 나는 신문을 **대강 훑어본다.**

0057
moisture **
[mɔ́istʃər]

명 수분, 습기

01 It's important for farmers to store seeds away from **moisture** and predators. 수능응용

• moist 형 축축한, 습기가 있는

0058
static **
[stǽtik]

형 1. (변화, 움직임이 없이) 고정된 2. 정지 상태의(= stationary)

명 (수신기의) 잡음

02 The unemployment rate remained **static** last month at 14%.
03 Certain types of clothing and dry weather can cause **static** electricity. 모의응용
04 He reported that there was **static** in the recorded sentences. 수능응용

0059
vice **
[vais]

명 악; 악덕(↔ virtue 선; 미덕) 형 대리의, 부(副)-

05 The movie teaches the lesson that **vice** is punished and virtue rewarded.
06 The president has an important meeting, so the **vice** president will attend the ceremony. 모의응용

• vicious 형 악의가 있는; 잔인한(= cruel, brutal)

0060
exert **
발음주의, 강세주의
[igzə́ːrt]

동 (힘, 능력 등을) 쓰다; (권력, 영향력 등을) 행사하다

07 An object's weight is the force **exerted** on it by gravity. 모의응용
08 The security of the city could be improved by **exerting** pressure on the police for more protection. 모의응용

• exert oneself (스스로 힘껏) 노력하다

• exertion 명 1. 행사 2. 노력

0061
fade **
[feid]

동 1. (색깔이) 바래다, 희미해지다 2. 서서히 사라지다

09 Jeans tend to **fade** in color and become softer.
10 As time passed, his commitment and passion seemed to **fade** gradually. 모의응용

---

01 농부들이 **습기**와 포식자를 피해 씨앗을 저장하는 것은 중요하다. **02** 실업률은 지난달에 14퍼센트로 **고정된** 상태를 유지했다. **03** 특정 종류의 옷과 건조한 날씨는 **정전기**를 유발할 수 있다. **04** 그는 녹음된 문장에 **잡음**이 있다고 보고했다. **05** 그 영화는 **악**은 벌을 받고 선은 보상받는다는 교훈을 가르쳐준다. **06** 대통령은 중요한 회의가 있어서 **부(대)**통령이 식에 참석할 것이다. **07** 물체의 무게는 중력에 의해 물체에 **쓰이는** 힘이다. **08** 더 많은 보호를 위해 경찰에게 압력을 **행사함으로써** 도시의 안전은 개선될 수 있다. **09** 청바지는 색이 **바래고** 더 부드러워지는 경향이 있다. **10** 시간이 지나면서, 그의 헌신과 열정은 점차 **서서히 사라지는** 것 같았다.

0062

leak^{**}

[liːk]

[동] 1. (액체, 기체가) 새다 2. (비밀을) 누설하다(= disclose)

[명] 1. 새는 곳[틈] 2. 누설

01 The sink is **leaking**. There's water all over the floor. 모의응용
02 I heard a story about someone whose personal information was **leaked** online. 모의응용

• leaky [형] 새는, 구멍이 난

0063

domain^{**}

[douméin]

[명] 1. (지식, 활동의) 영역, 분야(= area) 2. 영토, 소유지

03 In particular **domains**, early training can produce high achievers. ebs응용
04 The forest is part of the king's **domain**.

0064

conceal^{**}

[kənsíːl]

[동] 감추다, 숨기다(= hide)(↔ reveal 드러내다)

05 The artist **concealed** himself at first to hear the public's opinions of his artworks. 수능응용

0065

sustain^{**}

강세주의 [səstéin]

[동] 1. 지탱하다, 뒷받침하다(= support) 2. 유지[지속]하다(= maintain)

06 The roof, unable to **sustain** the weight of the snow, collapsed.
07 Food and water is a requirement to **sustain** life.

• sustainability [명] 지속[유지] 가능성; (환경 파괴 없이) 지속될 수 있음

0066

classify^{**}

[klǽsəfài]

[동] 분류하다, 구분하다(= sort, categorize)

08 A whale is **classified** as a mammal, not a fish.

• classification [명] 분류; 유형

---

01 싱크대에서 물이 **새고 있다**. 바닥 전체에 물이 있다. 02 나는 온라인에 개인 정보가 **누설된** 누군가에 관한 이야기를 들었다. 03 특정 **영역**에서 조기 훈련은 높은 성취도를 보이는 사람을 배출할 수 있다. 04 그 숲은 왕의 **영토** 일부이다. 05 그 미술가는 자신의 작품에 대한 대중의 의견을 듣기 위해 처음엔 자신의 정체를 **감췄다**. 06 눈의 무게를 **지탱하지** 못한 그 지붕은 무너졌다. 07 음식과 물은 생명을 **유지하기** 위한 필수조건이다. 08 고래는 어류가 아닌 포유류로 **분류된다**.

0067

assure**
[əʃúər]

[동] 1. 장담하다, 보장하다 (= guarantee) 2. 확인하다, 확신하다

01 Parents should **assure** children that they are loved and safe. 모의응용
02 The lawyer was **assured** of his client's innocence.

◆ **assure A of B** A에게 B를 장담하다[보장하다]

• assurance   [명] 1. 장담, 보장 2. 확신

0068

foster**
[fɔ́:stər]

[동] 1. 발전시키다; 촉진하다 (= promote) 2. (일정 기간 친부모같이) 기르다

[형] 양(養)- 《직접적인 혈연관계가 아닌》

03 Coaches should help to **foster** a positive atmosphere among team members. 모의응용
04 **foster** parents

0069

permanent**
[pə́rmənənt]

[형] 영구적인, 영속적인 (↔ impermanent 일시적인)

05 The majority of losses to tropical forests are likely to be **permanent**.

• permanently   [부] 영구적으로

0070

fatal**
발음주의 [féitl]

[형] 1. 치명적인 (= lethal, deadly) 2. 《부정적》 결정적인, 중대한

06 Malaria is a **fatal** disease if not immediately treated. 모의응용
07 He lost the debate because there was a **fatal** flaw in his argument.

• fatality   [명] 1. 사망자 2. 치사율

0071

retain**
[ritéin]

[동] (계속) 보유하다, 유지하다 (= keep, maintain)

08 She succeeded in **retaining** her lead in the second half of the race.

• retention   [명] 보유, 유지

---

01 부모는 아이들에게 그들이 사랑받고 안전하다는 것을 **보장해야** 한다. 02 변호사는 그의 의뢰인의 무죄를 **확신했다**. 03 코치들은 팀 선수들 사이에서 긍정적인 분위기를 **발전시키도록** 도와야 한다. 04 **양**부모 05 열대림 손실의 대부분은 **영구적이기** 쉽다. 06 말라리아는 즉시 치료되지 않는다면 **치명적인** 질병이다. 07 그의 주장에는 **결정적인** 오류가 있었기 때문에 그는 토론에서 졌다. 08 그녀는 경주 후반부에 선두를 **유지하는** 데 성공했다.

0072
keep up with

1. 따라잡다, 뒤처지지 않다

2. (최신 정보, 뉴스 등에 대해) **알다, 알게 되다**(= keep pace with)

3. 계속 연락하고 지내다

keep + up(접근) **+ with** → ~에 계속해서 다가가다

01 Birds cannot **keep up with** rapid climate change. 모의응용
02 In order to **keep up with** current events, I watch the news every morning.
03 I **keep up with** some of my old school friends.

0073
look up

1. (사전, 컴퓨터 등에서 정보를) **찾아보다** 2. **방문하다; 연락하다**

look + up(출현; 접근) → ~을 보고 드러나게 하다; 보러 다가가다

04 Upon receiving your letter, I **looked up** the word 'flattering' in the dictionary. 수능응용
05 I told them to **look** me **up** if they came to town.

0074
make up

1. **차지하다, 이루다** 2. **만들어내다; 지어내다** 3. **화해하다**

make + up(상승; 출현) → ~에 이르게 하다; 만들어 내보이다

06 Farming and mining **make up** most of the country's industry. 모의응용
07 I think it's very wrong of you to **make up** stories about him.
08 My two daughters argue a lot, but they always **make up** after a short while.

0075
make up for

보충하다; 보상하다(= compensate for)

make + up(상승) **+ for** → (구멍 등을) 메워 상승시키다

09 The class finished an hour later this week to **make up for** the holiday.

모의응용

---

01 새들은 빠른 기후 변화를 **따라잡지** 못한다. **02** 시사에 대해 **알기** 위해, 나는 매일 아침 뉴스를 시청한다. **03** 나는 학창시절 친구 몇몇과 **계속 연락하고 지낸다. 04** 내 편지를 받자마자, 나는 사전에서 'flattering'이라는 단어를 **찾아보았다. 05** 나는 그들에게 마을에 오면 내게 **연락하라고** 말했다. **06** 농업과 광업이 그 나라의 산업 대부분을 **차지한다. 07** 나는 네가 그에 대한 이야기를 **지어내는** 것이 매우 잘못이라고 생각한다. **08** 내 두 딸은 말다툼을 많이 하지만, 항상 조금 뒤에 **화해한다. 09** 휴일을 **보충하기** 위해 수업은 이번 주에 한 시간 늦게 끝났다.

0076

pick up

1. (차로) 데리러 가다 2. 개선되다, 좋아지다 3. 들어서 익히다

pick + up(상승) → 집어 올리다

01 I'll drop by my parents' house after I **pick up** the kids from school. 수능응용
02 They won't let him out of the hospital until his health has **picked up** quite a lot.
03 She **picked up** a few German phrases while staying in Berlin.

0077

put up with

참다, 견디다 (= endure, bear, stand)

*관용적 표현

04 When we **put up with** spending time with unfamiliar people, we feel very tired. 모의응용

0078

set up

1. 세우다; 설치하다 (= erect) 2. 준비하다, 마련하다 3. (사업을) 시작하다

set + up(상승) → 세워 올리다

05 The hunter **set up** traps in the forest to catch foxes.
06 There was a lot of work involved in **setting up** the festival.
07 The group plans to **set up** an export business.

0079

take up

1. (공간을) 차지하다 2. (일, 취미 등을) 시작하다

take + up(상승) → ~에 이르게 하다; 일어나 움직이다

08 Water has no calories but **takes up** space in the stomach, which makes you feel full. 모의응용
09 Chris has **taken up** jogging for his health.

0080

turn up

1. (소리, 온도 등을) 높이다 2. 발견되다, 나타나다 (= show up)

turn + up(증가; 출현) → 돌려서 증가시키다; 돌려서 드러내다

10 **Turn** the heat **up** — it's freezing!
11 The lost key **turned up** in her old handbag.

---

01 나는 학교에 아이들을 **차로 데리러 간** 후 부모님 댁에 들를 것이다. 02 그들은 그의 건강이 상당히 많이 **좋아져야** 비로소 퇴원하는 것을 허락할 것이다. 03 그녀는 베를린에 머무는 동안 약간의 독일말을 **들어서 익혔다.** 04 우리는 익숙하지 않은 사람들과 시간 보내는 것을 **견뎌야** 할 때 매우 피곤함을 느낀다. 05 그 사냥꾼은 여우를 잡기 위해 숲에 덫을 **설치했다.** 06 축제를 **준비하는** 것과 관련된 많은 일이 있었다. 07 그 단체는 수출 사업을 **시작할** 계획이다. 08 물은 칼로리가 없지만 위장에서 공간을 **차지하여** 포만감을 준다. 09 Chris는 건강을 위해 조깅을 **시작했다.** 10 온도를 **높이세요.** 너무 추워요! 11 잃어버린 열쇠는 그녀의 오래된 핸드백에서 **발견되었다.**

0081

emergency **

[imə́ːrdʒənsi]

명 비상(사태)

01 May I have your attention, please? This is an **emergency**. A fire has broken out. 모의응용

0082

harsh **

[hɑːrʃ]

형 1. 혹독한, 가혹한(= severe) 2. (눈, 귀에) 거슬리는; 거친

02 The skin of our lips and hands is easily affected by **harsh** weather. 모의응용
03 She has a loud, **harsh** voice.

0083

merit **

[mérit]

명 장점, 가치(↔ demerit 단점, 결점, disadvantage 약점, 불리한 점)

04 One **merit** of aerobic training is that it burns fat really fast. 모의응용

0084

barrier **

[bǽriər]

명 장벽, 장애물(= obstacle)

05 One of the **barriers** to effective learning is a lack of concentration. 모의응용

0085

integrate **

[íntəgrèit]

동 통합시키다, 합치다(↔ separate 분리하다)

06 It's very difficult to **integrate** yourself into a new culture.

◆ **integrate A into B** A를 B로 통합시키다

• integration 명 통합

0086

vulnerable **

발음주의 [vʌ́lnərəbəl]

형 취약한, 연약한(= weak); ~하기[받기] 쉬운

07 When choosing what to eat, teenagers are particularly **vulnerable** to peer influence. 모의응용

• vulnerability 명 취약성; ~하기[받기] 쉬움

---

01 주목해주시겠습니까? **비상사태**입니다. 화재가 발생했습니다. **02** 우리의 입술과 손의 피부는 **혹독한** 날씨에 쉽게 영향을 받는다. **03** 그녀는 크고 **거친** 목소리를 가지고 있다. **04** 유산소 훈련의 한 가지 **장점**은 지방을 아주 빨리 태운다는 것이다. **05** 효과적인 학습의 **장애물** 중 하나는 집중력 부족이다. **06** 스스로를 새로운 문화에 **통합시키는** 것은 매우 어렵다. **07** 무엇을 먹을지 고를 때, 십대들은 또래의 영향에 특히 **취약하다**.

0087

remarkable **

[rimɑ́ːrkəbl]

[형] 놀랄 만한, 주목할 만한(= outstanding)

01 Indonesia produces a **remarkable** amount of rubber: about three million tons per year. 모의응용

• remarkably [부] 두드러지게, 매우

0088

norm **

발음주의 [nɔːrm]

[명] 1. 표준(= standard) 2. 평균(= average) 3. 《복수형》 규범; 기준

02 Parent-infant 'co-sleeping' is the **norm** for approximately 90 percent of the world's population. 수능응용

03 She scored well above the **norm** in math.

04 Each culture develops its own social **norms**.

• normal [형] 1. 표준의 2. 정상적인(↔ unusual 정상이 아닌; 독특한)

0089

vast **

[væst]

[형] (수, 양이) 엄청난, 막대한(= huge)

05 Relying on the Internet can leave us overwhelmed due to the **vast** amount of information available. 모의응용

• vastly [부] 엄청나게, 대단히

0090

equality **

[ikwɑ́ləti]

[명] 평등, 균등(↔ inequality 불평등)

06 All people have the right to **equality** of opportunity.

0091

mount **

[maunt]

[동] 1. (자전거, 말 등에) 올라타다; 올라가다(↔ dismount 내리다) 2. 증가하다(= increase)

[명] 산 《약어 Mt.》

07 The cowboy **mounted** his horse and then quickly dismounted.

08 Tension here is **mounting**, as we await the final result.

09 **Mt**. Everest

0092

prominent **

발음주의 [prɑ́mənənt]

[형] 1. 돌출된; 눈에 잘 띄는(= notable) 2. 중요한; 유명한(= well-known)

10 His photo stood in a **prominent** place on her desk.

11 Mozart and Beethoven are **prominent** nineteenth-century composers.

모의응용

---

01 인도네시아는 **놀랄 만한** 양의 고무를 생산하는데, 매년 약 300만 톤이다. **02** 부모와 유아가 같이 자는 것은 세계 인구의 약 90퍼센트 사람들에게는 **표준**이다. **03** 그녀는 수학에서 **평균** 이상으로 좋은 점수를 받았다. **04** 각 문화는 각자 그것만의 사회적 **규범**을 발달시킨다. **05** 인터넷에 의존하는 것은 이용 가능한 정보의 **엄청난** 양 때문에 우리를 압도할 수 있다. **06** 모든 사람은 기회 **균등**의 권리가 있다. **07** 그 카우보이는 자신의 말에 **올라탔다가** 곧 내려왔다. **08** 우리가 최종 결과를 기다리는 동안 이곳의 긴장감은 **증가하고** 있다. **09** 에베레스트 **산 10** 그의 사진은 그녀의 책상 위 **눈에 잘 띄는** 곳에 세워져 있었다. **11** 모차르트와 베토벤은 **유명한** 19세기 작곡가들이다.

0093

subtle **

발음주의 [sʌ́tl]

[형] 1. 미묘한, 알아채기 힘든 (↔ obvious 명백한) 2. 교묘한, 영리한

01 On a first date, **subtle** things like wrinkled clothes may ruin someone's impression of you. 모의응용

02 The suspect devised a **subtle** plan to escape from the police station.

0094

duration **

[dʒuréiʃən]

[명] 지속 (기간) (= span)

03 This laptop's strongest point is its long battery **duration**. 모의응용

• **durable** [형] 오래가는, 튼튼한 (↔ fragile 부서지기 쉬운)

• **durability** [명] 견고함, 내구성 《변질되거나 변형됨이 없이 오래가는 성질》

0095

portion **

발음주의 [pɔ́ːrʃən]

[명] 1. 부분 2. (음식의) 1인분 (= serving) [동] (부분으로) 나누다

04 Please return the bottom **portion** of this letter with your address to subscribe to our magazine. 모의응용

05 Controlling **portion** sizes is one of the best ways to lose weight. 모의응용

0096

visible **

발음주의 [vízəbəl]

[형] 눈에 보이는 (↔ invisible 보이지 않는); 뚜렷한, 명백한 (= obvious)

06 Write down your study goals. Making your goals **visible** will motivate you. 모의응용

• **visibility** [명] 1. 눈에 잘 보임; 명백함 2. 시야

0097

gaze **

[geiz]

[동] 응시하다 [명] 응시 (= stare 응시; 응시하다)

07 He sat for a time in front of the fireplace, **gazing** at the warm fire. 수능응용

0098

glance **

[glæns]

[동] 흘깃 보다 [명] 흘깃 봄

08 One **glance** at the pyramid left me in awe of its beauty. 모의응용

◆ **at a glance** 첫 눈에; 즉시

---

01 첫 데이트에서, 주름진 옷과 같은 **미묘한** 것들은 당신에 대한 누군가의 인상을 망칠 수도 있다. **02** 그 용의자는 경찰서에서 빠져나갈 **교묘한** 계획을 세웠다. **03** 이 노트북의 가장 큰 장점은 긴 배터리 **지속 시간**이다. **04** 저희 잡지를 구독하시려면 이 편지의 하단 **부분**을 귀하의 주소와 함께 보내주십시오. **05** 1인분의 양을 소절하는 것은 살을 빼는 가장 좋은 방법 중 하나이다. **06** 공부 목표를 적어라. 목표를 **눈에 보이게** 하는 것은 여러분에게 동기를 부여해줄 것이다. **07** 그는 따뜻한 불꽃을 **응시하며** 난로 앞에 한동안 앉아 있었다. **08** 나는 피라미드를 **흘깃 보는 것**만으로 그 아름다움에 경외심을 느꼈다.

0099

tremendous **

[triméndəs]

[형] 1. (양, 크기가) **엄청난**(= enormous) 2. **멋진, 대단한**

01 A nuclear war would be a **tremendous** disaster, enough to destroy the earth. 모의응용
02 The actor had **tremendous** acting talent and the willingness to get the best out of films. 모의응용

• tremendously [부] 엄청나게; 대단히

0100

remote **

[rimóut]

[형] 1. **외딴, 먼**(= distant) 2. **원격의**

03 We lived in a **remote** place, far from civilization. 수능응용
04 Smartphones enable you to get **remote** access to your email.

0101

abundant **

발음주의 [əbʌ́ndənt]

[형] **풍부한, 많은**(= plentiful)

05 Our village has been blessed with **abundant** crops every year. 모의응용

• abundance [명] 풍부, 다량

0102

capacity **

발음주의 [kəpǽsəti]

[명] 1. **용량, (최대) 수용량** 2. **능력**(= ability)(↔ incapacity 무능(력))

06 The **capacity** of the air fryer should be more than four liters to cook a whole chicken. 모의응용
07 A fundamental trait of human nature is its incredible **capacity** for adaptation. 모의응용

0103

external **

[ikstə́ːrnl]

[형] 1. **외부의**(= outer) 2. **대외적인; 외국의**(↔ internal 1. 내부의 2. 국내의)

08 Female kangaroos carry their young in pouches that are **external** to their bodies.
09 **external** trade

0104

diminish **

[dimíniʃ]

[동] 1. **줄이다, 줄어들다** 2. (중요성 등을) **폄하하다, 깎아내리다**

10 Earth's forests are expected to **diminish** during this century. 수능응용
11 Nothing could **diminish** the importance of his contributions.

---

01 핵전쟁은 지구를 파괴하기에 충분한 **엄청난** 재앙이 될 것이다. **02** 그 배우는 **대단한** 연기 재능과 영화에서 최상의 결과를 얻으려는 의지가 있다. **03** 우리는 문명사회와는 거리가 먼 **외딴** 곳에 살았다. **04** 스마트폰은 당신이 이메일에 **원격** 접속하는 것을 가능하게 해준다. **05** 우리 마을은 매년 **풍부한** 곡물로 축복을 받아 왔다. **06** 통닭을 요리하려면 에어프라이어의 **용량**은 4리터 이상이어야 한다. **07** 인간 본성의 근본적인 특징은 놀라운 적응 **능력**이다. **08** 암컷 캥거루는 자신의 몸 **외부에 있는** 주머니 안에 새끼를 넣고 다닌다. **09** 대외 무역 **10** 지구의 숲은 이 세기 동안 **줄어들** 것으로 예상된다. **11** 어떤 것도 그의 기여가 가지는 중요성을 **폄하**할 수 없을 것이다.

0105

shrink **

shrank-shrunk
발음주의 [ʃriŋk]

⑤ 1. 줄어들다 2. 움츠러들다

01 On a global scale, natural resources are **shrinking**. 수능응용
02 He **shrank** in horror when he saw the accident.

0106

ethical **

[éθikəl]

⑱ 1. 윤리적인, 도덕에 관련된 2. 도덕적으로 옳은

03 The use of animals in scientific tests raises **ethical** questions.
04 I don't think it is **ethical** to keep animals in zoos.

- ethic ⑲ 윤리, 도덕
- ethics ⑲ 윤리학

0107

constitute **

발음주의, 강세주의
[kánstətjùːt]

⑤ 1. **구성하다, 이루다**(= comprise) 2. (~로) **여겨지다**
  3. **설립하다; 제정하다**(= establish)

05 The IT department **constitutes** a great part of the success of our
   company. 수능응용
06 The rise in crime **constitutes** a threat to society.
07 The government of the United States was officially **constituted** in 1789.

- constitution ⑲ 1. 구성 2. 헌법
- constitutional ⑱ 1. 헌법의 2. 구조상의

0108

excel **

excelled-excelled-excelling
발음주의, 강세주의
[iksél]

⑤ **뛰어나다; (평소보다) 뛰어나게 잘하다**

08 The ancient Egyptians **excelled** in many areas of science and
   mathematics. 모의응용

0109

certificate **

[sərtífikət]

⑲ 증명서, 자격증(= license)

09 If you donate blood, you'll get a **certificate** you can
   use later. 수능응용

- certify ⑤ 1. (공식적으로) 증명하다 2. 증명서[자격증]를 주다
- certification ⑲ 증명(서), 보증

---

01 전 세계적으로 천연자원은 **줄어들고** 있다. **02** 그는 그 사고를 봤을 때 겁에 질려 **움츠러들었다. 03** 과학 실험에서 동물들을 사용하는 것은 **윤리적인** 문제를
일으킨다. **04** 나는 동물들을 동물원에 가두는 것이 **도덕적으로 옳다고** 생각하지 않는다. **05** IT 부서는 우리 회사의 성공에 큰 부분을 **이룬다. 06** 범죄의 증가는
사회에 대한 위협으로 **여겨진다. 07** 미국 정부는 1789년에 공식적으로 **설립되었다. 08** 고대 이집트인들은 과학과 수학의 많은 분야에서 **뛰어났다. 09** 헌혈을
하면, 너는 나중에 사용할 수 있는 **증명서**를 받게 될 것이다.

0110
strive**
strived/strove-strived/striven
[straiv]

동 매우 노력하다, 애쓰다(= struggle)

01 We should **strive** to distinguish false information from the truth. 모의응용

◆ **strive to-v[for]** ~을 위해 노력하다

0111
behalf**
발음주의 [biháef]

명 이익; 지지

02 Some parents are willing to do anything on their child's **behalf**.
03 Those who pass the interview will participate on **behalf** of our school in the speech contest. 모의응용

◆ **on behalf of** ~을 대신[대표]하여

0112
defend**
[difénd]

동 1. 방어하다(= protect); 수비하다 2. 옹호하다; 변호하다

04 Some spiders use poison to **defend** themselves. 모의응용
05 It's difficult to **defend** a sport that involves hurting animals.

• defense / defence 명 1. 방어; 수비 2. 옹호; 변호
• defensive 형 방어의, 방어적인(↔ offensive 공격적인)

0113
cue**
[kju:]

명 신호 동 신호를 주다(= signal 신호; 신호를 보내다)

06 The singer's arrival seemed to be the **cue** for everyone to start dancing.

0114
engage**
[ingéidʒ]

동 1. (주의, 관심을) 끌다, 사로잡다(= attract) 2. 고용하다(= hire) 3. 참여[관여]하다

07 The debate about food safety has **engaged** the whole nation.
08 The company is to **engage** a new sales director.
09 People should **engage** in physical activity to remain healthy. 모의응용

◆ **be engaged in** ~에 종사하다

• engaged 형 1. 약혼한 2. ~하고 있는
• engagement 명 1. 약속; 약혼 2. 고용 3. 참여, 관여

0115
similarity**
[siməlǽrəti]

명 유사(성), 닮은 점

10 Relationships tend to be based on **similarities** in values. 모의응용

---

01 우리는 잘못된 정보와 진실을 구분하기 위해 **노력해야** 한다. **02** 어떤 부모들은 아이의 **이익**을 위해 무엇이든 기꺼이 한다. **03** 면접에 합격한 사람들은 우리 학교를 **대표하여** 웅변대회에 참여할 것이다. **04** 어떤 거미들은 자신을 **방어하기** 위해 독을 사용한다. **05** 동물을 해치는 일을 포함하는 스포츠를 **옹호하는** 것은 어렵다. **06** 그 가수의 등장이 모두 춤을 추기 시작하라는 **신호**인 것처럼 보였다. **07** 식품 안전에 관한 논쟁은 전 국민의 관심을 **끌어** 왔다. **08** 그 회사는 새로운 영업 부장을 **고용할** 예정이다. **09** 사람은 건강을 유지하기 위해 신체적 활동에 **참여해야** 한다. **10** 관계는 가치관의 **유사점들**에 바탕을 두는 경향이 있다.

• down의 의미

하강·감소	위치나 움직임의 하강 또는 양, 크기, 속도, 정도 등의 감소를 나타냄. · If you are sick, please lie **down** on the bed. (만약 아프시다면, 침대에 누워 주세요.) · He cut **down** on coffee and ate a balanced diet. (그는 커피를 줄이고 균형 잡힌 식사를 했다.)	
고정·정지·억압	물리적으로 움직임을 고정 또는 정지시키거나, 감정의 분출을 막는 것을 나타냄. · We fastened **down** the luggage with a belt. (우리는 가방을 벨트로 묶었다.) · She was angry, but we managed to calm her **down**. (그녀는 화가 났지만, 우리는 가까스로 그녀를 진정시켰다.)	
경멸·비난	다른 사람을 멸시하거나 비판하는 것을 나타냄. · I really hate it when our manger talks **down** to us. (나는 우리의 관리자가 우리를 얕보는 투로 말할 때 정말 싫다.)	

0116

break down

1. 고장 나다 2. (장벽 등을) 무너뜨리다 3. 분해되다, 해체하다

break + down(정지; 하강) → 깨서 (기능이) 정지하다; 깨서 주저앉게 하다

01 When our neighbor's truck **broke down**, we went to his aid. 모의응용
02 This article details people who **broke down** barriers based on race and gender.
03 This pot is made from recycled paper and will **break down** harmlessly in your garden soil. 모의응용

01 이웃의 트럭이 **고장 났을** 때, 우리는 그를 도와주러 갔다. **02** 이 기사는 인종과 성(性)의 장벽을 **무너뜨린** 사람들에 대해 자세히 다루고 있다. **03** 이 화분은 재활용된 종이로 만들어졌고 여러분의 정원 흙에서 무해하게 **분해될** 것입니다.

0117

bring down

1. 하락시키다, 내리다 2. 쓰러뜨리다 3. (정부 등을) 무너뜨리다, 뒤집어엎다

bring + **down**(하강) → 아래로 가져오다

01 The good harvest **brought down** the price of rice.
02 Cats **bring down** their prey by attacking without warning. 모의응용
03 After ruling by force for 20 years, the government was **brought down** by civil resistance.

0118

come down with

(병에) 걸리다 (= contract)

come + **down**(고정, 정지) + **with** → ~으로 인해 (기능이) 정지하다

04 The singer cannot perform for us because she's **come down with** the flu. 모의응용

0119

get down

1. (알약 등을) 삼키다, 먹다 2. 낙담시키다, 우울하게 하다 (= disappoint)

get + **down**(하강) → 아래로 내려가게 하다; 아래에 있게 하다

05 You'll feel better once you **get** this medicine **down**.
06 Although you didn't win first prize this time, don't let it **get** you **down**.
모의응용

0120

hand down

물려주다; (후세에) 남기다 (= inherit, pass down)

hand + **down**(하강) → 아래로 넘겨주다

07 The owner of the restaurant made a fortune with the recipes **handed down** from his grandmother. 모의응용

---

01 풍년이 들어 쌀 가격이 **내렸다. 02** 고양이는 경고 없이 공격하여 먹잇감을 **쓰러뜨린다. 03** 20년 동안 무력으로 지배한 후, 그 정부는 시민의 저항에 의해 **무너졌다. 04** 그 가수는 독감에 **걸려서** 우리를 위해 공연을 할 수 없다. **05** 일단 이 약을 **먹으면** 회복될 거예요. **06** 비록 이번에 일등을 하지 못했지만, 그것 때문에 **낙담하지** 마. **07** 식당 주인은 할머니에게 **물려받은** 요리법으로 부자가 되었다.

0121

rid **

rid-rid-ridding
[rid]

동 없애다, 제거하다

01 The ad-blocking program gets **rid** of useless pop-up ads on the Internet. 수능응용

◆ **get rid of** ~을 없애다, 제거하다

0122

invest **

[invést]

동 1. 투자하다 2. (시간, 노력 등을) 쏟다, 들이다

02 He **invested** a huge amount of money in the business.
03 You should **invest** some time in regular check-ups to stay healthy. 수능응용

• investment 명 투자 (자금)
• investor 명 투자자

0123

substance **

[sʌ́bstəns]

명 1. 물질(= material) 2. 본질, 핵심(= essence); 실체

04 Diamond is one of the hardest **substances** on Earth. 모의응용
05 The **substance** of his argument is that everyone should live a happy life.

0124

mission **

[míʃən]

명 1. 임무 2. (스스로 부여한) 사명, 천직

06 While manned space **missions** are more costly than unmanned ones, they are more successful. 수능응용
07 He always thought that his **mission** in life was teaching the deaf.

• missionary 명 선교사 형 전도의

0125

faith **

[feiθ]

명 1. 확신, 신뢰(= confidence, trust) 2. 신념, 신앙(심)

08 Our parents have always had **faith** in us.
09 Even in the bad times she never lost her religious **faith**.

• faithful 형 충실한, 성실한(= loyal)
• faithfully 부 충실히, 성실하게

---

01 광고 차단 프로그램은 인터넷에서 불필요한 팝업 광고를 **제거해준다. 02** 그는 그 사업에 엄청난 돈을 **투자했다. 03** 건강을 유지하기 위해 정기적인 검진에 시간을 **들여야** 한다. **04** 다이아몬드는 지구상에서 가장 단단한 **물질** 중 하나이다. **05** 그의 주장의 **핵심**은 모든 사람이 행복한 삶을 살아야 한다는 것이다. **06** 유인 우주 **임무**는 무인 우주 임무에 비해 비용이 더 들지만, 더 성공적이다. **07** 그는 청각장애인을 가르치는 것이 인생의 **사명**이라고 항상 생각했다. **08** 부모님은 항상 우리에 대한 **신뢰**를 가지고 계신다. **09** 어려운 시기에도 그녀는 결코 종교적 **신념**을 잃지 않았다.

0126

hence **

[hens]

튀 그러므로, 따라서

01 Content on SNS can be harmful to children. **Hence**, we should raise awareness about it. 수능응용

0127

dominate **

[dámənèit]

동 지배하다; 우위를 차지하다(= prevail)

02 Her loud voice totally **dominated** the conversation.

· **dominant** 형 지배적인; 우세한
· **dominance** 명 1. 지배 2. 우월

0128

overwhelm **

발음주의, 강세주의
[òuvərwélm]

동 압도하다; 제압하다

03 We are **overwhelmed** by the vast amount of information on the internet.

◆ **be overwhelmed with** ~에 압도되다

· **overwhelming** 형 압도적인

0129

protest **

강세주의
동[prətést, próutest] 명[próutest]

동 항의하다, 시위하다 명 항의, 시위

04 The victim's family **protested** against the judge's sentence.

0130

scatter **

[skǽtər]

동 1. 흩뿌리다 2. (뿔뿔이) 흩어지다(= disperse)

05 He **scattered** the grass seeds over the soil.
06 The rabbits **scattered** when they heard our footsteps.

0131

dilemma **

철자주의 [dilémə]

명 딜레마, 궁지

07 Being able to replace humans with AI robots could create moral **dilemmas**. 수능응용

---

01 SNS의 콘텐츠는 아이들에게 해로울 수 있다. **그러므로** 우리는 SNS에 대한 경각심을 키워야 한다. 02 그녀의 큰 목소리는 대화를 완전히 **지배했다**. 03 우리는 인터넷상의 많은 정보의 양에 **압도된다**. 04 피해자 가족은 판사의 판결에 **항의했다**. 05 그는 땅 위에 잔디 씨앗을 **흩뿌렸다**. 06 토끼들은 우리의 발자국 소리를 듣고 **뿔뿔이 흩어졌다**. 07 인간을 인공지능 로봇으로 대체할 수 있다는 것은 도덕적인 **딜레마**를 야기할 수도 있다.

0132

vertical**

[və́ːrtikəl]

형 수직의, 세로의 (= upright) (↔ horizontal 수평의, 가로의)

01 The fish has a series of dark **vertical** stripes along its sides. 수능응용

• vertically 　부 수직으로

0133

inevitable**

[inévitəbəl]

형 불가피한, 피할 수 없는 (= unavoidable)

02 The changing of the seasons is an **inevitable** feature of the earth's climate.

• inevitably 　부 불가피하게, 반드시

0134

simultaneously**

발음주의, 강세주의 [sàiməltéiniəsli]

부 동시에, 일제히

03 The speech will be broadcast **simultaneously** on radio and TV.

• simultaneous 　형 동시에 일어나는, 동시의

0135

tremble**

[trémbl]

동 (몸을) 떨다, 떨리다 　명 떨림 (= shiver 떨다; 전율; 오한, shake 떨다; 떨림)

04 When he came out of the water, he was **trembling** with cold.

0136

spare**

[spɛ́ər]

형 남는, 여분의 (= extra)

동 1. (시간, 돈 등을) 할애하다　2. (불쾌한 일 등을) 피하게 해주다

05 You can get **spare** parts for the washing machine for free. 수능응용
06 Can you **spare** a couple of hours on Tuesday?
07 He wanted to **spare** his family from the stress he had endured.

0137

temporary**

강세주의 [témpərèri]

형 일시적인; 임시의 (↔ everlasting 영원한; 끊임없는)

08 Bandaging your ankle is just a **temporary** fix. You should go and see a doctor immediately. 수능응용

• temporarily 　부 일시적으로

---

01 그 물고기는 옆면에 일련의 진한 **세로** 줄무늬가 있다. 02 계절의 변화는 지구 기후의 **불가피한** 특징이다. 03 그 연설은 라디오와 TV에서 **동시에** 방송될 것이다. 04 물에서 나왔을 때, 그는 추위에 **떨고 있었다**. 05 당신은 **여분의** 세탁기 부품을 무료로 얻을 수 있다. 06 화요일에 시간을 좀 **내줄** 수 있나요? 07 그는 자신이 견뎠던 스트레스를 가족들은 **피하게 해주고** 싶었다. 08 발목에 붕대를 감는 것은 **일시적인** 치료일 뿐이다. 너는 즉시 병원에 가서 진찰을 받아야 한다.

0138

undermine**

강세주의 [ʌ̀ndərmáin]

동 (자신감, 능력 등을) **약화시키다** (= weaken) (↔ strengthen 강화하다[되다])

01 Anxiety **undermines** the intellect, so it can affect academic performance. 수능응용

0139

rub**

rubbed-rubbed-rubbing
[rʌb]

동 문지르다, 비비다 명 문지르기

02 The old man was **rubbing** his hands together to warm them up.

0140

cope**

[koup]

동 대처하다, 대응하다 (= manage)

03 Victims must **cope** with feelings of anxiety, pain, anger, and fear.

• **cope with** ~에 대처[대응]하다

0141

vague*

발음주의 [veig]

형 1. 애매모호한 2. 희미한; 막연한 (= unclear) (↔ clear 분명한)

04 The instructions she left were **vague** and difficult to follow.
05 I heard a **vague** sound, like someone speaking, but I didn't know what it was. 수능응용

• **vaguely** 부 애매모호하게

0142

dim*

dimmed-dimmed-dimming
[dim]

형 1. 어둑한 (↔ bright 밝은) 2. (기억 등이) 흐릿한, 희미한

06 I found her sitting in a **dim** corner of the restaurant.
07 We had only a **dim** notion of what was going on.

---

01 불안은 지능을 **약화시키기** 때문에 학업 성적에 영향을 줄 수 있다. **02** 노인은 손을 따뜻하게 하려고 마주 **비비고** 있었다. **03** 피해자들은 근심, 고통, 분노, 그리고 두려움의 감정에 **대처해야**만 한다. **04** 그녀가 남긴 지시들은 **애매모호하고** 따르기 어려웠다. **05** 나는 누군가 말하는 것 같은 **희미한** 소리를 들었지만, 그것이 무엇인지 몰랐다. **06** 나는 그녀가 레스토랑의 **어둑한** 구석에 앉아있는 것을 발견했다. **07** 우리는 무슨 일이 일어나고 있는지에 대해 단지 **흐릿한** 생각만을 가지고 있었다.

0143

blur *

blurred-blurred-blurring
[blə:r]

● blurry

[동] 흐릿해지다; 모호하게 만들다

[형] 흐릿한; 모호한

01 I was so tired that my eyes started to **blur**.

0144

posture **

발음주의 [pάstʃər]

[명] 자세; 태도(= attitude)

02 Most back pain is caused by bad **posture**, so keep your back straight.
모의응용

0145

oval *

발음주의 [óuvəl]

[형] 타원형의, 달걀 모양의 [명] 타원형

03 I prefer the **oval** trash can to the rectangular one. 모의응용

| 모양을 나타내는 어휘 |

rectangle 직사각형
spiral 나선형(의); 소용돌이
semicircle 반원(형)

cone 원뿔
sphere 1. 구(체) 2. 영역
cylinder 원통

0146

steep **

[sti:p]

[형] 1. 가파른, 비탈진 2. (증감의 정도가) 급격한 3. 가격이 비싼

04 When the contour lines are positioned closely together, the hill's slope is **steep**. 수능응용
05 House prices now seem stable after a period of **steep** increases.
06 Apartments are really scarce in this city, so rents are **steep**.

0147

magnitude *

발음주의, 강세주의
[mǽgnətjùːd]

[명] 1. 엄청난 규모; 중요성 2. 크기; (별의) 광도; 지진 규모

07 the **magnitude** of the universe
08 They measured the **magnitude** of the lake.

---

01 나는 너무 피곤해서 눈이 **흐릿해지기** 시작했다. 02 대부분의 허리 통증은 나쁜 **자세**에서 야기되므로, 허리를 똑바로 펴라. 03 나는 **타원형의** 쓰레기통을 직사각형 모양보다 선호한다. 04 등고선이 서로 가깝게 위치하면 언덕의 경사가 **가파르다**. 05 **급격한** 가격 상승 기간 후 이제는 집값이 안정된 것으로 보인다. 06 이 도시에선 아파트가 정말로 드물기에, 임대료가 **비싸다**. 07 우주의 **엄청난 규모** 08 그들은 호수의 **크기**를 측정했다.

0148

worthwhile *

[wə̀ːrθwáil]

⟨형⟩ (~할) 가치가 있는

01 Doing work we find **worthwhile**, we earn a sense of pride and a feeling of accomplishment. 교과서응용

0149

minimize **

[mínəmàiz]

⟨동⟩ 최소화하다; 축소하다 (↔ maximize 극대화하다)

02 Strict emission standards are needed to **minimize** air pollution. 수능응용

• minimum ⟨명⟩ 최저, 최소 ⟨형⟩ 최저의, 최소의 (↔ maximum 최고(의), 최대(의))
• minimal ⟨형⟩ 최소의, 아주 적은

0150

integral *

발음주의 [íntigrəl]

⟨형⟩ 필수적인, 없어서는 안 될 (= necessary, essential)

03 Light is an **integral** element of all life. 수능응용

0151

cease *

[siːs]

⟨동⟩ 중지하다, 그만두다 (= stop, discontinue)

04 Conversation suddenly **ceased** when she entered the room.

• ceaseless ⟨형⟩ 끊임없는 (= incessant)

0152

bind *

bound-bound
[baind]

⟨동⟩ 1. 묶다, 매다 (= tie) 2. 결속시키다 (= unite)

05 The pile of newspapers was **bound** with string.
06 The troubles they had shared **bound** them much closer together.

---

01 우리가 **가치 있다**고 생각하는 일을 하면서, 우리는 자부심과 성취감을 얻는다. **02** 대기 오염을 **최소화하기** 위해서 엄격한 배출 기준이 필요하다. **03** 빛은 모든 생명의 **필수적인** 요소이다. **04** 그녀가 방에 들어오자 대화가 갑자기 **중단되었다. 05** 신문 더미가 줄로 **묶여 있었다. 06** 그들이 공유했던 문제점들은 그들을 서로 훨씬 더 가깝게 **결속시켰다.**

0153

grasp**

[græsp]

동 1. 꽉 잡다 2. 완전히 이해하다
명 1. 움켜잡기 2. 이해 (= grip 꽉 잡다; 움켜쥠; 이해(력))

01 She **grasped** the fishing rod tightly as a powerful fish took her line. 수능응용
02 He found it difficult to **grasp** the rules of the game.

0154

elevate**

[éləvèit]

동 1. (들어)올리다; 증가시키다 (= raise) 2. 승진[승격]시키다 (= promote)

03 This drug tends to temporarily **elevate** body temperature.
04 He has been **elevated** to senior manager.

• elevation 명 1. 승진, 승격 2. 해발 고도

◆◆ down을 포함한 구동사 ②

0155

hold down

억제하다, 억누르다

hold + down(억압) → 억압된 상태로 잡고 있다

05 We **held down** prices to gain a larger market share.

0156

let down

1. 실망시키다 (= disappoint, get down) 2. 덜 성공적으로[효율적으로] 만들다

let + down(하강) → 아래에 놓아두다

06 I know you're expecting a good performance. I won't **let** you **down**.
모의응용

07 The film was **let down** by an excessively simple plot.

---

01 힘이 센 물고기가 낚싯줄을 물자 그녀는 낚싯대를 **꽉 잡았다. 02** 그는 게임의 규칙을 **완전히 이해하기** 어렵다고 생각했다. **03** 이 약은 일시적으로 체온을 **올리기** 쉽다. **04** 그는 고위 간부로 **승진되었다. 05** 우리는 더 큰 시장점유율을 달성하기 위해 가격을 **억제했다. 06** 나는 네가 멋진 공연을 기대하고 있는 것을 안다. 너를 **실망시키지** 않을 것이다. **07** 그 영화는 지나치게 단순한 구성으로 인해 **덜 성공적으로 만들어졌다.**

0157
look down on

얕보다, 무시하다(= despise) (↔ look up to 존경하다)

look + down(경멸) + on → ~를 경멸하며 보다

01 Adults sometimes **look down on** the nonsense and silliness of children. 수능용용

0158
put down

1. (글을) **적다**(= take down) 2. (무력으로) **진압하다**(= suppress)

3. (비용의 일부를) **지불하다**

put + down(고정; 억압) → (말, 생각 등을) 고정시키다; 억압한 상태로 두다

02 I need to **put down** my thoughts on paper before I forget them.
03 Troops were called in to help **put down** the rebellion.
04 We **put down** 10 percent on the house and will pay the rest over the next few years.

0159
settle down

1. **정착하다** 2. **진정되다, 진정시키다**

settle + down(고정) → 고정된 상태로 앉히다

05 Before **settling down** in Portugal, she had run her own shop in London.
06 When I lost the piano contest, I ran out of the concert hall to **settle down**. 수능용용

0160
turn down

1. (소리, 온도 등을) **낮추다** 2. **거절[거부]하다**(= refuse, reject, decline)

turn + down(감소; 하강) → 돌려서 줄이다; 아래로 돌려놓다

07 A long hot shower damages your skin, so **turn down** the temperature of the water. 모의용용
08 Sometimes **turning down** invitations can be less stressful than accepting them. 모의용용

---

01 어른들은 때때로 아이들의 터무니없음과 엉뚱함을 **무시한다. 02** 나는 잊어버리기 전에 내 생각들을 종이에 **적어야** 한다. **03** 반란을 **진압하는** 것을 돕기 위해 군대가 소집되었다. **04** 우리는 집값의 10퍼센트를 **지불하였고,** 나머지는 앞으로 몇 년간 지불할 것이다. **05** 포르투갈에 **정착하기** 전에 그녀는 런던에서 자신의 상점을 운영했다. **06** 내가 피아노 대회에서 졌을 때, 나는 **진정하기** 위해 공연장을 빠져나왔다. **07** 뜨거운 물로 오래 샤워하는 것은 피부에 손상을 주므로, 물의 온도를 **낮춰라. 08** 초대를 받아들이는 것보다 **거절하는 것이** 때때로 덜 성가실 수 있다.

0161

dust**
[dʌst]

명 1. 먼지 2. 가루　동 1. 먼지를 털다 2. 가루를 뿌리다

01 You should clean the **dust** out of your computer regularly. 수능용용
02 He wiped the chalk **dust** off his hands.

• dusty　형 먼지투성이의

0162

package**
[pǽkidʒ]

명 1. 소포(= parcel) 2. (포장용) 상자; 포장한 상품 3. (여행 등의) 패키지

03 My uncle in France sent me a **package** of French DVDs.
04 We ate the whole **package** of crackers for lunch.
05 The hotel fee is included in our **package** tour.

0163

paradigm
발음주의, 철자주의
[pǽrədàim]

명 1. 패러다임, (특정 시대의 지배적인) 사고의 틀 2. 전형적인 예[양식]

06 A **paradigm** is a perspective that shapes how we see the world.
07 The businessman had become the **paradigm** of a successful man.

0164

format**
[fɔ́ːrmæt]

명 (전반적인) 구성 방식 동 포맷을 만들다

08 The original **format** of the TV show has not changed much over the years.

0165

upcoming
[ʌ́pkʌ̀miŋ]

형 다가오는, 곧 있을

09 The organization publishes a weekly newsletter about **upcoming** events. 수능용용

0166

drawback*
[drɔ́ːbæ̀k]

명 결점, 문제점(= disadvantage)

10 The main **drawback** to this product is that it tends to break easily.

---

01 너는 컴퓨터의 **먼지**를 주기적으로 청소해야 한다. **02** 그는 자신의 손에서 분필 **가루**를 닦아냈다. **03** 프랑스에 계신 나의 삼촌이 나에게 프랑스 DVD **소포**를 보내주셨다. **04** 우리는 점심으로 크래커 한 **상자**를 다 먹었다. **05** 호텔 요금은 우리 **패키지**여행에 포함되어있다. **06** **패러다임**은 우리가 세상을 보는 방법을 형성하는 관점이다. **07** 그 사업가는 성공한 사람의 **전형적인 예**가 되었다. **08** 그 TV 프로그램의 본래 **구성 방식**은 수년간 크게 변하지 않았다. **09** 그 단체는 **다가오는** 행사에 대한 주간 소식지를 발행한다. **10** 이 제품의 주요 **문제점**은 잘 깨지기 쉽다는 것이다.

0167

prone

[proun]

형 《부정적》 ~하기 쉬운, ~하는 경향이 있는

01 Working without a break makes you more **prone** to error.

◆ **be prone to-v** (좋지 않은 일을) v하기 쉽다

0168

inquiry /
enquiry**

발음주의, 강세주의
[inkwáiəri, ínkwəri]

명 1. 질문, 문의 2. 조사, 연구

02 For **inquiries** about our academic curriculum, please call us.

03 Logic, persistence, and brilliant thinking are vital to scientific **inquiry** and invention. 모의응용

0169

alternate*

발음주의
동[ɔ́:ltərnèit] 형[ɔ́:ltərnət]

동 교대로 일어나다, 번갈아 (나오게) 하다 형 번갈아 나오는

04 To make this snack, you should **alternate** layers of tomatoes and cheese.

◆ **alternate A with B** A와 B가 계속 하나씩 번갈아 나오게 만들다

• alternately 부 교대로, 번갈아
• alternative 형 대체의, 대안의 명 대안(= option)

0170

overlap*

overlapped-overlapped-
overlapping
강세주의
동[òuvərlǽp] 명[óuvərlæ̀p]

동 겹쳐지다; 중복되다, 공통되다 명 겹침; 중복

05 The festival will be held from January 11 to 13, so it won't **overlap** with our family trip. 수능응용

06 My musical tastes don't **overlap** with my brother's at all.

0171

lessen*

[lesn]

동 (크기, 양 등이) 줄다, 줄이다

07 To **lessen** the stress on your neck, you need to sit upright. 수능응용

---

01 휴식 없이 일하면 실수를 **하기** 더 **쉽다. 02** 저희 교과 과정에 관한 **문의**가 있으시면, 전화해주세요. **03** 논리와 인내, 기발한 생각은 과학적 **연구**와 발명에 필수적이다. **04** 이 간식을 만들기 위해서는 토마토와 치즈가 층층이 **번갈아 나오게 해야** 한다. **05** 축제는 1월 11일부터 13일까지 열릴 것이므로, 우리의 가족 여행과 **겹치지** 않는다. **06** 나의 음악적 취향은 내 남동생의 취향과 전혀 **공통되지** 않는다. **07** 목의 긴장을 **줄이기** 위해서는 똑바로 앉아야 한다.

0172

terminal *

[tə́ːrminəl]

[형] (질병 등이) **말기의; 끝의** [명] **터미널, 종점**

01 His family didn't realize his cancer was **terminal**.
02 a bus/ferry/air **terminal**

• terminate [동] 종료되다, 끝나다
• termination [명] 종료, 종결

0173

collision *

[kəlíʒən]

[명] **충돌, 부딪침**(= clash)

03 Every boat should be equipped with a lighting device to avoid **collisions**.

• collide [동] 충돌하다, 부딪치다

0174

converge

[kənvə́ːrdʒ]

[동] 1. **모여들다, 집중되다**(↔ disperse 흩어지다, 해산하다) 2. (생각 등이) **수렴되다**

04 Hundreds of thousands **converged** on the square with lighted candles.
05 Many ideas **converged** to create the modern computer.

• convergence [명] 1. 집중성 2. 수렴

0175

potent

발음주의 [póutnt]

[형] **강력한, 효과적인**(↔ impotent 무력한)

06 His speech had such a **potent** emotional impact that we were all deeply moved.

0176

optimal *

[áptəməl]

[형] **최선의, 최적의**

07 Migrant animals choose **optimal** habitats for survival and breeding.

수능응용

• optimum [형] 최선의, 최적의 [명] 최선의 것, 최적의 것

---

01 그의 가족은 그의 암이 **말기**라는 것을 인지하지 못했다. **02** 버스/선박/항공 **터미널 03** 모든 배는 **충돌**을 피하기 위해 조명 장치를 설치해야 한다. **04** 수십만 명의 사람들이 촛불을 들고 광장으로 **모여들었다. 05** 최신 컴퓨터를 만들기 위해 많은 아이디어가 **수렴되었다. 06** 그의 연설은 감정에 **강력한** 영향을 주어서 우리는 모두 매우 감동했다. **07** (계절에 따라) 이동하는 동물들은 생존과 번식을 위한 **최적의** 서식지를 고른다.

0177

discard*

[diskáːrd]

동 폐기하다, 버리다 (= throw away, abandon)

01 We **discard** the old for the new too frequently and without thought.
모의응용

0178

magnify*

[mǽgnəfài]

동 1. 확대하다 2. (중요성, 심각성을) 과장하다 (= exaggerate)

02 The lens can **magnify** images to 100 times their original size.
03 Melissa tends to **magnify** the faults of people she dislikes.

0179

prosper*

발음주의 [práspər]

동 번영하다, 번성하다 (= thrive, flourish)

04 In the business world, competition makes our economy **prosper**. 모의응용

• prosperity 명 번영, 번성
• prosperous 형 번영한, 번성한 (= wealthy, affluent)

0180

bare*

[bɛər]

형 1. 벌거벗은, 맨- (= naked) 2. 가장 기본적인, 최소의

05 **Bare** ground absorbs more heat from the sun, so air near it warms up.
모의응용

06 The room had the **bare** minimum of furniture.

0181

orient*

동[ɔ́ːrient] 명[ɔ́ːriənt]

동 지향하게 하다; (특정 목적에) 맞추다 명 ((the Orient)) 동양

07 The course is intended to **orient** students toward active discussion.
08 a plant that grows in the **Orient**

• orientation 명 1. 지향; 성향 2. 예비 교육, 오리엔테이션
• oriental 형 동양(인)의 명 동양인

---

01 우리는 새것을 위해 오래된 것을 생각 없이 너무 자주 **버린다. 02** 그 렌즈는 이미지를 원래 크기의 백 배로 **확대할** 수 있다. **03** Melissa는 자신이 싫어하는 사람의 잘못을 **과장하는** 경향이 있다. **04** 비즈니스 세계에서, 경쟁이 우리의 경제를 **번영하게** 한다. **05** 맨땅은 태양에서 더 많은 열을 흡수하므로 주변 공기가 따뜻해진다. **06** 그 방에는 **가장 기본적인** 가구만 있었다. **07** 그 강좌는 학생들이 적극적인 토론을 **지향하게 하도록** 만들어져 있다. **08 동양**에서 자라는 식물

0182

detach *

[ditǽtʃ]

⑧ 분리하다, 떼어내다(= separate)(↔ attach 붙이다)

01 Please **detach** the coupon from the ad and mail it in the provided envelope.

◆ **detach A from B** B에서 A를 분리하다[떼어내다]

• detachment ⑲ 1. 분리 2. 거리를 둠; 무심함

0183

parallel *

발음주의, 철자주의

[pǽrəlèl]

⑱ 1. (선이) 평행한 2. (둘 이상의 일이) 유사한, 병행하는 ⑲ 평행선
⑧ 유사[병행]하다

02 Two cars were racing simultaneously on **parallel** tracks. 수능응용
03 **Parallel** experiments are being conducted in Seoul, Tokyo, and Beijing.

0184

crude *

[kruːd]

⑱ 1. 원래 그대로의, 가공[정제]되지 않은(= raw) 2. 대충의; 대충 만든

04 Each day nearly a billion gallons of **crude** oil are used in the United States. 수능응용
05 People at first thought the art of Van Gogh to be childish and **crude**.

◆ **crude oil** 원유

0185

deplete

[diplíːt]

⑧ 대폭 감소시키다; 고갈시키다(= use up, exhaust)

06 People increase their intake of sweets and water when their energy and fluids become **depleted**. 수능응용

• depletion ⑲ (자원 등의) 고갈, 소모

0186

absurd *

[əbsə́ːrd]

⑱ 터무니없는(= ridiculous); 어리석은(= foolish, silly)

07 His claims about observing UFOs sound quite **absurd**.

---

01 광고의 쿠폰을 **떼어내서** 제공된 봉투에 넣어 우송해주세요. **02** 두 자동차가 **평행한** 도로에서 동시에 달리고 있었다. **03 유사한** 실험들이 서울, 도쿄 그리고 베이징에서 행해지고 있다. **04** 매일 거의 10억 갤런의 **원유**가 미국에서 사용된다. **05** 사람들은 처음엔 반 고흐의 그림을 유치하고 **대충 만든** 것으로 생각했다. **06** 사람들은 에너지와 수분이 **고갈될** 때 단 음식과 물의 섭취를 늘린다. **07** UFO를 목격했다는 그의 주장은 꽤 **터무니없게** 들린다.

0187

strengthen **

[stréŋθən]

图 강화하다, 강화되다(↔ weaken 약화하다, 약화시키다)

01 Emoticons **strengthen** the intensity of a verbal message. 모의응용

• strength 图 1. 힘 2. 강점, 장점

0188

spatial *

발음주의 [spéiʃəl]

图 공간의, 공간적인

02 She has good **spatial** perception and is really good at parking.

cf. temporal 1. 시간의 2. 세속적인

0189

entail *

[intéil]

图 수반하다(= involve); (~을) 필요로 하다

03 Being a leader **entails** enormous responsibility.

0190

repetitive *

강세주의, 철자주의 [ripétətiv]

图 반복적인

04 She was bored of performing **repetitive** tasks.

• repetition 图 반복, 되풀이

0191

deadline *

[dédlàin]

图 마감 기한[시간]

05 The **deadline** to apply for the speech contest is Tuesday, November 24th. 수능응용

01 이모티콘은 언어 메시지의 강도를 **강화한다. 02** 그녀는 뛰어난 **공간** 지각능력을 갖췄고 주차를 정말 잘 한다. **03** 지도자가 되는 것은 막대한 책임을 **수반한다. 04** 그녀는 **반복적인** 과제를 수행하는 것을 지루해했다. **05** 말하기 대회의 지원 **마감 기한**은 11월 24일 화요일이다.

0192

motion **

[móuʃən]

명 1. 움직임, 운동(= movement) 2. 동작, 몸짓 3. 제안, 제의
동 몸짓[손짓]을 하다 (= gesture 몸짓; 몸짓을 하다)

01 Robots are particularly good at highly repetitive and simple **motions**.
수능응용

02 She made a little **motion** with her hands when she found her friends.
03 a **motion** to ban chemical weapons

0193

incredible **

[inkrédəbl]

형 믿을 수 없는, 놀라운

04 I saw an **incredible**, unforgettable sunrise on the top of Kilimanjaro.
모의응용

• incredibly 부 믿을 수 없을 정도로, 엄청나게

0194

ongoing *

[ángòuiŋ]

형 계속 진행 중인

05 The development of the new product is **ongoing**, and it is expected to release this year.

0195

readily *

발음주의, 철자주의
[rédili]

부 1. 손쉽게 2. 기꺼이, 선뜻

06 Taxis are **readily** available in front of the hotel entrance. 모의응용
07 Thankfully, she **readily** agreed to help me do my assignment.

---

01 로봇은 반복적이고 간단한 **움직임**에 특화되었다. **02** 그녀는 친구들을 발견했을 때 손으로 작은 **동작**을 취했다. **03** 화학 무기를 금지하자는 **제의 04** 나는 킬리만자로 정상에서 **믿을 수 없고** 잊을 수 없는 일출을 보았다. **05** 새 제품 개발이 **계속 진행 중**이며, 올해 출시할 것으로 예상된다. **06** 택시는 호텔 입구 앞에서 **손쉽게** 이용 가능합니다. **07** 고맙게도, 그녀는 내가 과제하는 것을 도와주는 것에 **선뜻** 응했다.

++ away를 포함한 구동사

• away의 의미

방향 (멀리)	가깝게 있다가 멀어지거나 떨어져 있는 상태. · The sound of the voices faded **away** into the distance. (그 목소리는 멀리 사라졌다.)

0196

do away with

없애다(= get rid of); 폐지하다(= abolish)

do + away(멀리)**+ with** → 멀어지도록 하다

01 Abundant timber would **do away with** the country's need to import wood. 모의응용

02 They will use every political and legal means to **do away with** the rule.

0197

give away

1. 주다; 기부하다   2. (비밀을) **누설하다**(= reveal)

give + away(멀리) → 멀리 줘버리다

03 We selected some kids' clothes to **give away** to charity. 모의응용

04 The soldier **gave away** important military secrets to the enemy.

0198

pass away

사망하다, 돌아가시다(= die)

pass + away(멀리) → 지나쳐 멀리 가다

05 His grandmother **passed away** last year.

0199

take away

제거하다, 치우다; 줄이다

take + away(멀리) → 멀리 가져가다

06 The computer **takes away** opportunities to form close relationships.

수능응용

0200

turn away

돌려보내다; 거부하다, 외면하다

turn + away(멀리) → 돌려서 멀리하다

07 The stadium **turned away** hundreds of fans from the sold-out game.

---

01 풍부한 목재는 그 나라의 나무 수입에 대한 필요를 **없앨** 것이다. **02** 그들은 그 규칙을 **폐지하기** 위해 모든 정치적 그리고 법적 수단을 이용할 것이다. **03** 우리는 자선단체에 **기부할** 아이들 옷을 골랐다. **04** 그 군인은 중요한 군사 기밀을 적에게 **누설했다**. **05** 그의 할머니는 작년에 **돌아가셨다**. **06** 컴퓨터는 친밀한 관계를 형성할 기회를 **줄인다**. **07** 그 경기장은 표가 매진되어서 수백 명의 팬들을 **돌려보냈다**.

02

빠르게 외우는
출제 예상 어휘

How to infer the meanings of words
from their context

0201

domestic **

[dəméstik]

[형] 1. 국내의(↔ international 국제의) 2. 가정(용)의 3. (동물이) 길들여진

01 The company hopes to attract both foreign and **domestic** consumers.
02 Having dinner together is important as it brings families into the same **domestic** space. 모의응용
03 the differences between wild and **domestic** cats

• domesticate [동] (동물을) 길들이다(= tame)
• domesticated [형] 1. (동물이) 길들여진 2. (사람이) 가정적인

0202

investigate **

[invéstəgèit]

[동] 조사하다, 연구하다(= examine); 수사하다

04 The study **investigates** the impact of violent TV programs on children.

• investigation [명] 조사, 연구; 수사
• investigator [명] 조사자; 수사관

0203

cite *

[sait]

[동] 1. (이유나 예로) 들다, 언급하다(= mention) 2. 인용하다(= quote)

05 The most commonly **cited** reason for keeping a companion animal is for emotional support. 모의응용
06 The passage **cited** above is from a Robert Frost poem.

• citation [명] 인용(문)

0204

trivial *

[tríviəl]

[형] 사소한, 하찮은(= insignificant)

07 I don't know why he gets upset about something so **trivial**.

0205

extinguish

발음주의, 강세주의
[ikstíŋgwiʃ]

[동] (불을) 끄다, 소멸시키다(= put out)

08 It may take hundreds of firefighters many days to **extinguish** this forest fire. 모의응용

• extinguisher [명] 《보통 fire-》 소화기

---

01 그 회사는 해외와 **국내의** 소비자 모두의 관심을 끌기를 원한다. 02 함께 저녁 식사를 하는 것은 가족들을 같은 **가정의** 공간으로 불러들이기 때문에 중요하다. 03 야생 고양이와 **길들여진** 고양이 간의 차이점 04 그 연구는 폭력적인 TV 프로그램들이 아이들에게 미치는 영향을 **조사한다.** 05 반려동물을 키우는 이유로 가장 흔하게 **언급되는** 것들 중 하나는 정신적인 지지 때문이다. 06 위에 **인용된** 글은 Robert Frost의 시에서 가져왔다. 07 나는 왜 그가 그토록 **사소한** 일에 화를 내는지 모르겠다. 08 수백 명의 소방관들이 이번 산불을 **끄는** 데 며칠이 걸릴 것이다.

0206
deprive **
[dipráiv]

[동] 박탈하다, 빼앗다

01 No citizen should be **deprived** of his rights.

◆ **deprive A of B** A에게서 B를 빼앗다

• deprivation [명] 박탈

0207
weird *
발음주의, 철자주의
[wiərd]

[형] 기이한, 이상한

02 That's **weird** — I thought I left my key on the table, but it's not there.

0208
mess *
[mes]

[명] 엉망, 지저분한[엉망인] 상태 [동] 엉망으로 만들다, 어지르다

03 He was a **mess** after planting a tree in the front yard. 수능응용
04 I had practiced hundreds of times for my first audition, but I **messed** it up. ebs응용

• messy [형] 지저분한, 어질러진

0209
disorder **
[disɔ́:rdər]

[명] 1. 무질서, 혼란(= confusion); 소동 2. (신체적, 정신적) 장애, 이상

05 a bookshelf with books in **disorder** 모의응용
06 The powerful blue light from our electronics' screens can lead to sleep **disorders**. 모의응용

◆ **in disorder** 무질서하게, 난잡하게

0210
ambiguous **
[æmbíɡjuəs]

[형] 애매모호한, 여러 가지로 해석할 수 있는(= vague)

07 An **ambiguous** term is one that has more than a single meaning.

• ambiguity [명] 애매모호함

0211
thrive **
발음주의 [θraiv]

[동] 번창하다, 번성하다(= prosper); (사람, 동식물이) 잘 자라다(↔ wither 시들다)

08 The town **thrived** because of its investment into tourism.

◆ **thrive on** ~을 잘 해내다

---

01 어떤 국민도 자신의 권리를 **박탈당해서는** 안 된다. **02** 내 열쇠를 테이블에 둔 줄 알았는데 그곳에 없으니, **이상하다**. **03** 그는 앞마당에 나무를 심은 후 **엉망**이 되었다. **04** 나는 첫 오디션을 위해 수백 번 연습했지만, 그것을 **엉망으로 만들어버렸다**. **05** 책이 **무질서**하게 꽂혀 있는 책꽂이 **06** 우리의 전자 기기 화면에서 나오는 강력한 청색 빛은 수면 **장애**를 유발할 수 있다. **07** **애매모호한** 용어란 한 가지 이상의 의미를 가지고 있는 것이다. **08** 그 마을은 관광업에 투자한 덕분에 **번창했다**.

0212

flourish*

[fláːriʃ]

동 번창하다, 번성하다(= abound); (주로 동식물이) 잘 자라다(= thrive)

01 The plant **flourishes** in warm climates.

0213

fragile**

발음주의 [frǽdʒəl]

형 1. 부서지기[깨지기] 쉬운 2. 허약한(= weak)

02 Our store offers a special wrapping service for **fragile** items. 모의응용

03 His health has always been very **fragile**.

0214

interval*

[íntərvəl]

명 1. 간격, 사이 2. (연극, 연주 등의) 휴식 시간(= break)

04 Giraffes sleep in short **intervals**, sitting down or standing up. 모의응용
05 There will be a short **interval** during the opera.

◆ **at regular intervals** 일정한 간격으로

0215

vibrate*

[váibreit]

동 진동하다, 떨리다

06 The whole station seemed to **vibrate** as the train passed.

• **vibration** 명 진동, 떨림
• **vibrant** 형 1. 진동하는 2. 활기찬

0216

breakthrough*

[bréikθrùː]

명 획기적인 발견; 돌파구

07 Scientists hope genetic **breakthroughs** will help cure certain diseases.

0217

clarify*

[klǽrəfài]

동 명확하게 하다, 분명히 말하다

08 Can you **clarify** what it is you're proposing?

• **clarification** 명 설명, 해명
• **clarity** 명 명료성

---

01 그 식물은 따뜻한 기후에서 **잘 자란다.** 02 저희 매장은 **깨지기 쉬운** 물건에 대해 특별한 포장 서비스를 제공합니다. 03 그의 건강은 항상 매우 **허약한** 상태이다. 04 기린은 앉거나 서서 짧은 **간격으로** 잔다. 05 오페라 도중에 짧은 **휴식 시간이** 있을 것이다. 06 열차가 지나갈 때 역 전체가 **진동하는** 것 같았다. 07 과학자들은 유전학적인 **획기적 발견이** 특정 질병을 치료하는 데 도움이 되기를 희망한다. 08 당신이 제안하고 있는 것을 **분명히 말씀해** 주시겠습니까?

0218

accelerate*

발음주의, 강세주의 [əksélərèit]

동 가속하다, 속도를 높이다

01 The race car can **accelerate** from 0 to 150 km/h in five seconds.

• acceleration 명 가속(도)

0219

abnormal

[æbnɔ́ːrməl]

형 비정상적인, 이상한 (↔ normal 정상적인)

02 **Abnormal** changes in the climate are the result of human activity.

0220

drastic

[dræstik]

형 급격한 (= radical); 과감한

03 There was a **drastic** decrease in Africa's black rhino population in the last thirty years. 모의응용

• drastically 부 급격히; 과감하게

0221

activate**

[æktəvèit]

동 작동시키다; 활성화시키다

04 Instructors need to **activate** prior knowledge so that students can draw on it more effectively. 모의응용

• activation 명 활성화

0222

allot

allotted-allotted-allotting
[əlát]

동 (시간, 업무 등을) 할당하다, 분배하다 (= assign)

05 Each speaker will be **allotted** 15 minutes.

0223

hinder*

발음주의 [híndər]

동 방해하다, 막다 (= interrupt, obstruct)

06 Strong winds have **hindered** firefighters in their efforts to put out the fire.

✦ **hinder A from v-ing** A가 v하지 못하게 하다

• hindrance 명 방해 (요인), 장애(물) (= obstacle)

---

01 경주용 차는 5초 안에 시속 0에서 150km까지 **가속할** 수 있다. 02 **비정상적인** 기후 변화는 인간의 활동으로 인한 결과이다. 03 지난 30년간 아프리카의 검은 코뿔소 개체 수에 **급격한** 감소가 있었다. 04 교사들은 학생들이 사전 지식을 보다 효과적으로 이용할 수 있도록 그것을 **활성화시킬** 필요가 있다. 05 각 연설자는 15분씩 **할당받을** 것이다. 06 강한 바람이 불을 끄려고 애쓰는 소방관들을 **방해했다**.

0224

complement *

발음주의, 강세주의 [kámpləmènt]

동 보완하다, 보충하다 명 보완하는 것

01 The players on the soccer team **complement** each other's weaknesses.

• complementary 형 보완하는, 보충하는

0225

adhere

[ædhíər]

동 들러붙다, 부착하다(= stick, cling)

02 The mud **adhered** to my shoes.

◆ **adhere to** ~을 고수하다; ~을 충실히 지키다

• adhesive 형 접착성의, 잘 들러붙는(= sticky)

0226

mobilize

[móubəlàiz]

동 (사람, 물자 등을) 동원하다

03 We've **mobilized** a hundred volunteers to help build the house.

0227

crush **

[krʌʃ]

동 눌러서 뭉개다, 으깨다

04 Grapes are boiled or **crushed** to extract their juice. 모의응용

0228

frontier *

강세주의 [frʌntíər]

명 1. 국경 (지역); 경계 2. (학문, 지식 등의) 한계

05 Nepal has **frontiers** with both India and China.
06 the **frontiers** of knowledge

0229

compel **

compelled-compelled-
compelling
강세주의 [kəmpél]

동 강요하다, (억지로) 하게 하다(= force)

07 The students were **compelled** to wear uniforms.

◆ **compel A to-v** A가 v하도록 강요하다

• compulsion 명 강요
• compulsory 형 강제적인, 의무적인(↔ voluntary 자발적인)
• compulsive 형 강박적인, 조절이 힘든

---

01 그 축구팀의 선수들은 서로의 약점을 **보완한다.** 02 진흙이 내 신발에 **들러붙었다.** 03 우리는 그 집을 짓는 것을 돕기 위해 백 명의 자원봉사자들을 **동원했다.**
04 포도는 즙을 내기 위해 끓여지거나 **으깨진다.** 05 네팔은 인도와 중국 모두에 **국경**이 접해 있다. 06 지식의 **한계** 07 학생들은 교복을 입도록 **강요받았다.**

0230

circulate *

[sə́ːrkjulèit]

[동] 1. 순환하다 2. 유포하다, 배포되다

01 Refrigerators run better if the cold air can **circulate** easily. 모의응용
02 Our information should not be **circulated** without our permission. 모의응용

• circulation [명] 1. (혈액) 순환; 유통 2. (신문 등의) 발행 부수
• circular [형] 1. 순환의, 순회의 2. 둥근, 원형의

0231

circuit

발음주의 [sə́ːrkit]

[명] 1. 순회 (노선), 순환 2. (전기) 회로

03 It takes a year for the earth to make one **circuit** around the sun.
04 A tiny wiring error in a computer's **circuits** can lead to throwing the whole computer out. 모의응용

0232

approximate *

[əpráksimət]

[형] 근사치인; 대략의

05 The inch came from the **approximate** width of a man's thumb. 모의응용

• approximately [부] 대략, 거의 (= nearly)

0233

stationary *

[stéiʃənèri]

[형] 정지한, 움직이지 않는 (= static)

06 The traffic got slower and slower until it was **stationary**.

0234

tangible

[tǽndʒəbəl]

[형] 1. 만질[느낄] 수 있는; 실체가 있는, 유형의
     2. 명백한, 확실한 (↔ intangible 1. 실체가 없는, 무형의 2. 막연한)

07 In the final, the tension between the two football teams was **tangible**.
08 We cannot believe his testimony without **tangible** evidence.

0235

intrinsic **

[intrínsik, intrínzik]

[형] 고유한, 본질적인 (= inherent, innate)

09 The **intrinsic** value of education is to make the individual a productive member of society.

• intrinsically [부] 본질적으로 (= essentially)

---

01 차가운 공기가 원활하게 **순환**할 수 있다면, 냉장고는 더 잘 작동한다. **02** 우리의 정보는 우리의 허락 없이 **유포되어선** 안 된다. **03** 지구가 태양 주위를 한 번 **순환**하는 데 일 년이 걸린다. **04** 컴퓨터 **회로**의 아주 작은 배선 오류 때문에 컴퓨터 전체를 버려야 할 수도 있다. **05** 인치(inch)는 사람 엄지의 **대략적인** 폭에서 생겨났다. **06** 교통이 점점 느려지다가 **정체되었다**. **07** 결승전에서, 두 축구팀 간의 긴장감을 **느낄 수 있었다**. **08** 우리는 **확실한** 증거 없이는 그의 증언을 믿을 수 없다. **09** 교육의 **본질적인** 가치는 개인이 사회의 생산적인 일원이 되도록 하는 것이다.

• off의 의미

분리·간격	두 물체가 붙어 있다가 떨어지거나, 서로 떨어져 있는 상태. · Some of the buttons on my shirt suddenly fell **off**. (내 셔츠의 단추 몇 개가 갑자기 떨어졌다.)	
단절·중단	작용이나 기능, 관계 등이 끊기는 것을 나타냄. · He switched **off** the light when he left the room. (그는 그 방을 나갈 때 불을 껐다.)	
해고·제거	일이나 회사에서 나가는 것, 질병이나 습관 등 눈에 보이지 않는 것을 없앨 때 사용됨. · She drank coffee to fight **off** sleepiness. (그녀는 졸음을 쫓으려고 커피를 마셨다.)	
방향 (밖으로)	냄새나 연기 등이 밖으로 나오는 것을 나타냄. · Drink plenty of cold water to cool yourself **off**. (열을 식히기 위해 많은 양의 차가운 물을 마셔라.)	
완료·완성	채무나 일 등의 완료나 완성을 나타냄. · I ticked **off** several tasks from my to-do list today. (오늘 나는 해야 할 일을 적은 목록의 몇 가지 일들에 끝낸 표시를 했다.) · He had to finish **off** the report. (그는 그 보고서를 끝내야만 했다.)	

0236

back off

1. 뒤로 물러나다 2. (의견 등을) 철회하다; (뜻을) 굽히다

back + off (분리) → 뒤로 물러나 떨어지다

01 As the fierce dog approached, the children **backed off**.
02 The government **backed off** in the face of strong opposition.

---

01 사나운 개가 접근하자, 아이들은 **뒤로 물러났다**. 02 정부는 강한 반대에 직면하자 **뜻을 굽혔다**.

0237

break off

1. 분리하다, 떼어내다 2. (관계를) 끊다; (계약, 약속 등을) 깨다

3. (이야기, 일 등을) 중단하다, 휴식하다

break + **off** (분리; 단절) → 깨어서 분리[단절]시키다

01 In ancient times, people **broke** tiny branches **off** trees to pick up hot food. 수능응용
02 After a severe argument, I **broke off** my relationship with him.
03 He was telling me something but suddenly **broke off** upon hearing a strange noise.

0238

call off

(계획 등을) 취소하다(= cancel); 중지하다

call + **off** (단절, 중단) → 중단한다고 말하다

04 The baseball game was **called off** because of heavy rain.

0239

come off

1. (붙어 있던 것이) 떨어지다, 떼어지다 2. (약 등을) 중지하다, 끝내다

come + **off** (분리; 중단) → 떨어져 나오다; 떨어내다

05 I spilled some food on my shirt, but it **came off** in the wash.
06 The doctor advised her to **come off** the medication immediately.

0240

cut off

1. 자르다, 잘라 내다 2. (관계를) 끊다 3. (공급, 이동을) 차단하다, 가로막다

cut + **off** (단절, 중단) → 잘라서 끊다

07 The girl watched her mother **cut off** bite-sized pieces of meat before roasting them. 수능응용
08 Why did all her friends suddenly **cut** her **off**?
09 The army **cut off** the enemy's escape.

---

01 고대에는 사람들이 뜨거운 음식을 집기 위해 나무에서 작은 나뭇가지를 **떼어냈다. 02** 심한 말다툼 이후에 나는 그와의 관계를 **끊었다. 03** 그는 나에게 뭔가를 이야기하고 있었지만, 이상한 소음이 들리자마자 갑자기 **중단했다. 04** 폭우로 인해 야구 경기는 **취소되었다. 05** 나는 셔츠에 음식을 흘렸지만 세탁할 때 그것은 **제거되었다. 06** 의사는 그녀에게 그 약물치료를 즉시 **중지하라고** 조언했다. **07** 그 소녀는 어머니가 고기를 굽기 전에 한 입 크기로 **자르는** 것을 지켜보았다. **08** 왜 그녀의 모든 친구들이 갑자기 그녀와 **관계를 끊었니? 09** 군대는 적의 도주를 **차단했다.**

0241
innate**
[inéit]

형 선천적인, 타고난 (= inherent, inborn)

01 An animal's hunting behavior is **innate** but improved through learning. 모의응용

0242
notify*
[nóutəfài]

동 (공식적으로) 통지하다, 알리다 (= inform)

02 Customers were **notified** that they were not allowed to shop with a big bag. 모의응용

• notification 명 통지, 알림

0243
partial*
[pɑ́ːrʃəl]

형 1. 부분적인 2. 편파적인, 불공평한 (= unfair)(↔ impartial 공평한)

03 The exhibition was only a **partial** success.
04 A judge must not be **partial** toward either team.

• partially 부 1. 부분적으로 2. 편파적으로

0244
coincidence**
발음주의, 강세주의
[kouínsidəns]

명 1. 우연의 일치 2. (일이) 동시에 일어남; 공존함

05 It was a **coincidence** that she appeared just at that exact moment.
06 The **coincidence** of rising prices and unemployment caused economic instability.

• **by coincidence** 우연히 (= by chance)

• coincide 동 1. (생각, 의견 등이) 일치하다 (↔ differ 다르다) 2. 동시에 일어나다

0245
gigantic*
발음주의 [dʒaigǽntik]

형 거대한, 굉장히 큰 (= huge, enormous)

07 **Gigantic** waves were crashing on the beach.

---

01 동물의 사냥 습성은 **선천적이지만**, 학습을 통해 향상된다. 02 고객은 큰 가방을 가지고 쇼핑하는 것이 허가되지 않는다고 **통지받았다**. 03 그 전시회는 **부분적인** 성공만 거두었다. 04 심판은 둘 중 어느 한 팀에도 **편파적이지** 않아야 한다. 05 그녀가 마침 그때 나타난 것은 **우연의 일치**였다. 06 물가 상승과 실업이 **동시에 일어난** 것은 경제 불안정을 야기했다. 07 **거대한** 파도가 해변에서 부서지고 있었다.

0246
glimpse *
[glimps]

동 언뜻 보다 명 언뜻 봄(= glance 흘끗 보다; 흘끗 봄)

01 He **glimpsed** a strange figure through the window.

0247
escalate *
[éskəlèit]

동 (단계적으로) 확대되다, 증가하다(= expand)

02 Just as I hoped, our sales **escalated** and I could repay the loan. 모의응용

0248
gorgeous *
발음주의 [ɡɔ́ːrdʒəs]

형 아주 멋진, 화려한(= magnificent)

03 You look **gorgeous** in that red dress. 모의응용

0249
superficial
[sùːpərfíʃl]

형 1. 피상적인, 표면적인 2. (상처 등이) 경미한, 깊지 않은

04 Some spectators mainly remembered **superficial** details about the game, not the important facts. 모의응용
05 The storm only caused **superficial** damage to the building.

0250
profound **
[prəfáund]

형 1. (영향 등이) 엄청난 2. (지식 등이) 심오한, 깊은(↔ superficial 피상적인)

06 Our life experience is thought to have the most **profound** effect upon intelligence. 모의응용
07 His knowledge of history is **profound**.

0251
promising
[prάmisiŋ]

형 유망한, 촉망되는

08 He was a **promising** young composer who had just written his first cello piece. 모의응용

01 그는 창문을 통해 이상한 형체를 **언뜻 보았다. 02** 내가 바랐던 대로 매출이 **증가해서** 대출금을 갚을 수 있었다. **03** 그 빨간 드레스를 입으니 아주 **멋져** 보인다. **04** 어떤 관중들은 경기에 대한 중요한 사실이 아닌, **피상적인** 세부사항들을 주로 기억했다. **05** 폭풍은 그 건물에 **경미한** 피해만 입혔다. **06** 우리의 인생 경험이 지능에 가장 **엄청난** 영향을 미치는 것으로 여겨진다. **07** 역사에 대한 그의 지식은 **깊다. 08** 그는 자신의 첫 번째 첼로 곡을 막 완성한 **유망한** 젊은 작곡가였다.

0252

renowned *

발음주의, 강세주의
[rináund]

[형] 유명한, 명성 있는(= famous, prominent)

01 In this author workshop, you can meet and talk with **renowned** novelists and poets. 모의응용

• **renowned as[for]** ~로 유명한

• **renown** [명] 명성

0253

prestige

[prestí:dʒ]

[명] 위신, 명성

02 There are many sports stars who have boosted their nation's **prestige**.

• **prestigious** [형] 명성 있는, 일류의

0254

substantial *

[səbstǽnʃəl]

[형] 1. (양이) 상당한, 많은(= considerable) 2. 실질적인, 본질적인

03 Assumed to have a **substantial** amount of water, Mars is the most livable out of all the planets. 모의응용

04 There is no **substantial** evidence to prove the argument.

• **substantially** [부] 상당히, 많이(= significantly)

0255

fraction *

[frǽkʃən]

[명] 1. 부분, 일부(= part, portion) 2. 《수학》 분수

05 E-books are available at a **fraction** of the cost of printed books.

06 A **fraction** is a way of dividing a whole into parts.

0256

segment *

[ségmənt]

[명] 부분, 구획(= section); (과일의) 조각

07 The **segment** of the population over 70 years of age is growing larger.

---

01 이 작가 워크숍에서 여러분은 **유명한** 소설 작가와 시인들을 만나고 함께 이야기할 수 있습니다. 02 국**위**를 선양한 스포츠 스타들이 많이 있다. 03 **상당한** 양의 물이 있다고 여겨지므로, 화성은 모든 행성 중 가장 살기 적합한 곳이다. 04 그 주장을 증명할 **실질적인** 증거가 없다. 05 전자책은 인쇄된 책을 구입하는 비용의 **일부**만으로 이용할 수 있다. 06 **분수**는 전체를 부분으로 나누는 방식이다. 07 인구 중 70세 이상 연령**층**이 증가하고 있다.

0257

vanish *

[vǽniʃ]

동 사라지다, 없어지다 (= disappear)

01 The magician raised a rabbit in the air, and it suddenly **vanished** without a trace.

0258

impair *

강세주의 [impέər]

동 손상시키다, 악화시키다 (↔ improve 개선하다)

02 Lack of sleep **impairs** the ability to think clearly.

• impairment 명 (신체적, 정신적) 장애

0259

withstand *

withstood-withstood
[wiðstǽnd]

동 견디어 내다, 버티다 (= endure)

03 Mice can **withstand** heat and cold, and eat almost every kind of food.

모의응용

0260

roar **

[rɔːr]

동 (짐승이) 으르렁거리다; 함성을 지르다

04 We heard a lion **roaring**.
05 The crowd **roared** in delight.

0261

slam **

slammed-slammed-
slamming
[slæm]

동 1. (문 등을) 쾅 닫다 2. 힘껏 밀다[던지다]; 내동댕이치다

06 The boy rushed up to his room, and **slammed** the door. 모의응용
07 In her anger, she **slammed** the ball against the fence.

0262

rotate *

[róuteit]

동 1. 회전하다 (= revolve); (천체가) 자전하다 2. 교대로 근무하다

08 The earth **rotates** at the rate of 15 degrees every hour. 모의응용
09 The staff **rotates** every 12 hours.

• rotation 명 1. 회전; 자전 2. 교대

---

01 마술사가 공중에 토끼를 들었고, 토끼는 갑자기 흔적도 없이 **사라졌다. 02** 수면 부족은 명료하게 생각하는 능력을 **손상시킨다. 03** 쥐는 더위와 추위를 **견딜** 수 있고, 거의 모든 종류의 음식을 먹을 수 있다. **04** 우리는 사자 한 마리가 **으르렁거리는** 것을 들었다. **05** 관중들은 기뻐서 **함성을 질렀다. 06** 그 소년은 자신의 방으로 뛰어 들어가서 문을 **쾅 닫았다. 07** 그녀는 화가 나서 공을 담장에 **힘껏 던졌다. 08** 지구는 시간당 15도씩 **자전한다. 09** 직원들은 12시간마다 **교대로 근무한다.**

0263

unify

[júːnəfài]

〔동〕 통합하다, 통일하다(= unite)(↔ divide 나누다)

01 The Silla Dynasty **unified** the three kingdoms in the 7th century.

• unification 〔명〕 통합, 통일
• unified 〔형〕 통일된

0264

naked *

발음주의 [néikid]

〔형〕 1. 나체의, 벌거벗은(= bare) 2. 육안의

02 Scolded in front of the classroom, I felt completely **naked**.
03 Telescopes help us see far beyond the limits of the **naked** eye. 모의응용

0265

pierce

[piərs]

〔동〕 관통하다, (구멍을) 뚫다

04 She had her ears **pierced** to wear pretty earrings.

0266

penetrate *

발음주의 [pénətrèit]

〔동〕 1. 관통하다, 뚫고 들어가다(= pierce) 2. (속내를) 간파하다

05 These trees have a few small roots which **penetrate** to great depth. 모의응용
06 It's hard to **penetrate** her mind.

• penetration 〔명〕 1. 관통, 침투 2. 간파; 통찰(력)

0267

trim *

trimmed-trimmed-
trimming

[trim]

〔동〕 (깎아) 다듬다, 손질하다

07 I'd like to get my hair **trimmed** a little. 모의응용

0268

grip **

gripped-gripped-
gripping

[grip]

〔동〕 1. 꽉 잡다, 움켜잡다 2. (마음, 흥미 등을) 끌다, 사로잡다
〔명〕 움켜쥠(= grasp 꽉 잡다; 움켜잡기)

08 The little boy **gripped** his mother's hand tightly.
09 The story really **grips** the reader.

01 신라는 7세기에 삼국을 **통일했다**. **02** 교실 앞에서 꾸중을 들으니, 나는 완전히 **벌거벗은** 느낌이었다. **03** 망원경은 우리가 **육안의** 한계를 훨씬 넘어서 볼 수 있게 해준다. **04** 그녀는 예쁜 귀걸이를 하기 위해 자신의 귀를 **뚫었다**. **05** 이 나무는 아주 깊은 곳까지 **뚫고 들어가는** 몇 개의 작은 뿌리가 있다. **06** 그녀의 마음을 **간파하기란** 어렵다. **07** 나는 내 머리를 조금 **다듬고** 싶다. **08** 어린 소년은 엄마의 손을 단단히 **움켜잡았다**. **09** 그 이야기는 정말로 독자의 **관심을 끈다**.

0269

indulge

[indʌ́ldʒ]

동 마음껏 하다; (욕구, 관심 등을) **충족시키다, 채우다**

01 Let children **indulge** their curiosity.

◆ indulge in   ~에 빠지다, 탐닉하다

• indulgent   형 멋대로 하게 하는; 관대한

0270

rear**

[riər]

형 뒤쪽의 명 뒤쪽 동 **양육하다, 기르다** (= bring up)

02 Please step back to the **rear** of the platform. 모의응용

03 They **reared** their children to be polite and well-mannered.

0271

supreme

[suprí:m]

형 최고의, 최상의 (= premier)

04 I've been in a state of **supreme** delight ever since I passed the exam!

수능응용

◆ **Supreme Court**   대법원

• **supremacy**   명 최고, 우위

0272

vacant

발음주의 [véikənt]

형 1. 비어 있는 (= empty); 사람이 살지 않는   2. (일자리, 직책 등이) **공석의**

05 This house has been **vacant** since last spring.

06 The position has been **vacant** since the secretary quit.

• vacancy   명 1. (호텔 등의) 빈 방   2. 공석, 결원 (= opening)

0273

duplicate

발음주의, 강세주의
동[djú:pləkèit]
형명[djú:plikət]

동 1. 복사[복제]하다   2. 중복해서 하다, 되풀이하다

형 똑같은; 사본의 명 사본 (= copy 복사(하다); 사본)

07 Digital images can be **duplicated** in seconds.

08 We hope to **duplicate** the success of last year.

• duplication   명 1. 복사   2. 중복

---

01 아이들이 호기심을 **충족시키게** 하라. 02 승강장 **뒤쪽**으로 물러나 주시기 바랍니다. 03 그들은 아이들이 공손하고 예의 바르도록 **길렀다.** 04 나는 시험을 통과한 후 **최고의** 행복한 상태에 있다! 05 이 집은 지난봄부터 **비어 있었다.** 06 비서가 그만둔 후부터 그 자리는 **공석**이었다. 07 디지털 이미지는 몇 초 만에 **복사될** 수 있다. 08 우리는 지난해의 성공을 **되풀이하고** 싶다.

0274
keep off

1. (~에) 접근하지 않다, 들어가지 않다 2. (음식, 술 등을) 삼가다, 먹지 않다

keep + off (간격) → ~와 떨어진 채로 있다

01 **Keep off** the grass; otherwise, a $25 fine will be issued. 모의응용
02 Doctors told him to **keep off** alcohol.

0275
lay off

해고하다(= dismiss)

lay + off (분리) → (직장에서) 떼어내다

03 The company **laid off** 30% of its staff because of financial difficulties.

0276
pay off

1. (빚을) 다 갚다, 청산하다 2. 수지맞다; 기대했던 성과를 올리다

pay + off (완료) → 지불해서 완료하다

04 Jay **paid off** his debt after five years.
05 My sister's novel is a bestseller now. Her years of hard work have finally
   paid off. 수능응용

0277
put off

연기하다, 미루다(= postpone)

put + off (간격) → 떨어져 있게 두다 → 원래 날짜에서 떼어 다른 날짜로 옮기다

06 He **put off** his chemistry report for several days. 수능응용

---

01 잔디밭에 **들어가지 마라**, 그렇지 않으면 25달러의 벌금이 부과될 것이다. 02 의사는 그에게 술을 **삼가라고** 말했다. 03 회사는 재정난 때문에 직원의
30퍼센트를 **해고했다**. 04 Jay는 5년 후에 자신의 빚을 **다 갚았다**. 05 내 여동생의 소설은 지금 베스트셀러이다. 그녀의 수년간의 노력이 마침내 **성과를 냈다**.
06 그는 자신의 화학 보고서를 며칠간 **미뤘다**.

0278

roll off

1. 굴러떨어지다 2. (대규모로) **생산되다**

roll + off (분리) → ~에서 굴러떨어지다, (완성품이 생산 라인에서) 굴러떨어지다

01 The boy **rolled off** his bed during his nap.
02 By this Christmas, 5,000 toy cars will be **rolling off** the factory's assembly lines every day.

0279

see off

배웅하다

see + off (분리) → ~을 보고 떨어지다[헤어지다]

03 I went to the airport to **see off** one of my friends. 모의응용

0280

set off

1. 출발하다 2. (폭탄 등을) **터뜨리다, 폭발시키다** 3. (사건을) **일으키다**

set + off (분리) → 있는 곳에서 분리되도록 하다

04 He and I **set off** together in a small car.
05 Do not **set off** fireworks at the campsite. 모의응용
06 The unfair election could **set off** mass protests.

---

01 소년은 낮잠을 자다가 침대에서 **굴러떨어졌다.** 02 올 크리스마스까지 5,000개의 장난감 차가 그 공장의 조립 라인에서 매일 **생산될** 것이다. 03 나는 내 친구를 **배웅하기** 위해 공항에 갔다. 04 그와 나는 작은 차로 함께 **출발했다.** 05 캠프장에서 폭죽을 **터뜨리지** 마세요. 06 공정하지 않은 선거는 대규모 시위를 **일으킬** 수도 있다.

0281
concrete **
[kánkri:t]

명 콘크리트 형 구체적인 (↔ abstract 추상적인)

01 Running on **concrete** is thought to be more damaging to the legs than running on soft sand. ᵉᵇˢ응용
02 Police had no **concrete** evidence linking him to the crime.

0282
compound **
강세주의
명형[kámpaund]
동[kəmpáund]

명 1. 혼합물 (= mixture) 2. 《문법》 합성어 형 합성의
동 혼합하다 (= mix, combine)

03 Plants generate special **compounds** that protect them from insects and animals. 모의응용
04 'Toothpaste' and 'flower shop' are **compounds**.

0283
halt *
[hɔːlt]

명 멈춤, 중단 동 멈추다, 중단시키다 (= cease)

05 The taxi gradually slowed down and came to a **halt** in front of us.

◆ **come to a halt** 멈추다, 정지하다

0284
endeavor *
발음주의, 강세주의
[indévər]

명 노력, 시도 (= effort) 동 노력하다 (= strive)

06 A global **endeavor** is needed to reduce environmental pollution. ᵉᵇˢ응용

0285
deliberate **
[dilíbərət]

형 1. 고의의, 의도적인 (= intentional) 2. 신중한

07 The attack on the bodyguard was quite **deliberate**.
08 The witness spoke in a slow and **deliberate** way. ᵉᵇˢ응용

• deliberately 　부 1. 고의로, 의도적으로 2. 신중하게
• deliberation 　명 (심사) 숙고; 신중함

---

01 **콘크리트**에서 달리는 것은 부드러운 모래에서 달리는 것보다 다리에 손상을 준다고 생각된다. 02 경찰은 그를 그 범죄와 연결시킬 **구체적인** 증거가 없다. 03 식물은 곤충과 동물로부터 자신을 보호할 특별한 **혼합물**을 만들어낸다. 04 'Toothpaste'와 'flower shop'은 **합성어**이다. 05 그 택시는 점차 속도를 늦추어 우리 앞에 **멈췄다**. 06 환경 오염을 줄이기 위해서 전 세계적인 **노력**이 필요하다. 07 경호원을 공격한 것은 다분히 **의도적이었다**. 08 그 목격자는 느리고 **신중한** 태도로 말했다.

0286

obscure*

[əbskjúər]

[형] 1. 이해하기 힘든, 모호한 (= vague) 2. 잘 알려져 있지 않은

[동] 모호하게 하다

01 The rules for the competition were somewhat **obscure**.

02 The man is an **obscure** writer. Most people haven't heard of his books.

0287

incline**

[inkláin]

[동] 1. 마음이 기울다; (체질, 기질적으로) 경향이 있다 2. 기울다, 경사지다

03 Most animals are **inclined** to run when they feel threatened.

04 The road **inclines** at an angle of about 15 degrees.

◆ be inclined to-v v하는 경향이 있다; v하고 싶어 하다

• inclination [명] 1. 경향, 성향 (= tendency) 2. 경사(도)

0288

embrace**

강세주의 [imbréis]

[동] 1. 껴안다 (= hug) 2. (생각 등을) 받아들이다 (= accept) 3. 포괄하다

05 The father held out his arms and **embraced** his son. ᵉᵇˢ응용

06 This new idea has been widely **embraced** by the scientific community.

07 This course **embraces** several different aspects of architecture.

0289

supplement**

발음주의, 강세주의 [sʌ́pləmənt]

[명] 보충, 추가; 부록 [동] 보충하다, 추가하다 (= complement 보완(하다))

08 People often **supplement** their own memories by writing notes.

• supplementary [형] 보충의, 추가의 (= additional)

0290

dull**

발음주의 [dʌl]

[형] 1. 지루한, 따분한 (= boring) 2. (빛, 색깔 등이) 흐린, 칙칙한

09 There are **dull** times in life when little progress is made.

10 The color of the plant's leaves is **dull** green. ᵉᵇˢ응용

---

01 그 대회의 규칙들은 다소 **모호했다**. 02 그 남자는 **잘 알려져 있지 않은** 작가이다. 대부분의 사람들이 그의 책에 대해 들어본 적이 없다. 03 대부분의 동물은 위험을 느끼면 달리는 **경향이 있다**. 04 그 도로는 15도 정도 **기울어 있다**. 05 그 아버지는 팔을 뻗어 아들을 **껴안았다**. 06 이 새로운 아이디어는 과학계에서 널리 **받아들여져** 왔다. 07 이 강좌는 건축의 여러 다른 측면들을 **포괄한다**. 08 사람들은 종종 그들의 기억을 메모를 적는 것으로 **보충한다**. 09 살다 보면 진전이 거의 없는 **지루한** 순간들이 있다. 10 그 식물의 잎사귀는 **칙칙한** 초록색이다.

0291

subsequent

[sʌ́bsikwənt]

[형] 차후의, 그 다음의(= following)

01 The scientist's work had a great influence on **subsequent** generations.

• **subsequently** [부] 그 후에, 그 다음에

0292

scope *

[skoup]

[명] 1. 범위, 영역(= range) 2. 여지; 기회(= opportunity)

02 Police needed to define the **scope** of the investigation.

03 Your essay is good, but there's still some **scope** for improvement.

0293

mimic **

mimicked-mimicked-
mimicking

[mímik]

[동] 모방하다, 흉내 내다(= imitate)

04 Orangutans can **mimic** the facial expressions of humans. ebs응용

0294

devastate **

발음주의, 강세주의

[dévəstèit]

[동] 1. 완전히 파괴하다(= destroy) 2. 망연자실케 하다, 큰 충격을 주다

05 High-density fish farms **devastate** the local fish populations. ebs응용

06 Robert was **devastated** by the news of his grandmother's death.

• **devastation** [명] 대대적인 파괴

• **devastating** [형] 1. 파괴적인 2. 충격적인 3. 인상적인, 굉장한

0295

compatible

[kəmpǽtəbl]

[형] 1. 양립할 수 있는; 화합할 수 있는(↔ incompatible 양립할 수 없는; 화합할 수 없는)

2. 호환 가능한

07 Is the new regulation **compatible** with the existing policy?

08 This keyboard is **compatible** with all of our computers.

---

01 그 과학자의 연구는 **다음** 세대에 엄청난 영향을 끼쳤다. 02 경찰은 조사 **범위**를 규정해야 했다. 03 너의 에세이는 훌륭하나, 여전히 개선의 **여지**가 있다.
04 오랑우탄은 인간의 얼굴 표정을 **흉내 낼** 수 있다. 05 고밀도의 양식장은 물고기 개체수를 **완전히 파괴한다**. 06 Robert는 할머니의 사망 소식에 **큰 충격을
받았다**. 07 새로운 규정이 기존의 정책과 **양립할 수 있습니까**? 08 이 키보드는 우리의 모든 컴퓨터와 **호환 가능하다**.

0296

fragment *

강세주의
[명][frǽgmənt]
[동][frægmént]

명 파편, 조각(= piece) 동 산산이 부서지다

01 Police found **fragments** of glass on the suspect's clothing.

0297

squeeze **

[skwiːz]

동 1. 짜다, 짜내다 2. (좁은 곳에) 밀어 넣다

02 To make lemonade, I **squeezed** out as much juice as I could from a lemon. ebs응용
03 We can **squeeze** one more person in the back seat.

0298

discern

발음주의, 강세주의
[disə́ːrn]

동 (분명하지 않은 것을) 식별하다(= distinguish); 알아차리다

04 The purpose of the study is to **discern** patterns of criminal behavior.

0299

beforehand *

[bifɔ́ːrhænd]

부 사전에, 미리

05 To spend wisely, you should make a shopping list **beforehand**. 모의응용

0300

moderate **

발음주의 [mάdərət]

형 1. 적당한, 보통의 2. 온건한, 절도를 지키는(↔ immoderate 과도한; 중용을 잃은)

06 **Moderate** amounts of stress can improve work efficiency. ebs응용
07 The politician held a **moderate** position on the subject of taxes.

• moderately 부 적당히, 중간 정도로(= in moderation)
• moderation 명 1. 적당함 2. 온건, 절제

---

01 경찰은 용의자의 옷에서 유리 **조각**을 발견했다. 02 레모네이드를 만들기 위해 나는 레몬에서 최대한 많은 즙을 **짜냈다**. 03 우리 뒷좌석에 한 명 더 **밀어 넣을** 수 있어. 04 그 연구의 목적은 범죄자의 행동 패턴을 **식별하는** 것이다. 05 현명하게 소비하기 위해서, 쇼핑목록을 **미리** 만들어야 한다. 06 **적당한** 양의 스트레스는 일의 효율을 증진시킬 수 있다. 07 세금 관련 주제에서 그 정치가는 **온건한** 태도를 유지했다.

0301

restrain*

[riːstréin]

동 억제하다, 억누르다; 저지하다 (= hold back)

01 Logging must be **restrained** in areas suffering from desertification. ebs응용

• restraint 명 억제; 저지

0302

inhibit*

강세주의 [inhíbit]

동 억제[저해]하다, 못하게 하다 (= restrain)

02 Digital devices prevent people from efficiently navigating long texts, which **inhibits** reading comprehension. 모의응용

0303

sole*

발음주의 [soul]

형 유일한 (= only); 혼자의, 단독의

03 A seven-year-old girl was the **sole** survivor of the plane crash.

• solely 부 오로지; 단독으로

0304

intact*

[intǽkt]

형 손상되지 않은, 온전한

04 The church was almost in ruins, but its tower remained **intact**.

0305

comprise*

[kəmpráiz]

동 구성하다, 이루다 (= compose)

05 People in industrialized countries **comprise** only twenty percent of the world population. ebs응용

◆ **be comprised of** ~으로 구성되다 (= consist of)

---

01 사막화를 겪는 지역에서는 벌목이 **저지되어야** 한다. **02** 전자 기기는 사람들이 긴 글을 효과적으로 읽어 나가는 것을 방해하는데, 이는 독해를 **저해한다**. **03** 7살짜리 소녀 한 명이 그 비행기 추락사고의 **유일한** 생존자였다. **04** 그 교회는 거의 폐허가 되었지만, 교회의 탑은 **손상되지 않은** 채 남았다. **05** 선진국 사람들은 세계 인구의 20퍼센트만을 **구성한다**.

0306

drip *

dripped-dripped-dripping

[drip]

[동] (액체가) 뚝뚝 떨어지다 [명] (액체) 방울

01 While you are gone during winter, turn your faucets on to a low **drip**.

ebs응용

0307

gross *

[grous]

[형] 1. 총(계의), 전체의 2. (잘못, 오해 등이) 심한, 엄청난; 아주 무례한

02 The company's **gross** annual profits are fifty million dollars.

03 There is a **gross** error in the textbook.

0308

flaw **

[flɔː]

[명] 결함, 결점, 흠

04 The only **flaw** in my boyfriend's character is a short temper.

• flawless [형] 흠 없는, 나무랄 데 없는

0309

interior *

발음주의 [intíəriəɾ]

[명] 내부 [형] 내부의 (↔ exterior 외부; 외부의)

05 The **interior** designer installed a new lamp in her living room. ebs응용

0310

probable *

[prάbəbl]

[형] 있음직한, 충분히 가능한 (= likely) (↔ improbable 있음직하지 않은)

06 It is **probable** that sea levels will continue to rise because of global warming.

• probability [명] 1. 있을 법함 2. 《수학》 확률

---

01 겨울에 (집을) 떠나 있는 동안, 물**방울**이 약하게 나오도록 수도를 켜두어라. **02** 그 회사의 **총** 연간 수익은 5천만 달러이다. **03** 그 교과서에 **심한** 오류가 있다. **04** 내 남자친구 성격의 유일한 **결점**은 급한 성질이다. **05** 그 **실내** 장식가는 자신의 거실에 새 램프를 설치했다. **06** 지구 온난화 때문에 해수면이 계속해서 상승하는 것은 **충분히 가능한** 일이다.

0311

implement

강세주의 [ímpləment]

동 실행하다, 시행하다(= enforce)

01 The government decided to **implement** a series of reforms.

• implementation   명 실행, 시행

0312

dimension *

[diménʃən]

명 1. 치수, 크기(= size, measure); 규모   2. 《수학, 물리》 차원

02 The architect carefully measured each **dimension** of the room.
03 The virtual world transports us into another **dimension**. 모의응용

0313

withhold

withheld-withheld
[wiðhóuld]

동 보류하다, 유보하다

04 It is wise to **withhold** judgment when the evidence is incomplete.

0314

sheer *

[ʃiər]

형 1. 완전한(= absolute); 순전한, 섞은 것이 없는   2. 몹시 가파른(= steep)
　　3. (직물 등이) 얇은

05 It was **sheer** luck that I won the contest.
06 a **sheer** slope
07 My mother decorated the window with **sheer** curtains.

0315

staple

[stéipl]

형 주된, 주요한   명 1. 주식(主食)   2. (한 국가의) 주요 산물

08 Although the potato proved more productive than wheat, wheat remains
　　the **staple** food. ebs응용
09 Bananas and sugar are the **staples** of Jamaica.

---

01 정부는 일련의 개혁을 **시행하기로** 결정했다. **02** 그 건축가는 신중하게 방의 각 **치수를** 측정했다. **03** 가상 세계는 우리를 또 다른 **차원으로** 이동시킨다.
04 증거가 불충분 할 때는 판단을 **보류하는** 것이 현명하다. **05** 내가 대회에서 이긴 것은 **순전한** 운이었다. **06** 몹시 **가파른** 경사지 **07** 우리 어머니는 **얇은**
커튼으로 창문을 장식하셨다. **08** 감자가 밀보다 더 생산적이라고 밝혀졌지만, 밀이 **주요한** 식품으로 남아 있다. **09** 바나나와 설탕은 자메이카의 **주요 산물**이다.

0316

show off

자랑하다, 과시하다

show + off (분리) → 다른 것들과 떨어져 돋보이게 하다

01 He **shows off** his knowledge whenever he speaks. ᵉᵇˢ응용

0317

take off

1. (옷, 모자 등을) 벗다 2. 이륙하다 3. 휴가를 보내다, 쉬다

take + off (분리) → ~에서 떨어내다[떨어지다]

02 Koreans **take off** their shoes before entering a house. 수능응용
03 The planes can't **take off** right now due to the weather. ᵉᵇˢ응용
04 Sally **took** a day **off** since she was sick.

0318

turn off

1. 끄다; 잠그다 2. 흥미를 잃게 하다

turn + off (단절, 중단) → 돌려서 단절[중단]시키다

05 The campaign encourages individuals and businesses to **turn off** all
lights for one hour. ᵉᵇˢ응용
06 I was **turned off** by his boring story.

0319

wear off

(차츰) 사라지다, 없어지다

wear + off (제거) → (계속) 써서 닳아 없어지게 하다

07 The effects of the medicine will soon **wear off**.

0320

work off

1. (감정을) 해소하다, 풀다 2. (빚을) 갚다

work + off (제거) → 노력하여 ~을 제거하다

08 He **worked off** his anger by playing basketball.
09 She had a large bank loan to **work off**.

---

01 그는 말할 때마다 지식을 **과시한다. 02** 한국인들은 집에 들어가기 전에 자신의 신발을 **벗는다. 03** 날씨 때문에 비행기는 당장 **이륙할** 수 없다. **04** Sally는 아파서 하루를 **쉬었다. 05** 그 캠페인은 개인과 기업이 한 시간 동안 모든 조명을 **끄도록** 장려한다. **06** 나는 그의 지루한 이야기에 **흥미를 잃었다. 07** 그 약의 효과는 곧 **사라질** 것이다. **08** 그는 농구를 하는 것으로 자신의 화를 **풀었다. 09** 그녀는 **갚아야** 할 거액의 은행 빚이 있었다.

0321

illustrate **

[íləstrèit]

동 1. (예를 들어) 설명하다, 분명히 보여주다 2. 삽화를 넣다

01 The fatal accident **illustrates** the importance of seat belts.
02 His paintings were inspired by **illustrated** books and gardens. 교과서응용

0322

depict **

[dipíkt]

동 묘사하다, 그리다(= portray, describe)

03 It is **depicted** on the rock that dinosaurs and humans lived together.
내신응용

• depiction 명 묘사, 서술

0323

compliment **

발음주의, 강세주의, 철자주의
명[kámpləmənt] 동[kámpləmènt]

명 칭찬, 찬사 동 칭찬하다

04 The art teacher gave me a **compliment** about my painting.

0324

isolate **

[áisəlèit]

동 고립시키다, 격리하다; 분리하다

05 The town was **isolated** by the floods.

• isolation 명 고립, 격리; 분리

0325

preference **

[préfərəns]

명 선호(도), 더 좋아함; 선호되는 것

06 Gaudi's **preference** for nature is seen in all his buildings, including the Sagrada Familia. 교과서응용

• preferable 형 선호되는, 더 좋은

---

01 그 치명적인 사고는 안전벨트의 중요성을 **분명히 보여준다 02** 그의 그림은 **삽화를 넣은** 책과 정원에서 영감을 받았다. **03** 그 바위에는 공룡과 사람이 함께 살던 모습이 **그려져 있다. 04** 미술 선생님은 나의 그림에 대해 **칭찬해주셨다. 05** 그 마을은 홍수로 인해 **고립되었다. 06** 가우디의 자연에 대한 **선호**는 사그라다 파밀리아를 포함한 그의 모든 건축물에서 보여진다.

0326
drift**
[drift]

[동] 1. (물, 공기 중에) **떠가다, 표류하다** 2. (자신도 모르게) **~하게 되다**
[명] **표류**

01 The little boy lost his balloon, and watched it **drift** up into the sky.
02 I was just **drifting** into sleep while watching TV.

0327
blink**
[bliŋk]

[동] (눈, 불빛 등이) **깜박이다**

03 No human being can ever look at the sun directly without **blinking**.

교과서응용

0328
flee**
fled-fled
[fli:]

[동] **달아나다, 도망가다** (= escape)

04 When a contagious disease hit Europe, about half of the Irish population **fled** from Ireland. 교과서응용

0329
animate**
발음주의 [동][ǽnəmèit] [형][ǽnəmət]

[동] **생기를 불어넣다, 생기 있게 하다** [형] **생기 있는** (↔ inanimate 활기 없는; 무생물의)

05 The writer's sense of humor **animated** his novel.

- **animation** [명] 1. 생기, 활기 2. 만화 영화
- **animated** [형] 1. 활기찬; 생생한 2. 만화 영화의

0330
upright**
[ʌ́pràit]

[형] 1. (위치, 자세가) **똑바른, 수직의** (= vertical) 2. (사람이) **올바른, 정직한** [부] **똑바로**

06 An **upright** posture opens up your airways, helping more oxygen flow through your lungs. 교과서응용
07 He is a very **upright**, trustworthy man.

---

01 그 어린 소년은 자신의 풍선을 놓쳤고, 그것이 하늘로 **떠가는** 것을 바라보았다. **02** 나는 TV를 보다가 **나도 모르게** 잠이 **들었다**. **03** 어떤 인간도 눈을 **깜박이지** 않고 태양을 바로 쳐다볼 수 없다. **04** 전염병이 유럽을 강타했을 때, 아일랜드 인구의 절반이 아일랜드에서 **달아났다**. **05** 그 작가의 유머 감각은 그의 소설에 **생기를 불어넣었다**. **06 똑바른** 자세는 기도를 열어주고, 폐를 통해 더 많은 산소가 흐르도록 도와준다. **07** 그는 매우 **올바르고** 신뢰할 수 있는 사람이다.

alter **

[ɔ́ːltər]

동 변경하다, 바꾸다(= change)

01 We should learn how climate change **alters** the ecosystem.

• alteration 명 변경, 변화

---

distort **

[distɔ́ːrt]

동 1. (모양, 소리 등을) 비틀다, 일그러뜨리다 2. 왜곡하다

02 The patient's face was **distorted** by pain.
03 I want to contribute to correcting a **distorted** version of history. 교과서용용

• distortion 명 1. 비틀림, 찌그러짐 2. 왜곡

---

proportion **

[prəpɔ́ːrʃən]

명 1. 비율, 부분; 비례 2. 균형, 조화 3. 크기, 규모

04 What's the **proportion** of boys to girls in your class?
05 The things in the painting are out of **proportion** with their surroundings.
06 The desk did not fit the **proportions** of my room.

✦ in (direct) proportion to ~에 (정)비례하여

---

migrate **

발음주의 [máigreit]

동 이동하다, 이주하다(= move)

07 In September, some birds **migrate** 2,000 miles south to a warmer area.

• migration 명 이동, 이주

---

phase **

[feiz]

명 (변화, 발달 과정의) 단계, 시기(= stage); 국면

08 In 1937, the earliest industrial robot came out, opening the first **phase** of robotics. 교과서용용

---

01 우리는 기후 변화기 어떻게 생태계를 **바꾸는지** 배워야 한다. 02 환자의 얼굴이 고통으로 **일그러졌다**. 03 나는 역사의 **왜곡된** 부분을 바로잡는 데 기여하고 싶다. 04 너희 반의 남녀 **비율**이 어떻게 되니? 05 그 그림 속 사물들은 주위 사물들과 **균형**이 맞지 않는다. 06 그 책상은 내 방 **크기**에 맞지 않았다. 07 9월에 어떤 새들은 더 따뜻한 남쪽 지역으로 2,000마일을 **이동한다**. 08 1937년, 최초의 산업용 로봇이 나왔고, 로봇 공학의 첫 **단계**를 열었다.

0336

affair **

[əféər]

형 일, 사건, 문제

01 The Sillok covers the general **affairs** of kings and their families, and political issues of Joseon. 교과서응용

0337

virtual **

[vɜ́ːrtʃuəl]

형 1. 사실상의, 실질적인 2. 가상의

02 The actress was a **virtual** unknown before this movie.

03 New technology enables us to enjoy the detailed movements of **virtual** characters. 내신응용

• virtually 부 1. 사실상, 거의(= almost) 2. 가상으로

0338

coordinate **

발음주의 [kouɔ́ːrdineit]

동 조정하다, 조직화하다(= organize)

04 The passengers escaped safely thanks to the **coordinated** pilots and flight attendants. 교과서응용

• coordination 명 조정, 조직화
• coordinator 명 조정하는 사람, 진행자

0339

relevant **

[réləvənt]

형 관련 있는, 적절한(↔ irrelevant 무관한)

05 Please make sure that you attach all the **relevant** documents to your application.

• relevance 명 관련(성)(↔ irrelevance 무관함)

0340

via **

[váiə]

전 1. 경유하여, (~을) 거쳐 2. (~을) 매개로, (~을) 통해서(= through)

06 We flew to Los Angeles **via** Chicago.

07 We can communicate face to face in real time **via** our computers and smartphones. 교과서응용

---

01 실록은 왕의 전반적인 **일**과 가족들, 그리고 조선의 정치 문제를 다룬다. **02** 그 여배우는 이 영화 이전에 **사실상** 무명이었다. **03** 신기술은 우리가 **가상** 캐릭터들의 상세한 움직임을 감상할 수 있게 해 준다. **04** 승객들은 **조직화된** 파일럿과 승무원들 덕분에 안전하게 탈출했다. **05** 모든 **관련** 서류를 지원서에 반드시 첨부해 주십시오. **06** 우리는 비행기를 타고 시카고를 **경유하여** 로스앤젤레스로 갔다. **07** 우리는 컴퓨터와 스마트폰을 **통해** 얼굴을 마주 보고 실시간으로 대화할 수 있다.

0341

sector ✱✱

[séktər]

몡 부문, 분야, 영역(= part)

01 Tourism has been the biggest growth **sector** in the Greek economy since the 1970s.

0342

privilege ✱✱

철자주의 [prívəlidʒ]

몡 특혜, 특권 동 특권을 주다

02 Limitless dreaming is a **privilege** of the young. So don't cage your dreams in your mind. 교과서용용

0343

joint ✱✱

[dʒɔint]

혱 공동의, 합동의 몡 관절; 연결 부위

03 The study was a **joint** effort between the two universities.
04 Lily has been having pain in her muscles and **joints**.

0344

utilize ✱✱

[júːtəlàiz]

동 활용하다, 이용하다(= use)

05 If you want to improve your memory, **utilize** brain games. 내신용용

• **utility** 몡 1. (수도, 전기와 같은) 공공 서비스, 공익사업 2. 유용(성)
• **utilization** 몡 활용, 이용

0345

boost ✱✱

[buːst]

동 신장시키다, 북돋우다; 후원하다 몡 후원, 격려

06 The IoT system will **boost** efficiency by saving us time and effort. 교과서용용

• **booster** 몡 촉진제

0346

drill ✱✱

[dril]

몡 1. 드릴, 송곳 2. 반복 훈련
동 1. (드릴로) 구멍을 뚫다 2. 반복 훈련시키다

07 He bought a **drill** to install a new light on his ceiling. 교과서용용
08 Although I had done many fire **drills** in school, I got scared in a real situation. 교과서용용

---

01 관광산업은 1970년대 이후로 그리스 경제에서 가장 큰 성장 **분야**가 되어 왔다. **02** 무한한 꿈은 젊은이들의 **특권**이다. 그러니 당신의 꿈을 마음속에 가두지 마라. **03** 그 연구는 두 대학교의 **공동** 노력의 결과였다. **04** Lily는 근육과 **관절**에 통증을 겪어 왔다. **05** 기억력을 향상시키고 싶다면, 두뇌 게임을 **활용하라**. **06** IoT 시스템은 우리의 시간과 노력을 줄임으로써 효율성을 **신장시킬 것이다**. **07** 그는 천장에 새 조명을 설치하기 위해 드릴을 샀다. **08** 학교에서 소방 **(반복) 훈련**을 많이 했음에도 불구하고, 나는 실제 상황에서 겁먹었다.

0347

peculiar **

[pikjúːliər]

[형] 1. 기이한, 이상한 (= strange, weird) 2. 독특한, 고유의 (= unique)

01 My dog's **peculiar** behavior worried my family.
02 Each person's handwriting has its own **peculiar** characteristics.

• peculiarity [명] 1. 기이함, 이상함 2. 특색, 특성

0348

portable **

[pɔ́ːrtəbl]

[형] 휴대용의, 휴대가 쉬운 [명] 휴대용 기기

03 The company's many **portable** devices were a big hit.

0349

shallow **

[ʃǽlou]

[형] 얕은 (↔ deep 깊은); 얄팍한

04 The *haenyeo*'s work includes collecting seaweed in **shallow** water.

교과서응용

✦✦ in을 포함한 구동사

• in의 의미

| 위치·방향
(안에, 안으로) | 어떤 것의 안에 위치하거나 안으로 들어가는 방향을 나타냄.

· Please let me **in**.
(안으로 들여보내 주세요.) | |

0350

break in

1. (건물에) 침입하다 2. (대화에) 끼어들다, 방해하다 (= interrupt)
3. (새것을) 길들이다; 훈련시키다

break + **in** (안으로) → 깨고 ~ 안으로 들어오다

05 This security system will alert you and the police when someone **breaks in**. 교과서응용
06 We were having a chat when he rudely **broke in**.
07 It took me weeks to **break in** these new boots.

---

01 우리 개의 **이상한** 행동은 우리 가족을 걱정시켰다. 02 모든 사람의 필적은 각자 자기만의 **고유한** 특성이 있다. 03 그 회사의 많은 **휴대용** 기기들은 큰 성공을 거두었다. 04 해녀의 일은 **얕은** 물에서 해초를 모으는 것을 포함한다. 05 이 보안 시스템은 누군가 **침입할** 때 당신과 경찰에게 알려줄 것입니다. 06 우리가 이야기를 나누고 있을 때 그가 무례하게 **끼어들었다**. 07 이 새 부츠를 **길들이는** 데 몇 주가 걸렸다.

0351
bring in

1. (법, 체제 등을) **도입하다** (= introduce) 2. (수입, 이익을) **벌어들이다**

bring + in (안으로) → ~을 안으로 가져오다

01 New safety regulations were **brought in** after the accident.
02 The film has **brought in** millions of dollars.

0352
count in

(어떤 활동이나 계획에) **포함시키다, 넣다**

count + in (안에) → ~을 셈에 넣다

03 A: The party starts at half past six. Can you make it?
   B: Sure, **count** me **in**. 모의응용

0353
drop in (on)

잠깐 들르다, 방문하다 (= stop by)

drop + in (안으로) + on → ~ 안으로 떨어지다

04 It is considered impolite to **drop in on** somebody without any notice.

0354
fill in

1. (서식을) **작성하다** (= fill out) 2. (일이나 직책을) **대신하다**

fill + in (안에) → ~ 안에 채워 넣다

05 Please **fill in** this application form and submit it to the office.
06 I want you to **fill in** for her at work temporarily. 모의응용

0355
fit in (with)

1. **잘 들어맞다, 잘 어울리다** 2. (시간을 내어) **만나다; 하다**

fit + in (안에) + with → ~ 안에 들어맞다[끼워 넣다]

07 It isn't easy to **fit in with** new people in a whole new environment. 교과서응용
08 If my schedule allows it, I'll **fit** you **in** at 2:30.

---

01 그 사고 이후에 새로운 안전 규정들이 **도입되었다**. **02** 그 영화는 수백만 달러를 **벌어들였다**. **03** A: 파티는 6시 반에 시작해요. 그때까지 오실 수 있나요?
B: 그럼요, 저를 **포함시켜** 주세요. **04** 어떤 예고도 없이 누군가를 **방문하는** 것은 무례하다고 여겨진다. **05** 이 신청서를 **작성해서** 사무실에 제출해주십시오.
06 나는 네가 임시로 그녀의 자리를 **대신해주길** 바란다. **07** 완전히 새로운 환경에서 새로운 사람들과 **잘 어울리는** 것은 쉽지 않다. **08** 만약 내 일정이 허락한다면,
나는 너를 2시 반에 **만날 거야**.

0356

give in

1. 제출하다 2. (마지못해) **받아들이다, 요구에 따르다**

3. **항복하다** (= yield, surrender)

give + in (안으로) → 안으로 주다, 받아들이다

01 All assignments must be **given in** to your teacher by Friday.
02 He begged me so much for a new bike that eventually I **gave in**.
03 The bright colors of his painting represent hope among people who didn't **give in** during the Korean war. 교과서응용

0357

hand in

(과제물 등을) **제출하다, 내다** (= give in, turn in)

hand + in (안으로) → 안으로 건네다

04 To apply for the scholarship, **hand in** an application before the deadline.

0358

let in on

(비밀 등을) **알려주다, 누설하다;** (비밀스러운 일에) **끼워 주다**

let + in (안으로) + on → 안으로 들어오게 하다

05 If you promise not to tell, I'll **let** you **in on** a secret.

0359

put in

1. (장비, 가구 등을) **설치하다** 2. (돈, 노력 등을) **들이다, 쓰다**

3. (남의 말을) **거들다, 끼어들다**

put + in (안으로) → ~을 안에 두다

06 We've **put in** a burglar alarm.
07 Believing that the road to success is rocky forces us to **put in** more effort. 모의응용
08 Could I **put in** a word? I haven't had a chance to talk yet.

0360

take in

1. 섭취하다; 들이마시다 2. 이해하다, 받아들이다 3. 포함하다

take + in (안으로) → 안으로 가져가다

09 When we **take in** extra calories at one meal, they reduce hunger at the next meal. 모의응용
10 It's hard to **take** all this information **in** at once.
11 The tour **takes in** several European capitals.

---

01 모든 과제는 네 선생님께 금요일까지 **제출되어야** 한다. **02** 그가 나에게 새 자전거를 사달라고 너무 많이 졸라서 결국 **받아들였다. 03** 그의 그림의 밝은색은 한국 전쟁 동안 **항복하지** 않은 사람들의 희망을 나타낸다. **04** 장학금을 신청하려면, 신청서를 마감하기 전에 **제출하라. 05** 말하지 않겠다고 약속하면, 너에게 비밀을 **알려주겠다. 06** 우리는 도난 경보기를 **설치했다. 07** 성공을 향한 길이 험난하다고 믿는 것은 우리가 더 많은 노력을 **들이게** 한다. **08** 제가 한 말씀 **거들어도** 될까요? 저는 아직 말할 기회가 없었습니다. **09** 우리가 한 끼 식사에서 칼로리를 추가로 **섭취하면**, 다음 식사 때 허기를 줄여준다. **10** 이 모든 정보를 한꺼번에 **이해하는** 것은 힘들다. **11** 그 투어는 여러 유럽 대도시를 **포함한다.**

0361
curb
[kə:rb]

⟨동⟩ 제한[억제]하다(= restrain) ⟨명⟩ 제한[억제]하는 것

01 We need to **curb** our anger and negative emotions. 수능응용

0362
bunch **
[bʌntʃ]

⟨명⟩ 1. 다발, 묶음 2. (수, 양이) 많음

02 He brought a **bunch** of grapes as a gift.
03 There's a whole **bunch** of tourist attractions I want to visit.

◆ **a bunch of** 1. 한 다발[묶음]의 2. 많은

묶음, 양을 나타내는 어휘
bundle 다발, 꾸러미, 묶음   **myriad** 무수함
bulk 1. 대부분 2. (큰) 규모[양]   **innumerable** 셀 수 없이 많은

0363
accuse *
[əkjú:z]

⟨동⟩ 1. 비난하다(= blame) 2. 고발하다, 기소하다

04 The public **accused** the politician of lying.
05 In the past, one could be **accused** of anti-government activity simply for reading a suspicious book. 내신응용

◆ **accuse A of B** A를 B의 이유로 비난하다[고발하다]

◆ **the accused** ((형사)) 피고인

● accusation ⟨명⟩ 1. 비난 2. 고발, 기소

0364
retrieve *
[ritrí:v]

⟨동⟩ 1. 되찾다, 회수하다; 수습하다 2. (컴퓨터로 정보를) 검색하다

06 They made many attempts to **retrieve** the ball from the pond.
07 We need to **retrieve** information from the database.

● retrieval ⟨명⟩ 1. 되찾아 옴, 회수 2. (정보의) 검색

---

01 우리는 화와 부정적인 감정을 **억제해야** 한다. 02 그는 선물로 포도 한 **묶음**을 샀다. 03 내가 방문하고 싶은 **많은** 관광 명소가 있다. 04 대중은 그 정치인이 거짓말을 한 것을 **비난했다**. 05 과거에는 단순히 의심스러운 책을 본다는 이유만으로 반정부 활동으로 **기소될** 수 있었다. 06 그들은 연못에서 공을 **되찾기** 위해 많은 시도를 했다. 07 우리는 자료에서 정보를 **검색해야** 한다.

0365

initiative *

발음주의, 강세주의, 철자주의

[iníʃətiv]

⟨명⟩ 1. 주도(권); 솔선 2. 결단력; 진취성

01 Amy would have to take the **initiative** to apologize for hurting her friend's feelings.

02 Sally used her own **initiative** a lot and was promoted to manager.

◆ **take the initiative** 주도권을 잡다; 솔선해서 하다

◆ initiate ⟨동⟩ 1. 시작하다, 개시하다(= launch) 2. (비법 등을) 전수하다, 가르치다

0366

shed

shed-shed-shedding

[ʃed]

⟨동⟩ 1. (피, 눈물 등을) **흘리다** 2. (잎이) **떨어지다**; (가죽, 껍질 등을) **벗다**

03 She **shed** tears at her daughter's wedding.

04 By early autumn, trees began to **shed** their leaves. 모의응용

◆ **shed light on** ~을 밝히다, ~을 해명하다(= clarify)

0367

render

[réndər]

⟨동⟩ 1. (어떤 상태가 되게) **만들다** 2. 주다, 제공하다(= provide)

05 Dozens of people were **rendered** homeless by the flood.

06 Companies should know that customers want the service to be **rendered** in a manner that pleases them. 모의응용

0368

tickle *

[tíkl]

⟨동⟩ 간지럽게 하다

07 If you **tickle** yourself, it doesn't **tickle** because you are in complete control of the situation. 수능응용

0369

outward *

[áutwərd]

⟨형⟩ 겉으로 보이는; 바깥의 ⟨부⟩ 《-s》 밖으로 (↔ inward 1. 마음속의; 안의 2. 《-s》 안으로)

08 They showed no **outward** signs of fear, but they must have been afraid.

09 It's sometimes better to show your emotions **outwards** than to control them.

---

01 Amy는 친구의 감정을 상하게 한 것에 대해 **솔선**해서 사과해야 할 것이다. 02 Sally는 자신의 **결단력**을 많이 발휘하여 관리자로 승진했다. 03 그녀는 자신의 딸의 결혼식에서 눈물을 **흘렸다**. 04 초가을 무렵 나뭇잎이 **떨어지기** 시작했다. 05 수십 명의 사람들이 홍수로 인해 집을 잃게 **되었다**. 06 기업들은 고객이 서비스가 고객들을 기쁘게 하는 방식으로 **제공되기**를 원한다는 것을 알아야 한다. 07 스스로를 **간지럽게 한다**면, 상황에 대한 완전한 통제하에 있기 때문에 **간지럽지** 않을 것이다. 08 그들은 **겉으로는** 전혀 두렵다는 기색을 보이지 않았지만, 틀림없이 두려웠을 것이다. 09 때때로 감정을 억제하는 것보다 **밖으로** 드러내는 것이 더 좋다.

embed

embedded-embedded-
embedding

[imbéd]

동 (단단히) 박다, 끼워 넣다

01 He had an operation to remove glass that was **embedded** in his leg.

0371

immense*

[iméns]

형 엄청난, 막대한 (= enormous)

02 The novel won several prizes and gained **immense** popularity all over the world. 내신용용

• immensely 부 엄청나게, 막대하게 (= enormously)

0372

illuminate

강세주의 [ilú:mineit]

동 1. (불을) 비추다, 밝게 하다 (= brighten) 2. 분명히 하다, 밝히다 (= clarify)

03 If you push this button, the device will **illuminate** its LED lights. 모의용용
04 The report **illuminated** the scientist's theory with examples.

• illumination 명 조명

0373

feat

[fiːt]

명 위업 (= accomplishment, achievement); (뛰어난) 솜씨, 묘기

05 Negotiating the treaty was a diplomatic **feat**.

0374

shrug

shrugged-shrugged-
shrugging

[ʃrʌg]

동 (어깨를) 으쓱하다

06 He **shrugged** his shoulders as if he was indifferent about the problem.

0375

kneel*

knelt/kneeled-knelt/kneeled
발음주의 [niːl]

동 무릎을 꿇다

07 Before going to bed, my mom and I **knelt** by the bed in prayer.

---

01 그는 다리에 **박힌** 유리를 제거하는 수술을 받았다. 02 그 소설은 여러 개의 상을 수상하고 전 세계적으로 **엄청난** 인기를 얻었다. 03 이 버튼을 누르면 그 기계가 LED 조명을 **비출** 것이다. 04 그 보고서는 실례를 들어 그 과학자의 이론을 **분명히 했다.** 05 그 조약을 성사시키는 것은 외교적 **위업**이었다. 06 그는 마치 그 문제에 무관심한 듯 자신의 어깨를 **으쓱했다.** 07 잠자리에 들기 전에 엄마와 나는 침대 옆에서 **무릎을 꿇고** 기도했다.

0376
superb
발음주의 [supə́ːrb]

형 최고의, 최상의, 대단히 훌륭한

01 The performance was absolutely **superb**.

0377
breakdown*
[bréikdàun]

명 1. (기계 등의) 고장 2. (관계 등의) 실패

02 The factory spent a lot of money to improve their equipment because of frequent **breakdowns**.
03 a **breakdown** in communications

0378
conscience*
발음주의 [kánʃəns]

명 양심, 도덕심

04 Children must develop a **conscience** — an inner voice to keep them on the right path. 수능응용

• conscientious 형 양심적인; 성실한

0379
premise
발음주의 [prémis]

명 1. (주장의) 전제 2. 건물이 딸린 토지, 구내

05 The research project is based on an inaccurate **premise**.
06 No animals are allowed on the business **premises**.

0380
dwindle
[dwíndl]

동 (점점) 줄어들다; 감소되다 (= decrease)

07 His vast fortune has **dwindled** away.

0381
amplify
[ǽmpləfài]

동 1. 확대하다, 증폭시키다 2. 더 자세히 설명하다

08 The music was **amplified** with microphones.
09 He **amplified** the meaning of the phrase by repeating it.

---

01 그 공연은 정말 **대단히 훌륭했다**. **02** 그 공장은 잦은 **고장** 때문에 장비를 개선하는 데 많은 돈을 썼다. **03** 의사소통의 **실패 04** 아이들은 자신들을 바른 길로 가도록 하는 내면의 목소리인 **양심**을 길러야 한다. **05** 그 연구 프로젝트는 정확하지 않은 **전제**에 근거를 두고 있다. **06** 그 사업장에는 동물의 출입이 허용되지 않는다. **07** 그의 막대한 재산이 점점 **줄어들었다**. **08** 음악 소리가 마이크를 통해 **증폭되었다**. **09** 그는 그 어구의 의미를 반복해서 **더 자세히 설명하였다**.

0382

swift *

[swift]

[형] 신속한, 빠른(= rapid)

01 Fortunately, she made a **swift** recovery after the car accident.

• **swiftly** [부] 신속히, 빨리

0383

eligible

[élidʒəbl]

[형] 적격의, 적임의(= qualified, suitable); (~을) 할 수 있는

02 To decide who should be **eligible** for tax relief, it is necessary to draw a line between rich and poor. 모의응용

◆ **be eligible for[to-v]** ~할 자격이 있다

0384

majestic

발음주의, 강세주의 [mədʒéstik]

[형] 장엄한, 위엄 있는(= grand)

03 The **majestic** mountain range will leave you breathless.

• **majesty** [명] 1. 장엄함, 위엄 2. ((보통 one's –)) 폐하

0385

commence

[kəméns]

[동] 시작되다, 시작하다

04 The meeting is scheduled to **commence** at noon.

0386

splendid *

[spléndid]

[형] 훌륭한, 아주 인상적인(= impressive); 화려한

05 The player won the match with his **splendid** fencing skills. 내신응용

0387

refrain

[rifréin]

[동] (하고 싶은 것을) 삼가다, 자제하다 [명] 자주 반복되는 말[불평]; 후렴

06 You should **refrain** from actions that could offend others.
07 Complaints about poor food in schools have become a familiar **refrain**.

---

01 다행히도, 그녀는 자동차 사고 후에 **빠르게** 회복했다. 02 누가 세금 감면의 **자격이 있는**지를 결정하기 위해서, 부자와 가난한 사람을 구분하는 것이 필요하다. 03 **장엄한** 산맥은 너의 숨이 막히게 할 것이다. 04 그 회의는 정오에 **시작되는** 것으로 일정이 잡혀 있다. 05 그 선수는 **훌륭한** 펜싱 기술로 그 경기에서 승리했다. 06 다른 사람을 불편하게 할 수 있는 행동을 **삼가야** 한다. 07 학교에서의 부실한 식사에 대한 불만은 익숙한 **불평**이 되었다.

0388

counterproductive

발음주의, 강세주의

[kàuntərprədʌktiv]

[형] 역효과를 낳는; 비생산적인(↔ productive 생산적인)

01 Excessive feedback can be **counterproductive**, making the student lose confidence.

0389

rigorous

발음주의 [rígərəs]

[형] (규칙, 적용 등이) **철저한, 엄격한**(= strict, severe)

02 The researchers performed their study with a scientifically **rigorous** approach.

• rigorously [부] 철저하게, 엄격하게

0390

maneuver

발음주의, 철자주의

[mənú:vər]

[명] 1. (기술적) **동작, 움직임; 책략** 2. 《군사》 **작전행동**

[동] (능숙하게) **움직이다; 책략을 쓰다**

03 The proper timing of information is critical to military **maneuvers**.

04 She **maneuvered** her car into the tiny garage.

0391

shade**

[ʃeid]

[명] 그늘 [동] 그늘지게 하다

05 It's too hot to be out in the sun, but there is no **shade** in sight. 모의응용

0392

triple*

[trípl]

[형] 3중의, 3개로 이루어진; 3배의

06 The number of students in Steve's school is about **triple** that of my school.

| 숫자와 관련된 어휘 |
dual 이중의
quartet 4중주, 4중창
pentagon 5각형
hexagon 6각형

01 과도한 피드백은 학생들이 자신감을 잃게 하므로 **역효과를 낳을** 수 있다. **02** 연구원들은 과학적으로 **엄격한** 접근법으로 그들의 연구를 수행했다. **03** 정보의 적절한 타이밍은 군사 **작전행동**에 매우 중요하다. **04** 그녀는 차를 작은 차고에 **능숙하게 넣었다**. **05** 뙤약볕에 있는 것이 너무 더운데 보이는 곳에 **그늘**이 없다. **06** Steve의 학교 학생 수는 우리 학교 학생 수의 약 **세 배**이다.

• into의 의미

이동·변화 (안으로)	다른 상태로 변화하거나 움직임의 이동을 나타냄. · Our holiday turned **into** a nightmare. (우리의 연휴는 악몽으로 변했다.)

0393

be into

(~에) 관심이 많다; 좋아하다

be + into (안으로) → ~ 안에 (들어가) 있다

01 I'm not really **into** science fiction. 수능응용

0394

break into

1. (건물 등에) **침입하다**; **억지로 열다** 2. **끼어들다, 방해하다**(= interrupt)
3. (눈물, 웃음 등을) **갑자기 터뜨리다**

break + into (안으로) → 깨고 안으로 들어가다

02 The firemen had to **break into** the room to rescue the children.
03 Mary suddenly **broke into** our conversation.
04 He suddenly left during our argument, and it made me **break into** tears.

0395

come into

1. (유산으로) **물려받다**(= inherit) 2. (중요하게) **작용하다, 영향을 끼치다**

come + into (안으로) → 안으로 들어오다

05 She **came into** a bit of money when her grandfather died.
06 Luck didn't **come into** passing the exam.

0396

go into

1. (돈, 시간 등이) **투입되다** 2. **시작하다** 3. (자세히) **논의하다**

go + into (안으로) → ~ 안으로 들어가다

07 Due to the increased population, more money **went into** farming for more food. 수능응용
08 She's thinking of **going into** business on her own.
09 That's a good question, but I don't want to **go into** it now.

---

01 나는 공상 과학 소설을 그다지 **좋아하지** 않는다. **02** 소방관들은 그 아이들을 구하기 위해 방문을 **억지로 열어야** 했다. **03** Mary가 갑자기 우리의 대화에 **끼어들었다**. **04** 그는 말다툼 도중 갑자기 떠났고, 그것은 내가 **갑자기 눈물을 터뜨리게** 만들었다. **05** 그녀는 할아버지가 돌아가셨을 때 약간의 돈을 **물려받았다**. **06** 운은 그 시험에 합격하는 데 **작용하지** 않았다. (→ 운이 좋아서 합격한 것이 아니다.) **07** 늘어난 인구로 인해, 더 많은 돈이 더 많은 식량을 위한 농업에 **투입되었다**. **08** 그녀는 자신의 사업을 **시작하려고** 생각 중이다. **09** 그것은 좋은 질문이나, 나는 지금 그것을 **논의하고** 싶지 않다.

0397

look into

조사하다, 주의 깊게 살피다(= investigate)

look + **into** (안으로) → 안으로 들여다보다

01 Some problems can be solved right away, but often we have to **look into** the matter more closely. 모의응용

0398

put into

1. (시간, 노력 등을) **들이다** 2. (어떤 특질을) **더하다**

put + **into** (안으로) → ~ 안으로 집어넣다

02 I'm sorry your memory card is damaged. I know the effort you **put into** taking pictures. 모의응용
03 He **put** much feeling **into** his voice.

0399

run into

1. (~와) **우연히 만나다** 2. (곤경에) **부딪히다**(= encounter)

3. (어떤 수준, 양에) **이르다, 달하다**

run + **into** (안으로) → 안으로 뛰어들다

04 If we are in the desert, what's the chance we might **run into** snakes or other dangerous creatures?
05 He sold his car because he **ran into** financial difficulties.
06 Hurricane damages **ran into** the millions of dollars.

0400

talk into

설득해서 ~하게 하다(= persuade)

talk + **into** (안으로) → 말해서 ~ 안으로 데려오다

07 The salesperson **talked** us **into** buying the shoes.

---

01 일부 문제들은 바로 해결될 수 있지만, 우리는 종종 문제를 더 자세히 **주의 깊게 살펴야**만 한다. **02** 네 메모리 카드가 손상되었다니 유감이다. 나는 네가 사진 찍는 데 **들인** 노력을 알고 있다. **03** 그는 자신의 목소리에 많은 감정을 **더했다. 04** 만약 우리가 사막에 있다면, 뱀이나 다른 위험한 생물을 **우연히** 마주칠 가능성이 얼마나 될까? **05** 그는 재정난에 **부딪혀서** 차를 팔았다. **06** 허리케인 피해가 수백만 달러에 **달했다. 07** 그 판매원은 우리를 **설득해서** 그 신발을 사게 **했다.**

0401

deterioration

[ditìəriəréiʃən]

명 (상황 등의) 악화; 품질 저하; 퇴화

01 the inevitable **deterioration** of the brain 모의응용

• deteriorate 동 악화되다(= worsen)

0402

transcend

[trænsénd]

동 초월하다, 능가하다

02 Shakespeare's stories **transcend** time and culture.

• transcendence 명 초월; 탁월
• transcendent 형 초월하는; 탁월한, 뛰어난

0403

vain

[vein]

형 1. 헛된, 소용없는(= useless) 2. 자만심[허영심]이 강한

03 I ran to catch the last bus, but it was in **vain**.
04 Harry is very **vain** about his appearance and ability.

◆ **in vain** 헛되이

• vanity 명 자만심, 허영심

0404

plausible

[plɔ́:zəbəl]

형 (설명이) 타당한 것 같은, 그럴듯한(= probable)

05 His explanation sounded so **plausible** that I didn't need any further investigation.

0405

intrude

[intrúːd]

동 1. (가서는 안 될 곳에) 자기 마음대로 가다, 침범하다
　 2. 방해하다(= interfere, interrupt)

06 I'm sorry to **intrude** into your room, but I have some urgent news.
07 Don't **intrude** on my relationship — it's not your business.

• intrusion 명 1. 침입, 침범 2. 방해

---

01 뇌의 피할 수 없는 **퇴화** 02 셰익스피어의 이야기들은 시간과 문화를 **초월한다.** 03 나는 마지막 버스를 타기 위해 달렸지만 **소용이 없었다.** 04 Harry는 자신의 외모와 능력에 대해 매우 **자만심이 강하다.** 05 그의 설명은 너무나 **그럴듯해서** 나는 추가적인 조사가 필요하지 않았다. 06 네 방에 **마음대로 와서** 미안하지만, 중요한 소식이 있다. 07 내 인간 관계를 **방해하지** 마. 네가 상관할 일이 아니야.

0406

discrete

[diskríːt]

형 (같은 종류의 다른 것들과) **별개의**(= distinct); **분리된**

01 six **discrete** parts

0407

consecutive

[kənsékjətiv]

형 **연이은**(= successive)

02 The rules state that each full-time employee must work five **consecutive** days and then receive two days off.

0408

outdo

outdid-outdone

[àutdúː]

동 **능가하다, ~보다 뛰어나다**

03 The two rivals were constantly trying to **outdo** each other.

0409

weed *

[wiːd]

명 **잡초** 동 **잡초를 뽑다**

04 The volunteers watered plants and removed **weeds** in the garden. 모의응용

◆ **weed out** (불필요하거나 부족한 대상 등을) 제거하다, 뽑아버리다

0410

string **

[striŋ]

명 1. **줄, 끈**; (현악기의) **현** 2. **일련, 연속** 3. 《복수형》 **조건, 단서**

05 Tuning a violin makes its **strings** produce the correct sounds.
06 A sentence is a **string** of words.
07 What kids do need is unconditional support and love with no **strings** attached. 모의

◆ **no strings attached** 조건이 없는

---

01 6개의 **분리된** 부품들 **02** 그 규칙이 말하는 것은 각각의 정규직원이 5일 **연속으로** 일해야 이틀 휴가를 받는다는 것이다. **03** 그 두 라이벌은 끊임없이 서로를 **능가하려고** 했다. **04** 자원봉사자들은 식물에 물을 주고 정원의 **잡초를 뽑았다. 05** 바이올린을 조율하는 것은 **현**이 정확한 소리를 내게 한다. **06** 한 문장은 단어들의 **연속**이다. **07** 아이들이 정말로 필요로 하는 것은 무조건적인 지지와 **조건** 없는 사랑이다.

0411

oral *

발음주의 [ɔ́(ː)rəl]

형 구두의, 입으로 하는 말의; 입[구강]의

01 You should prepare well for the **oral** interview with our Spanish teacher.
모의응용

0412

formidable *

발음주의 [fɔ́ːrmidəbl]

형 무시무시한, 가공할

02 Some animals make their bodies bigger to appear more **formidable** to opponents.

0413

imperative

[impérətiv]

형 1. 반드시 해야 하는(= essential) 2. 명령적인; 《문법》 명령법의
명 1. 의무 2. 《문법》 명령법

03 It is **imperative** that apartment residents engage in active communication to build a better facility.
04 **Imperative** sentences, such as "Follow me.", express a direct command.

0414

tedious

발음주의 [tíːdiəs]

형 지루한, 따분한(= dull, monotonous)

05 Our long train journey soon became **tedious**.

0415

linear

발음주의 [líniər]

형 (직)선의

06 It's a **linear** community where houses are lined up along both sides of a river. 모의응용

0416

ubiquitous *

발음주의, 철자주의
[juːbíkwətəs]

형 어디에나 있는, 흔한

07 Troubles are **ubiquitous**, so we should develop the ability to handle them properly. 수능응용

---

01 너는 스페인 수업 강사님과의 **구두** 인터뷰를 위해 준비를 잘해야 한다. **02** 일부 동물들은 적들에게 더 **무시무시하게** 보이기 위해 자신의 몸을 더 크게 만든다. **03** 더 나은 편의 시설의 설치를 위해서 아파트 주민들은 적극적인 소통을 **반드시 해야만 한다.** **04** "나를 따라와라."같은 **명령문**은 직접적인 명령을 표현한다. **05** 우리의 긴 기차 여행은 곧 **지루해졌다.** **06** 그곳은 강 양쪽을 따라 집들이 늘어서 있는 **(직)선형의** 공동체이다. **07** 문제는 **어디에나 있기** 때문에, 우리는 그것들을 적절히 처리하는 능력을 길러야 한다.

0417

panel**

발음주의 [pǽnəl]

명 1. (목재, 유리, 금속 등으로 된) 판 2. 천 조각 3. 토론 위원; 패널

01 In a sunny region, solar **panels** are an excellent way to get electricity to individual homes. 모의응용
02 The pants have double **panels** on the knee for extra protection.
03 The jurors are intended to be an impartial **panel**. 모의응용

0418

scroll*

[skroul]

동 (컴퓨터 화면을) 스크롤하다 명 두루마리

04 I **scrolled** down the page to look for a mobile for my nephew. 모의응용
05 Silk was used to make writing **scrolls** in ancient China due to its durability. 모의응용

0419

aggregate

발음주의
명형[ǽgrigət] 동[ǽgrigeit]

명 총계, 총액 형 총계의, 총합의 동 총계[총액]가 ~이 되다

06 The student president gained an **aggregate** of 80 percent of the vote.

0420

stack*

[stæk]

명 무더기, 더미 동 쌓다

07 I'm taking the **stack** of boxes and bottles to the recycling center. 모의응용

0421

splash*

[splæʃ]

동 물을 끼얹다; 첨벙거리다 명 (떨어지는) 방울; 첨벙거리는 소리

08 Walking along the stream, we could hear the fish **splashing** in the water.
수능응용

0422

mundane

발음주의, 강세주의
[mʌndéin]

형 평범한, 재미없는

09 A behavior as **mundane** as watching TV may be a way to escape reality.
모의응용

---

01 햇빛이 잘 드는 지역에선, 태양 전지**판**은 가정에 전기를 공급하는 훌륭한 방법이다. 02 이 바지는 추가적인 보호를 위해 무릎에 이중의 **천**이 있다. 03 배심원들은 공정한 **토론 위원**이 되도록 의도된다. 04 나는 내 조카에게 사출 휴대 전화를 찾기 위해 화면을 아래로 **스크롤했다**. 05 비단은 내구성 때문에 고대 중국에서 글을 쓰는 **두루마리**를 만드는 데 사용되었다. 06 학생회장은 투표의 **총** 80퍼센트를 득표했다. 07 나는 상자와 병 **더미**를 재활용 센터에 가져갈 것이다. 08 개울을 따라 걸으면서, 우리는 물고기가 물속에서 **첨벙거리는** 것을 들을 수 있었다. 09 TV를 보는 것만큼 **평범한** 행동이 현실을 잊는 방법이 될 수도 있다.

0423

loop *

[luːp]

명 고리 동 고리 모양으로 만들다

01 We get caught in the **loop** of worrying about things that need to be done. 모의응용

02 She **looped** a string around her finger to measure her ring size.

0424

denial *

발음주의 [dináiəl]

명 부인, 부정

03 She shook her head in **denial**.

• deny 동 부정하다

0425

resort **

발음주의 [rizɔ́ːrt]

동 의지하다 명 1. 의지, 의존 2. 휴양지, 리조트

04 It's stupid to think that you can resolve a conflict by **resorting** to violence.

05 I know of a fabulous **resort** on Winchester Island. Let's go there for our vacation. 모의응용

0426

pinpoint

발음주의, 강세주의
[pínpɔ̀int]

동 정확히 보여주다[찾아내다] 형 정확한 명 아주 작은 것

06 DNA analysis will **pinpoint** the origins of this isolated region's inhabitants. 모의응용

07 The star looks like a **pinpoint** of light in the night sky.

0427

thesis

발음주의 [θíːsis]

명 《복 theses》 1. 학위 논문 2. 논지

08 I wrote my master's **thesis** on contemporary Korean literature.

09 The book's main **thesis** is that we should treat climate crisis as urgent priority.

0428

neural *

발음주의 [njúərəl]

형 신경(계통)의

10 A **neural** network constantly moves information in and out of our brain.

• neuron 명 뉴런, 신경 세포

---

01 우리는 해야 될 것에 관한 걱정의 **고리**에 사로잡힌다. **02** 그녀는 반지 사이즈를 재기 위해 손가락에 줄을 **고리 모양으로 만들었다**. **03** 그녀는 **부정하며** 고개를 저었다. **04** 폭력에 **의지해서** 갈등을 해결할 수 있다고 생각하는 건 어리석다. **05** 원체스터 섬에 있는 멋진 **리조트**를 알아. 우리 휴가 때 거기 가자. **06** DNA 분석은 고립된 지역 거주민들의 혈통을 **정확히 찾아낼** 것이다. **07** 별은 밤하늘에서 빛의 **아주 작은 점**처럼 보인다. **08** 나는 석사 **학위 논문**으로 한국 현대문학에 관해 썼다. **09** 그 책의 주된 **논지**는 우리가 기후 위기를 급선무로 다뤄야 한다는 것이다. **10 신경** 네트워크는 우리 뇌의 안팎으로 끊임없이 정보를 이동시킨다.

0429

generosity*

발음주의, 강세주의
[dʒènərásəti]

명 너그러움, 관대함

01 Out of gratitude for his **generosity** toward their children, the parents often invited him for dinner. 모의응용

• generous 형 관대한 (↔ mean 인색한)

0430

immerse*

발음주의 [imə́ːrs]

동 1. (액체에) 담그다 2. (~에) 몰두하다, 몰두하게 만들다 (= absorb 몰두시키다)

02 **Immersing** your body in warm water can be very relaxing.
03 Virtual reality games allow players to become **immersed** in a computerized world. 모의응용

0431

deem

[diːm]

동 (~로) 여기다, 생각하다 (= consider)

04 Those we **deem** not trustworthy are not allowed to become leaders.

모의응용

0432

disperse

발음주의 [dispə́ːrs]

동 흩어지다, 분산시키다; 해산시키다

05 Police **dispersed** the violent protesters.

0433

recharge*

발음주의 [riːtʃáːrdʒ]

동 (배터리를) 충전하다; (휴식으로 에너지 등을) 재충전하다

06 You need to **recharge** by spending some time alone. 수능응용

0434

hollow*

발음주의 [hάlou]

형 속이 빈 명 움푹 꺼진 곳 동 속이 비게 만들다

07 Among the many kinds of bamboo in the world, the majority are **hollow**.

---

01 자녀들을 향한 그의 **너그러움**에 대한 감사로, 부모는 그를 저녁 식사에 종종 초대했다. 02 따뜻한 물에 몸을 **담그는 것**은 마음을 아주 편안하게 해줄 수 있다. 03 가상현실 게임은 게임하는 사람이 컴퓨터로 된 세계에 **몰두하게 한다.** 04 우리가 신뢰할 수 없다고 **여기는** 사람들은 지도자가 되도록 허용되지 않는다. 05 경찰은 폭력적인 시위대를 **해산시켰다.** 06 너는 혼자만의 시간을 보내면서 **재충전할** 필요가 있다. 07 세계 많은 종류의 대나무 중 다수는 **속이 비어 있다.**

● around의 의미

주변·대략	어떤 것의 주위, 주변 또는 근접한 수치를 뜻함. · She will be home **around** five o'clock. (그녀는 5시쯤 집에 있을 것이다.)
방향 (돌아서)	방향이 반대로 돌아가는 것을 나타냄. · He spun **around** and looked at me with startled eyes. (그는 몸을 돌려 놀란 눈으로 나를 바라봤다.)

● aside의 의미

위치·방향 (옆에, 옆으로)	옆에 두거나 옆으로 벗어나는 것을 나타냄. · He pushed **aside** his fear of rejection and confessed his love. (그는 거절의 두려움을 떨쳐내고 자신의 사랑을 고백했다.)

0435

come around

1. (정기적으로) **돌아오다** 2. 의식이 **돌아오다, 정신이 들다**(= come to one's senses)
3. **방문하다**

come + around (돌아서) → 돌아서 오다

01 I always have mixed feelings when the end of the school year **comes around**.
02 The patient had lost consciousness, but thanks to the doctor's effort, he finally **came around**.
03 I made some spaghetti and salad. Why don't you **come around** for dinner today?

0436

hang around

어슬렁거리다, 서성거리다

hang + around (주변) → 주변에 매달리다

04 Since I'd waited for Evan for 2 hours, I was getting sick of **hanging around**.

---

01 나는 학년 말이 **돌아오면** 항상 시원섭섭하다. 02 그 환자는 의식을 잃었지만, 의사들의 노력 덕분에 결국 **의식이 돌아왔다**. 03 내가 스파게티랑 샐러드 좀 만들었어. 저녁 먹으러 오늘 우리 집에 **오는** 게 어때? 04 나는 Evan을 2시간 동안 기다렸기 때문에 **서성거리는 것**에 싫증나고 있었다.

0437
look around

(주위를) **둘러보다**

look + **around** (주변) → 주변을 보다

01 Before you buy something, **look around** your own home to check if it is really necessary. 수능응용

0438
turn around

1. 몸을 돌리다, 돌아서다 2. (의견, 태도 등이) **바뀌다**

3. (시장, 경제 등이) **호전되다, 회복시키다**

turn + **around** (돌아서) → 방향을 돌리다

02 The man **turned around** and said, "Oh, you'd better keep the change."
03 Let's **turn** the whole idea **around** and look at it from another angle.
04 The new manager **turned around** a hopeless situation completely, and started making profits. 모의응용

0439
lay aside

~을 (한 쪽으로) 제쳐놓다[두다]

lay + **aside** (옆에) → 옆에 두다

05 He **laid aside** the book he had been reading and went to bed.

0440
put[set] aside

1. (감정, 의견 차이 등을) **무시하다, 제쳐놓다** 2. (나중에 쓸 수 있도록) **따로 떼어두다**

put[set] + **aside** (옆으로) → 옆으로 치워놓다

06 **Put aside** your worries, and take care of what you have to do.
07 I **put aside** a certain amount of money every month to buy a house someday.

---

01 여러분이 무언가를 사기 전에, 그것이 정말로 필요한지 확인하기 위해 여러분의 집을 **둘러보세요. 02** 그 남자가 **몸을 돌려서** 말했다. "아, 잔돈은 됐어요."
03 전체 아이디어를 **바꿔서** 다른 각도에서 그것을 바라보자. **04** 그 새로운 관리자는 가망 없던 상황을 완전히 **회복시키고** 수익을 올리기 시작했다. **05** 그는 읽던
책을 **제쳐두고** 자러 갔다. **06** 걱정은 **제쳐놓고**, 네가 해야 하는 일에 신경 써라. **07** 나는 언젠가 집을 사기 위해 매달 일정량의 돈을 **따로 떼어둔다.**

접사로
외우는 어휘

의미	접사	예시
not	in-	indirect
	un-	unfair
	dis-	disagree
	de-	deregulate
against	anti-	anticrime
	counter-	counterbalance
bad	mal-	maltreat
	mis-	misbehave
in	in-	indoors
out	e(x)-	express
	out-	outcome
between	inter-	interaction
down / under	under-	underground
	sub-	subway
	de-	depress

의미	접사	예시
across	dia-	diameter
	trans-	transform
far	tele-	television
toward	ad-	adjoin
forth	pro-	proclaim
before	pre-	preschool
	fore-	forehead
	ante-	antedate
after	post-	postwar
over	over-	overall
	super-	supernatural
too much	over-	overconfident
back	re-	repay
again	re-	redefine
together	com-	commotion
make	en-	enable
more [better] than	out-	outsmart
many / much	multi-	multimedia

기능	접사	예시
Verb	-en	weaken
	-(i)fy	simplify
	-ize	liberalize
	-ate	validate
Adjective (1)	-able	avoidable
	-ible	perceptible
Adjective (2)	-ful	forceful
Adjective (3)	-less	effortless
Adjective (4)	-ic	periodic
	-ical	philosophical
	-ous	cautious
	-(u)al	architectural
	-ant	luxuriant
	-ent	insistent
	-ate	considerate
	-ite	favorite
	-ish	foolish
	-ar(y)	customary
	-ory	satisfactory
	-ive	imitative
	-ative	informative
	-ly	friendly
	-y	risky
	-some	tiresome
Adverb (1)	-ly	intentionally
Adverb (2): direction	-ward	backward
	-wise	clockwise

기능	접사	예시
Noun (1): doer	-er	beginner
	-or	collector
	-ant	contestant
	-ent	respondent
	-ist	sociologist
	-ive	relative
	-ative	representative
	-ary	missionary
	-ee	interviewee
Noun (2): action	-ion	connection
	-(a)tion	realization
	-ance	guidance
	-(e)ty	entirety
	-ity	normality
	-y	recovery
	-ry	bravery
	-al	portrayal
	-ure	pressure
	-ment	enhancement
	-ness	hardness
	-(a)cy	constancy
	-th	youth
Noun (3): state, power, condition, principle, position	-ship	leadership
	-ism	symbolism
	-hood	motherhood

· Unit · 12 부정, 반대, 나쁨을 나타내는 접두사

접두사	의미	예시
in-[1], im-, il-, ir-		in**direct** 간접적인 직접적인
un-, an-	not, opposite ~이지[하지] 않은, ~이 아닌, 반대	un**fair** 공평하지 않은, 부당한 공평한, 공정한
dis-, di-		dis**agree** (의견이) 일치하지 않다, 다르다 (의견이) 일치하다
de-	not, opposite, away, down ~이지[하지] 않은, ~이 아닌, 반대, ~에서 벗어나, 아래로	de**regulate** 규제를 폐지하다 규제하다
anti-		anti**crime** 방범(防犯)의 범죄
counter-	against, in opposition 맞서, 반대	counter**balance** (반대 힘으로) 균형 잡아 주다 균형을 유지하다
mal-		mal**treat** 학대하다 대하다
mis-	bad, wrong 나쁜, 잘못된	mis**behave** 나쁜 행동을 하다 행동하다

⭐ **de -** 의 의미 확장

de ── **away** : (기준으로부터) 벗어난 ↗
　　　└─ **down** : (기준으로부터) 아래로 ⇩
　　　　　　　　　　　　　　　　　'부정, 반대'의 의미

✎ 참고 away의 의미를 가진 또 다른 접두사로는 **a(b)-**가 있다.
　　　abnormal: ab (away) + **normal** (정상적인) → 정상적인 것에서 벗어난 → 비정상적인

0441
incomplete *
[ìnkəmplíːt]

형 불완전한; 미완성의

in(not) + complete(완전한; 완료된) → 완전하지 않은; 완료되지 않은

01 A map necessarily offers an **incomplete** view of reality to portray a complex world on a flat sheet of paper. 모의응용

0442
invaluable *
[invǽljuəbəl]

형 매우 귀중한, 매우 유용한(= priceless)

in(not) + valu(e)(가치를 평가하다) + able(할 수 있는) → 가치를 평가할 수 없을 정도인

02 The Internet has quickly become an **invaluable** tool. 모의응용

0443
ineffective *
[ìniféktiv]

형 효과[효력] 없는; 효과적이지 못한

in(not) + effective(효과가 있는) → 효과가 없는

03 Store medications properly, or they will become **ineffective**. 모의응용

0444
indivisible
발음주의 [indivízəbl]

형 나눌 수 없는, 분리될 수 없는

in(not) + divis(나누다) + ible(형)

04 A country's language is **indivisible** from its culture.

0445
impersonal
[impə́ːrsənl]

형 1. 특정 개인과 상관없는, 일반적인 2. 인간미 없는

im(not) + personal(개인의; 인간적인) → (특정) 개인이 아닌; 인간적이지 않은

05 We discussed the weather and other **impersonal** topics.
06 She had a very cold and **impersonal** manner.

---

01 지도는 복잡한 세상을 평평한 종이 위에 그리기 위해 어쩔 수 없이 현실의 **불완전한** 모습을 제공한다. **02** 인터넷은 빠르게 **매우 유용한** 도구가 되었다. **03** 약을 올바른 방법으로 보관해라, 그렇지 않으면 약의 **효과가 없어질** 것이다. **04** 한 나라의 언어는 문화와 **분리될 수 없다**. **05** 우리는 날씨와 그 밖의 **일반적인** 주제들에 관해 이야기를 나눴다. **06** 그녀는 매우 차갑고 **인간미 없는** 태도를 보였다.

0446

impartial

[impáːrʃəl]

[형] 공정한, 공평한(= fair, unbiased)

im(not) + partial(부분적인; 편파적인) → 편파적이지 않은

01 A trial must be fair and **impartial**.

0447

immemorial

[ìmǝmɔ́ːriǝl]

[형] 아주 먼 옛날의

im(not) + memorial(기억의; 기록) → 기억[기록]에 없을 만큼의

02 People have been creating art since time **immemorial**.

◆ **time immemorial** 아주 먼 옛날

0448

illiterate

[ilítǝrǝt]

[형] 1. 문맹의, 글을 읽고 쓸 줄 모르는 2. (특정 분야에 대해) 잘 모르는(= ignorant)

il(not) + literate(글을 읽고 쓸 줄 아는) → 글을 읽고 쓸 줄 모르는

03 King Sejong invented Hangeul for the people, who were mostly **illiterate**.
04 computer **illiterate**

◆ illiteracy [명] 문맹, 무식

0449

irresistible*

[ìrizístǝbl]

[형] (매우 강력해서) 저항할 수 없는; 억누를 수 없는

ir(not) + resistible(저항할 수 있는) → 저항할 수 없는

05 All of a sudden, he had an **irresistible** wish to see his beloved family.

수능응용

0450

unequal

[ʌníːkwǝl]

[형] 1. (크기, 양 등이) 같지 않은 2. 불공평한

un(not) + equal(같은; 평등한) → 같지 않은; 평등하지 않은

06 The two boards are **unequal** in length.
07 Women claimed they were given **unequal** treatment.

---

01 재판은 반드시 정당하고 **공정해야** 한다. 02 사람은 **아주 먼 옛날**부터 예술을 창조해 오고 있다. 03 세종대왕은 백성들을 위해 한글을 창제했는데, 그들은 대부분 **글을 읽고 쓸 줄 몰랐다.** 04 컴퓨터를 잘 (다룰 줄) **모르는** 05 갑자기, 그는 사랑하는 가족을 보고 싶은 **억누를 수 없는** 마음이 들었다. 06 그 두 개의 판자는 길이가 **같지 않다.** 07 여성들은 자신들이 **불공평한** 대우를 받는다고 주장했다.

0451

unreasonable*

[ʌnríːzənəbl]

형 1. 불합리한(= irrational) 2. (가격, 요구 등이) **부당한, 터무니없는**

un(not) + **reasonable**(합리적인; 합당한) → 합리적이지 않은; 합당하지 않은

01 We can distinguish problems according to whether they are reasonable or **unreasonable**. 모의응용

02 I think the price of the movie ticket is quite **unreasonable**. It's too expensive. 모의응용

0452

unearth

[ʌnə́ːrθ]

동 1. 발굴하다, 파내다 2. 찾다, 밝혀내다(= discover)

un(opposite) + **earth**(흙으로 덮다) → (덮은 것을) 파내다

03 Scientists have **unearthed** the bones of an elephant believed to be 500,000 years old.

04 I **unearthed** my old diaries when we moved house.

0453

disapprove

[dìsəprúːv]

동 찬성하지 않다, 못마땅하다

dis(not) + **approve**(찬성하다) → 찬성하지 않다

05 Some people tend to **disapprove** of others whose behavior conflicts with theirs. 수능응용

• disapproval 명 반감, 못마땅함(↔ approval 찬성; 인정)

0454

disobey

[dìsəbéi]

동 불복종하다, 거역하다

dis(not) + **obey**(복종하다) → 복종하지 않다

06 She was punished for **disobeying** orders.

• disobedient 형 반항하는(↔ obedient 순종적인, 복종하는)

0455

disharmony

[dishɑ́ːrməni]

명 부조화, 불화; 불협화음

dis(not) + **harmony**(조화) → 조화롭지 않음

07 **Disharmony** enters our relationships when we try to force our values on others. 수능응용

---

01 우리는 문제가 합리적인지 **불합리한지**에 따라 그것들을 구분할 수 있다. **02** 나는 영화표의 가격이 상당히 **터무니없다고** 생각한다. 그것은 너무 비싸다. **03** 과학자들은 50만 년이 된 것으로 여겨지는 코끼리의 뼈를 **발굴했다. 04** 우리가 이사할 때 나는 내 오래된 일기장을 **찾았다. 05** 어떤 사람들은 자신의 행동과 상충하는 행동을 하는 사람들을 **못마땅해하는** 경향이 있다. **06** 그녀는 명령에 **불복종한다는** 이유로 처벌받았다. **07** 자신의 가치관을 타인에게 강요하려 할 때 관계에 **불화**가 시작된다.

0456
disprove *
[disprúːv]

동 틀렸음을 증명하다, 반박하다

dis(opposite) + **prove**(옳음을 증명하다) → 옳지 않음을 증명하다

01 The statistics to **disprove** his theories will take years to collect.

• disproof 명 반증 《반대되는 주장을 증명하는 증거》

0457
disclose *
[disklóuz]

동 드러내다, 밝히다(= reveal)

dis(opposite) + **close**(덮다) → 덮는 것의 반대

02 The identity of the victim has not yet been **disclosed**.

• disclosure 명 폭로; 밝혀진 사실

0458
dishonor
발음주의 [disánər]

명 불명예 동 1. 명예를 잃게 하다 2. (약속을) 어기다

dis(opposite) + **honor**(명예) → 명예의 반대

03 He is afraid that his confession will bring **dishonor** on the family.
04 Union leaders accused management of **dishonoring** pay agreements.

0459
decode *
[diːkóud]

동 (암호 등을) 해독하다; 이해하다

de(opposite) + **code**(암호로 쓰다) → 암호로 쓰는 것의 반대 → 암호를 풀다

05 Reading is not just **decoding** the letters but coming up with your own ideas. 모의응용

0460
demerit
[diːmérit]

명 1. 단점, 결점 2. (성적표 등에 기재되는) 벌점

de(opposite) + **merit**(장점, 가치; 우수한 평점) → 장점의 반대; 우수한 평점의 반대

06 I read some articles debating the merits and **demerits** of the two candidates.
07 Students are given **demerits** if they arrive late for classes.

---

01 그의 이론이 **틀렸음을 증명하는** 통계를 수집하기까지는 수년이 걸릴 것이다. 02 그 희생자의 신원은 아직 **밝혀지지** 않았다. 03 그는 자신의 자백이 가족에게 불명예를 가져올 것을 두려워한다. 04 노조 지도자들은 임금 협약을 **어긴** 것에 대해 경영진을 비난했다. 05 읽기는 단순히 문자를 **해독하는** 것이 아니라 자신의 생각을 만들어내는 것이다. 06 나는 두 후보자의 장점과 **단점**에 대해 논쟁하는 몇몇 기사를 읽었다. 07 만약 학생들이 수업에 늦게 도착하면 그들은 **벌점**을 받는다.

0461

deform

[difɔ́ːrm]

동 (기형으로) **변형시키다**; 흉하게 만들다

de(away) + **form**(형태를 만들다) → 형태에서 벗어나도록 만들다

01 Wearing shoes that are too tight will **deform** your feet.

• deformation   명 변형, 기형

0462

degenerate

발음주의

동[didʒénərèit] 형[didʒénərət]

동 **악화하다**(= worsen)   형 1. **악화된** 2. **퇴폐적인, 타락한**

de(down) + **generate**(만들어 내다) → (질 등을) 낮은 상태로 만들어 내다

02 As the disease progresses, the patient's health will **degenerate** rapidly.

03 The painting was criticized as **degenerate** and immoral.

• degeneration   명 1. 악화 2. 타락, 퇴보

• degenerative   형 (병이) 퇴행성의((신체 기관의 기능이 서서히 소멸되는))

0463

antisocial

발음주의, 강세주의

[æ̀ntisóuʃəl, æ̀ntaisóuʃəl]

형 1. **반사회적인** 2. **사람들과 잘 어울리지 못하는, 비사교적인**

anti(against, in opposition) + **social**(사회적인; 사교적인) → 사회[사교]적인 것에 반하는

04 The **antisocial** behavior of children is mainly influenced by environmental factors.

05 She's not being **antisocial**; she's just shy.

0464

antibacterial

발음주의, 강세주의

[æ̀ntibæktíəriəl, æ̀ntaibæktíəriəl]

형 **세균에 저항하는, 항균성의**

anti(against) + **bacterial**(세균의) → 세균에 맞서는

06 **Antibacterial** soaps contain an ingredient that kills bacteria.

0465

antibody

발음주의, 강세주의

[æ̀ntibàdi, æ̀ntaibàdi]

'항체'란 세균 바이러스가 신체 내로 침입했을 때 이와 싸우는 면역체계의 한 부분이다.

명 **항체(抗體)**

anti(against) + **body**(물체) → (세균에) 대항하는 물체

07 Infants have protection against certain diseases because **antibodies** have passed from the mother. 모의응용

---

01 너무 꽉 끼는 신발을 신는 것은 발을 **변형시킬** 것이다. 02 질병이 진행되면서, 환자의 건강은 빠르게 **악화될** 것이다. 03 그 그림은 **퇴폐적이고** 비도덕적이라고 비판받았다. 04 아이들의 **반사회적** 행동은 주로 환경적 요인에 의해 영향받는다. 05 그녀는 **사람들과 잘 어울리지 못하는** 것이 아니라 단지 부끄럼을 타는 것이다. 06 **항균성** 비누는 박테리아를 죽이는 성분을 포함하고 있다. 07 유아들은 **항체**를 어머니로부터 전달받았기에 특정 질병에 대항하는 보호책을 가지고 있다.

0466

counteract

[kàuntərǽkt]

[동] (악영향에) 대응하다; (효력을) 없애다

counter(against) + act(행동하다) → 대항하여 행동하다

01 Positivity can **counteract** negativity when you are faced with adversity.

모의응용

• counteraction [명] 반작용, 중화 작용

0467

counterclockwise

[kàuntərklάkwàiz]

[형] 시계 반대 방향의, 왼쪽으로 도는 [부] 시계 반대 방향으로

counter(against) + clockwise(시계 방향의, 오른쪽으로 도는) → 시계 방향과 반대로 도는

02 Turn the screw **counterclockwise** one full turn.

0468

counterattack

[káuntərətæk]

[동] 역습하다, 반격하다 [명] 역습, 반격

counter(against) + attack(공격) → 대항하여 공격하다

03 They launched a fierce **counterattack** by air once the fog cleared.

0469

maladaptive

[mæ̀lədǽptiv]

[형] 부적응의, 적응성이 없는

mal(bad) + adaptive(적응하는) → 적응을 잘 못하는

04 Insecurity can lead to **maladaptive** behaviors.

0470

malfunction

[mælfʌ́ŋkʃən]

[명] 오작동, 고장 [동] 제대로 작동하지 않다

mal(wrong) + function(기능; 작동하다) → 잘못된 기능; 잘못 작동하다

05 Excessive use may result in **malfunctions** or damage to the machine.

---

01 역경과 마주할 때 긍정주의는 부정적인 것에 **대응할** 수 있다. 02 나사를 **시계 반대 방향으로** 완전히 한 바퀴 돌리세요. 03 그들은 안개가 걷히자마자 맹렬한 공중 **역습**을 개시했다. 04 불안감은 **부적응** 행동들로 이어질 수 있다. 05 과도한 사용은 기기의 **오작동**이나 손상을 일으킬지도 모릅니다.

0471

misfortune *
[misfɔ́ːrtʃən]

명 불운, 불행

mis(bad) + fortune(운) → 나쁜 운

01 Everything they owned was lost in the fire, which was a great **misfortune**.

0472

misdeed
[misdíːd]

명 나쁜 짓, 악행(= offense / offence)

mis(bad) + deed(행동) → 나쁜 행동

02 She fully forgave him for his past **misdeeds**.

0473

mislead *
misled-misled
[mislíːd]

동 잘못 인도하다(= misguide); 오해하게 하다

mis(wrong) + lead(이끌다) → 잘못된 방향으로 이끌다

03 False religions are **misleading** a lot of young people.

0474

misplace *
[mispléis]

동 제자리에 두지 않다, 잘못 두다

mis(wrong) + place(놓다) → 잘못된 자리에 놓다

04 Finding a **misplaced** remote control is not only an annoyance, but also a time consuming endeavor. 모의응용

0475

mistrust
[mistrʌ́st]

동 불신하다, 신뢰하지 않다 명 불신

mis(wrong) + trust(신뢰하다) → 불신하다

05 **Mistrust** can occur between people who differ in their cultural backgrounds.

---

01 그들이 가진 모든 것이 불에 타서 사라졌고, 그것은 엄청난 **불행**이었다. 02 그녀는 그의 과거 **악행들**을 완전히 용서했다. 03 사이비 종교는 많은 젊은이들을 **잘못 이끌고 있다**. 04 **제자리에 두지 않은** 리모컨을 찾는 것은 성가실 뿐만 아니라 시간이 많이 소모되는 일이기도 하다. 05 문화적 배경이 다른 사람들 사이에 **불신**이 일어날 수 있다.

• over의 의미

방향 (너머로)	물리적인 영역부터 수나 양, 한계나 상황 등을 넘는 의미로 추상적인 영역까지 확장되어 쓰임. · Pigeons flew **over** the roof. (비둘기들이 지붕 너머로 날아갔다.)
전체	다 넘어가서 '끝나다, 덮는다'는 의미에서 모든 면에 미치는 것을 의미함. · We traveled all **over** the world. (우리는 전 세계를 여행했다.)
반복	완전을 기하려고 어떤 동작을 되풀이함. · I read the book three times **over**. (나는 이 책을 세 번 다시 읽었다.)
양도	사물뿐만 아니라 권한, 의무 등을 넘겨주는 것을 나타냄. · On his retirement, he handed the business **over** to his son. (그는 은퇴할 때, 그 사업을 자신의 아들에게 물려주었다.)

0476

come over

1. (특히 누구의 집에) 들르다 2. (격한 감정이) 밀려오다, 엄습하다

come + over (너머로) → 넘어오다, 건너오다

01 We're going to have a party tonight. Can you **come over**? 수능응용
02 The feeling of accomplishment that **came over** me was incredible, and I will never forget it. 모의응용

---

01 우리는 오늘 밤 파티를 할 거야. **들를** 수 있니? 02 나에게 **밀려온** 성취감은 엄청났고, 나는 그것을 절대 잊지 못할 것이다.

0477

get over

1. (불쾌한 상황, 감정을) **극복하다**(= overcome) 2. **처리하다, 해결하다**(= deal with)

get + **over**(너머로) → ~을 넘다, 넘어서다

01 You need to **get over** your fear of making mistakes.
02 I don't know how we're going to **get over** this problem.

0478

give over to

1. (~에게) **넘기다, 양도하다** 2. (특정한 목적을 위해) **사용하다**

give + **over**(양도) + **to** → ~을 …에게 넘겨주다

03 I **gave** my laptop **over to** my sister when I graduated from school.
04 This section of the gallery has been **given over to** Modern French art.

0479

go over

1. **검토하다, 면밀히 살피다**(= examine) 2. (반복해서) **연습하다, 복습하다**(= review)

go + **over**(반복) → 다시 가다

05 You should **go over** your report and correct any mistakes.
06 Sue's going to help me **go over** my lines for the play.

0480

look over

(빠르게 대충) **훑어보다, 살펴보다**(= scan)

look + **over**(전체) → 전체적으로 보다

07 I **looked** your poems **over**, and I feel that they show considerable promise. 수능응용

---

01 너는 실수하는 것에 대한 두려움을 **극복할** 필요가 있다. **02** 나는 우리가 어떻게 이 문제를 **해결할지** 모르겠다. **03** 내가 학교를 졸업할 때, 내 노트북 컴퓨터를 나의 여동생에게 **넘겼다. 04** 미술관의 이 영역은 현대 프랑스 미술 전시에 **사용된다. 05** 너는 네 보고서를 **검토해서** 어떤 실수라도 바로잡아야 한다. **06** Sue는 내가 연극 대사를 **연습하는** 것을 도와줄 것이다. **07** 내가 너의 시를 **훑어보았는데**, 그 시들이 상당한 가능성을 보여주고 있다고 생각된다.

접두사	의미	예시
in-², im-	**in, into** ~안에, ~안으로	in**doors** 실내의 문
e(x)-	**out, from** 밖에, 밖으로, ~로부터	ex**press** 표현하다, 나타내다 밀어내다
out-, ut-	**outside, more[better] than** 바깥쪽에, 밖으로, ~에서 떨어져; ~보다 더, 능가하는	out**come** 결과 오다
inter-	**between, among** ~사이에, 상호 간의	inter**action** 상호 작용 행동
under-	**under, below, down** 아래에	under**ground** 지하의 땅
sub-, suf-, sug-, sus-		sub**way** 지하철; 지하도 길
dia-	**across, through, throughout, over** 이동, 관통하여	dia**meter** 지름 치수, 길이의 단위
trans-		trans**form** 변형하다 형태를 만들다
tele-	**far, far off** 먼, 멀리 떨어진	tele**vision** 텔레비전 시야
ad-, a-, ac-, af-, al-, as-, ag-	**to, toward** ~쪽으로, ~을 향하여	ad**join** 인접하다, 붙어 있다 연결하다
pro-	**forth, forward, outward, ahead** 앞으로, 미래로, 앞에	pro**claim** 선언하다 주장하다

0481
intake**
[ínteik]

图 1. 섭취(량) 2. 흡입(구) (↔ outlet 배출(구))

in(in) + take(거두어들임) → 안으로 거두어들임

01 Doctors recommend a daily salt **intake** of 1,200mg for children and 1,500mg for adults. 모의응용

02 An air **intake** system regulates the temperature of air entering your car's engine.

0482
inborn*
[ínbɔ̀ːrn]

图 선천적인, 타고난 (= born, natural, innate)

in(in) + born(태어나다) → 안에 가지고 태어난

03 Mammals have an **inborn** fear of snakes.

0483
immigrate
[íməgrèit]

图 (다른 나라로) 이민 오다, 이주해 오다

im(into) + migrate(이동하다) → 이동해서 들어오다

04 I haven't stepped foot in Korea since I **immigrated** to the U.S. 5 years ago.

• **immigrant** 图 (다른 나라로 온) 이민자, 이주자
• **immigration** 图 (다른 나라에 살러 오는) 이민, 이주

0484
emigrate
[émigrèit]

图 (다른 나라로) 이민 가다, 이주해 가다 (↔ immigrate 이주해 오다)

e(out) + migrate(이동하다) → 이동해서 (다른 나라로) 나가다

05 Her parents **emigrated** to Canada from Pakistan shortly before she was born.

• **emigrant** 图 (다른 나라로 가는) 이민자, 이주자
• **emigration** 图 (다른 나라로의) 이민, 이주

0485
exterminate
[ikstə́ːrmənèit]

图 근절하다, 몰살하다, 모조리 없애버리다 (= eliminate)

ex(out) + terminate(끝내다) → 밖으로 끌어내서 끝내다

06 A huge effort was made to **exterminate** crime.

---

01 의사들은 하루의 소금 **섭취량**을 어린이에게는 1,200mg, 어른에게는 1,500mg으로 권장한다. 02 공기 **흡입** 시스템은 자동차 엔진으로 들어오는 공기 온도를 조절한다. 03 포유동물은 뱀에 대한 공포를 **선천적으로** 가지고 있다. 04 나는 5년 전 미국으로 **이민을 온** 후 한국에 발을 들인 적이 없다. 05 그녀의 부모는 그녀가 태어나기 직전에 파키스탄에서 캐나다로 **이민을 갔다**. 06 범죄를 **근절하기** 위해서 엄청난 노력을 했다.

0486

outstanding **
[àutstǽndiŋ]

〔형〕눈에 띄는, 두드러진(= notable, salient); 아주 훌륭한(= remarkable)

out(outside) + **standing** → 바깥쪽에 서 있는 → 잘 보이게 된

01 an award for **outstanding** achievement

0487

outline **
[áutlàin]

〔명〕1. 윤곽 2. 개요 〔동〕1. 윤곽을 나타내다 2. 개요를 말하다(= summarize)

out(outside) + **line** → 바깥쪽에 있는 선

02 The pictures were drawn in **outline** and then filled in with color.
03 The new president **outlined** plans to deal with the current economic crisis.

0488

outbreak *
[áutbrèik]

〔명〕(전쟁, 질병 등의 갑작스런) 발생, 발발

out(outside) + **break** → 밖으로 부수고 나감

04 In the case of fish, high-density breeding can lead to **outbreaks** of infectious diseases. 수능응용

0489

outlaw
[áutlɔ̀ː]

〔동〕불법화하다, 금지하다(= forbid, ban)

out(outside) + **law** → 법에서 떨어져 있다 → 법의 테두리 밖에 두다

05 Television advertisements aimed at children under 12 have been **outlawed** in some countries. 모의응용

0490

outweigh *
[àutwéi]

〔동〕(~보다) 더 크다, (~보다) 대단하다

out(more than) + **weigh**(무게가 나가다) → 무게가 더 나가다

06 The benefits of the surgery far **outweigh** the risks, so the patient decided to get it.

---

01 아주 **훌륭한** 성과에 대한 보상 02 그 그림은 **윤곽**이 그려지고 그 뒤에 색으로 채워졌다. 03 새 대통령은 현 경제 위기에 대처하기 위한 계획의 **개요를 말했다.** 04 물고기의 경우, 높은 밀도의 양식은 전염병의 **발생**을 초래할 수 있다. 05 12세 이하의 어린이들을 겨냥한 텔레비전 광고는 어떤 나라에서는 **금지되어** 있다. 06 수술의 이점이 위험보다 훨씬 **더 커서** 환자는 수술을 받기로 결정했다.

0491

outgrow

outgrew-outgrown

[àutgróu]

동 (몸이 커져서 옷 등이) **맞지 않게 되다,** (~보다) **더 커지다**

out(more than) + **grow** → 더 많이 성장하다

01 His daughter **outgrew** her school uniforms within just a year.

0492

outrun

outran-outrun
-outrunning

[àutrÁn]

동 1. (~보다) **더 빨리[멀리] 달리다** 2. **넘어서다, 웃돌다**

out(more[better] than) + **run** → 더 많이[잘] 달리다

02 The thief **outran** the police officer who was chasing him.

03 Demand for the new model is **outrunning** supply.

0493

outperform

[àutpərfɔ́ːrm]

동 **더 나은 결과를 내다, 능가하다**

out(better than) + **perform**(수행하다) → 더 잘 수행하다

04 Individuals expecting a reward for their work may be motivated to
outperform others. 모의응용

0494

outlast

[àutlǽst]

동 (~보다) **더 오래가다[견디다]**

out(more than) + **last**(지속되다) → 더 오래 지속되다

05 A leather sofa will usually **outlast** a cloth one.

0495

outdated

[àutdéitid]

형 **구식인, 시대에 뒤처진** (= out of date, obsolete)

out(more than) + **dated**(구식의) → 더 오래 지난

06 The hospital plans to replace the **outdated** equipment in its operating
rooms.

01 그의 딸은 1년이 채 지나지 않아 교복이 **맞지 않게 되었다.** 02 그 도둑은 자신을 쫓고 있는 경찰관보다 **더 빨리 달렸다.** 03 새 모델에 대한 수요는 공급을
넘어서고 있다. 04 일에 대해 보상을 기대하는 사람들은 다른 사람들을 **능가하도록** 동기부여 될지도 모른다. 05 가죽 소파가 천으로 된 것보다 보통 **더 오래갈**
것이다. 06 그 병원은 수술실에 있는 **구식** 기계들을 교체할 계획이다.

0496

outlive

[àutlív]

동 (~보다) 더 오래 살다(= survive), (~보다) 더 오래 지속되다

out(more than) + **live** → 더 오래 살다

01 She **outlived** her husband by ten years.

0497

utmost

[ʌ́tmòust]

형 최대(한)의, 최고(도)의, 극도의(= greatest, extreme)

ut(more than) + **most**(최고의) → 최고를 능가하는

02 All experimental equipment must be handled with the **utmost** care.

0498

interpersonal **

[ìntərpə́ːrsənəl]

형 대인관계에 관련된

inter(between) + **personal**(개인의) → 개인과 개인 사이의

03 **Interpersonal** skills are needed to establish and maintain relationships with others. 모의응용

0499

intersection

[ìntərsékʃən]

명 교차로, 교차 지점

inter(between) + **section**(구역) → 구역과 구역 사이

04 The tour guide told them to wait for a blue van at an **intersection**.

• intersect 동 1. 교차하다(= cross) 2. 가로지르다

0500

interdependent *

[ìntərdipéndənt]

형 상호의존적인

inter(between) + **dependent**(의존하는) → (사람들) 사이에 의존하는

05 All modern societies are **interdependent** and rely on one another to thrive.

---

01 그녀는 남편보다 10년 **더 오래 살았다.** 02 모든 실험 장비는 반드시 **극도의** 주의와 함께 다뤄져야 한다. 03 **대인관계에 관련된** 기술은 다른 사람들과 관계를 쌓고 유지하는 데 필요하다. 04 그 여행 가이드는 그들에게 **교차로**에서 파란색 승합차를 기다리라고 말했다. 05 모든 현대 사회는 **상호의존적이며** 번영하기 위해 서로에게 의지한다.

interchange

강세주의

명[íntərtʃèindʒ]
통[ìntərtʃéindʒ]

명 1. 교환 2. (고속도로의) 인터체인지, 분기점 동 교환하다

inter(between) + change → (사람들) 사이에서 바꾸다

01 Turn left at the next **interchange**.
02 Dad found good secondhand parts to **interchange** with my bicycle's broken ones.

---

underlie ******

underlay-underlain
[ʌ̀ndərlái]

동 (~의) 기초가 되다, 기저를 이루다

under(under) + lie(놓여 있다) → 아래에 놓여 있다

03 Social problems and poverty **underlie** much of the crime in today's big cities.

• underlying   형 근본적인(= fundamental), (다른 것의) 밑에 있는

---

underestimate ******

동[ʌ̀ndəréstimèit]
명[ʌ̀ndəréstimət]

동 과소평가하다, (비용을) 너무 적게 잡다(= undervalue)(↔ overestimate 과대평가하다)
명 과소평가

under(under) + estimate(추정하다) → (실제보다) 아래로 추정하다

04 The city **underestimated** the cost of constructing a new road.

---

undergo ******

underwent-undergone
[ʌ̀ndərgóu]

동 경험하다, 겪다(= suffer)

under(under) + go → (어떤 일의) 아래로 지나가다

05 The astronauts who **undergo** periods of hard training receive periods of rest afterward. 모의응용

---

01 다음 **분기점**에서 좌회전하십시오. 02 아버지는 내 자전거의 고장 난 부품과 **교환할** 좋은 중고 부품을 찾아냈다. 03 사회 문제와 빈곤은 오늘날 대도시에서 일어나는 범죄 중 많은 것의 **기저를 이루고 있다.** 04 그 도시는 새 도로를 건설하는 비용을 **너무 적게 잡았다.** 05 힘든 훈련 기간을 **겪는** 우주비행사들은 그 후에 휴식 기간을 받는다.

subconscious

발음주의 [sÀbkánʃəs]

형 잠재의식적인, 어렴풋이 의식하는 명 잠재의식

sub(under) + conscious(의식하는) → 의식 아래에 있는

01 Music works on the **subconscious**, enhancing mood and unlocking deep memories. 모의응용

• subconsciously 부 잠재의식적으로

subtitle

[sÁbtàitl]

명 1. 부제 2. 자막

sub(under) + title(제목) → 제목에 딸린 부수적인 것

02 The **subtitle** of this book is a clue about its mysterious contents.
03 The Chinese movie was shown with English **subtitles**.

transplant *

강세주의
동[trænsplǽnt]
명[trǽnsplænt]

동 이식하다; (식물을) 옮겨 심다 명 이식

trans(across) + plant(심다) → (다른 자리로) 이동해서 심다

04 Doctors **transplanted** one of his kidneys into his sister.

telecommute

[tèlekəmjúːt]

동 (통신 시설을 이용하여) 재택 근무하다

tele(far) + commute(통근하다) → 멀리 떨어진 곳으로 통근하다

05 These days, some companies allow their employees to **telecommute** one or two days a week.

---

01 음악은 **잠재의식**에 작용하여 기분을 고양시키고 깊숙한 기억을 드러낸다. **02** 이 책의 **부제**는 신비로운 내용에 대한 단서가 될 수 있다. **03** 그 중국 영화는 영어 **자막**과 함께 상영되었다. **04** 의사들이 그의 신장 중 하나를 그의 여동생에게 **이식했다**. **05** 요즘에는 몇몇 회사들은 직원들이 일주일에 하루나 이틀을 **재택 근무하도록** 허락한다.

0509

adjust **

[ədʒʌ́st]

동 1. 조정하다, 맞추다 2. 적응하다, 순응하다 (= adapt)

ad(to) + **just**(올바른) → 올바른 쪽으로 향하다

01 You can **adjust** the temperature of the room with this switch.
02 Teenagers feel competent and **adjusted** when they find themselves keeping up with their peers. 모의응용

• adjustment 명 1. 조정, 조절 2. 적응, 순응

0510

accompany **

[əkʌ́mpəni]

동 1. 동반하다, 동행하다 2. 반주하다

ac(to) + **company**(동행, 일행) → 동행 쪽으로 가다

03 Babies under 24 months don't need to buy a flight ticket if they are **accompanied** by their parents. 모의응용
04 Dad would play his cello, and my sister used to **accompany** him on her piano.

0511

accumulate **

[əkjúːmjəlèit]

동 축적하다, 모으다 (↔ disperse 흩뜨리다)

ac(to) + **cumulate**(쌓아올리다) → 한 지점으로 쌓아올리다

05 Vitamins A and D **accumulate** in the body and can cause illness if taken excessively. 모의응용

• accumulation 명 축적, 쌓아올림

0512

allocate **

[ǽləkèit]

동 배분하다, 할당하다 (= assign)

al(to) + **locate**(두다) → (각자의 일을) 위치시키다

06 We need to find the best way to **allocate** our resources.

• allocation 명 배급, 할당(량)

---

01 이 스위치로 방 온도를 **조정할** 수 있다. 02 십 대들은 자신이 또래에게 뒤처지지 않는다는 것을 알게 될 때 유능하고 **적응했다고** 느낀다. 03 만약 부모가 **동반하면**, 24개월 이하의 아기들은 항공권을 살 필요가 없다. 04 아버지는 첼로를 연주하시곤 했고, 누나는 피아노로 아빠의 **반주를 해주곤** 했다. 05 비타민 A와 D는 과도하게 섭취되면 몸에 **축적되어** 질병을 유발할 수 있다. 06 우리는 자원을 **배분할** 가장 좋은 방법을 찾을 필요가 있다.

0513

affirm

발음주의 [əfə́ːrm]

동 단언하다, 주장하다(= assert)

af(to) + firm(확고한) → 무언가에 확고한

01 We cannot **affirm** that this painting is genuine.

• **affirmative** 형 긍정하는, 동의하는 명 긍정(의 말)
• **affirmation** 명 단언, 확언

0514

prolong

[prəlɔ́ːŋ]

동 연장하다, 늘리다(= lengthen)(↔ shorten 단축하다)

pro(forth) + long → 앞으로 길게 늘어진

02 The voyage was **prolonged** because of fierce winds and mountain-sized waves.

• **prolonged** 형 장기적인, 오래 계속되는

++ over를 포함한 구동사 ②

0515

pull over

(차를) 길 한쪽에 대다(= pull up, stop)

pull + over(너머로) → (핸들을) 당겨서 저쪽으로 넘어가다[건너가다]

03 The police officer made a driver **pull over** because he violated a traffic signal.

0516

run over

1. (차로) 치다 2. (액체가) 넘치다

run + over(너머로) → ~너머로 달려가다

04 She got **run over** by a car and was injured seriously.
05 The water was **running over** onto the floor.

---

01 우리는 이 그림이 진품이라고 **단언할** 수 없다. 02 그 항해는 사나운 바람과 산더미 같은 크기의 파도 때문에 **연장되었다.** 03 한 운전자가 교통신호를 위반해서 경찰이 그에게 **길 한쪽으로 차를 대게** 했다. 04 그녀는 차에 **치여서** 심하게 다쳤다. 05 물이 바닥으로 **넘치고** 있었다.

0517

stop over

잠시 머무르다; 경유하다

stop + over(너머로) → 멈췄다가 넘어가다[건너가다]

01 We **stopped over** in New York on our way to Seattle.

0518

take over

(책임, 의무 등을) 넘겨받다, 이어받다

take + over(너머로) → 너머로 가져가다

02 Peter tried to find the right person to **take over** his work. 모의응용

0519

think over

숙고하다

think + over(전체) → 모든 면에 걸쳐 생각하다

03 I need some time to **think over** her proposal before reaching a decision.

0520

turn over

1. 뒤집다(= flip) 2. (권리, 책임 등을) 넘겨주다

turn + over(너머로; 양도) → 돌려서 넘기다

04 You may **turn over** your exam papers now.
05 I still have plenty of time to **turn over** my position to a replacement.

---

01 우리는 시애틀로 향하는 중에 뉴욕을 **경유했다. 02** Peter는 자신의 일을 **넘겨받을** 수 있는 적당한 사람을 찾으려고 했다. **03** 나는 결심을 하기 전에 그녀의 제안을 **숙고해 볼** 시간이 필요하다. **04** 이제 시험지를 **뒤집어도** 된다. **05** 나는 내 직무를 후임자에게 **넘겨줄** 시간이 아직 충분하다.

접두사	의미	예시
pre-		pre**school** 유치원; 취학 전의 학교
fore-	**before** ~보다 전에[앞에], 미리	fore**head** 이마 머리
ante-, ant(i)-		ante**date** (날짜가) ~보다 앞서다; 날짜 (실제보다) 앞선 날짜로 하다
post-	**after, afterward(s), behind** (시간, 순서상으로) 뒤에, 후에	post**war** 전후(戰後)(의); 2차 세계 대전 후의 전쟁
over-	**over, above, too much** 넘어, ~위에, 과도하게	over**all** 종합적인, 전체의; 종합적으로 모두
super-, sur-	**over, above, beyond** 넘어, ~위에, 너머	super**natural** 초자연적인 자연의
re-	**again, back, backward(s)** 다시, 뒤로	re**pay** (돈을) 갚다 지불하다

0521

preview *

[príːvjùː]

명 시사회; 예고편　동 (시사, 시연 따위를) **보이다**

pre(before) + view(보다) → 미리 보다; 미리 보는 것

01 My friend and I were invited to a special **preview** of a new movie.

0522

premature

발음주의 [prìːmətʃúər]

형 **시기상조의, 너무 이른**

pre(before) + mature(다 자란) → 다 자라기 전의

02 It is **premature** to conclude who is guilty at this stage.

0523

precaution

[prikɔ́ːʃən]

명 예방(책); 경계, 조심

pre(before) + caution(주의) → 미리 주의하는 것

03 Every homeowner should take **precautions** against fire.

● **take precautions (against)** (~에 대해) 예방책을 궁리하다, 조심하다

● precautionary　형 예방의, 경계의

0524

predominant

[pridámənənt]

형 우세한, 지배적인; 두드러진

pre(before) + dominant(우세한) → 남보다 앞서 우세한

04 She is one of today's most **predominant** writers.

● predominate　동 우세하다, 지배적이다; 두드러지다

---

01 내 친구와 나는 새 영화의 특별 **시사회**에 초대받았다. **02** 이 단계에서 누가 유죄인지 결론 내리는 것은 **너무 이르다**. **03** 모든 주택 소유주들은 화재 **예방책**을 궁리해야 한다. **04** 그녀는 오늘날 가장 **두드러지는** 작가 중 한 명이다.

0525

predetermine

[prìːditə́ːrmin]

동 미리 결정하다, 예정하다

pre(before) + determine(결정하다)

01 The color of your hair is **predetermined** by that of your parents' hair.

• predetermined 형 미리 결정된, 예정된

0526

foretell

foretold-foretold

강세주의 [fɔːrtél]

동 예언하다, 예고하다(= predict)

fore(before) + tell → (다가올 일을) 미리 말하다

02 Some people believe that dreams can enable us to **foretell** the future.

수능응용

0527

foremost

[fɔ́ːrmòust]

형 가장 유명한, 으뜸가는

fore(before) + most(가장, 최고의) → 가장 앞선

03 Research on dogs' intelligence was conducted by the **foremost** scientists in the field. 모의응용

0528

foresee

foresaw-foreseen

강세주의 [fɔːrsíː]

동 예견하다, 예지하다(= predict, foretell)

fore(before) + see → 미리 보다; 미리 알다

04 The businessman **foresaw** the company's potential and invested in it early.

• foreseeable 형 예견할 수 있는, 예측할 수 있는
• foresight 명 예지력, 선견지명

0529

forefather

[fɔ́ːrfɑ̀ːðər]

명 선조, 조상(= ancestor)

fore(before) + father → 아버지 이전의 사람들

05 Our family gave thanks to our **forefathers** in the traditional way.

---

01 머리색은 부모의 머리색으로 **미리 결정된다. 02** 어떤 사람들은 꿈이 우리가 미래를 **예언하는** 것을 가능하게 해줄 수 있다고 믿는다. **03** 개의 지능에 관한 연구가 그 분야에서 **가장 유명한** 과학자들에 의해 행해졌다. **04** 그 사업가는 그 회사의 잠재력을 **예견하고** 일찌감치 그 회사에 투자했다. **05** 우리 가족은 전통적인 방법으로 **조상**에게 감사를 드렸다.

0530

forecast ******

[fɔ́ːrkæ̀st]

명 예보, 예측 동 예보하다, 예측하다 (= predict, foretell, foresee)

fore(before) + **cast**(던지다) → 미리 (의견 등을) 던지다

01 The weather **forecast** said we're going to have heavy rain this weekend.

0531

foreshadow

[fɔ́ːrʃæ̀dou]

동 조짐을 나타내다, 전조(前兆)가 되다

fore(before) + **shadow**(그늘을 드리우다) → 미리 그늘을 드리우다

02 His early interest in airplanes **foreshadowed** his later career as a pilot.

0532

overtake

overtook-overtaken

[òuvərtéik]

동 1. 추월하다; 능가하다 2. (불행 등이) 엄습하다, 갑자기 덮치다

over(over) + **take**(잡다) → 넘어서 잡다

03 Jessica **overtook** the other runners and won the race.
04 Sudden pain **overtook** the patient, and he collapsed on the steps.

0533

overdue

[òuvərdjúː]

형 지불 기한이 지난, 연체의 (= delayed)

over(over) + **due**(~할 예정인) → 기한이 넘어간

05 The library raised the fee for **overdue** books.

0534

overhear

overheard-overheard

[òuvərhíər]

동 (남의 대화 등을) 우연히 듣다; 엿듣다

over(over) + **hear** → (벽, 담장) 너머로 듣다

06 I **overheard** your secret conversation yesterday unintentionally.

---

01 일기 **예보**에서 이번 주말에 폭우가 올 거라고 했다. **02** 비행기에 대한 그의 이른 관심은 훗날 파일럿을 직업으로 갖게 될 **전조였다. 03** Jessica는 다른 주자들을 **추월하여** 경주에서 승리하였다. **04** 갑작스러운 고통이 그 환자를 **엄습했고** 그는 계단에서 쓰러졌다. **05** 그 도서관은 **연체된** 도서들에 대한 (연체) 요금을 올렸다. **06** 나는 어제 너의 비밀 대화를 의도치 않게 **우연히 들었다.**

overestimate **

[òuvəréstimèit]

명 과대평가 동 과대평가하다(↔ underestimate 과소평가(하다))

over(too much) + **estimate**(평가하다) → 지나치게 높이 평가하다

01 People who watch a lot of TV news tend to **overestimate** the world's dangers. 수능응용

overwork

강세주의
명[óuvərwə̀ːrk]
동[òuvərwə́ːrk]

명 과로 동 과로하다, 과로시키다

over(too much) + **work** → 과도하게 일을 하다

02 Fatigue is the natural result of **overwork**.

overflow *

강세주의
명[óuvərflòu]
동[òuvərflóu]

명 범람 동 범람하다; 넘치다

over(too much) + **flow** → 과도하게 흐르다

03 Because of the heavy rains, the river in my town **overflowed**.

overhead *

[òuvərhéd]

부 머리 위로, 머리 위에 형 머리 위의

over(above) + **head**

04 A small plane flew **overhead** when I was walking along the country path.

overview

강세주의 [óuvərvjùː]

명 개요, 개관

over(above) + **view** → 위에서 보는 관점 → 전반적으로 보는 것

05 This book provides a broad **overview** of American history.

---

01 TV 뉴스를 많이 시청하는 사람들은 세상의 위험을 **과대평가하는** 경향이 있다. **02** 피로는 **과로**의 당연한 결과이다. **03** 폭우 때문에 우리 마을의 강이 **범람했다**. **04** 내가 시골길을 따라 걷고 있을 때, 경비행기 한 대가 **머리 위로** 날아갔다. **05** 이 책은 미국 역사에 대한 전반적인 **개요**를 제공한다.

0540

oversee

oversaw-overseen

[òuvərsíː]

동 감독하다, 감시하다 (= supervise)

over(above) + **see** → 위에서 보다 → 감시하다

01 As a marketing manager, Peter's job is to **oversee** all the company's advertising.

• overseer 명 감독관

0541

surpass ******

[sərpǽs]

동 능가하다, 뛰어넘다 (= excel, outdo, outperform)

sur(over) + **pass** → 넘어서 지나가다

02 His record was an amazing achievement that was not **surpassed** until recently. 수능응용

• surpassing 형 뛰어난, 탁월한 (= outstanding)

0542

surmount

[sərmáunt]

동 극복하다, 이겨내다 (= overcome)

sur(beyond) + **mount**(오르다) → 올라 넘어서다

03 The pianist **surmounted** his immense physical disability and became a great musician.

✦ **A be surmounted by B** A가 B 위에 얹혀 있다

0543

reaction ******

[riǽkʃən]

명 1. 반응 2. 반발, 반작용

re(back) + **action** → 되받는 행동

04 There has been a mixed **reaction** to his new novel.
05 There has been a strong **reaction** against the government's new policy.

0544

reform ******

[riːfɔ́ːrm]

명 개혁, 개선 동 개혁하다, 개선하다

re(again) + **form** → 다시 만들어내다

06 political and economic **reform(s)**

• reformer 명 개혁가

---

01 마케팅 매니저로서 Peter의 업무는 회사의 모든 광고를 **감독하는** 것이다. **02** 그의 기록은 최근까지 **능가되지** 않은 놀라운 업적이었다. **03** 그 피아니스트는 자신의 엄청난 신체적 장애를 **극복하고** 훌륭한 음악가가 되었다. **04** 그의 신간 소설에 대해 엇갈린 **반응**이 있어 왔다. **05** 정부의 새 정책에 대한 거센 **반발**이 있어 왔다. **06** 정치와 경제 **개혁**

0545

remodel *

[riːmάdəl]

동 (건물 등을) 개조하다, 리모델링하다

re(again)+model(만들다) → 다시 만들다

01 The basement of my house had been **remodeled** to create a workroom.

0546

reproduce **

[riːprədjúːs]

동 1. 재생[재현]하다; 복제하다 2. (동식물이) 번식하다

re(again)+produce → 다시 만들어내다

02 The dark atmosphere of the novel has been perfectly **reproduced** in the film.
03 The turtles return to the coast to **reproduce**.

• reproduction 명 1. 복제(품), 복사 2. 번식
• reproductive 형 생식력이 있는, 번식하는

0547

renew **

[rinjúː]

동 1. 갱신하다, (계약 등의) 기한을 연장하다 2. 재개하다, 다시 시작하다(= resume)

re(again)+new → 다시 새롭게 하다

04 I have to **renew** my driver's license by next month. 수능응용
05 We must **renew** our efforts to protect endangered species.

• renewal 명 1. 갱신, (기한) 연장 2. 재개, 부활; 회복
• renewable 형 1. (에너지, 천연자원이) 재생 가능한 2. 갱신[연장] 가능한

0548

rebuild *

rebuilt-rebuilt

[riːbíld]

동 (건물 등을) 재건하다, 다시 세우다

re(again)+build → 다시 짓다

06 Kevin **rebuilt** his house after it was destroyed by a fire.

---

01 우리 집의 지하실은 작업실을 만들기 위해 **개조되었다.** 02 그 소설의 어두운 분위기가 영화에서 완벽하게 **재현되었다.** 03 거북이는 **번식하기** 위해 해안으로 돌아간다. 04 다음 달까지 내 운전면허를 **갱신해야** 해. 05 멸종 위기에 처한 종들을 보호하기 위해 우리는 노력을 **재개해야** 한다. 06 Kevin은 자신의 집이 화재로 소실된 이후에 집을 **재건하였다.**

0549

recreate

[rìːkriéit]

동 1. 재현하다, 되살리다 2. 기운을 회복시키다

re(again) + **create** → 다시 만들다

01 When you restore a painting, it's not easy to **recreate** the artist's original intent. 모의응용
02 She **recreated** herself by learning the sport of tennis.

- recreation 명 1. 재현, 재창조 2. 여가 활동, 오락; 휴양
- recreational 형 오락의; 휴양의

0550

reunite*

[rìːjuːnáit]

동 재결합하다; 재회하다

re(again) + **unite**(통합하다) → 다시 통합하다

03 There have been rumors that the band will **reunite** for a world tour.

0551

recollect

[rèkəlékt]

동 회상하다, 생각해내다

re(again) + **collect** → (기억을) 다시 모으다

04 I can't seem to **recollect** what we were talking about earlier.

0552

reunion

[riːjúːnjən]

명 1. 재회; 재결합 2. 동창회, (오랜만의) 모임

re(again) + **union**(통합, 연합) → 다시 통합하는 것

05 Mary had a tearful **reunion** with her parents at the airport.
06 Every year, the college has a **reunion** for former students.

---

01 그림을 복원할 때, 화가의 본래 의도를 **재현하기는** 쉽지 않다. 02 그녀는 테니스 운동을 배우면서 **기운을 회복시켰다**. 03 그 밴드가 세계 순회공연을 위해 **재결합할** 거라는 소문이 있어 왔다. 04 나는 우리가 이전에 무엇에 대해 얘기하고 있었는지 **생각해낼** 수 없을 것 같다. 05 Mary는 부모님과 공항에서 눈물 어린 **재회**를 했다. 06 그 대학은 매년 졸업생들을 위한 **동창회**를 연다.

• out의 의미

위치·방향 (밖에, 밖으로)	밖에 위치하거나 밖으로 나가는 방향을 나타냄. · She just stepped **out** to get some milk. (그녀는 우유를 좀 사기 위해 방금 나갔다.)
제외·소멸	밖으로 제외시키거나 사라진 것을 나타냄. · She cut **out** the pictures from the newspaper. (그녀는 신문에서 사진을 잘라냈다.)
출현·해결	어떤 것이 등장하거나 해결책 등이 나타나는 것을 의미. · The moon came **out** from behind the cloud. (달이 구름 뒤에서 나왔다.)
완료·강조	완전히, 끝까지, 전부 · Fill **out** the application and keep copies of it. (지원서를 작성하고 사본을 보관하십시오.)

0553
ask out

데이트 신청하다

ask + out (밖으로) → 밖으로 (나가자고) 청하다

01 She **asked** Steve **out** to the cinema this evening, but he turned her down.

0554
break out

1. 발생하다, 발발하다 (= occur)　2. 탈출하다, 벗어나다 (= escape, flee)

break + out (밖으로) → 깨고 나오다[나타나다]

02 Fighting **broke out** in the stands five minutes before the end of the match.
03 Six prisoners have **broken out** of a top-security jail in Yorkshire.

0555
bring out

1. (재능, 특징 등을) 끌어내다　2. 출시하다, 출판하다

bring + out (밖으로; 출현) → 밖으로 가져가다; 가져와 출현시키다

04 A crisis can **bring out** the best in people.
05 The car company **brought out** a compact car to compete with other car companies.

---

01 그녀는 Steve에게 오늘 저녁에 영화를 보러 가자고 **데이트 신청했지만**, 그는 거절했다. **02** 시합이 끝나기 5분 전에 관중석에서 싸움이 **발생했다**. **03** 6명의 죄수들이 요크셔에 있는 일급 보안 교도소에서 **탈출했다**. **04** 위기는 사람들에게서 최상(의 능력)을 **끌어낼** 수 있다. **05** 그 자동차 회사는 다른 자동차 회사들과 경쟁하기 위해 소형차를 **출시했다**.

0556

burn out

1. 다 타서 없어지다 2. 완전히 지치다

burn + out (소멸) → 타서 없어져버리다

01 The apartment building was completely **burned out** by the fire.
02 A good night's sleep can easily cure the state of being **burnt out**.

0557

burst out

1. 갑자기 ~하기 시작하다 2. 외치다, 버럭 소리를 지르다 (= shout)

burst + out (밖으로) → 밖으로 터지다

03 I **burst out** laughing when I saw what she was wearing.
04 Everyone **burst out** "Surprise!" as he walked through the door.

0558

carry out

실행하다, 수행하다 (= perform); 완수하다

carry + out (밖으로; 완료) → (어떤 일을) 밖으로 나르다; 나르는 일을 완료하다

05 A psychologist **carried out** a study of the play behaviors of infants and mothers. 모의응용

0559

check out

1. 확인하다 2. (호텔에서) 체크아웃하다 3. (책 등을) 대출하다

check + out (해결; 밖으로) → 살펴서 해결하다; 확인 후 밖으로 가다

06 You can **check out** our website to get information about our products and services.
07 I **checked out** of the hotel at noon.
08 There's a limit to the number of books we can **check out**.

0560

drop out (of)

1. 사라지다; 떨어져 나가다 2. (도중에) 그만두다

drop + out (소멸) + of → ~에서 떨어뜨려 없애다

09 The house **dropped out of** sight as we drove over the hill.
10 He was injured in the first round and had to **drop out**.

---

01 그 아파트 건물은 화재로 인해 완전히 **다 타서 없어졌다. 02** 밤에 잠을 잘 자는 것은 **완전히 지친** 상태를 쉽게 회복시킬 수 있다. **03** 그녀가 입고 있는 옷을 봤을 때 나는 **갑자기** 웃음이 나오기 **시작했다. 04** 그가 문을 통해 걸어 들어오자 모두 "Surprise!"하고 **외쳤다. 05** 한 심리학자가 유아들과 엄마들의 놀이 행동에 관한 연구를 **수행했다. 06** 제품과 서비스에 관한 정보를 얻으려면 저희 웹 사이트를 **확인하세요. 07** 나는 정오에 호텔에서 **체크아웃했다. 08** 우리가 **대출할** 수 있는 서적의 수에는 제한이 있다. **09** 우리가 차 타고 언덕을 넘자 그 집이 시야에서 **사라졌다. 10** 그는 첫 번째 라운드에서 부상을 입어서 (시합) 도중에 그만두어야 했다.

15 함께, 가능, 많음을 나타내는 접두사

접두사	의미	예시
com-, con-, cor-, co-	**with, together** 함께, 같이	com**motion** 동요; 소란, 소동 움직임
en-, em-	**make, cause to be** 만들다, ~하게 하다	en**able** 가능하게 하다 가능한
multi-	**many / much** 많은	multi**media** 다중 매체의, 멀티미디어의 매체, 미디어

0561

compassion **

[kəmpǽʃən]

[명] 동정(심), 연민(= pity)

com(together) + passion(고통, 수난) → 고통을 함께 함

01 Animals play a huge role in the development of our **compassion** and understanding of others. 모의응용

• compassionate [형] 동정하는, 인정 많은

0562

compromise **

발음주의, 강세주의

[kámprəmàiz]

[명] 타협, 절충 [동] 타협하다, 절충하다

com(together) + promise(약속하다) → 함께 어떤 결정에 따르기로 약속하다

02 After a lengthy debate, the two sides finally reached a **compromise**.

0563

compile

[kəmpáil]

[동] (여러 출처에서 자료를 따와) 엮다, 편집하다

com(together) + pile(쌓다) → (자료를) 함께 쌓아 올리다

03 In his book, the writer **compiled** diverse expertise on travel, including his own.

0564

consequence **

발음주의, 강세주의

[kánsəkwèns]

[명] 1. 결과(= result, outcome) 2. 중요성, 중대함(= importance, significance)

con(together) + sequence(연속) → 어떤 일의 연속으로 함께 따라오는 것

04 We should pause for a moment to reconsider actions that could have serious **consequences**. 모의응용

05 Money is of little **consequence** to me.

• consequent [형] (~의) 결과로 일어나는

• consequently [부] 그 결과, 따라서(= as a result, therefore)

---

01 동물은 타인에 대한 우리의 **연민**과 이해를 높이는 데 중요한 역할을 한다. 02 오랜 논의 끝에, 양측은 마침내 **타협**에 이르렀다. 03 그 작가의 수필에서, 그는 자신의 것을 포함하여 여행에 관한 다양한 전문 지식을 **엮었다**. 04 우리는 심각한 **결과**를 가져올 수 있는 행동들을 다시 생각해보기 위해 잠시 멈추어야 한다. 05 돈은 나에게 거의 **중요하지** 않다.

contemporary**

[kəntémpərèri]

[형] 1. 같은 시대의 2. 현대의, 당대의 [명] 같은 시대의 사람

con(together) + temporary(순간의) → 순간을 함께 하는

01 Unlike the writers he was **contemporary** with, he based his works on personal experiences.
02 The play was written hundreds of years ago, but it still has a **contemporary** feel.

confront**

[kənfrʌ́nt]

[동] (문제에) **직면하다, 맞서다** (= face)

con(together) + front(이마) → 함께 이마를 맞대다

03 We need to **confront** problems and solve them before it's too late.

• confrontation [명] 대치, 대립

conform*

[kənfɔ́ːrm]

[동] 1. (관습, 규칙 등에) **순응하다, 따르다** (↔ oppose 반대하다)

2. **일치하다** (= correspond)

con(together) + form(만들다) → 함께 만들다 → 같은 형식을 취하다

04 Many women refuse to **conform** to society's traditional image of a woman.
05 Humans tend to prefer information that **conforms** to their existing beliefs.

모의응용

• conformity [명] 순응, 따름
• conformist [명] 《주로 부정적》 순응하는 사람

consolidate

[kənsálədèit]

[동] 1. **통합하다** 2. (권력, 지위 등을) **굳히다, 강화하다**

con(together) + solid(단단한) + ate(동) → 함께 모아 단단해지게 하다

06 The students **consolidated** information from several resources into a report.
07 She has been working very hard and **consolidated** her position as team leader.

---

01 그와 **같은 시대의** 작가들과는 달리, 그는 자신의 작품들을 개인적인 경험에 기초했다. **02** 그 희곡은 수백 년 전에 쓰여졌지만, 여전히 **현대적인** 감각을 지니고 있다. **03** 우리는 너무 늦기 전에 문제들에 **직면하여** 그것들을 해결할 필요가 있다. **04** 많은 여성들이 사회의 전통적인 여성상(女性像)에 **순응하기를** 거부한다. **05** 인간은 자신의 기존의 생각과 **일치하는** 정보를 선호하는 경향이 있다. **06** 학생들은 다양한 출처에서 얻은 정보를 하나의 보고서에 **통합했다**. **07** 그녀는 매우 열심히 일해왔고, 팀장으로서의 위치를 **굳혔다**.

0569

configuration

강세주의 [kənfìɡjəréiʃən]

[명] 배열, 배치

con(together) + figuration(형태, 형상 부여) → 형태가 같도록 나타냄

01 The seating **configuration** of the plane is twelve rows of six seats.

0570

concentrate **

발음주의, 강세주의
[kánsəntrèit]

[동] 1. 집중하다, 집중시키다 2. 농축하다 [명] 농축물

con(together) + cent(e)r(중심) + ate(동, 명) → 중심으로 함께 모으다[모으는 것]

02 The brain works more slowly if it tries to **concentrate** on two things at once. 모의응용

03 orange juice **concentrate**

0571

correspond **

[kɔ̀:rəspánd]

[동] 1. 일치하다, 부합하다 2. 상응하다, 해당하다 3. 편지[소식]를 주고받다

cor(together) + respond(대응하다; 대답하다) → 함께 대응하다; 대응을 주고받다

04 A study of dreams tried to determine how often dreams **correspond** with waking reality. 수능응용

05 Each color on the map **corresponds** to a subway line.

06 I still **correspond** regularly with my friends from middle school.

• correspondence [명] 1. 상응, 해당; 유사성 2. 서신 (왕래)
• correspondent [명] 1. 편지를 쓰는 사람 2. (신문, 방송 등의) 특파원, 통신원

0572

correlation **

[kɔ̀:rəléiʃən]

[명] 상관관계, 연관성

cor(together) + relation(관계, 관련) → 함께 가지는 관계, 관련성

07 There is a close **correlation** between poverty and crime.

• correlate [동] (밀접한) 상관관계가 있다, 서로 관련시키다

0573

coexist

발음주의 [kòuiɡzíst]

[동] (같은 장소에) 공존하다, 동시에 존재하다

co(together) + exist(존재하다) → 함께 존재하다

08 Different cultures **coexist** successfully in Canada.

• coexistence [명] 공존

---

01 그 비행기의 좌석 **배열**은 6인용 좌석 12열이다. **02** 뇌는 두 가지 일에 동시에 **집중하려고** 하면 더 느리게 작동한다. **03** 오렌지 주스 **농축액 04** 꿈에 대한 한 연구는 꿈이 깨어 있는 현실과 얼마나 자주 **일치하는지**를 알아내기 위해 노력했다. **05** 그 지도 위의 각각의 색깔은 지하철 노선에 **해당한다. 06** 나는 중학교 때의 친구들과 여전히 정기적으로 **소식을 주고받는다. 07** 빈곤과 범죄 사이에는 밀접한 **상관관계**가 있다. **08** 캐나다에는 서로 다른 문화들이 성공적으로 **공존한다.**

0574

cooperation ✱✱

발음주의, 강세주의
[kouὰpəréiʃən]

⬜명 **협력; 협조**

co(together) + **operation**(운영) → 함께 운영

01 The mobile app was made with the **cooperation** of several IT companies.

• **cooperate** ⬜동 협력하다; 협조하다
• **cooperative** ⬜형 협력하는; 협조적인

0575

endanger ✱✱

[indéindʒər]

⬜동 **위험에 빠뜨리다, 위태롭게 하다**

en(make) + **danger** → 위험하게 만들다

02 The introduction of new species **endangers** native animals and plants.

• **endangered** ⬜형 (동식물이) 멸종 위기에 처한

0576

enrich ✱✱

[inrítʃ]

⬜동 1. **부유하게 하다** 2. (질, 가치, 맛 등을) **높이다; 풍요롭게 하다**

en(make) + **rich** → 부유하게 만들다

03 Some people **enrich** themselves at the expense of the poor.
04 Education can greatly **enrich** your life.

0577

enlarge ✱

[inláːrdʒ]

⬜동 **확대하다, 확장하다**(= expand)(↔ reduce 축소하다)

en(make) + **large** → 크게 만들다

05 A good way to **enlarge** your vocabulary is to read a daily newspaper.

0578

enlighten ✱

발음주의 [inláitn]

⬜동 (설명하여) **이해시키다, 깨우치다; 계몽하다**

en(make) + **lighten**(밝게 하다) → (지식에) 밝도록 만들다

06 The book **enlightened** the people and inspired them to seek their freedom.

• **enlightenment** ⬜명 깨우침; 계몽

---

01 모바일 앱은 여러 IT 기업들의 기술 **협력**으로 만들어졌다. 02 새로운 종의 유입은 토종 동식물을 **위험에 빠뜨린다**. 03 어떤 사람들은 가난한 사람들의 희생으로 **부유해진다**. 04 교육은 너의 삶을 아주 **풍요롭게 할** 수 있다. 05 어휘를 **확장하는** 좋은 방법은 일간 신문을 읽는 것이다. 06 그 책은 사람들을 **깨우쳤고** 자유를 추구하도록 고무했다.

0579

enroll / enrol **

[inróul]

(동) 등록하다(= register); 입학[입회]시키다

en(make) + roll(명단) → 명단을 만들다 → 명단에 올리다

01 Foreign students interested in **enrolling** at the institute must meet all admission requirements.

◆ enrol(l)ment (명) 등록(= registration); 입학

0580

encode

[inkóud]

(동) 부호화하다, 암호로 바꾸다(↔ decode 암호를 해독하다)

en(make) + code(암호) → 암호로 만들다

02 The words we type into the computer are **encoded** into 1s and 0s.

0581

envision

[invíʒən]

(동) (바라는 일을) 마음속에 그리다, 상상하다(= visualize, imagine)

en(make) + vision(미래상, 상상) → 미래의 모습을 만들다

03 The inventor **envisioned** many uses for his creation.

0582

entrust

[intrʌ́st]

(동) 위임하다, 맡기다

en(make) + trust(믿다) → 믿고 맡길 수 있게 하다

04 Personal information **entrusted** with the company will be used only to provide clients with services. 모의응용

◆ **entrust A with B** A에게 B를 맡기다

0583

entitle *

[intáitl]

(동) 1. 제목을 붙이다 2. 자격[권리]을 주다

en(make) + title(제목; 자격) → 제목[자격]을 갖게 하다

05 He **entitled** his book "Empty Chairs."
06 Anyone over 20 in Korean age is **entitled** to vote.

◆ **be entitled to** ~할 권리가 있다

---

01 그 대학에 **입학하는** 데 관심이 있는 외국인 학생들은 모든 입학 조건들을 충족해야 한다. **02** 우리가 컴퓨터에 입력한 단어들은 1과 0으로 **부호화된다.**
03 그 발명가는 자신의 발명품의 다양한 용도를 **상상해봤다. 04** 회사에 **맡겨진** 개인정보는 고객에게 서비스를 제공하는 데만 이용될 것이다. **05** 그는 자신의
책에 '빈 의자들'이라는 **제목을 붙였다. 06** 우리나라 나이로 20세 이상이라면 누구나 투표할 **자격이 주어진다.**

enforce *

[infɔ́ːrs]

图 1. (법을) **집행하다, 시행하다**(= implement) 2. **강요하다**(= compel)

en(make) + force(힘) → 힘을 가하다

01 The police don't make the laws; they merely **enforce** them.
02 Parents shouldn't **enforce** their views on their children.

• enforcement 图 집행, 시행

encompass

[inkʌ́mpəs]

图 1. **포함하다, 아우르다**(= cover, include) 2. **둘러싸다, 에워싸다**

en(make) + compass(범위) → 범위를 만들다

03 My interests **encompass** a broad range of topics from politics to pop culture.
04 A thick fog **encompassed** the city.

empower

[impáuər]

图 (~할) **권한[자격]을 주다**(= entitle, authorize); **~할 수 있도록 하다**(= enable)

em(make) + power → 힘을 갖게 만들다

05 He **empowered** his staff to sign the contract.

multitask *

[mʌ́ltitæsk]

图 **다중 작업을 하다, 동시에 여러 가지 일을 하다**

multi(many) + task(일) → 많은 일을 하다

06 Effective coaches focus on a single thing instead of trying to **multitask**.

모의응용

---

01 경찰은 법을 제정하지 않고 다만 **집행할** 뿐이다. **02** 부모는 아이들에게 그들의 관심을 **강요하지** 않아야 한다. **03** 내 관심사는 정치부터 대중문화까지 광범위한 주제를 **아우른다. 04** 짙은 안개가 그 도시를 **에워쌌다. 05** 그는 자신의 직원에게 그 계약서에 서명할 **권한을 주었다. 06** 유능한 코치는 동시에 여러 가지 일을 하려고 하는 대신에 한 가지 일에 초점을 맞춘다.

0588

multitude

발음주의, 강세주의

[mʌ́ltitjùːd]

몡 1. 다수, 대량 2. 군중, 많은 사람

multi(many) + **tude**(몡) → 많은 것

01 A group working together successfully requires individuals with a **multitude** of social skills. 모의응용
02 A **multitude** gathered by the riverside to watch the fireworks.

0589

multicultural

[mʌ̀ltikʌ́ltʃərəl]

혱 다문화의, 여러 문화가 공존하는

multi(many) + **cultural**(문화의) → 여러 문화의

03 a **multicultural** society

| 접두사 multi-를 포함한 기타 주요 어휘 |

multiracial 다민족의	**multinational** 다국적의
multilingual 여러 언어를 하는	**multisensory** 여러 감각이 관여하는
multipurpose 다목적의	**multifunctional** 다기능의

++ out을 포함한 구동사 ②

0590

drown out

(소음이) ~을 들리지 않게 하다

drown(잠기게 하다) + **out**(소멸) → 잠기게 하여 없애다

04 The constant noise of electronics will **drown out** the songs of birds in the morning. 수능응용

0591

figure out

1. 산출[계산]하다(= calculate) 2. 알아내다; 이해하다

figure + **out**(출현) → 생각해서 내놓다

05 Let's **figure out** how much the trip will cost.
06 To attract more consumers, we need to **figure out** who our target customers are. 모의응용

01 성공적으로 함께 일하는 그룹은 **다수의** 사교 능력을 갖춘 개인을 필요로 한다. 02 불꽃놀이를 보기 위해 강가에 **많은 사람**이 모였다. 03 **다문화** 사회 04 전자 장치들의 끊임없는 소음은 아침에 새가 지저귀는 소리를 **들리지 않게 할** 것이다. 05 여행 비용이 얼마나 들지 **계산해보자.** 06 더 많은 고객을 끌어들이기 위해, 우리는 우리의 대상 고객이 누구인지 **알아내야** 한다.

hand out

나눠주다, 배포하다

hand + out (밖으로) → 밖으로 건네주다

01 They **handed out** printed flyers on the street.

---

lay out

1. (보기 쉽게) **펼치다, 배치하다**(= arrange) 2. **자세히 설명하다**

lay + out (밖에) → 밖에 꺼내어 놓다

02 She opened her trunk and **laid** her clothes **out** on the floor.
03 The documents **lay out** the principles clearly enough.

---

leave out

빼다, 배제시키다(= exclude)

leave + out (제외) → 빼서 없애다

04 Don't **leave out** any important information.

---

make out

1. **알아내다; 이해하다**(= figure out) 2. **(잘)해 나가다, 성공하다**

make + out (해결) → 해결을 만들어내다

05 I heard their voices in the distance, but couldn't **make out** what they were saying.
06 He has **made out** quite well with his Internet business, and profits are still rising.

---

pass out

1. **나눠주다**(= hand out) 2. **의식을 잃다, 기절하다**(= faint, collapse)

pass + out (밖으로) → 밖으로 건네주다; 의식이 몸 밖으로 나가다

07 Patrick wore the Santa suit and **passed out** candy to all the neighborhood.
모의응용

08 Fortunately, my nephew now remembers everything that happened before he **passed out**.

---

01 그들은 길에서 인쇄된 전단지를 **나누어 주었다. 02** 그녀는 여행 가방을 열고 자신의 옷들을 바닥 위에 **펼쳤다. 03** 그 문서는 원칙들을 충분히 명확하게 **자세히 설명해준다. 04** 중요한 정보는 하나도 **배제하지** 마라. **05** 나는 밀리서 그들의 목소리를 들었지만, 그들이 무엇을 말하고 있는지 **알** 수 없었다. **06** 그는 자신의 인터넷 사업을 상당히 **잘해 왔고,** 수익은 여전히 상승 중이다. **07** Patrick은 산타 옷을 입고 모든 이웃에게 사탕을 **나눠줬다. 08** 다행히도, 내 조카는 **의식을 잃기** 전에 일어났던 모든 일을 지금은 기억한다.

0597

pick out

1. 고르다, 집어내다 2. 알아내다, 분간하다(= identify)

pick + **out** (밖으로) → 밖으로 골라내다

01 Stephanie **picked out** the flowers for her wedding bouquet. 모의응용
02 When I first met her, her yellow coat made her easier to **pick out** in a crowd.

0598

point out

지적하다, 가리키다

point + **out** (강조) → 강조하여 가리키다

03 It is easy to **point out** other people's problems but difficult to admit our own. 모의응용

0599

put out

1. (밖으로) 내놓다; 출시하다 2. (불을) 끄다(= extinguish)

put + **out** (밖에; 소멸) → 밖에 두다; 두어서 없애다

04 A number of people are involved in **putting out** the magazine.
05 Shortly after I called 911, some firefighters came to **put out** the fire.

0600

rule out

제외시키다, 배제하다(= exclude, leave out)

rule (결정하다) + **out** (제외) → 없애기로 결정하다

06 The police **ruled** them **out** as suspects because they were out of town.

---

01 Stephanie는 자신의 결혼식 부케를 위해 꽃을 **골랐다**. **02** 내가 그녀를 처음 만났을 때, 그녀의 노란 코트는 군중 속에서 그녀를 **알아보기** 쉽게 만들었다. **03** 다른 사람의 문제를 **지적하기**는 쉽지만, 우리 자신의 문제를 받아들이기는 어렵다. **04** 많은 사람들이 그 잡지를 **출시하는** 데 관여하고 있다. **05** 내가 911에 전화하고 오래지 않아, 몇 명의 소방관들이 불을 **끄기** 위해 왔다. **06** 그들이 마을에 있지 않았기 때문에 경찰은 그들을 용의선상에서 **배제했다**.

+ Unit +
16 | 품사를 변화시키는 접미사

동사화 접미사

접미사	의미	예시
-en		weaken 약화시키다
-(i)fy	to make into ~으로 만들다	simplify 간단하게 만들다
-ize		liberalize 자유롭게 만들다
-ate		validate 정당함을 입증하다

0601
heighten *
발음주의 [háitn]

동 고조시키다, 고조되다

height(높이) + en(동) → 높은 상태가 되게 만들다

01 The spectacular fireworks **heightened** the festive mood.

0602
broaden
[brɔ́:dn]

동 넓어지다; 넓히다

broad(폭이 넓은) + en(동) → 넓은 상태가 되게 만들다

02 The science camp helps students to **broaden** their range of knowledge.

• broadly 부 1. 폭넓게, 광범위하게 2. 대체로, 대개

01 장관을 이루는 불꽃놀이는 축제 분위기를 **고조시켰다**. 02 그 과학캠프는 학생들이 지식의 범위를 **넓히도록** 돕는다.

0603
exempl**ify**
발음주의, 강세주의, 철자주의
[igzémpləfài]

동 예를 들다(= illustrate); 전형적인 예가 되다

exempl(ar)(보기, 예시) + **ify**(동) → 보기[예시]로 만들다

01 The teacher **exemplified** the word for better understanding.

0604
individual**ize**
[ìndəvídʒuəlàiz]

동 개개인의 요구에 맞추다, 개별화하다

individual(개인의) + **ize**(동) → 개개인의 것으로 만들다

02 One class consists of 30 students, so **individualized** instruction is difficult.

0605
differenti**ate**
발음주의, 강세주의
[dìfərénʃièit]

동 구별하다, 구분 짓다(= distinguish)

different(다른) + **(i)ate**(동) → (어떤 것과) 다르게 만들다 → 구별하다

03 The only thing that **differentiates** the twins is the color of their eyes.

◆ **differentiate between A and B** (부당하게) A와 B를 차별하다

0606
liber**ate**
[líbərèit]

동 해방시키다; 자유롭게[벗어나게] 해주다

liber(al)(자유주의의) + **ate**(동) → 자유로운 상태가 되게 만들다

04 Reading books **liberated** her from the routine of everyday life.

- **liberal** 형 자유주의의 명 자유주의자
- **liberty** 명 자유

---

01 선생님은 더 쉬운 이해를 위해 단어를 **예로 들었다**. **02** 한 반이 30명으로 구성되어 있어서, **개인에 맞춘** 교육이 어렵다. **03** 그 쌍둥이를 **구별하는** 유일한 것은 그들의 눈동자 색이다. **04** 독서는 그녀를 일상의 틀에서 **벗어나게 해주었다**.

형용사화 접미사

접미사	의미	예시
-able / -ible	**able, capable** 가능한, ~할 수 있는	**avoid**able 피할 수 있는 **percept**ible 인지할 수 있는
-ful	**full** 풍부한	**force**ful 강력한; 단호한
-less	**lacking** 부족한, ~이 없는	**effort**less 노력이 필요 없는, 쉬운
-ic / -ical		**period**ic 주기적인 **philosoph**ical 철학의, 철학과 관련된
-ous		**caut**ious 조심스러운, 신중한
-(u)al		**architectur**al 건축학의
-ant / -ent		**luxuri**ant 무성한, 풍성한 **insist**ent 주장하는, 고집하는; 계속되는
-ate / -ite	**having to do with** ~의 성질을 지닌	**consider**ate 사려 깊은 **favor**ite 마음에 드는
-ish	**of, like, related to** ~의, ~와 같은, 관련된	**fool**ish 바보 같은
-ar(y)		**custom**ary 관례적인, 습관적인
-ory		**satisfact**ory 만족스러운
-ive / -ative		**imitat**ive 모방하는 **inform**ative 유익한, 유용한 정보를 주는
-ly		**friend**ly 친절한, 상냥한
-y	**full of, characterized by** ~이 가득한, ~의 특질이 있는	**risk**y 위험한
-some	**tending to, causing** ~하는 경향이 있는, ~의 이유가 되는	**tire**some 성가신

0607
count**less** **
[káuntlis]

형 무수한, 셀 수 없이 많은

count(세다) + less(형) → 너무 많아서 셀 수 없는

01 **Countless** studies have shown that positive emotional state is induced by a good meal. 모의응용

0608
defense**less**
[difénslis]

형 무방비의; 방어할 수 없는

defense(방어) + less(형) → 방어가 없는

02 Without weapons of any kind, the people of the town were completely **defenseless**.

0609
icon**ic**
발음주의 [aikánik]

형 상징[아이콘]이 되는

icon(상징) + ic(형) → 상징의

03 The Eiffel Tower, a large iron structure, is an **iconic** symbol of France.

0610
injuri**ous**
발음주의 [indʒúəriəs]

형 손상을 주는, 해로운 (= harmful)

injury(부상) + ous(형) → 손상시키는 성질을 가진

04 Too much alcohol is **injurious** to your health.

---

01 무수한 연구들은 긍정적인 정서 상태가 좋은 식사에 의해 유발된다고 보여주었다. **02** 어떠한 종류의 무기도 없이, 그 마을의 사람들은 완전히 **무방비 상태 였다. 03** 거대한 철제 구조물인 에펠탑은 프랑스의 **상징물이다. 04** 과음은 건강에 **해롭다.**

0611

habit**ual** *

강세주의 [həbítʃuəl]

[형] 습관적인

habit(습관) + ual(형) → 습관과 같은

01 Breaking deeply-rooted, **habitual** tendencies requires tremendous effort. 모의응용

0612

fiction**al** **

[fíkʃənəl]

[형] 허구적인; 소설의

fiction(허구, 소설) + al(형) → 허구의, 소설의

02 **fictional** stories such as Aesop's fables

0613

child**ish**

[tʃáildiʃ]

[형] 1. 어린애 같은 2. 《주로 부정적》 유치한

child(아이) + ish(형) → 아이의 성질을 지닌

03 He opened the gifts with **childish** delight.
04 Penny's behavior is so selfish and **childish**.

0614

sens**ory**

[sénsəri]

[형] 감각의, 지각의

sens(e)(감각) + ory(형) → 감각과 관련된

05 A complex **sensory** analysis enables the decision to swallow or reject food. 수능응용

0615

collaborat**ive**

[kəlǽbərèitiv]

[형] 공동의, 협력하는

collaborat(e)(공동으로 하다) + ive(형) → 공동으로 하는

06 The presentation was a **collaborative** effort by all the students in the class.

---

01 뿌리 깊게 박혀있는 **습관적인** 성향을 깨는 것은 엄청난 노력을 요구한다. **02** 이솝 우화 같은 **허구적인** 이야기 **03** 그는 **어린애 같이** 기뻐하며 선물을 열었다. **04** Penny의 행동은 너무 이기적이고 **유치하다. 05** 복잡한 **감각의** 분석은 음식을 삼킬지 거부할지에 대한 결정을 가능하게 한다. **06** 그 발표는 학급 내 모든 학생들에 의한 **공동의** 노력이었다.

0616

time**ly**

[táimli]

[형] 시기적절한, 때맞춘

time(시간)+**ly**(형) → 시간과 관련된

01 She always responds to my requests in a **timely** manner.

◆ **in a timely manner** 적절한 시기에

0617

hand**y** *

[hǽndi]

[형] 1. 유용한, 편리한 2. 가까운[이용하기 편한] 곳에 있는 3. 손재주가 있는

hand(도움; 손)+**y**(형) → 도와주는; 손과 관련된 특질이 있는

02 Post-it notes are **handy** tools for reminding you of things you have to do. ᵉᵇˢ응용

03 Keep emergency medicines **handy** in your house.

04 She's **handy** with sewing because her mother taught her how to do it.

◆ **come in handy** 도움이 되다, 쓸모가 있다

0618

trouble**some**

[trΛ́blsəm]

[형] 골치 아픈, 성가신

trouble(문제)+**some**(형) → 문제를 일으키는

05 Surgery was needed to cure her **troublesome** back injury.

0619

worri**some**

[wə́ːrisəm]

[형] 걱정스럽게 만드는, 걱정스러운

worry(걱정)+**some**(형) → 걱정을 일으키는

06 Steroids can have a variety of **worrisome** side effects, including damage to the heart and kidneys. 모의응용

---

01 그녀는 항상 **적절한 시기에** 내 요청에 응답해준다. 02 포스트잇 노트는 네가 해야 할 일을 상기시켜주는 데 **유용한** 도구이다. 03 집안에 상비약을 **가까운 곳에** 두세요. 04 그녀는 어머니에게 배웠기 때문에 바느질에 **손재주가** 있다. 05 그녀의 **골치 아픈** 허리 부상을 치료하기 위해 수술이 필요했다. 06 스테로이드는 심장과 신장 손상을 포함하여 다양한 **걱정스러운** 부작용을 가져올 수 있다.

명사화 접미사

접미사	의미	예시
-er	doer ~하는 사람	**beginner** 초보자, 초심자
-or		**collector** 수집가
-ant		**contestant** (대회, 시합 등의) 참가자
-ent		**respondent** 응답자
-ist		**sociologist** 사회학자
-ive		**relative** 친척
-ative		**representative** 대표, 대리인
-ary		**missionary** 선교사
-ee	recipient 행위를 당하는 사람, 관련된 사람	**interviewee** 면접을 보는 사람
-ion	action, condition, quality 행동, 상태, 성질, 특성	**connection** 연결, 접속
-(a)tion		**realization** 깨달음, 인식
-ance		**guidance** 지도, 유도
-ence		**diligence** 근면, 성실
-(e)ty		**entirety** 전체, 전부
-ity		**normality** 정상 상태
-(r)y		**recovery** 회복
-al		**portrayal** 묘사
-ment		**enhancement** 상승; 향상
-ness		**hardness** 단단함, 견고
-(a)cy		**constancy** 불변성
-th		**youth** 젊음, 청춘
-ship	state, condition, of being 지위, 상태, 구성원	**leadership** 지도력, 통솔력
-ism	action, state, doctrine 행동, 상태, 정책, 주의	**symbolism** 상징주의
-hood	condition, position 상태, 성질, 처지, 직위	**motherhood** 어머니임, 모성

0620
observer**
[əbzɚːrvər]

명 1. 관찰자, 감시자 2. (회의 등의) 참관인

observ(e)(관찰하다) + er(명) → 관찰하는 사람

01 Journalists are acute **observers** of social situations.
02 The UN sent several **observers** to the peace talks.

0621
migrant
[máigrənt]

명 1. 이주자 2. 철새; (계절에 따라) **이동하는 동물**

migr(ate)(이동하다) + ant(명) → 이주자

03 Some developed countries help **migrants** to settle down.
04 Scientists classify birds which change their habitat regularly as **migrant**.

0622
revolutionary
[rèvəlúːʃənèri]

명 혁명가 형 혁명의, 혁명적인 (= innovative)

revolution(혁명) + ary(명, 형) → 혁명가; 혁명의

05 Abraham Lincoln is considered to be a great **revolutionary** who ended slavery.

0623
attendee
강세주의 [ətendíː]

명 참석자, 출석자

attend(참석하다) + ee(명) → 참석자

06 The author thanked the conference **attendees** for the warm reception.

0624
estimation
[èstəméiʃən]

명 (가치, 자질에 대한) **판단, 평가** (= evaluation); **추산**

estimat(e)(평가하다) + ion(명) → 판단

07 The first novel was successful, whereas the second, in my **estimation**, was not.

---

01 기자는 사회적 상황의 예리한 **관찰자**이다. **02** UN은 평화 회담에 몇몇 **참관인**을 보냈다. **03** 몇몇 선진국들은 **이주자들**이 정착하도록 돕는다. **04** 과학자들은 정기적으로 서식지를 바꾸는 새들을 **철새**로 분류한다. **05** 에이브러햄 링컨은 노예제도를 종식한 위대한 **혁명가**로 여겨진다. **06** 그 작가는 회의 **참석자들**에게 따뜻한 환대에 대한 고마움을 표했다. **07** 첫 번째 소설은 성공적이었던 반면 두 번째는, 내 **판단**으로는 성공적이지 못했다.

domination
[dàmənéiʃən]

명 1. 지배, 통치 (= control) 2. 우세

dominat(e)(지배하다) + **ion**(명) → 지배(력)

01 Mandela's efforts to end white **domination** in South Africa 모의응용
02 Hollywood's **domination** of the cinema

---

approximation
발음주의 [əpràksiméiʃən]

명 근사(치); 비슷한[가까운] 것

approximat(e)(거의 정확한) + **ion**(명) → 거의 정확한 상태

03 This isn't an exact figure, but I think it's a good **approximation**.

---

dependence **
[dipéndəns]

명 의존(성), 의지 (= reliance)

depend(의존하다) + **ence**(명) → 의존

04 These days, children's **dependence** on their parents has increased a lot compared to the past.

---

artistry
[ɑ́ːrtistri]

명 예술적 기교; 예술성

artist(예술가) + **ry**(명) → 예술가의 행동 → 예술적 기교

05 The famous painter was widely known for the **artistry** of his work.

---

mastery
[mǽstəri]

명 1. 숙달, 통달 2. 지배(력)

master(완전히 익히다; 지배하다) + **y**(명) → 완전히 익힌 상태; 지배

06 Habits create the foundation for **mastery**. 모의응용
07 humankind's **mastery** over nature

---

01 남아공에서의 백인 **통치**를 끝내려는 만델라의 노력 **02** 할리우드의 영화계에 대한 **우세 03** 이것은 정확한 수치는 아니지만 내 생각엔 훌륭한 **근사치**이다. **04** 요즈음, 부모에 대한 아이들의 **의존**은 과거와 비교하여 상당히 증가해왔다. **05** 그 유명한 화가는 작품의 **예술적 기교**로 널리 알려져 있었다. **06** 습관은 **통달**의 기초를 만든다. **07** 자연에 대한 인간의 **지배**

0630

immediacy

발음주의 [imíːdiəsi]

명 신속성, 긴급성; 직접성

immedia(te)(즉각적인)+cy(명) → 신속성

01 Mobile banking provides **immediacy** and convenience.

0631

presidency

[prézidənsi]

명 대통령 임기[직]; 회장 임기[직]

presiden(t)(대통령)+cy(명) → 대통령인 상태

02 The former president's ratings were high throughout his **presidency**.

0632

companion**ship**

[kəmpǽnjənʃìp]

명 동료애, 동지애, 우정

companion(동료, 동지)+ship(명) → 동료끼리 가지는 특성

03 **Companionship** is the primary reason most people choose to adopt a companion animal. 모의응용

0633

egocentr**ism**

발음주의 [ìːgouséntɾìzəm]

명 자기중심(성)

egocentr(ic)(자기중심적인)+ism(명) → 자기중심성

04 Children tend to exhibit **egocentrism** with their words and behaviors.

01 휴대전화를 통한 은행 업무는 **신속성**과 편리함을 제공한다. 02 그 전직 대통령의 지지율은 **임기** 내내 높았다. 03 **동료애**는 대부분의 사람이 반려동물을 입양하고자 결정하는 주된 이유이다. 04 아이들은 말과 행동으로 **자기중심성**을 내보이는 경향이 있다.

0634
run out (of)

다 써버리다(= exhaust); (물건이) 동나다

run (운영하다) + out (소멸) + of → ~없이 운영하다

01 We had **run out of** firewood to keep our tiny house warm. 모의응용

0635
set out

1. 출발하다; (목표, 목적 등을 위해) 착수하다, 시작하다(= go about, set in)
2. 진열하다, 준비하다

set + out (밖으로) → (어떤 장소나 일을 향해 몸을) 밖으로 놓다

02 The lifeguards launched their boat and **set out** toward the drowning person. 모의응용
03 They **set out** maps and travel brochures for the tourists to take.

0636
stand out

두드러지다, 눈에 띄다

stand + out (밖에) → 밖에 서 있다

04 That white pattern **stands out** well against the dark background.

0637
turn out

1. 모습을 드러내다, 나타나다 2. (~인 것으로) 드러나다, 밝혀지다
3. 만들어내다, 생산하다(= produce) 4. (불 등을) 끄다

turn + out (출현; 소멸) → 돌려서 나타나게 하다; 돌려서 없애다

05 A number of people **turned out** to watch the festival.
06 It **turned out** that the storm would not pass over the city.
07 By collecting all your data on the web, the program can **turn out** your wish list. 모의응용
08 Remember to **turn out** the lights before you go to bed.

---

01 우리는 우리의 작은 집을 따뜻하게 유지해줄 장작을 **다 써버렸다**. **02** 인명구조원들은 보트를 띄우고 물에 빠진 사람을 향해 **출발했다**. **03** 그들은 관광객들이 가져가도록 지도와 여행안내 책자를 **진열했다**. **04** 저 흰색 무늬는 어두운 배경에서 **눈**에 잘 **띈다**. **05** 많은 사람들이 그 축제를 보기 위해 **나타났다**. **06** 폭풍이 그 도시를 지나지 않을 것으로 **밝혀졌다**. **07** 그 프로그램은 웹상에 있는 너의 모든 자료를 수집해서 너의 소원 목록을 **만들어낼** 수 있다. **08** 자러 가기 전에 불을 **끌** 것을 기억해라.

0638

wear out

1. 닳다, 닳게 하다 2. 지치게 하다 (= exhaust)

wear + **out** (소멸) → 사용하여 없어지게 하다

01 My sister **wore out** two pairs of sneakers on the walking tour.
02 Walking around a shopping center all day really **wears** me **out**.

0639

wipe out

1. 파괴하다, 완전히 없애다 2. 녹초로 만들다, 지치게 하다 (= wear out)

wipe + **out** (소멸) → 닦아서 없어지게 하다

03 Unfortunately, whole villages were **wiped out** by the floods.
04 Finishing the marathon really **wiped us out**.

0640

work out

1. (일이) 잘 되어가다 2. (문제를) 해결하다; (해결책을) 찾다

3. 운동하다 4. 계산하다

work + **out** (밖으로) → 일해서 내어놓다

05 We cannot guarantee that everything will **work out** perfectly. 모의응용
06 You have to **work** the problem **out** by yourself without asking for help
   from anybody.
07 Tony **works out** at the local gym every day to stay healthy.
08 I'm not good at calculating. Please **work out** this bill.

---

01 내 여동생은 도보 여행에서 운동화 두 켤레를 **닳게 했다**. **02** 하루 종일 쇼핑센터를 걸어 다니는 것은 나를 정말로 **지치게 한다**. **03** 안타깝게도 마을 전체가 홍수로 인해 **파괴되었다**. **04** 마라톤 완주는 우리를 정말 **녹초로 만들었다**. **05** 우리는 모든 것이 완벽하게 **잘 되어갈** 거라고 보장할 수 없다. **06** 어느 누구에게도 도움을 요청하지 않고 그 문제를 네 스스로 **해결해야** 한다. **07** Tony는 건강 유지를 위해 동네 체육관에서 매일 **운동한다**. **08** 저는 계산을 잘 못합니다. 이 청구서 좀 **계산해주세요**.

⚡ 각각의 주어진 문맥과 1~3의 의미 추론 과정을 통해, 굵게 표시된 단어의 의미를 추론해 보세요.

01 **demoralize**

Essentially, your reputation is your most valuable asset — so guard it well. And even if your mistakes **demoralize** you, remember that it is possible to regain your reputation.

1 품사 ☐동 ☐형 ☐명 ☐부

2 문맥 실수가 너를 ＿＿＿＿＿＿＿＿＿＿지라도, 평판 회복이 가능하다는 것을 기억하라.

3 분석 de+moral (morale 사기, 의욕)+-ize

02 **debase**

A professor's reputation has been **debased** by stories of unethical behavior. Despite his personal fall from grace, his theories remain incredibly useful to the field.

1 품사 ☐동 ☐형 ☐명 ☐부

2 문맥 비윤리적 행동에 대한 이야기에 의해 한 교수에 대한 평판이 ＿＿＿＿＿＿.

3 분석 de+base

03 **disregard**

Early soccer was so rough that many were injured during matches. In fact, seven different English kings even made laws against the game. But people **disregarded** them and continued to play.

1 품사 ☐동 ☐형 ☐명 ☐부

2 문맥 사람들은 그것들(= 축구 경기 금지법)을 ＿＿＿＿＿＿＿ 축구를 계속했다.

3 분석 dis+regard

04 **enact**

The city council recently passed a bill that bans charity groups from providing food to homeless people in downtown parks. Council members said they **enacted** the law in response to complaints from residents and businesses.

1 품사 ☐동 ☐형 ☐명 ☐부

2 문맥 시의원들은 주민과 기업의 항의에 대응하기 위해 그 법(= 노숙자들에게 음식 제공을 금하는 법안)을 ＿＿＿＿＿＿.

3 분석 en+act (법률)

01 동, 의기소침하게 만들 02 동, 나빠졌다 03 동, 무시하고 04 동, 제정하였다

demoralize

[dimɔ́:rəlàiz]

동 사기를 꺾다, 의기소침하게 만들다 (= discourage)

de(away) + moral(morale 사기, 의욕) + ize(동) → 사기로부터 벗어나다

01 It was **demoralizing** for the team to go another year without their best hitter.

debase

[dibéis]

동 (가치, 품위를) 떨어뜨리다, 저하시키다

de(down) + base(기반) → 기반을 낮추다

02 Inflation has **debased** the country's currency.

• debasement 명 (가치, 품위의) 저하

disregard **

[dìsrigá:rd]

동 무시하다 (= ignore), 경시하다; 소홀히 하다 명 무시, 경시 (= neglect 무시하다; 소홀)

dis(not) + regard(고려하다) → 고려하지 않다

03 He totally **disregarded** all the advice he was given.

enact

[inǽkt]

동 (법을) 제정하다, 규정하다

en(make) + act(법률) → 법률을 만들다

04 The government has continually **enacted** new policies to help raise the birth rate.

• enactment 명 법률 (제정), 입법 (= legislation)

---

01 그 팀이 그들의 최고 타자 없이 한 해를 더 보내는 것은 **사기를 꺾는 것**이었다. **02** 인플레이션은 그 나라의 화폐 **가치를 떨어뜨렸다**. **03** 그는 자신이 받은 모든 충고를 완전히 **무시했다**. **04** 정부는 출산율을 올리는 것을 도와줄 새로운 정책을 계속적으로 **제정해왔다**.

05 invariable

The existence of moral truth does not require that we define morality in terms of **invariable** moral principles. Instead, morality might be taught as we teach chess: there are general principles but also important exceptions.

1 품사 ☐ 동 ☐ 형 ☐ 명 ☐ 부

2 문맥 도덕은 일반적 원칙뿐만 아니라 예외도 있으므로, _____ 도덕적 원칙으로 정의하면 안 된다.

3 분석 in+vari+able

---

06 outset

When talking with people, don't begin by discussing the things to which you get a "No" response. It is the most difficult handicap for the speaker to overcome psychologically. So, the skillful speaker tries to get "Yes" responses from the **outset**. 모의응용

1 품사 ☐ 동 ☐ 형 ☐ 명 ☐ 부

2 문맥 '부정적' 반응을 얻게 되는 말로 대화를 시작하면 극복하기 힘들다. 그러므로 능숙한 화자는 _____ 부터 '긍정적' 반응을 얻으려고 한다.

3 분석 out+set (놓다)

---

07 override

Police said thieves snuck into the building undetected sometime during the night. Somehow, they **overrode** the security system and stole several items of value.

1 품사 ☐ 동 ☐ 형 ☐ 명 ☐ 부

2 문맥 도둑들이 보안 시스템을 _____ 귀중품 몇 점을 훔쳤다.

3 분석 over+ride

---

08 understate

Firms may postpone expenses from the current period to future periods in order to **understate** expenses. This makes the current period appear more profitable than it truly is.

1 품사 ☐ 동 ☐ 형 ☐ 명 ☐ 부

2 문맥 회사가 현재의 지출을 미래로 미루는 것은 지출을 _____ 위해서이다.

3 분석 under+state

---

09 undo

When chronically sleep-deprived people begin sleeping about 10 hours per night, they show improvement in the ability of insulin to process blood sugar. This suggests catching up on sleep may **undo** the damage that sleep deprivation causes. 모의응용

1 품사 ☐ 동 ☐ 형 ☐ 명 ☐ 부

2 문맥 잠이 부족한 사람이 잠을 늘리면 긍정적 결과를 보인다. 즉 잠을 보충하는 것은 수면 부족으로 인한 피해를 _____ 지도 모른다.

3 분석 un+do

---

05 형, 변함없는   06 명, 처음   07 동, 중단시키고   08 동, 축소해서 말하기   09 동, 없던 일로 만들

invariable

[invέəriəbl]

〔형〕 변함없는, 변치 않는

in(not) + vari(다르다) + able(형) → 다를 수 없는

01 His **invariable** answer was "Wait and see."

• invariably 〔부〕 변함없이, 언제나

---

outset

[áutsèt]

〔명〕 시작, 착수(= beginning)

out(outside) + set(놓다) → (~을 하려고) 밖에 준비해놓는 행동

02 You are going to love this film from the **outset**.

---

override

overrode-overridden

[òuvərráid]

〔동〕 1. (결정, 명령 등을) **무시하다** 2. (~보다) **더 중요하다** 3. (작동 등을) **중단시키다**

over(over) + ride(타고 가다) → 무언가를 타고 넘다

03 The chairman **overrode** the committee's objection.
04 Passenger safety **overrides** all other concerns.
05 You must enter a code to **override** the alarm.

---

understate

[ʌ̀ndərstéit]

〔동〕 (실제보다) **축소해서 말하다, 낮추어 말하다**(↔ overstate 과장하다)

under(below) + state(말하다) → 낮추어 말하다

06 He has a bad habit where he always **understates** his mistakes.

• understatement 〔명〕 절제(된 표현)

---

undo*

undid-undone

[ʌ̀ndú:]

〔동〕 1. (이미 행해진 일을) **없던 일로 만든다, 원상태로 돌리다**

2. (잠기거나 묶인 것을) **풀다, 열다**

un(not) + do(하다) → 했던 일을 없었던 것으로 하다

07 You cannot **undo** what has already been done.
08 When she was certain that she was all alone, she **undid** the package.

---

01 그의 **변함없는** 대답은 "기다려 보자"였다. **02** 너는 이 영화를 **시작**부터 아주 좋아하게 될 거야. **03** 그 의장은 위원회의 반대를 **무시했다**. **04** 승객 안전은 다른 모든 우려보다 **더 중요하다**. **05** 경보를 **중단시키기** 위해서는 코드를 입력해야만 한다. **06** 그는 자신의 실수를 항상 **축소해서 말하는** 나쁜 습관을 가지고 있다. **07** 이미 해버린 것을 **없었던 일로 만들** 수는 없다. **08** 그녀는 혼자 있다는 것을 확신하자 그 소포를 **풀었다**.

PART

04

어근으로
외우는 어휘

*How to infer the meanings of words
from their context*

01 이동·단계	❶ **grad / gred / gress** [= step, go]	gradual
	❷ **cede / ceed / cess / ceas** [= go]	excess
	❸ **vade / vas** [= go]	invade
	❹ **vent / vene** [= come]	prevent
	❺ **mit / miss** [= send, let go]	admit
	❻ **fer** [= carry, bring]	transfer
	❼ **cur / cour** [= run, flow]	course
	❽ **ped(e) / pedi** [= foot]	pedal
02 시청각	❶ **spec(t) / spic / specul** [= look, see, watch]	respect
	❷ **vis(e)** [= look, see, watch]	vision
	❸ **aud** [= hear]	audience
03 기록·말	❶ **scribe / script** [= write]	script
	❷ **graph / gram** [= write, drawing]	graphic
	❸ **ply / plic** [= fold]	imply
	❹ **dic(t)** [= say, word]	predict
04 형성·변화	❶ **fac(t) / fect / fict / feit / fea(s)** [= make, do]	factor
	❷ **manu / mani** [= hand]	manufacture
	❸ **vert / vers(e)** [= turn]	advertise
	❹ **fin(e)** [= end, limit]	final
05 취득·유지	❶ **cept / cap(t) / ceive / cei(p)t / cip** [= take]	accept
	❷ **tain** [= hold]	contain
	❸ **serv** [= keep]	observe
06 삶	❶ **bio** [= life]	biotic
	❷ **vit / viv(e) / vig** [= life, live, be lively]	survive
	❸ **gen** [= birth, race, kind]	generate
	❹ **spir(e)** [= breathe]	spirit

07 시공간	① **terr(it) / terrestri** [= earth, land]	territory
	② **geo** [= earth, land]	geology
	③ **astro / aster** [= star]	astronaut
	④ **ann(u) / enn** [= year]	annual
	⑤ **chron(o)** [= time]	chronicle
08 견인·차단	① **tend / tense** [= stretch, pull]	pretend
	② **tract** [= draw, pull]	contract
	③ **close / clude** [= shut]	include
09 선도·유도·강요	① **duc(t) / duc(e) / due** [= lead, bring]	conduct
	② **press** [= press, push]	express
	③ **pel / pulse** [= drive, push]	compel
10 두다·매달다	① **pose / pon(e)** [= put, place]	propose
	② **pend / pens** [= hang]	depend
	③ **sert** [= join]	desert
11 마음·신념	① **cord / cour** [= heart]	courage
	② **path** [= feel, suffer]	telepathy
	③ **sens / sent** [= feel]	sensitive
	④ **cred** [= believe]	credit
12 가치	① **vail / val(u)** [= value, strong, worth]	valuable
	② **equa(l) / equi** [= equal]	equality
	③ **preci / prais** [= price, value]	precious
13 기타	① **ject** [= throw]	reject
	② **rupt** [= break]	interrupt
	③ **onym** [= name, word]	synonym
	④ **medi** [= middle]	medium

+ Unit + 17 이동, 단계를 나타내는 어근

어근	의미	예시
grad / gred / gress	**step, go** 단계, 나아가다	**gradual** 단계적인, 점진적인
cede / ceed / cess / ceas	**go** 가다	**excess** → (기준, 한도 등을) 넘어간 과다, 과잉; 초과한
vade / vas		**invade** 침입하다; 침략하다
vent / vene	**come** 오다, 도달하다	**prevent** → 미리 나와 준비하다 막다; 예방하다
mit / miss	**send, let go** 보내다, 가게 하다	**admit** → 들어가게 하다 인정하다; 입장[입학]을 허가하다
fer	**carry, bring** 나르다, 가져오다	**transfer** → 건너편으로 옮기다 1. 이동(하다) 2. 환승(하다)
cur / cour	**run, flow** 달리다, 흐르다	**course** 과정, 경과, 전개
ped(e) / pedi	**foot** 발	**pedal** (자전거, 자동차 등의) 페달

0641

de**grad**e*

[digréid]

[동] 1. (질, 가치 등을) **저하시키다** 2. **비하하다**

de(down) + grad(e)(step) → 단계를 낮추다 → 지위나 가치를 낮추다

01 The use of incorrect grammar and intentional errors in some ads **degrades** the language. 모의응용
02 I was very hurt when she **degraded** my work performance.

• degradation [명] 1. 저하 2. 비하

0642

in**gred**ient**

[ingríːdiənt]

[명] 1. (특히 요리의) **재료, 성분** 2. **구성 요소**

in(in) + gred(i)(go) + ent(명) → 안에 들어가는 것

03 The chef uses only the freshest **ingredients** in his cooking.
04 A curious mind is an essential **ingredient** for future success. 모의응용

0643

ag**gress**ive**

[əgrésiv]

[형] 1. **공격적인** (= hostile) 2. (대단히) **적극적인**

ag(to) + gress(step) + ive(형) → ~ 쪽으로 발을 내딛는

05 In spite of their huge size and fierce appearance, basking sharks are not **aggressive** to people.
06 The city began an **aggressive** campaign to encourage recycling.

• aggress [동] 공격하다, 싸움을 걸다
• aggression [명] 공격(성), 침략

0644

re**gress**

[rigrés]

[동] **퇴보하다, 퇴행하다** (↔ progress 발달하다, 진보하다)

re(back) + gress(step) → 뒤의 단계로 돌아가다

07 In terms of quality of life, the nation seems to have **regressed**.
08 The patient had **regressed** to a childlike state.

• regression [명] 퇴보, 퇴행

---

01 일부 광고에서 부정확한 문법과 의도적인 오류의 사용은 언어를 **저하시킨다**. 02 나는 그녀가 나의 업무 성과를 **비하했을** 때 몹시 상처받았다. 03 그 요리사는 자신의 요리에 가장 신선한 **재료**만을 사용한다. 04 호기심이 강한 마음은 미래 성공을 위한 필수적인 **구성 요소**이다. 05 거대한 크기와 사나운 외모에도 불구하고, 돌묵상어는 사람들에게 **공격적이지** 않다. 06 그 도시는 재활용을 장려하는 **적극적인** 캠페인을 시작했다. 07 삶의 질에 있어서 그 나라는 **퇴보한** 것 같다. 08 그 환자는 어린아이와 같은 상태로 **퇴행했다**.

con**gress** *

[káŋgrəs]

명 1. (대표자, 위원) **회의, 회합** 2. 《C-》 (미국의) **의회, 국회**

con(together) + **gress**(go) → 함께 가서 이룬 모임

01 an annual academic **congress**
02 **Congress** has approved a bill to raise taxes.

> | 세계 여러 나라의 의회, 국회 |
>
> **parliament** 영국, 캐나다의 의회   **the Diet** 일본의 의회
> **the National Assembly** 한국의 국회

---

pro**gress**ive *

[prəgrésiv]

형 1. **진보적인**(↔ conservative 보수적인) 2. **점진적인**

pro(forward) + **gress**(go) + **ive**(형) → 앞으로 나아가는

03 If everyone were motivated by fear, nothing **progressive** would be achieved. 모의응용
04 The disease causes **progressive** decline of the nervous system.

- **progress** 동 (앞으로) 나아가다; 진보하다 명 진행, 진보
- **progression** 명 1. 진전, 진행 2. 연속, 연쇄; 《수학》 수열

---

pre**cede** *

[prisí:d]

동 **선행하다, (~보다) 먼저 일어나다**(↔ follow 뒤를 잇다, 뒤따르다)

pre(before) + **cede**(go) → 앞서가다

05 He failed more than he succeeded. Failure **precedes** success. 모의응용
06 The earthquake was **preceded** by a loud roar from underground and lasted 20 seconds.

- **precedent** 명 전례, 선례
- **unprecedented** 형 전례 없는, 유례없는(= unexampled)

---

re**cede**

[risí:d]

동 1. (서서히) **물러나다**(= withdraw); **멀어지다** 2. **약해지다, 희미해지다**

re(back) + **cede**(go) → 뒤로 가다

07 I felt sad as I watched the ship **recede** from view.
08 The painful memories gradually **receded** in her mind.

- **recess** 명 (수업 사이의) 쉬는 시간; 휴식(= break); (재판, 의회 등의) 휴회 동 휴회하다
- **recession** 명 경기 후퇴, 불경기

---

01 연례 학술**회의** 02 **의회**는 세금을 인상하는 법안을 승인했다. 03 모두가 두려움에 자극받는다면, **진보적인** 어떤 것도 성취되지 않을 것이다. 04 이 질병은 신경계의 **점진적인** 쇠퇴를 유발한다. 05 그는 성공보다 더 많은 실패를 했다. 실패가 성공보다 **선행한다**. 06 **먼저** 지하에서 큰 꽝음이 **났고**, 지진이 20초간 계속되었다. 07 그 배가 시야에서 **멀어져가는** 것을 보며 나는 슬펐다. 08 그 아픈 기억들은 그녀의 마음속에서 점차 **희미해졌다**.

0649

pro**ceed** **

[prəsíːd]

동 1. (특정 방향으로) **가다, 향하다**

2. **계속되다, 진행하다**(= continue, go on)(↔ retreat 후퇴하다)

pro(forward) + **ceed**(go) → 앞으로 가다

01 Passengers for flight KL406 to New York should **proceed** to Gate 45.

02 Sam took off his coat and **proceeded** to remove his boots.

◆ **proceed to-v** 계속해서 v하다

• procedure 명 (진행) 절차, 방법 (= process)

0650

pro**cess** **

[práses]

명 **과정, 절차** 동 **처리하다; 가공하다**

pro(forward) + **cess**(go) → 앞으로 나아가다[나아가는 것]

03 Learning a foreign language can be a long **process**.

04 It takes time to **process** information, whether it's good or bad. 모의응용

• procession 명 행진; 행렬

0651

prede**cess**or

[prédəsèsər]

명 **전임자**(↔ successor 후임자)**; 이전의 것**

pre(before) + **de**(away) + **cess**(go) + **or**(명) → 앞서 떠나간 사람

05 The new president has changed the policies introduced by his **predecessor**.

0652

de**ceas**ed

발음주의 [disíːst]

형 (최근에) **사망한, 고인(故人)이 된**

de(away) + **ceas**(go) + **ed**(형) → (이승을) 떠난

06 A bronze statue has been built in memory of the **deceased**.

0653

e**vade**

[ivéid]

동 **피하다, 모면하다**(= avoid, escape, sidestep)

e(out) + **vade**(go) → 밖으로 빠져나가다

07 The criminals have so far managed to **evade** the police.

• evasion 명 회피, 모면

---

01 뉴욕행 KL406편 승객들은 45번 탑승구로 **가야** 한다. **02** Sam은 자신의 코트를 벗었고 **이어서** 부츠를 벗었다. **03** 외국어를 배우는 것은 긴 **과정**이 될 수도 있다. **04** 정보가 좋든 나쁘든 간에, 그것을 **처리하는** 데에는 시간이 걸린다. **05** 새 회장은 **전임자**에 의해 도입된 정책들을 바꿔 왔다. **06** 고인(故人)을 추모하기 위해 동상(銅像)이 세워졌다. **07** 그 범인들은 지금까지 경찰을 가까스로 **피해 왔다.**

0654

per**vas**ive *

발음주의 [pərvéisiv]

[형] 스며드는, 만연한

per(through) + **vas**(go) + **ive**(형) → 통과해서 가는 → (전체에) 널리 퍼지는

01 Unfortunately, racism is **pervasive** in our society.

0655

con**vent**ion *

[kənvénʃən]

[명] 1. 회의(= conference); (대규모) 집회 2. (국가, 지도자 간의) 조약, 협약
3. 관습, 관례

con(together) + **vent**(come) + **ion**(명) → 함께 모이는 것

02 An international **convention** on education will be held in Seoul.
03 a **convention** on human rights
04 In many countries it is a **convention** to wear black at funerals.

• conventional [형] 관습적인(= customary); 틀에 박힌
• convene [동] (회의 등을) 소집하다, 모이다(= assemble)

0656

ad**vent**

발음주의 [ǽdvent]

[명] (중요한 사건, 인물의) 출현, 도래

ad(to) + **vent**(come) → 옴, 도착

05 Prior to the **advent** of rapid transportation, some species had never
made contact. 모의응용

0657

venture *

[véntʃər]

[명] 모험(적 사업) [동] 위험을 무릅쓰고 ~을 하다

vent(come) + **ure**(명) → 다가오는 것 → 아직 해보지 않은 일

06 Many young people are starting their own business **venture**.
07 You have to **venture** beyond the boundaries of your current experience
and explore new territory. 수능응용

0658

inter**vene** *

발음주의 [intərvíːn]

[동] 1. (다른 사람이 말하는 데) 끼어들다, 가로막다(= interrupt, interfere)
2. 중재하다(= mediate); 개입하다

inter(between) + **vene**(come) → 사이에 들어오다

08 "But," she **intervened**, "what about others?"
09 He **intervened** to stop the museum from being closed.

• intervention [명] 간섭; 개입

---

01 안타깝게도 인종차별주의는 우리 사회에 **만연하다**. 02 국제 교육 **회의**가 서울에서 개최될 것이다. 03 인권 (보호) **조약** 04 많은 국가에서 장례식에 검은
옷을 입는 것이 **관례**이나. 05 빠른 교통수단의 **출현** 이전에, 어떤 종들은 (서로) 접촉한 적이 한 번도 없었나. 06 많은 젊은 사람들이 자신들만의 **보험석 사업**을
시작하고 있다. 07 **위험을 무릅쓰고** 현재 경험의 경계를 넘어서 새로운 영역을 탐구해야 한다. 08 "하지만 다른 사람들은?"하고 그녀가 **끼어들었다**. 09 그는
박물관이 폐관되는 것을 막기 위해 **개입했다**.

0659

emit **

emitted-emitted-emitting

발음주의 [imít]

[동] (빛, 가스, 냄새 등을) **내뿜다, 발산하다**(= release, give off)

e(out) + mit(send, let go) → 밖으로 내보내다

01 The chimneys of plants were **emitting** thick, black smoke.

02 Leaders who **emit** negative emotional states of mind push people away and have few followers. 모의응용

• emission [명] 발산, 배출(물)

0660

sub**mit** **

submitted-submitted-submitting

[səbmít]

[동] 1. (서류 등을) **제출하다**(= hand in) 2. **복종하다, 굴복하다**(= give in, surrender)

sub(under) + mit(send, let go) → (문서를) 내려보내다; (스스로를) 아래로 낮추다

03 All the reports must be **submitted** by this Friday.

04 He refused to **submit** to social prejudices.

• submission [명] 1. 제출 2. 복종, 굴복

0661

o**mit** *

omitted-omitted-omitting

[oumít]

[동] **빠뜨리다; 생략하다**(= leave out, take out)

o(강조) + mit(send, let go) → 완전히 내보내다

o-는 강조(completely)를 나타내는 접두사 ob-의 변화형이다.

05 Important details had been **omitted** from the report.

• omission [명] 누락(된 것); 생략

0662

trans**mit** **

transmitted-transmitted-transmitting

[trænsmít]

[동] 1. **전송하다** 2. (병을) **전염시키다** 3. (지식 등을) **전하다** 4. (열, 전기 등을) **전도하다**

trans(across) + mit(send) → 건너편으로 보내다

06 The camera can **transmit** pictures to your smartphone.

07 Mosquitoes **transmit** certain diseases from one human to another. 모의응용

08 Instructions were **transmitted** to a pilot through the radio.

09 Metal **transmits** heat.

• transmission [명] 1. 전달 2. 전염 3. 전도

---

01 공장들의 굴뚝이 검고 짙은 연기를 **내뿜고** 있었다. **02** 부정적 감정의 심리 상태를 **발산하는** 리더들은 사람들을 밀어내고 따르는 사람들이 거의 없다. **03** 모든 보고서는 이번 주 금요일까지 **제출되어야** 한다. **04** 그는 사회적인 편견에 **굴복하기**를 거부했다. **05** 중요한 세부 사항들이 보고서에서 **빠졌다**. **06** 그 카메라는 사진을 스마트폰으로 **전송할** 수 있다. **07** 모기는 한 사람에서 또 다른 사람에게 특정 질병을 **전염시킨다**. **08** 지시는 무전으로 조종사에게 **전달되었다**. **09** 금속은 열을 **전도한다**.

0663

inter*mit*tent
발음주의, 강세주의
[ìntərmítənt]

⟨형⟩ 간헐적인, 간간이 일어나는(= sporadic)

inter(between) + **mit(t)**(send) + **ent**(형) → 간격을 두고 보내는

01 The afternoon will be warm, with **intermittent** rain.

0664

inter*miss*ion
[ìntərmíʃən]

⟨명⟩ (연극, 연주회 등의) 중간 휴식 시간; 중지

inter(between) + **miss**(send) + **ion**(명) → 중간에 (쉬도록) 보내는 것

02 Late arrivals to the concert are admitted during **intermission**. 수능용용

0665

dis*miss* *
[dismís]

접두사 dis-는 '부정, 반대(not, opposite)'의
의미뿐만 아니라 (☞Unit 12)
'분리(away, apart)'를 나타내기도 한다.

⟨동⟩ 1. 내쫓다, 해고하다(= fire) 2. (집회 등을) 해산시키다 3. 묵살하다, 무시하다

dis(away, apart) + **miss**(send) → (다른 곳으로) 떠나보내다

03 He has been unfairly **dismissed** from his job.
04 The teacher **dismissed** the class early because of the storm.
05 We shouldn't **dismiss** these ideas just because they are unfamiliar.

• **dismissal** ⟨명⟩ 1. 해고 2. 해산 3. 묵살, 무시

0666

in*fer** **
inferred-inferred-inferring
[infə́ːr]

⟨동⟩ 추론하다, 추측하다

in(into) + **fer**(carry) → (단서들로부터) 결론을 가져오다

06 Readers are left to **infer** the precise meaning from the context.

• **inference** ⟨명⟩ 추론, 추측

0667

con*fer*
conferred-conferred
-conferring
[kənfə́ːr]

⟨동⟩ 1. 협의하다, 상의하다(= consult) 2. (상, 학위 등을) 수여하다, 주다(= award, grant)

con(together) + **fer**(carry) → (의견을) 함께 나르다; ~에게 가져가다

07 During the trial, the man asked for some time to **confer** with his lawyer.
08 Students are **conferred** degrees when graduating from the university.

• **conference** ⟨명⟩ 협의(회); 회의

---

01 오후에는 따뜻하고 **간간히** 비가 내릴 것이다. **02** 연주회에 늦게 도착한 사람들은 **중간 휴식 시간**에 입장이 허용된다. **03** 그는 자신의 직장에서 부당하게 **해고되었다.** **04** 선생님은 폭풍 때문에 학생들을 일찍 **하교시켰다. 05** 우리는 이 아이디어들이 친숙하지 않다는 이유로 **묵살해서는** 안 된다. **06** 녹자들은 문맥에서 정확한 의미를 **추론하도록** 남겨진다. **07** 재판 도중에, 그 남자는 자신의 변호사와 **상의할** 잠깐의 시간을 요청했다. **08** 학생들은 대학을 졸업할 때 학위를 **수여받는다.**

0668

re**cur**
recurred-recurred-recurring
[rikə́ːr]

동 재발하다, 다시 발생하다

re(again)+**cur**(run) → 다시 달리다[작동하다] → 되풀이되다

01 If the symptoms **recur**, go to the doctor.

• recurrence 명 재발, 반복
• recurrent 형 되풀이되는

0669

extra**cur**ricular
발음주의, 강세주의
[èkstrəkəríkjələr]

형 과외의, 정규교육과정 외의

extra(outside)+**cur(ri)**(run)+**cul**(명)+**ar**(형) → 운영되는 과정에서 벗어난

02 The children are involved in **extracurricular** activities like sports. 모의응용

0670

con**cur**
concurred-concurred-concurring
[kənkə́ːr]

동 1. 동의하다, 일치하다 2. 동시에 일어나다(= coincide)

con(together)+**cur**(run) → 함께 달리다 → 동시에 일어나다

03 I **concurred** with the government's decision on the issue.
04 Several fortunate events **concurred** to improve his mood.

• concurrent 형 동시에 일어나는

0671

in**cur**
incurred-incurred-incurring
[inkə́ːr]

동 1. (좋지 못한 상황을) 가져오다(= provoke) 2. (비용을) 발생시키다; 물게 되다

in(into)+**cur**(run) → 안으로 달리다 → 내부로 (좋지 않은 결과를) 자초하다

05 Climate change causes us to **incur** a great loss of life and property.
06 The train accident has **incurred** huge losses to the related companies.

0672

im**pede**
[impíːd]

동 (진행을) 지연시키다, 방해하다(= hinder)

im(in)+**pede**(foot) → 발을 안에 가두다 → 진행을 못 하게 하다

07 The construction of the road was **impeded** by flooding.

• impediment 명 방해(물), 장애

---

01 만약 그 증상들이 **재발한다면**, 진찰을 받아라. **02** 아이들은 스포츠와 같은 **과외** 활동에 더 많이 참여한다. **03** 나는 그 사안에 관한 정부의 결정에 **동의했다**. **04** 여러 행운이 **동시에 일어나서** 그의 기분을 좋게 했다. **05** 기후 변화는 우리에게 생명과 재산의 큰 손실을 **가져오게** 한다. **06** 그 열차 사고는 관련된 회사에 큰 손실을 **발생시켰다**. **07** 도로 공사가 홍수로 인해 **지연되었다**.

• on의 의미

접촉·연결	공간상의 표면적 접촉, 물건이 기능하기 위한 연결 등을 나타냄. · She put **on** her new jeans. (그녀는 새 바지를 착용했다.) · He turned the TV **on**. (그는 TV를 켰다.)
근거·이유	무언가에 관한 근거나 이유를 나타냄. · You should act **on** my advice. (너는 내 충고에 따라 행동해야 한다.)
의지·의존	어떤 대상에 대한 의존을 나타냄 · The young birds depend **on** their parents for food for several weeks. (어린 새들은 몇 주간 부모에게 먹이를 의존한다.)
(동작의) 대상·계속	행위의 대상이나 동작의 계속을 나타냄. · The camera was focused **on** a young woman. (그 카메라는 한 젊은 여자에 초점이 맞춰져 있었다.) · He went **on** to the next story. (그는 다음 이야기를 계속했다.)

0673

call on

1. (짧게) **방문하다** 2. **요구하다, 부탁하다** (= demand, ask for)

call (들르다; 말하다) + **on** (접촉; 대상) → 들러서 접하다; ~에게 말하다

01 I'm planning to **call on** my grandmother before leaving.
02 They **called on** the government to reveal all the details of the tragic accident.

0674

carry on

(행동, 일 등을) **계속하다, 계속 가다**

carry + **on** (계속) → 계속 나르다 → 계속 진행하다

03 Just **carry on** with what you're doing to achieve your goals, no matter what happens.

---

01 나는 떠나기 전에 할머니 댁을 **방문할** 것을 계획하고 있다. 02 그들은 그 비극적인 사고의 모든 세부 사항을 밝혀달라고 정부에 **요구했다.** 03 무슨 일이 생기더라도, 네 목표를 달성하기 위하여 네가 하던 일을 **계속하라.**

0675
catch on

1. 유행하다, 인기를 얻다 2. 이해하다

catch + on (접촉, 연결) → (관심 또는 의미를) 붙잡아서 접하다

01 The new fashion style is **catching on** among high school students.
02 It was hard to **catch on** to what the professor was saying.

0676
count on

의지하다, 믿다 (= depend on, rely on, turn to)

count (생각하다) + on (의지, 의존) → 의존의 대상으로 생각하다

03 Companion animals are good friends that you can **count on**. 모의응용

0677
dwell on[upon]

연연하다, (오랫동안) 깊이 생각하다

dwell + on (계속) → 계속 ~에 살다[머무르다]

04 The pianist tends to **dwell on** the negative aspects of his performance.

0678
get on with

1. 계속해나가다 (↔ cease 중지하다) 2. (~와) 사이좋게 지내다

get + on (계속) + with → ~와 함께 계속하다

05 I think I should stop chatting and **get on with** my work.
06 Lily always **gets on with** her sister.

0679
hang on (to)

1. 꽉 붙잡다; 매달리다 2. 고수하다 (= stick to) 3. (~에) 달려있다 (= depend on)

4. (전화를 끊지 않고) 기다리다

hang + on (접촉) + to → 접하여 매달리다

07 The taxi driver was driving so fast I had to **hang on**.
08 Many contemporary religions have **hung on to** ancient practices.
09 Everything **hangs on** the result of the test.
10 **Hang on**, I'll be with you in a minute!

0680
hit on[upon]

(좋은 생각 등이) 불현듯[우연히] 떠오르다 (= come up with)

hit + on (접촉, 연결) → ~에 부딪히다, 맞닥뜨리다 → 생각이 머리에 떠오르다

11 She **hit on** the perfect title for her new song.

---

01 그 새로운 패션 스타일은 고등학생들 사이에서 **유행하고** 있다. **02** 그 교수가 말하고 있는 것을 **이해하기는** 어려웠다. **03** 반려동물들은 **의지할 수 있는** 좋은 친구이다. **04** 그 피아니스트는 자신의 연주에서 부정적인 면들에 **연연하는** 경향이 있다. **05** 수다 그만 떨고 내 일을 **계속해야겠어**. **06** Lily는 항상 자신의 여동생과 **사이좋게 지낸다**. **07** 택시 운전기사가 너무 빨리 달려서 나는 **꽉 붙잡아야**만 했다. **08** 많은 현대의 종교들이 오래된 관행을 **고수하고** 있다. **09** 모든 것은 시험 결과에 **달려있다**. **10 기다려**, 금방 갈게! **11** 그녀는 새 노래의 완벽한 제목이 **불현듯 떠올랐다**.

어근	의미	예시
spec(t) / spic / specul	**look, see, watch** 보다	**respect** → (우러러) 뒤돌아보다 존경하다
vis(e)		**vision** 시력; 시야
aud	**hear** 듣다	**audience** → 듣는 사람 청중
scribe / script	**write** 글씨를 쓰다	**script** → 글씨를 쓴 것 문자; 글씨(체); 대본
graph / gram	**write, drawing** 글씨를 쓰다, 그림	**graphic** → 그림 같은 그림의; 생생한
ply / plic	**fold** 접다	**imply** → (보이지 않게) 안으로 접다 암시하다
dic(t)	**say, word** 말하다, 말	**predict** → (일어날 일을) 미리 말하다 예측하다

0681

a**spect** **

[ǽspekt]

명 (측)면, 양상

a(toward) + spect(look) → 어떤 것을 바라봄

01 Eating healthy foods is just one **aspect** of a healthy lifestyle.

0682

pro**spect** **

[práspekt]

명 1. 전망, 경치 2. 가망, 가능성(= likelihood); 예상(= expectation, outlook)

3. (성공할) 전망

pro(forward) + spect(look) → 앞을 내다봄

02 This place gives a fine **prospect** of the lake.
03 It is important to remain positive about the **prospect** of recovery.
04 Job **prospects** for graduates look good as more companies plan to hire staff.

• prospective   형 장래의, 곧 있을(= potential)

0683

in**spect** *

[inspékt]

동 점검하다, 검사하다(= examine)

in(into) + spect(look) → 안을 들여다보다

05 She had the car **inspected** by a mechanic before she bought it.

• inspection   명 점검, 검사
• inspector   명 조사관, 감독관

0684

retro**spect** *

[rétrəspèkt]

명 회상, 회고(= recall)(↔ prospect 전망, 가망)

retro(backward) + spect(look) → 뒤쪽으로 보다 → 과거를 돌아보다

06 One day, in **retrospect**, the years of struggle will strike you as the most beautiful.

• **in retrospect** 돌이켜 생각해보면

• retrospective   형 1. 회고하는 2. 《법률》 (시행 전에 일어난 일까지) 소급 적용되는

0685

intro**spect**ive

[ìntrəspéktiv]

형 자기 성찰적인

intro(inward) + spect(look) + ive(형) → 내부를 바라보는 → 자기 자신을 성찰하는

07 I'm becoming more **introspective**, spending more time examining my own thoughts alone.

---

01 건강식을 먹는 것은 건강한 생활방식의 단지 한 **측면**일 뿐이다. **02** 이 장소는 호수의 멋진 **경치**를 제공한다. **03** 회복 **가능성**에 대해 긍정적인 태도를 유지하는 것이 중요하다. **04** 더 많은 회사가 직원을 고용할 계획이기에 졸업생들의 일자리 **전망**이 좋아 보인다. **05** 그녀는 차를 구매하기 전에 수리공이 **점검하도록** 했다. **06** 언젠가, **돌이켜 생각해보면**, 힘들었던 세월이 당신에게 가장 아름답게 느껴질 것이다. **07** 나는 홀로 내 생각을 점검하는 데 더 많은 시간을 보내며, 더욱 **자기 성찰적**이 된다.

specification *

강세주의 [spèsəfikéiʃən]

[명] 《주로 복수형》 설명서, 설계서; 사양

spec(t)(look) + **(i)fic**(형) + **(a)tion**(명) → (구체적으로) 보이게 한 것

01 Please check the product's technical **specifications** on our website.

• specify [동] (구체적으로) 명시하다

---

su**spic**ious *

[səspíʃəs]

[형] 1. 의심스러운, 수상쩍은 2. 의심스러워하는, 못 미더워하는(= doubtful)

su(s)(under) + **spic**(look) + **ious**(형) → 아래에서 위로 몰래, 곁눈으로 보는

02 There were some **suspicious** people wandering around outside.
03 He is **suspicious** of palm reading.

• suspicion [명] 의심; 혐의

---

speculate *

[spékjulèit]

[동] 깊이 생각하다(= reflect); 추측[짐작]하다(= guess)

specul(look) + **ate**(동) → (마음으로[머리로]) 보다 → 추측하다

04 They were all **speculating** as to the identity of the stranger.

• speculation [명] 1. 추측, 짐작 2. 투기

---

spectator **

[spékteitər]

[명] (특히 스포츠 행사의) 관중

spect(watch) + **at(e)**(동) + **or**(명) → 보는 사람

05 Not only the players but also the **spectators** complained about the referee's decision.

---

super**vise** *

[súːpərvàiz]

[동] 감독하다, 관리하다(= watch over, oversee)

super(over) + **vise**(see) → 위에서 살펴보다

06 The builder **supervised** the construction of the house.

• supervisor [명] 감독관, 관리자
• supervision [명] 감독, 관리

---

01 당사 웹 사이트에서 제품의 기술 **설명서**를 확인하십시오. **02** 밖에서 이슬렁거리는 몇몇 **수상쩍은** 사람들이 있었다. **03** 그는 손금보기를 **못 미더워한다**. **04** 그들은 모두 그 낯선 사람의 신원에 대해 **추측하고** 있었다. **05** 선수들뿐만 아니라 **관중들**도 심판의 결정에 항의했다. **06** 건축업자는 그 집의 공사를 **감독했다**.

0691

re**vise** **
[riváiz]

동 변경하다, 수정하다(= change); 개정하다

re(again) + **vise**(see) → (개선하려고) 다시 보다

01 We had to **revise** our plans because of the continuing delays.

• revision 명 수정 (사항); 개정

0692

impro**vise**
[ímprəvàiz]

동 즉흥적으로 하다, 즉석에서 만들다

im(not) + **pro**(before) + **vise**(see) → 미리 보지 않고 하다

02 In jazz, the performers often **improvise** their own melodies. 수능응용

• improvisation 명 즉흥적으로 하기, 즉석에서 한[만든] 것

0693

visual **
[víʒuəl]

형 시각의, (눈으로) 보는; 눈에 보이는

vis(see) + **ual**(형) → 눈으로 보는

03 The students took part in an experiment on **visual** perception. 수능응용

• visually 부 시각적으로; 눈에 보이게
• visualize 동 마음속에 그려보다, 상상하다

0694

pro**vis**ion
[prəvíʒən]

명 1. 제공, 공급(= supply) 2. 준비, 대비 3. (특히 장거리 여정을 위한) **식량**
4. (법률 문서의) **규정, 조항**

pro(before) + **vis**(see) + **ion**(명) → 미리 보고 주기; 미리 주어진 것

04 Voluntary labor, such as fixing a friend's bike, constitutes unpaid service **provision**. 모의응용
05 You should make **provision** for things going wrong.
06 Please bring all your food and drinks; **provisions** will not be supplied.
07 This contract includes a **provision** for salary increases over time.

---

01 우리는 계속되는 지연으로 인해 계획을 **변경해야** 했다. **02** 재즈에서는 연주자들이 흔히 자신들의 멜로디를 **즉석에서 만든다. 03** 학생들은 **시각적** 지각에 대한 한 실험에 참여했다. **04** 친구의 자전거를 수리해주는 것과 같은 자발적인 노동은 돈을 지불받지 않는 서비스 **제공**에 해당한다. **05** 상황이 잘못되는 경우에 대한 **대비**를 해야 한다. **06** 당신이 먹을 모든 음식과 음료를 가져오세요. **식량**이 제공되지 않습니다. **07** 이 계약은 시간이 지남에 따른 급여 인상 **조항**을 포함한다.

0695

auditory**

[ɔ́ːditɔ̀ːri]

[형] 청각의, 귀의

aud(i)(hear) + tory(형) → 듣는 것의

01 An **auditory** signal is received through the vibrations generated in the air. 모의응용

0696

auditorium**

[ɔ́ːditɔ́ːriəm]

[명] 객석; 강당

aud(i)(hear) + torium(명) → (음악, 강의 등을) 듣는 장소

02 The **auditorium** has a seating capacity of 500.

0697

audible

발음주의 [ɔ́ːdəbl]

[형] 잘 들리는, 들을 수 있는 (↔ inaudible 들리지 않는)

aud(hear) + ible(형) → 들을 수 있는

03 Her voice was barely **audible** over the noise.

0698

ascribe

발음주의 [əskráib]

[동] (원인 등을 ~에) 돌리다; 탓으로 돌리다 (= attribute)

a(s)(to) + scribe(write) → (원인 등을) ~쪽으로 쓰다 → 탓하다

04 I **ascribe** my success to my supportive family and friends.

◆ ascribe A to B   A의 원인을 B에 두다, A를 B의 탓으로 돌리다

0699

describe**

[diskráib]

[동] 묘사하다, 서술하다 (= depict, portray)

de(down) + scribe(write) → 아래로 적어 내려가다

05 He **described** the accident very carefully.

• description [명] 묘사, 서술
• descriptive [형] 묘사하는, 서술하는

---

01 **청각** 신호는 공기 중에서 발생한 진동을 통해 수신된다. 02 그 **강당**은 500명을 수용할 좌석이 있다. 03 그녀의 목소리는 소음 때문에 거의 **들을 수** 없었다. 04 나는 내 성공을 지원을 아끼지 않는 가족과 친구에게 **돌린다**. 05 그는 그 사고를 매우 신중하게 **묘사했다**.

0700

sub**scribe**

[səbskráib]

동 **구독하다**; (유료 채널 등에) **가입하다**

sub(under) + **scribe**(write) → (계약서 등의) 밑부분에 이름을 적다

01 You can **subscribe** to the magazine for as little as $32 a year.

• subscription 명 1. 구독(료) 2. 기부금 3. (회비 지불의) 동의, 서명
• subscriber 명 구독자, 가입자

0701

in**scribe**

[inskráib]

동 (이름 등을) **새기다, 쓰다** (= carve)

in(in) + **scribe**(write) → 안으로 글씨를 파서 쓰다

02 The winner's name will be **inscribed** on the trophy.

• inscription 명 (책, 돌 등에) 새겨진[적힌] 글

0702

tran**scribe**

[trænskráib]

동 1. (생각, 말을 글로) **기록하다** 2. (다른 형태로) **바꿔 쓰다**

tran(s)(over) + **scribe**(write) → 다른 곳이나 형태로 옮겨 적다

03 The police **transcribed** the witnesses' statements.
04 Each video conference was recorded, and then **transcribed** in full.

• transcript 명 1. (말한 내용을) 글로 옮긴 기록 2. 성적 증명서

0703

auto**graph**

[ɔ́ːtəɡræf]

명 (유명인의) **사인** 동 (유명인이) **사인을 해주다**

auto(self) + **graph**(write) → (자신의 이름을) 스스로 쓴 것

접두사 auto-는 'self(스스로)'의 의미를 가지고 있다.

05 A boy held out his photograph and the movie star **autographed** it. 모의응용

0704

tele**graph**

[téləɡræf]

'전보(telegraph)'란 문서를 전기 신호로 보내는 통신 수단을 말한다.

명 **전보** 동 **전보를 보내다**

tele(far) + **graph**(write) → 멀리 보내려고 쓰다

06 In the past, news from the outside world came by **telegraph**.

---

01 일 년에 32달러라는 적은 금액으로 그 잡지를 **구독할** 수 있다. **02** 우승자의 이름이 트로피에 **새겨질** 것이다. **03** 경찰이 증인들의 진술을 **기록했다.** **04** 각각의 화상회의는 녹음되었고 그 뒤에 전부 **글로 옮겨졌다.** **05** 한 소년이 그의 사진을 내밀었고 그 영화배우는 그것 위에 **사인을 해주었다.** **06** 과거에는 **전보**를 통하여 바깥세상의 소식이 도착했다.

dia**gram**

발음주의 [dáiəgræm]

명 (주로 선으로 구성된) 도해; 도식; 도표

dia(across) + gram(drawing) → (좌우, 상하를) 가로지르는 선으로 그린 것

01 The teacher drew a **diagram** showing how the blood flows through the heart.

---

multi**ply** **

[mʌ́ltəplài]

동 1. 곱하다 2. 크게 증가하다 3. 번식하다

multi(many) + ply(fold) → 여러 번 접다

02 He has the remarkable ability to **multiply** huge numbers correctly without pen or paper.
03 Her responsibilities **multiplied** when she became a vice president.
04 The bacteria **multiply** rapidly in warm, moist conditions.

• multiple 형 많은; 다양한(= various) 명 《수학》 배수

---

com**plic**ate **

[kámpləkèit]

동 복잡하게 만들다, 복잡하게 되다

com(together) + plic(fold) + ate(동) → 함께 접어서 겹쳐 놓다

05 The more **complicated** the situation is, the more important it is to give correct and necessary information.

• complicated 형 복잡한(= complex)
• complication 명 1. (복잡하게 만드는) 문제 2. 합병증

---

im**plic**it

철자주의 [implísit]

형 암시된, 내포된(↔ explicit 명백한, 뚜렷한)

im(in) + plic(fold) + it(형) → (보이지 않게) 안에 넣어서 접은

06 Her words contained an **implicit** threat.

---

ex**plic**it

철자주의 [iksplísit]

형 명백한, 뚜렷한(= obvious)(↔ implicit 암시된, 내포된)

ex(out) + plic(fold) + it(형) → 밖으로 보이게 접은

07 The raw data of scientific observation rarely exhibit **explicit** regularities.

모의응용

• explicitly 부 명백하게

---

01 선생님이 어떻게 피가 심장을 통해 흐르는지를 보여주는 **도해**를 그렸다. **02** 그는 펜이나 종이 없이 큰 숫자를 정확하게 **곱하는** 뛰어난 능력이 있다. **03** 부사장이 되자, 그녀의 책무들이 **크게 증가했다**. **04** 박테리아는 따뜻하고 습기가 많은 환경에서 빠르게 **번식한다**. **05** 상황이 더 **복잡할수록** 정확하고 필수적인 정보를 전달하는 것이 더욱 중요하다. **06** 그녀의 말은 **암시적인** 위협을 포함하고 있었다. **07** 과학적 관찰의 기초 데이터는 좀처럼 **뚜렷한** 규칙성을 드러내지 않는다.

0710
re**plic**ate **

[réplikèit]

동 복제하다, 모사하다(= duplicate)

re(back, again) + **plic**(fold) + **ate**(동) → 접고 접어서 (같은 모양이 되게) 만들다 → 복제하다

01 Contemporary artists **replicate** many classic artworks like the Mona Lisa. 모의응용

• replica 명 복제품, 모형

0711
contra**dict** *

[kàntrədíkt]

접두사 contra-는 'against, opposite(맞서, 반대)'의 의미를 가지고 있다.

동 1. 반박하다, 부정하다(= deny)(↔ agree 동의하다) 2. 모순되다

contra(against, opposite) + **dict**(say) → 대항하여 말하다

02 He didn't dare **contradict** his parents about what they said.
03 The witness statements **contradict** each other, and the facts remain unclear.

• contradiction 명 1. 반박 2. 모순
• contradictory 형 모순되는(= paradoxical)

0712
dictate *

[díkteit]

동 1. 받아쓰게 하다 2. 명령하다, 지시하다
3. 좌우하다, 영향을 주다(= influence) 명 명령, 지시

dict(say) + **ate**(동) → (받아쓰도록, 따르도록) 말하다

04 She **dictated** a letter to her daughter.
05 Many people feel they must do whatever their doctor **dictates**.
06 The basket's function is **dictated** by its size and shape.

• dictation 명 1. 받아쓰기 (시험) 2. 명령, 지시
• dictator 명 독재자

0713
de**dic**ate **

[dédikèit]

동 1. 전념[헌신]하다(= devote) 2. 헌정하다, 바치다

de(away) + **dic**(say) + **ate**(동) → 일부를 떼어 바치겠다고 말하다

07 The actress now **dedicates** herself to children's charity work.
08 This memorial is **dedicated** to all the soldiers who died in the war.

◆ **dedicate oneself to** ~에 전념[헌신]하다

• dedication 명 1. 전념, 헌신 2. 헌정(사)
• dedicated 형 1. 전념하는, 헌신적인 2. (특정 목적을 위한) 전용의

---

01 현대 예술가들은 모나리자 같은 많은 고전 작품들을 **모사한다. 02** 그는 부모님이 말씀하신 것에 대하여 감히 **반박할** 용기가 없었다. **03** 목격자의 진술은 서로 **모순되어** 진실은 여전히 불분명한 채로 남아있다. **04** 그녀는 딸에게 편지 한 통을 **받아쓰게 했다. 05** 많은 사람들은 의사가 **지시하는** 것이라면 무엇이든지 반드시 해야 한다고 생각한다. **06** 바구니의 기능은 크기와 모양에 따라 **좌우된다. 07** 그 여배우는 이제 아이들을 위한 자선 사업에 **전념한다. 08** 이 기념비는 전사한 모든 군인들에게 **헌정된다.**

0714

hold on (to)

1. 붙잡다; 견디다(= hang on (to)) 2. 유지하다; 고수하다

3. (전화를 끊지 않고) 기다리다(= hang on)

hold + on(접촉; 계속) + to → (~을) 단단히[계속] 붙들고 있다

01 **Hold on** tight everyone, the roller coaster is getting ready to go.
02 The candidate has managed to **hold on to** his lead in the polls.
03 **Hold on** a minute, please. I'll quickly check your reservation. 모의응용

0715

let on

(비밀 등을) 말하다; 누설하다, 폭로하다(= let in on, disclose, reveal)

*관용적 의미

04 Katherine planned the surprise birthday party for her boyfriend without **letting on** to him.

0716

live on

1. 계속 살다, 존재하다 2. (~을) 주식으로 하다[먹고살다]

live + on(계속; 의존) → 계속 살다; (먹을 것에) 의존하며 살다

05 The great artist died ten years ago, but her work **lives on**.
06 Small birds **live** mostly **on** insects.

0717

take on

1. (의미, 중요성을) 가지다; (특질을) 띠다 2. (일을) 떠맡다(= assume)

take + on(접촉, 연결) → (어떤 특징을) 접하여 갖다; (어떤 일을) 접하여 갖다

07 Words **take on** new meanings when they are used over long periods.
08 I can't **take on** any extra work because I already have a lot of tasks.

---

01 모두 꽉 **붙잡으세요**. 롤러코스터가 곧 출발합니다. 02 그 후보자는 여론조사에서 가까스로 선두를 **유지해** 왔다. 03 잠시만 **기다려주십시오**. 예약하신 것을 빨리 확인해보겠습니다. 04 Katherine은 남자친구에게 **밀하지** 않고 그를 위해 깜짝 생일파티를 계획했다. 05 그 훌륭한 예술가는 10년 전에 죽었지만, 그녀의 작품은 **여전히 살아 있다**. 06 작은 새들은 주로 곤충을 **먹고산다**. 07 단어는 장기간에 걸쳐 사용될 때 새로운 의미를 **가진다**. 08 이미 업무가 많기 때문에 전 어떤 추가적인 일도 **떠맡을** 수가 없어요.

0718

tell on

1. 고자질하다　2. (특히 안 좋은) 영향을 미치다 (= affect)

*관용적 의미

01 Please promise not to **tell on** me to the teacher.
02 John's irregular eating and sleeping habits began to **tell on** his health.

0719

wait on

1. 기다리다　2. 식사를 내오다　3. 돌보다, 시중을 들다 (= attend to)

wait + on(대상) → ~을 기다리다

03 Foreign investors are **waiting on** the election results.
04 We were **waited on** by a very polite young man in the restaurant.
05 While Sarah was pregnant, her husband **waited on** her hand and foot
for 10 months.

0720

work on

(해결, 개선을 위해) **애쓰다[공들이다], 노력을 들이다**

work + on(대상, 계속) → ~에 관련한 일을 하다

06 The government is **working on** plans for new bus lanes.

01 선생님께 나를 **고자질하지** 않겠다고 약속해줘. 02 John의 불규칙한 식사와 수면 습관은 그의 건강에 **영향을 미치기** 시작했다. 03 외국인 투자자들은 선거 결과를 **기다리는** 중이다. 04 식당에서 매우 예의 바른 한 젊은 남자가 우리에게 **식사를 내왔다**. 05 Sarah가 임신해 있는 동안, 그녀의 남편은 10개월간 지극 정성으로 그녀를 **돌봤다**. 06 정부는 새로운 버스 전용 차선 계획을 위해 **애쓰고 있다**.

형성, 변화, 취득, 유지를 나타내는 어근

어근	의미	예시
fac(t) / fect / fic(t) / feit / fea(s)	**make, do** 만들다, 하다	**fac**tor → 어떤 현상이 일어나게 하는 것 요소, 인자
manu / mani	**hand** 손	manu**fac**ture → 손으로 만들다 제조하다
vert / vers(e)	**turn** 돌다, 돌리다	ad**vert**ise → (관심을) ~쪽으로 돌리다 광고하다
fin(e)	**end, limit** 끝나다, 한정하다	**fin**al 마지막의, 최후의
cept / cap(t) / ceive / cei(p)t / cip	**take** 잡다	ac**cept** → ~쪽으로 잡다 받아들이다, 수락하다
tain	**hold** 잡다, 갖고 있다	con**tain** → (범위 안에) 함께 지니다 포함하다
serv	**keep** 지키다	ob**serv**e → 잘 지키다 준수하다; 관찰하다

0721
arti**fact** /
arte**fact** *

[ɑ́ːrtəfæ̀kt]

명 (역사적 의의가 있는) **인공물, 유물** 《장식물, 도구, 무기 등의 물건》

arti(art, skill) + fact(make) → (역사적 의미를) 만드는 예술품

01 ancient Korean **artifacts**

01 한국 고대 **유물**

0722
magni**fic**ent **
발음주의, 철자주의
[mægnífəsənt]

형 훌륭한, 장엄한 (= splendid)

magni(great) + **fic**(make) + **ent**(형) → 훌륭하게 만든

01 The sunset was so beautiful that I couldn't believe how **magnificent** the sight was. 수능응용

0723
counter**feit**
철자주의 [káuntərfit]

형 위조의, 가짜의 (= fake)(↔ genuine 진짜의, 진품의) 동 위조하다, 모조하다

counter(against) + **feit**(make) → (진품에) 맞서서 만들다

02 They were arrested for making **counterfeit** computer chips.

0724
feasible
발음주의 [fí:zəbl]

형 실현 가능한

feas(make) + **ible**(형) → 결과를 만들어 낼 수 있는

03 a **feasible** plan

• feasibility 명 실현 가능성

0725
de**fect** **
강세주의
명[dí:fekt] 동[difékt]

명 결점, 결함 (= fault); 장애 동 망명하다

de(away) + **fect**(do) → (바른) 행위에서 벗어난 것

04 a speech **defect**
05 He tried to **defect** to the U.S. during the Cold War.

• defective 형 결점이 있는, 결함이 있는

0726
pro**fic**ient
[prəfíʃənt]

형 능숙한, 숙달된 (= skillful)

pro(forward) + **fic(i)**(do) + **ent**(형) → (남들보다) 앞선[진전된] 상태로 행하는

06 Ann is **proficient** in two languages, English and Spanish.

◆ **proficient in[at]** ~에 능숙한

• proficiency 명 능숙, 숙달

---

01 일몰이 너무나 아름다워서 풍경이 얼마나 **장엄한지** 믿을 수 없었다. 02 그들은 **위조** 컴퓨터 칩을 제작한 혐의로 체포되었다. 03 **실현 가능한** 계획 04 언어 **장애** 05 그는 냉전 동안 미국으로 **망명하려고** 했다. 06 Ann은 두 가지 언어, 즉 영어와 스페인어에 **능숙하다**.

0727

sacrifice **

[sǽkrəfàis]

동 1. 희생하다, 포기하다 2. 제물을 바치다 명 1. 희생 2. 제물

sacr(i)(holy) + **fic(e)**(do) → 신성한 마음으로 행하다[행하는 것]

01 The author **sacrificed** his vacations to work on his book.
02 A long time ago, animals were **sacrificed** to God.

0728

manual **

[mǽnjuəl]

형 손으로 하는, 수동의; 육체를 쓰는 명 설명서

manu(hand) + **al**(형) → 손의

03 My father has a collection of old-fashioned **manual** typewriters.
04 The computer program comes with a user's **manual**.

0729

manuscript *

[mǽnjuskript]

명 1. (책, 악보 등의) 원고 2. 필사본(筆寫本), 손으로 쓴 것

manu(hand) + **script**(write) → 손으로 쓴 것

05 The water in the vase spilled all over the **manuscript**. 모의응용
06 The **manuscript** is the work of several hands.

0730

manipulate **

발음주의 [mənípjulèit]

동 1. (기계 등을) 조작하다, 잘 다루다 2. (여론 등을 교묘하게) 조종[조작]하다

mani(hand) + **pul**(fill) + **ate**(동) → 손으로 조종하다

07 The pilot expertly **manipulated** the controls in front of him.
08 He was accused of **manipulating** the price of the stock.

• manipulation 명 1. 조작 2. 조종

0731

convert **

[kənvə́:rt]

여기서 접두사 con-은 '강조(completely)'의 의미를 가진다.

동 1. (형태 등을) 전환하다, 개조하다(= alter, transform) 2. 개종하다

con(강조) + **vert**(turn) → (생각, 방향 등을) 완전히 돌리다

09 Waste cooking oil can be **converted** into eco-friendly fuel.
10 At the age of 20, Cathy **converted** to Catholicism.

• conversion 명 1. 전환, 개조 2. 개종
• convertible 형 전환 가능한 명 컨버터블 《천장을 접을 수 있는 자동차》

---

01 그 작가는 책 작업을 위해 자신의 휴가를 **포기했다. 02** 오래전에 동물들은 신에게 제물로 **바쳐졌다. 03** 우리 아버지는 구식 **수동** 타자기 수집품을 갖고 계신다. **04** 그 컴퓨터 프로그램은 사용자 **설명서**가 딸려 있다. **05** 꽃병 안의 물이 **원고** 곳곳에 엎질러졌다. **06** 그 **필사본**은 여러 명이 작업한 것이다. **07** 조종사는 자신 앞의 제어 장치를 능숙하게 **조작했다. 08** 그는 주식 가격을 **조작한** 혐의로 기소되었다. **09** 폐식용유는 친환경 연료로 **전환될** 수 있다. **10** Cathy는 스무 살 때 가톨릭교로 **개종했다.**

0732

extro**vert** *

[ékstrəvə̀ːrt]

명 외향적인 사람(↔ introvert 내향적인 사람)

extro(outside) + **vert**(turn) → 밖으로 (몸을) 돌리는 → 외향적

01 **Extroverts** draw their energy from the external world, while introverts gain energy by being alone.

• extroverted 형 외향적인

0733

in**vert**

[invə́ːrt]

동 (아래위를) **뒤집다**, (순서를) **도치시키다**

in(into) + **vert**(turn) → (밖에서) 안으로 돌리다 → 거꾸로 뒤집다

02 The shape of the roof looked like an **inverted** V.

• inverse 형 반대의, 역(逆)의

0734

di**verse** **

[divə́ːrs, daivə́ːrs]

형 **다양한, 가지각색의**(= various)

di(aside) + **verse**(turn) → (원래 방향에서) 벗어난 방향으로 돌리는 → 여러 방향으로 바뀌는

03 The media provides us with **diverse** views in order to choose the best available options. 수능응용

• diversity 명 다양성(= variety)
• diversify 동 다양화하다

0735

re**verse** **

[rivə́ːrs]

동 (정반대로) **뒤바꾸다, 반전시키다**(= overturn) 명 1. **뒷면** 2. **반대** 형 **반대의**

re(back) + **verse**(turn) → 뒤로 돌리다

04 The current administration has failed to **reverse** the economic recession.
05 The coin has a date on one side and the bird on the **reverse** side.
06 Can you say the English alphabet in **reverse** order?

0736

version **

[və́ːrʒən]

명 1. (어떤 것의) **-판(版), 형태** 2. (개인의) **설명, 견해**

vers(turn) + **ion**(명) → (기존 형태를) 돌린 것 → 바꾼 형태

07 The latest **version** of the word processing program is now available.
08 Her **version** of the accident was different from that given by the driver.

---

01 외향적인 사람들은 외부 세계로부터 자신들의 에너지를 끌어내는 반면에, 내향적인 사람들은 혼자 있음으로써 에너지를 얻는다. **02** 지붕의 모양은 **뒤집은** V자처럼 생겼다. **03** 대중 매체는 우리가 최적의 선택을 할 수 있도록 **다양한** 관점을 제공한다. **04** 현 정부는 경기 침체를 **뒤집는** 데 실패했다. **05** 그 동전의 한 면에는 날짜가 있고 **뒷면**에는 새가 있다. **06** 영어 알파벳을 **반대** 순서로 말할 수 있니? **07** 문서 작성 프로그램의 최신**판**이 이제 이용 가능하다. **08** 사고에 대한 그녀의 **설명**은 운전자의 설명과 달랐다.

0737

ad**verse**

[ǽdvəːrs]

형 반대하는, 거스르는; 불리한 (↔ advantageous 유리한)

ad(to) + verse(turn) → 다른 방향으로 향하는 → 반대의

01 The government received much **adverse** criticism for changing a policy.

• adversity   명 역경, 불행 (= hardship)

0738

con**verse***

발음주의, 강세주의

명[형][kánvəːrs]
동[kənvə́ːrs]

명 정반대, 역(逆)   형 정반대의 (= opposite 정반대(의))   동 대화하다, 담화하다

con(강조; together) + verse(turn; associate) → 완전히 돌리다 → 반대 방향의
↘ 함께 어울리다

02 They need our help, but the **converse** is also true: we need their help.
03 When we read a book, we **converse** with the book's author. 모의응용

• conversely   부 정반대로, 거꾸로

0739

tra**verse**

강세주의

동[trəvə́ːrs]
명[trǽvəːrs]

동 가로지르다, 횡단[관통]하다   명 횡단

tra(ns)(across) + verse(turn) → (방향을) 건너편으로 돌리다 → 가로질러서 가다

04 Some seabirds **traverse** vast oceanic regions searching for floating food.

0740

con**fine***

[kənfáin]

동 1. 제한하다, 국한시키다 (= restrict, limit)   2. 가두다, 감금하다

con(강조) + fine(limit) → 한정하다

05 Justice should not be **confined** to the rich and powerful.
06 The prisoners are **confined** to their cells for most of the day.

◆ confine A to B   A를 B에 국한시키다[가두다]

• confinement   명 가둠, 감금; 얽매임

0741

de**fin**ite**

발음주의 [défənit]

여기서 접두사 de-는 '강조(down to the bottom, completely)'의 의미를 가진다.

형 명확한, 확실한 (= clear, straightforward)(↔ indefinite 불분명한); 확신하는

de(강조) + fin(limit) + ite(형) → (확실히) 한정하는 → 뚜렷한

07 The research shows that climate has a **definite** effect on our mental abilities. 모의응용

• definitive   형 1. 확정적인, 최종적인   2. 최고의

---

01 정부는 정책을 바꾼 것에 대해 많은 **반대** 비평을 받았다. 02 그들은 우리의 도움이 필요하지만, 그 **반대**도 사실이다. 우리는 그들의 도움이 필요하다. 03 책을 읽을 때, 우리는 저자와 **대화한다**. 04 어떤 바닷새들은 떠다니는 머이를 찾아 광활한 대양 지역을 **가로지른다**. 05 정의는 부유한 사람들과 힘 있는 사람들에게만 **국한되어서는** 안 된다. 06 그 죄수들은 하루의 대부분을 감방에 **감금되어** 있다. 07 그 연구는 기후가 우리의 지적 능력에 **확실한** 영향이 있음을 보여준다.

0742

infinite *

[ínfənət]

형 무한한, 한계가 없는(↔ finite 유한한, 한정된)

in(not) + **fin**(limit, end) + **ite**(형) → 끝이 없는

01 When I was little, I thought that adults had **infinite** power.

• infinitely 부 무한히, 엄청

• infinity 명 무한함

0743

re**cept**ive

[riséptiv]

형 수용적인, 잘 받아들이는

re(back) + **cept**(take) + **ive**(형) → (자신의) 뒤쪽으로 받아들이는

02 My teacher is always **receptive** to new ideas.

0744

sus**cept**ible

[səséptəbl]

형 (~에) 영향을 받기 쉬운, 취약한(= vulnerable); 민감한(= sensitive)

sus(under) + **cept**(take) + **ible**(형) → 아래로 잡힐 수 있는 → (무언가에) 걸리기 쉬운

03 Some people are more **susceptible** to peer pressure than others.

• susceptibility 명 (~에) 영향받기 쉬움; 민감성

0745

inter**cept**

강세주의 [ìntərsépt]

동 (중간에) 가로막다; 가로채다

inter(between) + **cept**(take) → (어떤 대상들) 사이에서 가져가 버리다

04 Reporters **intercepted** the celebrity as she was walking out of the airport.

0746

captivate

강세주의 [kǽptəvèit]

동 (~의) 마음을 사로잡다(= fascinate)

capt(take) + **ive**(형, 명) + **ate**(동) → 마음을 가져가다

05 The children were **captivated** by the tales of pirates, treasure and the sea. 모의응용

---

01 내가 어렸을 적에는 어른들은 **무한한** 능력이 있을 거라 생각했다. **02** 우리 선생님은 새로운 아이디어에 항상 **수용적이시다. 03** 어떤 사람들은 다른 사람들보다 또래로부터 받는 압력에 더 **취약하다. 04** 유명인이 공항에서 걸어 나갈 때 기자들이 그녀를 **가로막았다. 05** 아이들은 해적과 보물, 바다의 이야기에 **마음을 사로잡혔다.**

0747

cap**able****
발음주의 [kéipəbl]

형 1. 할 수 있는 2. 유능한

cap(take) + able(형) → 가져갈 수 있는 → 능력이 있는

01 Sound waves are **capable** of traveling through solid materials as well as through air. 모의응용
02 a very **capable** speaker

◆ **be capable of** ~할 수 있다

• capability 명 1. 능력; 역량 2. 가능성

0748

con**ceive***
[kənsíːv]

동 1. 상상하다, (생각 등을) 마음에 품다 2. 임신하다

con(강조) + ceive(take) → (생각, 아이를) 가지다, 품다

03 I can't **conceive** of a dinner without meat or fish.
04 Their first child was **conceived** on their wedding night.

• conception 명 1. (계획 등의) 구상 2. 개념, 생각 3. (난소의) 수정

0749

de**ceive****
[disíːv]

동 기만하다, 속이다(= cheat, fool)

de(away) + ceive(take) → (속여) 가져가버리다

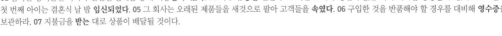

05 The company **deceived** customers by selling old products as new ones.

• deceptive 형 남을 속이는, 현혹시키는; 믿을 수 없는
• deception 명 기만, 속임
• deceit 명 사기, 거짓말

0750

re**ceipt****
발음주의 [risíːt]

명 1. 영수증 2. 수령, 받기

re(back) + ceipt(take) → (지불하고) 돌려받는 것 → 영수증

06 Keep your **receipt** in case you need to return anything you bought.
07 Goods will be delivered on **receipt** of payment.

◆ **on receipt of** ~을 받는 즉시[대로]

• recipient 명 수취인, 받는 사람

---

01 음파는 공기뿐만 아니라 단단한 물체를 통해 이동**할 수 있다**. **02** 아주 **유능한** 언설가 **03** 나는 고기나 생선이 없는 저녁 시사를 **상상할** 수 없다. **04** 그들의 첫 번째 아이는 결혼식 날 밤 **임신되었다**. **05** 그 회사는 오래된 제품들을 새것으로 팔아 고객들을 **속였다**. **06** 구입한 것을 반품해야 할 경우를 대비해 **영수증**을 보관하라. **07** 지불금을 **받는** 대로 상품이 배달될 것이다.

0751

con**ceit**

[kənsíːt]

명 《주로 부정》 **자만심, 자부심**

con(강조) + ceit(take) → 강하게 품은 (건방진) 생각

01 Dan's **conceit** has earned him many enemies.

• conceited 형 《주로 부정》 자만하는

0752

anti**cip**ate**

발음주의 [æntísəpèit]

ant(i)-는 앞서 Unit 14에서 배운
접두사 ante-(= before)의 변화형이다.
(※ 'against'의 의미인 'anti-'와 혼동 주의)

동 1. **예상하다**(= expect) 2. **기대하다, 고대하다**

anti(before) + cip(take) + ate(동) → (앞으로의 일을) 미리 파악하다

02 You should **anticipate** any potential questions and study the topic thoroughly when you teach others. 모의응용
03 Tom eagerly **anticipated** his son's arrival.

• anticipation 명 1. 예상 2. 기대

0753

main**tain****

[meintéin]

main은 '손'의 의미를 지닌 어근
manu의 변화형이다.

동 1. (건물, 기계 등을) **유지하다** 2. (관계 등을) **지속하다** 3. **주장하다**(= insist)

main(hand) + tain(hold) → 손으로 (꼭) 잡고 있다 → 유지하다; 계속하다
　　　　　　　　　　　　　　　　　　　↘ support, 부양하다
　　　　　　　　　　　　　　　　　　　↘ 말로 옹호하다

04 The temperature of the factory is always **maintained** at 22℃. 수능응용
05 It is difficult to **maintain** relationships with many people.
06 The man **maintained** that he had never seen the girl before.

• maintenance 명 1. 유지, 관리 2. 지속

0754

ab**stain**

[əbstéin]

동 **삼가다, 절제하다**

ab(s)(away) + tain(hold) → (~로부터) 떨어진 곳에 잡고 있다 → ~하지 않고 견디다

07 My father managed to **abstain** from smoking for a month.

0755

con**serv**e**

[kənsə́ːrv]

동 **보존[유지]하다, 보호하다**(= preserve); (자원 등을) **아껴 쓰다**

con(강조) + serv(e)(keep) → (자연 등을) 완전히 지키다

08 The organization works to **conserve** our national parks.

• conservation 명 1. 보존, 보호 2. 절약
• conservationist 명 환경 보호론자
• conservative 형 보수적인 명 보수주의자

---

01 Dan은 **자만심** 때문에 적이 많이 생겼다. **02** 다른 사람들을 가르칠 때 가능한 질문은 무엇이든 **예상하고** 그 주제에 대해 철저히 연구해야 한다. **03** Tom은 아들이 도착하기를 간절히 **고대했다**. **04** 그 공장의 온도는 항상 섭씨 22도로 **유지된다**. **05** 많은 사람과 관계를 **지속하는** 것은 어렵다. **06** 그 남자는 전에 그 소녀를 본 적이 없다고 **주장했다**. **07** 우리 아버지는 한 달 동안 간신히 흡연을 **절제하셨다**. **08** 그 단체는 우리 국립공원을 **보호하기** 위해 일한다.

++ about·across를 포함한 구동사

• about의 의미

발생, 주변·대략	어떤 일의 발생과 시작 또는 여기저기 주위에 있음을 나타냄. · How did this economic crisis come **about**? (이 경제 위기가 어떻게 발생했을까?) · He was tired of wandering **about** on his own. (그는 혼자서 여기저기 돌아다니는 것에 싫증이 났다.)

• across의 의미

횡단	맞은편으로 이동하거나 가로지르는 움직임을 나타냄. · The man quickly walked **across** the street. (그 남자는 빠르게 길을 건넜다.)	

0756

bring about

초래하다, 유발하다(= cause)

bring + about(발생) → ~을 가져오다

01 The development of technology has **brought about** revolutionary changes in our lifestyles.

0757

go about

1. 시작하다, 착수하다 2. (하던 대로) 계속하다

go + about(주변) → (새로운 일 또는 하던 일의) 주변에 가다

02 You should've **gone about** the important tasks first. Now you're running out of time.
03 Most people **went about** their daily activities as usual after the local festival ended.

---

01 기술의 발전은 우리의 생활 방식에 획기적인 변화를 **초래했다**. **02** 중요한 일을 먼저 **시작했어야** 해. 이제 시간이 모자라잖아. **03** 지역 축제가 끝난 뒤 대부분의 사람들은 평상시처럼 자신들의 일상 활동을 **계속했다**.

0758
see about

1. 고려하다; (결정하기 전에) **검토하다** 2. **돌보다** (= take care of, look after)

see + about(주변) → 주변을 보다

01 Water is leaking from the ceiling. I should **see about** getting the roof repaired.
02 Parents often get up at night to **see about** the baby.

0759
come across

1. **우연히 마주치다** (= run into, encounter) 2. (특정한) **인상을 주다** 3. 이해되다

come + across(횡단) → 오다가 서로 교차하다

03 The supervisor told workers to wear helmets whenever he **came across** them. 모의응용
04 He **comes across** as a very intelligent, positive man.
05 The professor's lecture really **came across** clearly.

0760
get across

이해시키다, 의미가 전달되다

get + across(횡단) → 맞은편에 도달하다

06 The speaker tried to **get** his meaning **across** to the audience by repeating his main point.

---

01 천장에서 물이 새고 있어. 지붕 수리를 **고려해**봐야겠어. **02** 부모는 아기를 **돌보기** 위해 종종 밤에 일어난다. **03** 그 감독관은 작업자들과 **우연히 마주칠** 때마다 안전모를 착용하라고 일렀다. **04** 그는 매우 지적이고 긍정적인 남자라는 **인상을 준다. 05** 그 교수의 강의는 정말 명확하게 **이해되었다. 06** 그 연설자는 요점을 거듭 말하며 청중에게 자신의 의도를 **이해시키려** 애썼다.

어근	의미	예시
bio		biotic → 살아있는 물체의 생물의, 생물과 관련된
vit / viv(e) / vig	life, live, be lively 삶, 살다, 활기차다	survive → 어려운 상황을 넘어 살다 살아남다
gen	birth, race, kind 탄생, 종족, 종류	generate 만들어내다, 발생시키다
spir(e)	breathe 숨 쉬다	spirit → 살아 숨 쉬게 하는 것 정신; 영혼; 열정
terr(it) / terrestri		territory 영토; 영역
geo	earth, land 지구, 땅	geology → 지구를 공부하는 학문 지질학
astro / aster	star 별	astronaut 우주비행사
ann(u) / enn	year 해, 년	annual 매년의; 연간 정기 간행물
chron(o)	time 시간	chronicle → 시간 순서대로 기록한 것 연대기

0761

biology ＊＊

[baiάlədʒi]

명 1. 생물학 2. 생명 작용[활동]

bio(life) + **logy**(study) → 생명을 공부하는 학문

01 I got a college degree in **biology** because of my interest in living creatures.

02 The doctor wrote a paper on how drinking affects our **biology** and our health.

- biological 형 1. 생물학의 2. 핏줄이 같은
- biologist 명 생물학자

0762

anti**bio**tic ＊

[æ̀ntibaiάtik, æ̀ntaibaiάtik]

명 항생제, 항생물질

anti(against) + **bio**(life) + **tic**(명) → 다른 생물에 대항하는 것

03 The drug companies are trying to develop a new type of **antibiotics**.

0763

biofuel ＊＊

[báioufjùːəl]

명 (자연에서 얻는) 바이오 연료, 생물 연료

bio(life) + **fuel**(연료) → 생물로부터 얻는 연료

04 Various plants and plant-derived materials are used for **biofuel** manufacturing.

0764

biotech(nology)

[báiou*t*èk, bàiou*t*eknálədʒi]

명 생명 공학, 인간 공학

bio(life) + **technology**(기술) → 생물체를 다루는 기술

05 The production related to **biotech** industries has maintained steady growth despite economic crisis.

0765

bioethics

[bàiou*é*θiks]

명 생명 윤리(학)

bio(life) + **ethics**(윤리) → 생명과 관련된 윤리

06 **Bioethics** is the study of moral issues in the fields of medical research.

---

01 나는 생물에 대한 관심 때문에 **생물학** 학사 학위를 받았다. **02** 그 의사는 음주가 우리의 **생명 활동**과 건강에 어떻게 영향을 미치는지에 대한 논문을 썼다. **03** 그 제약회사는 새로운 종류의 **항생제**를 개발하려고 하고 있다. **04** 다양한 식물과 식물에서 추출된 물질들이 **바이오 연료** 제조에 사용된다. **05** **생명 공학** 산업과 관련된 생산은 경제 위기에도 불구하고 꾸준한 성장을 지속해왔다. **06** **생명 윤리학**은 의학 연구 분야에서의 윤리적 문제를 연구하는 학문이다.

biosphere

[báiəsfiər]

명 생물권 《생물이 살 수 있는 지구 표면과 대기권》

bio(life) + sphere(영역) → 생물이 살 수 있는 영역

01 Human activities have dramatically altered the Earth's **biosphere** during the past few hundred years.

---

sym**bio**tic

[sìmbiátik]

형 공생의, 공생하는

sym(together) + bio(life) + tic(형) → 함께 살아가는

02 a **symbiotic** relationship

---

auto**bio**graphy

강세주의 [ɔ̀:təbaiágrəfi]

명 자서전

auto(self) + bio(life) + graph(write) + y(명) → 스스로 자신의 삶에 관해 쓰는 것

03 The former president revealed many details of his life in his **autobiography**.

• autobiographical 형 자서전(체)의

---

vital **

발음주의 [váitl]

형 1. 필수적인(= essential, crucial) 2. 활력이 넘치는

vit(life) + al(형) → 생명과 관련된

04 Most people know that praise is **vital** for happy and healthy children. 모의응용

05 The energy of the dancers created a dynamic, **vital** atmosphere on stage.

---

re**vive** *

[riváiv]

동 1. 활기를 되찾다, 회복하다 2. (연극 등을) 재공연하다

re(again) + vive(live) → 다시 살아나게 하다

06 Increasing your water intake may **revive** your brain function. 모의응용

07 A London theater has decided to **revive** the 1950s musical "In Town."

• revival 명 1. 회복; 부활 2. 재공연

---

01 지난 수백 년 동안 인간의 활동은 지구의 **생물권**을 엄청나게 변화시켜 왔다. **02 공생** 관계 **03** 전임 대통령은 **자서전**에 그의 인생에 관한 많은 상세한 내용을 밝혔다. **04** 대부분의 사람들은 칭찬이 행복하고 건강한 아이들에게 **필수적이라는** 것을 알고 있다. **05** 무용수들의 에너지는 무대 위에서 역동적이고 **활력이 넘치는** 분위기를 만들어냈다. **06** 수분 섭취량을 늘리는 것은 뇌 기능을 **회복할지도** 모른다. **07** 런던의 한 극장은 1950년대의 뮤지컬 'In Town'을 **재공연하기로** 결정했다.

0771

vivid*

[vívid]

형 생생한, 선명한 (↔ vague 흐릿한)

viv(live) + **id**(형) → 살아있는 것과 같은

01 His memories of the war are still **vivid** and often cause him nightmares.

• vividly   부 생생하게, 선명하게

0772

vigorous*

[vígərəs]

형 원기 왕성한 (= energetic); 활발한, 격렬한

vig(be lively) + **or** + **ous**(형) → 힘의, 에너지의

02 Only weeks after recovering from illness, he looked more **vigorous** than ever before.

• vigor   명 활력, 원기

0773

genuine**

발음주의 [dʒénjuin]

형 진짜의, 진품의 (= authentic); 진실한, 진심의 (= real, sincere)

gen(u)(birth) + **ine**(형) → 타고난 그대로의

03 If it is a **genuine** Michelangelo drawing, it will sell for millions.

• genuinely   부 진정으로

0774

in**gen**uity

발음주의, 강세주의

[ìndʒənjúːəti]

명 기발한 재주, 독창성

in(in) + **gen(u)**(birth) + **ity**(명) → (재능을) 가지고 태어난 것[재능]

04 Thanks to Steve's **ingenuity**, he got first prize in the Student Idea Contest!

• ingenious   형 기발한, 독창적인

0775

gender**

[dʒéndər]

명 성, 성별 (= sex)

gen(race, kind) + **der** → (생물의) 종류를 결정짓는 것 → 성별

05 It's pretty hard to determine the **gender** of a pet hamster.

---

01 전쟁에 대한 그의 기억은 여전히 **생생하고** 종종 악몽을 꾸게 한다. **02** 병에서 회복된 지 겨우 몇 주가 지났는데, 그는 어느 때보다 더 **원기 왕성해** 보였다. **03** 그것이 미켈란젤로가 그린 **진품** 그림이라면 수백만 달러에 팔릴 것이다. **04** Steve의 **독창성** 덕에, 그는 학생 아이디어 공모전에서 1등을 했다! **05** 애완용 햄스터의 **성별**을 알아내는 것은 꽤 어렵다.

0776

generalize*
[dʒénərəlàiz]

동 일반화하다; 보편화하다

gen(er)(race) + **al**(형) + **ize**(동) → 종족의 전체에 해당되게 하다

01 It is risky to **generalize** from a single example.

• generalization 명 일반화

0777

generic
[dʒənérik]

형 포괄적인, 총칭[통칭]의

gen(er)(race) + **ic**(형) → 종족 전체에 속하는

02 Beverage is the **generic** term for drinks such as soda, juice, and coffee.

0778

in**spire****
[inspáiər]

동 1. 격려하다, 용기를 북돋우다(= motivate) 2. 영감을 주다

in(into) + **spire**(breathe) → 숨을 불어넣어 마음, 머리를 가득 채우다 → 용기를 불어넣다

03 Whenever an Olympic swimmer sets a new world record, it **inspires** others to bring out the best within them. 수능응용
04 A word of comfort can **inspire** children to try once again after they have failed.

• inspiration 명 1. 고무, 격려(= motivation) 2. 영감

0779

a**spire***
[əspáiər]

동 열망하다, 바라다(= desire, yearn for)

a(to) + **spire**(breathe) → (~을 향하여) 숨[열망]을 불어넣다

05 People are not satisfied to stay where they are and **aspire** to accomplish more. 모의응용

• aspiration 명 열망, 포부

0780

ex**pire**
[ikspáiər]

동 (정해진 기간이) 만료되다, 끝나다

ex(out) + **(s)pire**(breathe) → (마지막) 숨을 내쉬다 → 끝나다

06 I couldn't get a discount because this coupon **expired** yesterday. 모의응용

• expiration 명 만료, 종결

---

01 하나의 예로 **일반화하는** 것은 위험하다. **02** 음료는 탄산 음료, 주스 그리고 커피와 같은 마실 것에 대한 **포괄적인** 용어이다. **03** 한 명의 올림픽 수영선수가 세계 신기록을 세울 때마다, 그것은 다른 사람들이 자신 안에 있는 최고의 것을 끌어내도록 **격려한다**. **04** 위로의 말은 아이들이 실패한 후에 다시 한번 시도하도록 **영감을 줄** 수 있다. **05** 사람들은 현재 있는 곳에 머무르는 데 만족하지 않고 더 많은 것을 성취하기를 **열망한다**. **06** 이 쿠폰이 어제 **만료되었기** 때문에 나는 할인을 받을 수 없었다.

0781
con**spire**
[kənspáiər]

동 1. 공모하다, 음모를 꾸미다 2. (난처한 일이) 동시에 일어나다

con(together) + **spire**(breathe) → 함께 숨 쉬다 → 함께 음모를 꾸미다

01 They were arrested for **conspiring** against the government.
02 Bad events have **conspired** to ruin his mental health.

0782
territorial
발음주의, 강세주의
[tèrətɔ́ːriəl]

형 영토의; 세력권을 주장하는

territ(earth, land) + **or(y)**(place) + **ial**(형) → 통치권이 미치는 땅의

03 Korea and Japan have been involved in a **territorial** dispute over Dokdo for a long time.

• territory 명 지역, 영토; 영역

0783
terrestrial
발음주의 [təréstriəl]

형 1. 지구의 2. 육지의; 육지에 사는

terrestri(earth) + **al**(형) → 흙[땅]의

04 **terrestrial** life forms
05 Animals that live on land are called **terrestrial** animals.

• extraterrestrial 명 외계인, 우주인 형 외계의

0784
geography ******
발음주의 [dʒiágrəfi]

명 1. 지리학 2. 지리, 지형

geo(earth) + **graph**(write) + **y**(명) → 땅에 관해 쓴 것

06 Because he is interested in learning about the earth, he wants to be a **geography** professor.
07 Housing development is limited by the **geography**.

• geographic(al) 형 1. 지리학의 2. 지리적인

---

01 그들은 정부를 상대로 **음모를 꾸민** 혐의로 체포되었다. 02 좋지 않은 사건들이 **동시에 일어나** 그의 정신 건강을 해쳤다. 03 한국과 일본은 오랫동안 독도에 관한 **영토** 분쟁에 연루되어 왔다. 04 **지구** 생명체 05 땅에 사는 동물은 **육지** 동물이라고 불린다. 06 지표면 공부에 관한 흥미가 있어서, 그는 **지리학** 교수가 되고 싶어 한다. 07 주택 개발은 **지형**에 의해 제약을 받는다.

0785

geometry*

발음주의 [dʒiámətri]

명 기하학; 기하학적 구조

geo(earth) + metry(measure) →땅을 측정[측량]하는 것
↳ 점, 선, 도형 등의 측정(에 대한 수학적 연구)

01 **Geometry** mostly deals with shapes, lengths, distances, and angles.

• geometric(al) 형 기하학의, 기하학적인

0786

geothermal

강세주의 [dʒiːouθɔ́ːrməl]

형 지열(地熱)의

geo(earth) + thermal(열에 관한) → 땅의 열에 관한

02 The renewable energy sources include **geothermal** power, wind power, and solar power.

0787

astronomy**

[əstránəmi]

명 천문학

astro(star) + nom(o)(law) + y(명) → 별에 대한 법칙

03 Her love of **astronomy** began when her father first taught her about the stars. 모의응용

• astronomer 명 천문학자

0788

astrology

[əstrálədʒi]

명 점성술, 점성학

astro(star) + logy(study) → 태양, 별, 행성 등의 위치, 움직임이 운세에 미치는 영향에 대한 지식

04 Unlike astronomy, **astrology** cannot be considered an exact science.

0789

asteroid

[ǽstərɔ̀id]

'-oid'는 '~와 비슷한(like)'이라는 의미를 나타낸다. e.g. humanoid robot (휴머노이드 로봇, 인간과 비슷한 로봇)

명 소행성 《화성과 목성 사이에서 태양을 공전하는 수많은 작은 행성들》

aster(star) + oid(like) → 별과 비슷한 것

05 Scientists say that the **asteroid** may have been heading for Earth, but instead, Jupiter took the hit. 모의응용

---

01 **기하학**은 수도 모양, 길이, 거리 그리고 각도를 다룬다. 02 생생 가능한 에너지원은 **지열** 발전, 풍력 발전 그리고 태양열 발전을 포함한다. 03 그녀의 **천문학**에 대한 애정은 아버지가 처음 그녀에게 별에 관해 가르쳐 주셨을 때 시작되었다. 04 천문학과는 달리, **점성학**은 정밀과학으로 여겨질 수 없다. 05 과학자들은 그 **소행성**이 지구를 향하고 있었을지도 모르지만, 대신 목성에 충돌했다고 한다.

0790

dis**astrous** *

[dizǽstrəs]

접두사 dis-는 '부정, 반대(not, opposite)'(☞ Unit 12) '분리(away, apart)' 외에 '불운(ill)'의 의미가 있다.

형 처참한, 피해가 막심한

dis(ill) + **ast(e)r**(star) + **ous**(형) → 불길한 별의 → 예사롭지 않은 별의 모습에서 재해를 연상하는

01 We must take appropriate measures to reduce the potential losses of a **disastrous** accident. 수능응용

0791

anniversary **

발음주의 [æ̀nəvə́ːrsəri]

명 (해마다 돌아오는) **기념일**

ann(i)(year) + **vers**(turn) + **ary**(명) → 해마다 돌아오는 날

02 Christians celebrate Christmas Day as the **anniversary** of the birth of Jesus.

0792

mill**enn**ium *

[miléniəm]

명 ((복 millennia)) **천 년; 새 천 년이 시작되는 시기**

mill(thousand) + **enn**(year) + **ium**(명) → 천 년

03 People celebrating the new **millennium** filled the streets.

0793

chronological

발음주의 [krὰnəládʒikəl]

형 (여러 사건이) **발생 순서대로 된, 연대순의**

chrono(time) + **log(y)**(theory) + **ical**(형) → 시간 이론에 근거한

04 We arranged the documents in **chronological** order.

• **chronological age** 생활 연령, 실제 연령 ((실제 산 햇수. 정신 연령과 대비되는 개념))

0794

syn**chron**ize

[síŋkrənàiz]

접두사 syn-은 '함께, 같이(together, with)'의 의미를 가지고 있다.

동 **동시에 발생하다, 동시에 움직이다**

syn(together) + **chron**(time) + **ize**(동) → 같은 시간에 (함께) 발생하다

05 The sound and picture have to **synchronize** perfectly in movies.

• **synchronous** 형 동시에 발생하는, 동시에 존재하는

---

01 우리는 **피해가 막심한** 사건으로 인한 잠재적인 손실을 줄여 줄 적절한 조치를 취해야만 한다. **02** 기독교인들은 크리스마스를 예수의 탄생 **기념일**로 축하한다. **03** 새 **천 년**을 축하하는 사람들이 거리를 가득 채웠다. **04** 우리는 그 서류들을 **연대순**으로 배열했다. **05** 영화에서 소리와 영상은 완벽하게 **동시에 발생해야** 한다.

• against의 의미

맞서다 · 겨루다	힘의 진행 방향이 반대라서 서로 맞서는 관계. · The soldiers are fighting **against** their enemies. (그 병사들은 적들과 싸우고 있다.)

• along의 의미

동반	공간·시간적으로 선을 따라 나란히 움직이거나 진행함. · You are not allowed to take your companion animal **along** with you. (반려동물을 동반하실 수 없습니다.)

0795

come up against 직면하다; 대립하다

come + up (출현) + against (맞서다) → 출현한 것에 맞서다

01 Keep going toward your goal, even if you **come up against** some
adversity.

0796

go against

1. 거스르다; 반대하다 2. (~에게) 불리하다

go + against (맞서다) → ~에 맞서서 가다

02 Kevin would not **go against** his parents' wishes.
03 The game seemed to be **going against** our team, but we defeated our
opponent eventually.

01 어떤 역경에 **직면하더라도**, 목표를 향해 계속 가라. 02 Kevin은 좀처럼 부모님의 바람을 **거스르지** 않으려 했다. 03 그 경기는 우리 팀에 **불리해** 보였지만
결국은 우리가 상대를 이겼다.

0797
come along

1. 나타나다, 도착하다 2. 동행하다, 함께 가다

come + along (동반) → ~을 따라오다[가다]

01 The 100th customer who **comes along** will get the prize for today's special event.
02 I'm going to the orchestra concert this Saturday. Would you like to **come along**?

0798
get along

1. (~와) **사이좋게 지내다** (= get on with) 2. (일 등을) **해나가다**, (일이) **되어가다**

get + along (동반) → ~을 따라 죽 해나가다

03 I normally **get along** with Julie, but I sometimes argue with her. 모의응용
04 How are you **getting along** with your schoolwork?

0799
go along (with)

1. 동행하다 2. 나아가다, 진전되다 3. (~에) 동조하다, 찬성하다

go + along (동반) + with → (~와 함께) 따라가다

05 Jina is going to New York next week, and I want to **go along** too.
06 Everything was **going along** just fine until she interrupted.
07 We tried to convince Harry, but he refused to **go along with** our plan.

0800
play along (with)

1. 동조하다, 협력하다 (= go along) 2. (~에) 동의[동조]하는 체하다

play + along (동반) + with → ~을 따라 함께 (경기, 놀이 등을) 하다

08 The two companies agreed to **play along with** each other.
09 I didn't like Jack's idea but just **played along with** him to end the meeting early.

---

01 100번째로 **도착하는** 고객이 오늘 특별 행사의 상품을 갖게 될 것이다. **02** 나는 이번 주 토요일에 오케스트라 연주회에 갈 거야. 너도 **함께 갈래**? **03** 나는 보통은 Julie와 **사이좋게 지내는데** 때로는 언쟁하기도 한다. **04** 학교 숙제는 어떻게 **되어가니**? **05** Jina는 다음 주에 뉴욕에 갈 예정인데, 나도 **동행하고** 싶다. **06** 모든 일이 잘 **진전되고** 있었는데 그녀가 끼어들었다. **07** 우리는 Harry를 설득시키려 애썼지만, 그는 우리 계획에 **동조하는** 것을 거부했다. **08** 두 회사는 서로 **협력하기로** 동의했다. **09** 나는 Jack의 아이디어가 마음에 안 들었지만, 회의를 일찍 끝내기 위해 그저 **동의하는 체했다.**

어근	의미	예시
tend / tense	stretch, pull 늘이다, 당기다	pretend → 앞에 (변명 등을) 펼친 채 행동하다 ~인 체하다
tract	draw, pull 끌다, 당기다	contract → (의견 등을) 함께 끌어서 모으다 계약하다
close / clude	shut 닫다	include → 안에 넣어두고 닫다 포함하다
duc(t) / duc(e) / due	lead, bring 인도하다, 가져오다	conduct → 함께 이끌다 인도하다, 지휘하다
press	press, push 누르다	express → 밖으로 나오게 하다 나타내다, 표현하다
pel / pulse	drive, push 몰다, 밀다	compel → (억지로) 한데 몰아놓다 강요하다
pose / pon(e)	put, place 놓다, 두다	propose → (의견을) 앞에 내놓다 제안하다
pend / pens	hang 매달다	depend → (~의) 아래에 매달려 있다 의지하다
sert	join 결합하다	desert → 결합되지 않고 떨어진 버리다; 사막, 황야

0801

contend*

[kənténd]

[동] 1. 싸우다; 겨루다 (= compete) 2. (언쟁 중에) 주장하다

con(with) + **tend**(stretch) → 함께 당기다

01 Two baseball teams are **contending** for the championship this year.
02 He **contended** that his opponent's thinking was morally flawed.

◆ **contend with** (곤란한 문제, 상황과) 싸우다

• contention 　[명] 1. 논쟁, 언쟁 (= argument) 2. 주장, 견해

0802

intense*

[inténs]

[형] **강렬한, 격렬한** (= extreme)

in(in) + **tense**(stretched) → (팽팽하게) ~쪽으로 쭉 뻗은

03 Four people have died in the **intense** snowstorm.

• intensity 　[명] 강함, 격렬함
• intensive 　[형] 1. 강한, 격렬한 2. 집중적인, 철저한
• intensify 　[동] 강화하다, 격렬해지다

0803

abstract**

강세주의
[동][ǽbstrǽkt]
[명][형][ǽbstrækt]

[동] 1. 추출하다 2. 요약하다 [명] 1. 개요, 발췌 2. 추상
[형] **추상적인** (↔ concrete 구체적인)

ab(s)(away) + **tract**(draw) → 끌어내다

04 Scientists have developed a new technology to **abstract** pure water from dirty ponds.
05 She wrote an **abstract** of her academic paper.
06 The famous painter O'Keeffe created several **abstract** charcoal drawings that expressed how she felt. 모의응용

• abstraction 　[명] 1. 추출 2. 추상적 개념

0804

extract**

발음주의, 강세주의
[동][ikstrǽkt]
[명][ékstrækt]

[동] 추출하다, 발췌하다 [명] 추출물, 발췌

ex(out) + **tract**(draw) → 밖으로 끌어내다

07 This paragraph is **extracted** from a newspaper.

• extraction 　[명] 추출, 뽑아냄

---

01 두 야구팀이 올해 우승을 위해 **겨루고** 있다. 02 그는 상대의 생각이 도덕적으로 결함이 있다고 **주장했다**. 03 **강렬한** 눈보라로 4명이 사망했다. 04 과학자들이 더러운 연못에서 깨끗한 물을 **추출하는** 신기술을 개발했다. 05 그녀는 자신의 학술 논문의 **개요**를 썼다. 06 유명한 화가인 O'Keeffe는 자신이 어떻게 느끼는지를 표현한 **추상적인** 목탄화 여러 점을 창작했다. 07 이 단락은 신문에서 **발췌된** 것이다.

0805

sub**tract** *

[səbtrǽkt]

동 공제하다, 빼다(↔ add 더하다)

sub(under)+**tract**(draw) → 아래로 끌어당기다

01 If you **subtract** 80 from 100, you get 20.

• subtraction 명 공제, 삭감, 빼기

0806

en**close** *

[inklóuz]

동 1. (울타리 등으로) **둘러싸다**(= surround) 2. (편지 등에) **동봉하다**

en(in)+**close**(shut) → 안에 넣고 닫다

02 The playground was **enclosed** by a two meter high fence.

03 **Enclosed** are the original receipt and a copy of the repair bill. 모의응용

0807

ex**clude** **

[iksklú:d]

동 제외하다, 배제하다(↔ include 포함하다)

ex(out)+**clude**(shut) → 밖에 두고 닫아버리다

04 The judge **excluded** evidence which had been unfairly obtained.

◦ **exclude A from B** A를 B에서 제외하다

• exclusion 명 제외; 차단
• exclusive 형 1. 배타적인; 독점적인 2. 고가의, 고급의
• exclusively 부 배타적으로; 독점적으로

0808

in**duce** **

[indjú:s]

동 1. 유도하다, 설득하다(= persuade) 2. 유발하다, 일으키다(= cause, provoke)

in(into)+**duce**(lead) → 안쪽으로 이끌다

05 My father **induced** me to take the job.

06 Sometimes, a few well-timed punishments are enough to **induce** the desired behavior. 수능응용

◦ **induce A to-v** A가 v하도록 유도[설득]하다

• induction 명 1. 유도, 도입 2. 귀납(법)(↔ deduction 1. 공제(액) 2. 추론, 연역)

0809

con**duce**

[kəndjú:s]

동 (좋은 결과로) 이끌다; 공헌하다, 이바지하다

con(together)+**duce**(lead) → 함께 이끌다

07 Technological progress **conduces** to human happiness.

---

01 100에서 80을 **빼면** 20을 얻는다. **02** 그 놀이터는 2m 높이의 울타리로 **둘러싸여** 있었다. **03** 영수증 원본과 수리비 청구서의 사본이 **동봉되어** 있다. **04** 판사는 부당하게 획득한 증거는 **제외했다. 05** 아버지는 내가 그 일자리를 맡도록 **설득하셨다. 06** 때때로, 몇 번의 시기적절한 처벌은 바람직한 행동을 **유발하기에** 충분하다. **07** 기술적 진보가 인간의 행복을 **이끈다.**

0810

sub**due**

[səbdjúː]

동 1. **진압하다, 정복하다**(= conquer) 2. (감정을) **억누르다, 가라앉히다**

sub(down) + due(lead) → 아래로 이끌다

01 The fire burned for eight hours before the fire crews could **subdue** it.
02 I closed my eyes for a moment to **subdue** my nervousness.

• subdued 형 1. (기분이) 가라앉은, 침울한 2. (소리, 색깔 등이) 은은한

0811

re**press**

[riprés]

동 1. (감정을) **참다, 억누르다** 2. **진압하다**(= subdue)

re(back) + press(push) → 뒤로 밀다

03 At the end of the argument, she felt that it was impossible to **repress** her emotions.
04 The police **repressed** an illegal protest.

• repression 명 1. (감정, 욕구의) 억압 2. 진압

0812

sup**press** **

[səprés]

동 1. **진압하다** 2. (감정을) **억누르다, 억제하다**(= subdue, repress)

sup(down) + press(push) → 아래로 밀다

05 Several protests in the country were **suppressed** with force.
06 It's bad for your health to **suppress** feelings.

• suppression 명 1. 진압 2. 억제

0813

com**press**

[kəmprés]

동 **압축하다, 꾹 누르다**

com(together) + press(press) → 함께 누르다

07 Engineers have developed a pollution-free car that runs on **compressed** air. 모의응용

• compression 명 압축; 압박

0814

op**press**

[əprés]

동 **탄압[억압]하다, 억제하다**

op(against) + press(press) → ~에 대항해서 누르다

→ op-는 접두사 ob-의 변화형으로 'against'의 의미를 가진다.

08 The regime is accused of **oppressing** ethnic minorities.

• oppression 명 억압, 억제
• oppressive 형 1. 억압[탄압]하는 2. 답답한

---

01 소방관들이 **진압할** 수 있을 때까지 그 화재는 8시간 동안 일어났다. **02** 나는 초조함을 **가라앉히기** 위해 잠시 눈을 감았다. **03** 언쟁이 끝날 때, 그녀는 자신의 감정을 **억누르는** 것이 불가능하다고 느꼈다. **04** 경찰은 불법 시위를 **진압했다**. **05** 그 나라에서의 여러 시위는 무력으로 **진압되었다**. **06** 감정을 **억누르는** 것은 건강에 해롭다. **07** 엔지니어들은 **압축된** 공기를 이용하는 무공해 차를 개발했다. **08** 그 정권은 소수 민족을 **탄압한다고** 비난받는다.

0815

dis**pel**

dispelled-dispelled
-dispelling

[dispél]

[동] (근심 등을) **없애다, 떨쳐 버리다**

dis(off, away) + **pel**(push) → (생각을) 밀어서 치워버리다

01 The doctor's announcement **dispelled** any fears about his health.

0816

ex**pel**

expelled-expelled
-expelling

[ikspél]

[동] 1. **쫓아내다; 퇴학[추방]시키다**(= dismiss) 2. (공기나 물을) **배출하다**

ex(out) + **pel**(push, drive) → 밖으로 몰아내다

02 He was **expelled** from school for fighting.

03 When you breathe out, you **expel** air from your lungs.

• expulsion [명] 1. 추방; 제명, 퇴학 2. 배출

0817

im**pel**

impelled-impelled
-impelling

[impél]

[동] (생각, 기분이) **~해야만 하게 하다**

im(into) + **pel**(push, drive) → ~쪽으로 밀어내다

04 The strong wind **impelled** the crew to seek shelter.

0818

re**pel** *

repelled-repelled
-repelling

[ripél]

[동] 1. **격퇴하다; 쫓아버리다** 2. **혐오감을 주다**(= disgust)

re(back) + **pel**(push, drive) → 뒤로 몰아내다

05 Similar poles of magnets **repel** each other, and opposite poles attract.

06 I didn't eat any cheese because I was **repelled** by the smell and taste.

0819

pro**pel** *

propelled-propelled
-propelling

[prəpél]

[동] 1. **나아가게 하다** 2. (어떤 상황으로) **몰고 가다**

pro(toward) + **pel**(push, drive) → ~를 향해 몰다[밀다]

07 The tiny rocket is attached to the spacecraft and is designed to **propel** it toward Mars.

08 Her pleasure-seeking instinct **propelled** her to many international adventures. 모의응용

• propeller [명] 추진기, 프로펠러

---

01 의사가 말한 것은 그의 건강에 대한 어떠한 두려움도 **떨쳐 버렸다**. 02 그는 싸움을 해서 **퇴학당했다**. 03 숨을 내쉬면 폐에서 공기가 **배출된다**. 04 강한 바람은 선원들이 피난처를 찾게 **했다**. 05 자석의 비슷한 극끼리는 서로를 **쫓아버리고[밀어내고]**, 반대의 극은 끌어당긴다. 06 나는 치즈를 전혀 먹지 않았는데, 왜냐하면 냄새와 맛이 **혐오스러웠기** 때문이다. 07 그 작은 로켓은 우주선에 부착되어 우주선이 화성으로 **나아가도록** 설계되어 있다. 08 즐거움을 추구하는 그녀의 본능은 그녀를 많은 국제적인 모험으로 **이끌었다[몰고 갔다]**.

0820

im**pulse** ***

[ímpʌls]

명 1. 충동 2. 충격, 자극

im(in) + **pulse**(push, drive) → 내부의 미는 힘

01 Shopping with a credit card can lead to **impulse** buying.
02 The new technique gave an **impulse** to the struggling car industry.

• impulsive 형 충동적인

0821

dis**pose** *

[dispóuz]

동 1. 배치[배열]하다(= arrange) 2. (~에게) ~의 경향을 갖게 하다, ~하고 싶게 하다

dis(apart, away) + **pose**(place) → (서로) 떨어뜨려서 놓다

03 The new apartments were **disposed** along the river.
04 The body releases a chemical that **disposes** you towards sleep.

• **dispose of** (~을) 없애다, 처리하다(= do away with, get rid of),
(문제 등을) 해결하다(= deal with)

• disposition 명 1. 배열, 배치 2. 기질; 성향(= tendency)
• disposal 명 처분, 처리

0822

im**pose** ***

[impóuz]

동 1. (힘든 일을) **부과하다, 지우다** 2. (의견 등을) 강요하다

im(into, in) + **pose**(put, place) → ~의 안에 놓다[두다]

05 The judge **imposed** a life sentence on the defendant.
06 We should not **impose** our values on others.

• **impose A on B** B에게 A를 부과하다[강요하다]

0823

pro**pos**al *

[prəpóuzəl]

명 1. 제안(서), 제의 2. 청혼

pro(forth) + **pos(it)**(put, place) + **al**(명) → 앞으로 놓아둔 것

07 I worked late, putting the final touches on the business **proposal**. 모의응용
08 I have been hoping for a marriage **proposal** from Tom.

• propose 동 1. 제안하다 2. 청혼하다
• proposition 명 1. (사업상) 제의 2. (처리해야 할) 일, 문제(= matter) 3. 명제

---

01 신용카드로 쇼핑하는 것은 **충동**구매를 초래할 수 있다. **02** 새 기술은 고전하는 자동차 업계에 **자극**을 주었다. **03** 새 아파트는 강을 따라 **배치되었다**. **04** 몸은 잠을 자고 **싶게 하는** 화학 물질을 분비한다. **05** 판사는 피고를 종신형[무기징역]에 **부과한다**. **06** 우리는 우리의 가치관을 남에게 **강요해서는** 안 된다. **07** 나는 사업 **제안서**를 마지막으로 다듬으며 늦게까지 일했다. **08** 나는 Tom의 **청혼**을 기대하고 있다.

com**pone**nt**

[kəmpóunənt]

〔명〕 (구성) 요소, 부품

com(together) + pone(put) + (e)nt(명) → 함께 놓이는 것 → 요소, 부품

01 In modern society, plastic products are the largest **component** of waste. 모의응용

---

pro**pone**nt

[prəpóunənt]

〔명〕 지지자, 찬성자 (= advocate)

pro(forward) + pone(put) + (e)nt(명) → (주장을) 앞에 내놓는 사람

02 He is one of the candidates who are **proponents** of gun control.

---

op**pon**ent*

[əpóunənt]

〔명〕 1. 반대자 2. (대회 등의) 상대 (= adversary)

op(against) + pon(put, place) + (e)nt(명) → 반대로 놓는 것

03 He is a strong **opponent** of the death penalty.
04 The boxer knocked out his **opponent** in the third round.

---

im**pend**ing

[impéndiŋ]

〔형〕 (불쾌한 일이) 임박한, 곧 닥칠 (= imminent)

im(into) + pend(hang) + ing(형) → 매달려 있는

05 She's concerned about an **impending** midterm exam.

---

ap**pend**

[əpénd]

〔동〕 (글에) 덧붙이다, 첨부하다

ap(to) + pend(hang) → ~에 매달다

06 The results of the chemical experiment are **appended** to the end of this report.

• append**ix** 〔명〕 부록, 부속물

---

pendulum

발음주의, 철자주의

[péndʒələm]

〔명〕 (시계의) 추; 진자

pend(ul)(hang) + um(명) → 매달려 있는 것

07 The **pendulum** swings back and forth, and then slows down. 모의응용

---

01 현대사회에서, 플라스틱 제품은 쓰레기 중 가장 큰 **구성 요소**이다. **02** 그는 총기 규제 **지지자**들인 후보들 중의 한 명이다. **03** 그는 사형 제도의 강력한 **반대자**이다. **04** 권투선수는 3라운드에서 그의 **상대**를 쓰러뜨렸다. **05** 그녀는 **임박한** 중간고사를 걱정하고 있다. **06** 그 화학 실험의 결과는 이 보고서의 마지막에 **첨부되어** 있다. **07** 추는 앞뒤로 흔들리고 난 뒤에 속도가 느려진다.

0830

sus**pend****

[səspénd]

동 1. 매달다 2. (일시) **중단하다** (= stop); 보류하다 3. **정직[정학]시키다**

sus(under) + **pend**(hang) → 매달다
↘ (어떤 일의 중요도를) 아래로 매달아두다 → 뒤로 미루다

01 It's simple to create a fun backyard swing for kids just by **suspending** a board from a tree with ropes. 모의응용
02 The ferry service has been **suspended** for days because of bad weather.
03 The students have been **suspended** for the destruction of school property.

- suspension 명 1. 보류, 연기 2. 정직, 정학
- suspense 명 긴장감; 불안, 걱정 (= anxiety)

0831

com**pens**ate**

[kámpənsèit]

동 1. 보완[보충]하다 2. 보상하다, 보상금을 주다

com(together) + **pens**(hang, weigh) + **ate**(동) → 함께 저울질 하다 → 부족한 쪽을 채우다

04 Maple syrup can be used to **compensate** for a lack of sugar.
05 Nothing is enough to **compensate** her for the loss of her son.

- **compensate A for B** A에게 B를 보상하다

- compensation 명 보상(금)

0832

in**sert****

[insə́ːrt]

동 (다른 것 속에) **끼우다, 끼워 넣다**; (글 속에) **삽입하다**

in(in) + **sert**(join) → 안으로 넣다

06 **Insert** two AA batteries into the battery box and press the power button.
모의응용

0833

as**sert***

[əsə́ːrt]

동 (강하게) **주장하다, 단언하다**

as(to) + **sert**(join) → (특정한 관점)에 연결시키다

07 Don't **assert** what you don't know for certain.

- assertion 명 주장, 단언
- assertive 형 적극적인

01 밧줄로 나무에 널빤지를 **매달아서** 아이들을 위한 재미있는 뒷마당 그네를 만들기는 쉽다. **02** 배의 운항은 악천후 때문에 며칠째 **중단되었다.** **03** 학생들은 학교 기물을 파손하여 **정학을 당했다.** **04** 메이플 시럽은 설탕 부족을 **보충하기** 위해 사용될 수 있다. **05** 어떤 것도 그녀가 아들을 잃은 것을 **보상하기에** 충분하지 않다. **06** 두 개의 AA 건전지를 배터리 통에 **끼워 넣고** 전원 버튼을 누르세요. **07** 확실히 알지 못하는 것은 **단언하지** 마라.

• for의 의미

목적·추구	행위의 의도나 목적을 나타냄. · It's not a good decision to apply **for** that position. (그 일자리에 지원하는 것은 좋은 결정이 아니다.)
대신·대리	어떤 대상을 대신하는 것을 나타냄. · People chose Henry to speak **for** the group. (사람들은 Henry가 그 모임을 대변하도록 선정했다.)
관련	관련된 대상을 나타냄. · Doctors have a duty to care **for** their patients. (의사들은 그들의 환자를 돌볼 의무가 있다.)

0834

account for

1. 설명하다 2. (~의) 이유[원인]가 되다 3. (부분, 비율을) 차지하다

account(설명하다)+**for**(관련) → ~에 대해 설명하다

01 How do you **account for** your strange behavior last night?
02 The intense training program, I believe, **accounts for** my success. 모의응용
03 About three percent of the weight of sea water is **accounted for** by salt.

0835

answer for

(~에 대해) 책임지다, 보증하다

answer+**for**(관련) → ~에 대해 답하다

04 When it comes to violence among young people, television has a lot to **answer for**.

01 어젯밤 너의 이상한 행동을 어떻게 **설명할래**? 02 내 생각엔 그 집중 훈련 프로그램이 내 성공의 **이유가 된다**. 03 바닷물 무게의 3퍼센트 정도를 소금이 **차지하고 있다**. 04 젊은이들 사이의 폭력에 관해선 텔레비전이 **책임질** 일이 많다.

0836

call for

1. 요구하다(= demand); 필요로 하다(= require) 2. (날씨, 상황 등을) 예측하다

3. 데리러 가다

call + for(목적, 추구) → ~을 부르다[말하다]

01 Human Rights groups **called for** the release of political prisoners.
02 The weather forecast **called for** clear skies today.
03 We should arrive by nine at the airport. I'll **call for** you at seven.

0837

go for

1. 얻으려 애쓰다, 목표로 하다 2. 선택하다

go + for(목적) → ~을 위해 가다

04 Jackson is **going for** the first prize in the piano contest.
05 I'll **go for** chocolate cake. What do you want to eat?

0838

look for

1. 찾다, 구하다 2. 기대하다

look + for(목적, 추구) → ~을 목적으로 살피다

06 I'm **looking for** a houseplant as a housewarming gift. 수능용법
07 While **looking for** work as a singer, she is taking lessons at a vocal academy.

0839

make for

(~로) 향하다(= head for)

make + for(목적) → ~을 향해 만들어 내다

08 It's time we **made for** his house, or else we will be late.

0840

stand for

1. 의미하다, 상징하다 2. 지지하다, 옹호하다

stand + for(대신, 대리) → ~을 대신하여 서 있다

09 It seems that the three performers **stand for** a king, a knight, and a peasant. 모의용법
10 Her behavior is totally wrong and I'm not going to **stand for** it. 모의용법

---

01 인권 단체들은 정치 사범들을 석방하라고 **요구했다. 02** 일기 예보는 오늘 맑은 하늘을 **예측했다. 03** 우리는 9시까지 공항에 도착해야 해. 내가 7시에 **데리러 갈게. 04** Jackson은 피아노 대회 1등을 **목표로 하고** 있다. **05** 나는 초콜릿 케이크를 **선택할래.** 너는 뭐 먹고 싶니? **06** 나는 집들이 선물로 실내용 화초를 **찾고 있다. 07** 가수로 일하기를 **기대하며,** 그녀는 보컬 학원에서 수업을 받고 있다. **08** 그의 집**으로 향할** 시간이다. 그렇지 않으면 우리는 늦을 거야. **09** 그 세 명의 연기자들이 왕, 기사, 소작농을 **의미하는** 것 같다. **10** 그녀의 행동은 완전히 잘못되었고 나는 그것을 **지지해줄** 수 없다.

마음, 신념, 가치 등을 나타내는 어근

어근	의미	예시
cord / cour	**heart** 심장, 마음	**cour**age → 마음에서 오는 것 용기, 담력
path	**feel, suffer** 느끼다, 고통 받다	tele**path**y → 멀리 떨어져 있어도 느낄 수 있는 텔레파시
sens / sent	**feel** 느끼다	**sens**itive → (타인의 감정을) 잘 느끼는 세심한
cred	**believe** 믿다	**cred**it → 믿을 수 있는 정도 신용도
vail / val(u)	**value, strong, worth** 가치, 강한, 가치 있는	**valu**able → 가치 있는 소중한, 귀중한
equa(l) / equi	**equal** 같은, 동일한	**equal**ity → 똑같은 상태 평등, 균등
preci / prais	**price, value** 가격, 가치	**preci**ous 가치가 있는, 귀중한
ject	**throw** 던지다	re**ject** → (수락하지 않고) 뒤로 던져버리다 거부하다, 거절하다
rupt	**break** 깨다, 부수다	inter**rupt** → 중간에서 (흐름을) 깨다 방해하다
onym	**name, word** 이름, 단어	syn**onym** → 뜻을 함께 가지는 단어 동의어
medi	**middle** 한가운데, 중간	**medi**um 중간의

0841

ac**cord**
[əkɔ́ːrd]

동 부합하다, 일치하다 (= correspond)

명 1. **부합, 일치** 2. (공식) **합의 협정** (= agreement)

ac(to) + **cord**(heart) → ~로 마음을 모으다 → (마음이) 일치하다

01 The traditions of one nation might not **accord** with another's.
02 The two countries signed an economic **accord** to maximize their benefits.

◆ **in accord with** ~와 조화되어, 일치하여

◆ accordance 명 부합, 일치

0842

cordial
[kɔ́ːrdʒəl]

형 마음에서 우러난 (= sincere); 다정한, 따뜻한

cord(heart) + **ial**(형) → 마음으로 대하는

03 Contrary to his expectations, the atmosphere of his new school was **cordial** and relaxed.

0843

dis**cord**
[dískɔːrd]

명 1. 불일치, 불화 (↔ harmony 조화) 2. 《음악》 **불협화음**

dis(apart) + **cord**(heart) → 마음이 떨어져 있음

04 Some of the test subjects responded more strongly to unpleasant images showing **discord** among people. 모의응용
05 The song ended on a **discord**.

0844

anti**path**y
[æntípəθi]

명 (강한) 반감, 혐오, 악감정 (= hatred, hostility)

anti(against) + **path**(feel) + **y**(명) → 반대하는 감정

06 He had a deep **antipathy** toward the press.

0845

a**path**y
[ǽpəθi]

여기서 a-는 'without'의 의미를 가지는 접두사 an-의 변화형이다.

명 무관심, 냉담 (= indifference)

a(without) + **path**(feel) + **y**(형) → 감정이 없는 상태 → 무관심

07 Unlike the past, young people today tend to have political **apathy**.

---

01 한 나라의 전통은 다른 나라의 것과 **일치하지** 않을 수도 있다. **02** 두 나라는 이익을 최대화하기 위해 경제 **협정**에 서명했다. **03** 그의 예상과는 반대로, 새로 들어간 학교의 분위기는 **따뜻하고** 편안했다. **04** 실험 대상자 중 몇몇은 사람들 간의 **불화**를 나타내는 불쾌한 이미지에 더 강하게 반응했다. **05** 그 노래는 **불협화음**으로 끝났다. **06** 그는 언론을 향해 깊은 **반감**을 가지고 있었다. **07** 과거와 달리, 요즘 젊은이들은 정치에 대해 **무관심**한 경향이 있다.

0846

pathetic

발음주의 [pəθétik]

[형] 1. 불쌍한, 애처로운 2. 서투른, 형편없는

path(e)(feel) + **tic**(형) → 감정의, 감정을 움직이는

01 She looked so **pathetic** that I tried to comfort her.
02 He always made **pathetic** excuses for his silly mistakes.

0847

em**pathy** *

[émpəθi]

[명] 감정 이입, 공감

em(in) + **path**(feel) + **y**(명) → 자신의 감정을 불어넣거나 타인의 감정을 받아들임

03 **Empathy** is what we experience when we feel other people's pain or joy. 모의응용

• empathize [동] 감정 이입하다, 공감하다
• empathetic / empathic [형] 감정 이입의

0848

sym**pathy** **

[símpəθi]

[명] 1. 공감, 동감(= empathy); 찬성 2. 동정(심), 연민(= pity)

sym(together) + **path**(feel) + **y**(명) → 감정을 같이 느낌

04 Her proposal got **sympathy** from her colleagues.
05 At the funeral, Jimmy felt much **sympathy** for his friend.

• sympathetic [형] 1. 동정하는 2. 공감하는, 호의적인
• sympathize [동] 1. 동정하다 2. 공감하다, 찬성하다

0849

sens**ation** **

[senséiʃən]

[명] 1. 감각(= sense) 2. 느낌; 기분 3. 센세이션, 돌풍

sens(feel) + **ation**(명) → 느끼는 것

06 Leo realized that he had no **sensation** in his legs after the car accident.
07 Caroline had the **sensation** that she was being watched.
08 The film caused a **sensation** among film critics.

• sensational [형] 1. 선풍적인 2. 선정적인

---

01 그녀가 너무 **불쌍해** 보여서 나는 그녀를 위로하려 노력했다. **02** 그는 자신의 어리석은 실수에 대해 항상 **서투른** 변명을 했다. **03** **감정 이입**이란 다른 사람들의 고통이나 기쁨을 우리가 느낄 때 경험하는 것이다. **04** 그녀의 제안은 동료들로부터 **공감**을 얻었다. **05** 장례식에서, Jimmy는 친구에게 많은 **동정심**을 느꼈다. **06** Leo는 교통사고 이후 자신의 다리에 **감각**이 없다는 것을 깨달았다. **07** Caroline은 자신이 감시당하고 있는 것 같은 **느낌**이 들었다. **08** 그 영화는 영화 평론가들 사이에 **센세이션**을 일으켰다.

0850

sensible

[sénsəbl]

형 분별력 있는, 현명한

sens(feel) + **ible**(형) → 옳고 그름을 잘 감지할 수 있는

01 You are a **sensible** adult. I believe you will make a rational decision.

0851

sentiment

[séntəmənt]

명 1. 감정, 정서, (감정에 근거한) 의견 2. 감상 《쓸쓸하고 슬퍼지는 마음》

sent(i)(feel) + **ment**(명) → 느끼는 것

02 anti-war **sentiment**
03 There's no time for **sentiment** in fierce competition.

0852

con**sent** *

[kənsént]

동 동의하다, 허락하다; 합의하다 명 동의, 허락 (= permission)

con(with) + **sent**(feel) → 함께 느끼다

04 The athlete did not **consent** to the surgery as he wanted to play in the grand final. 모의응용

• consensus 명 합의

0853

dis**sent**

[disént]

동 반대하다 명 반대, 반대 의견

dis(apart) + **sent**(feel) → 감정이 갈라지다

05 One of the judges **dissented** from the decision of the others.

0854

re**sent** *

발음주의 [rizént]

동 분하게 여기다, 분개하다, 화를 내다

re(강조) + **sent**(feel) → (분노의) 감정이 강하게 들다

여기서 접두사 re-는 '강조'의 의미를 가진다

06 The painter **resented** an unfavorable criticism of his first exhibit.

• resentment 명 분함, 분개
• resentful 형 분하게 여기는, 분개하는

---

01 너는 **분별력 있는** 성인이야. 나는 네가 합리적인 결정을 할 거라 믿어. **02** 전쟁에 반대하는 **정서 03** 치열한 경쟁에는 **감상**이 개입할 시간이 없다. **04** 그 운동선수는 결승전에 참여하고 싶었기 때문에 수술에 **동의하지** 않았다. **05** 심판들 중 한 명이 다른 심판들의 결정에 **반대했다**. **06** 그 화가는 자신의 첫 전시회에 대한 호의적이지 않은 비평에 **분개했다**.

0855
cred**ible** *
발음주의 [krédəbəl]

형 믿을 수 있는(↔ incredible 믿을 수 없는), 신뢰할 수 있는(= reliable)

cred(believe) + **ible**(형) → 믿을 수 있는

01 She gave important evidence, and I found her to be sensible and **credible**.

• credibility 명 신뢰성

0856
cred**ulous**
발음주의 [krédʒələs]

형 잘 믿는, 잘 속는

cred(ul)(believe) + **ous**(형) → 잘 믿어서 속기 쉬운

02 The investors were **credulous** enough to invest all their savings.

0857
a**vail**
[əvéil]

동 도움이 되다; 유용하다

a(to) + **vail**(worth) → ~에 가치가 있다

03 If you are being lazy, no good chance can **avail** you.

◆ **be of little/no avail** 거의[전혀] 소용이 없다
◆ **avail oneself of** 이용하다; 틈타다

0858
e**valu**ate **
[ivǽljuèit]

동 평가하다(= assess)

e(out) + **val(u)**(worth) + **ate**(동) → 가치를 밖으로 보여주다

04 The researchers are **evaluating** the long-term effects of the new medicine.

• evaluation 명 평가(= valuation)

0859
pre**vail** *
[privéil]

동 1. 만연[유행]하다, 널리 퍼지다(= pervade) 2. 승리하다, 이기다

pre(before) + **vail**(be strong) → (다른 것보다) 앞서서 강하다

05 Flu **prevails** throughout the country.
06 I am sure that justice will **prevail** in the end.

cf. fad (일시적인) 유행

• prevalent 형 만연한, 널리 퍼진, 유행하는(= widespread)
• prevailing 형 지배적인, 우세한; 널리 퍼진

---

01 그녀는 중요한 증거를 줬고, 나는 그녀가 분별력 있고 **신뢰할 수 있는** 사람이라고 생각했다. **02** 투자자들은 그들이 저축한 모든 돈을 투자할 정도로 **잘 속았다. 03** 게으르면 어떤 좋은 기회도 **소용이** 없을 것이다. **04** 연구원들은 그 신약의 장기적 효과를 **평가하는** 중이다. **05** 독감이 전국적으로 **유행한다. 06** 나는 정의가 결국은 **승리할** 것이라고 확신한다.

0860

valid **

[vǽlid]

[형] 1. 유효한 2. 타당한; 정당한(↔ invalid 1. 무효한 2. 근거 없는)

val(strong) + **id**(형) → (아직) 힘이 있는 → 유효한

01 The flight ticket is **valid** for three months after purchase.
02 Police officers must have a **valid** reason for stopping motorists.

• validity [명] 1. 유효함(↔ invalidity 무효) 2. 타당성

0861

ad**equa**te **

발음주의 [ǽdikwət]

[형] 충분한, 적절한(= sufficient)(↔ inadequate 불충분한)

ad(to) + **equ**(equal) + **ate**(형) → (필요한 수량과) 똑같게 한

03 All travelers should ensure they have **adequate** travel insurance before they depart. 수능응용

• adequately [부] 충분히, 적절히

0862

equation *

발음주의 [ikwéiʒən]

[명] 1. 《수학, 화학》 방정식, 등식 2. 동일시

equa(equal) + **tion**(명) → 동등하게 만드는 것

04 Einstein invented new **equations** that advanced physics considerably.
05 The **equation** of wealth with happiness makes people greedy.

• equate [동] 동일시하다

0863

equivalent **

[ikwívələnt]

[형] (가치, 의미 등이) 동등한, 같은(= equal, identical); (~에) 상응하는

[명] 상응하는 것(= counterpart)

equi(equal) + **val**(worth) + **ent**(형), (명) → 똑같은 가치를 가지는 (것)

06 His silence is **equivalent** to an admission of guilt.

0864

ap**prais**e

[əpréiz]

[동] 1. 평가하다; 감정하다 2. 살피다

ap(to) + **prais(e)**(price) → ~에 가치를 매기다

07 The judges **appraised** all the paintings to select the best work.
08 Be sure to carefully **appraise** the terms of the deal before signing anything.

---

01 그 항공권은 구입 후 3개월 동안 **유효하다**. **02** 경찰관은 운전자를 정지시키는 **타당한** 이유가 있어야 한다. **03** 모든 여행객들은 출발 전에 **적절한** 여행자 보험에 가입해있는지를 확인해야만 한다. **04** 아인슈타인은 물리학을 상당히 진보시킨 새로운 **방정식**을 창안했다. **05** 부와 행복을 **동일시하는 것**은 사람을 탐욕스럽게 만든다. **06** 그의 침묵은 유죄 인정과 **같다**. **07** 심사위원들은 최고의 작품을 선정하기 위해 모든 그림을 **평가했다**. **08** 어떤 것이든 서명하기 전에 거래 조건을 반드시 신중하게 **살펴라**.

eject

[idʒékt]

동 1. 쫓아내다 2. 튀어나오게 하다; (연기 등을) 내뿜다

e(out) + ject(throw) → 밖으로 던지다

01 The guards **ejected** some violent fans from the concert hall.
02 The eruption of the Krakatoa volcano **ejected** fine dust particles into Earth's upper atmosphere. 모의응용

• ejection 명 방출, 분출

---

in**ject** *

[indʒékt]

동 주입하다, 주사하다

in(into) + ject(throw) → 안으로 던져 넣다

03 The doctor **injected** a painkilling drug into his patient.

◆ inject A into B A를 B에 주입하다[주사하다]

• injection 명 주입, 주사

---

ab**rupt**

[əbrʌpt]

형 1. 《부정적》 갑작스러운(= sudden), 뜻밖의 2. 퉁명스러운

ab(off) + rupt(break) → (난데없이) 떨어져 나온

04 The novel was interesting, but it had an **abrupt** ending, so I was disappointed. 모의응용
05 The waiter was **abrupt** and impatient with customers when taking orders.

• abruptly 부 1. 《부정적》 갑자기, 뜻밖에 2. 퉁명스럽게

---

cor**rupt** *

[kərʌpt]

형 부패한, 타락한 동 부패하게 하다, 타락시키다

cor(강조) + rupt(break) → 완전히 부서진[파괴된]

06 Consequently, the **corrupt** leader had to resign.

• corruption 명 부패, 타락

---

01 경비 요원들은 콘서트장에서 몇몇 난폭한 팬들을 **쫓아냈다.** 02 크라카타우 화산의 폭발은 미세 먼지 입자를 지구의 상층부 대기 중으로 **내뿜었다.**
03 의사는 자신의 환자에게 진통제를 **주사했다.** 04 그 소설은 흥미로웠지만 **갑작스러운** 결론을 냈고, 나는 실망했다. 05 그 종업원은 주문을 받을 때 손님들에게 **퉁명스럽고** 참을성이 없었다. 06 결과적으로, 그 **부패한** 지도자는 사임해야 했다.

0869
e**rupt** *
[irʌ́pt]

동 (화산 등이) **분출하다**(= explode); (감정 등이) **폭발하다**

e(out)+**rupt**(break) → 밖으로 터져 나오다

01 By studying rocks, geologists learn where volcanoes once **erupted**. 모의응용

• eruption 명 분출; 폭발

0870
dis**rupt** *
[dìsrʌ́pt]

동 **방해하다, 지장을 주다**(= disturb, interrupt); **붕괴시키다**

dis(apart)+**rupt**(break) → (정리된 것을) 분리해서 무너뜨리다

02 Heavy snow **disrupted** flight services.

• disruption 명 중단; 붕괴, 분열

0871
an**onym**ous
발음주의 [ənɑ́nəməs]

형 **익명인, 신원 불명의**

an(not, without)+**onym**(name)+**ous**(형) → 이름이 없는

03 An **anonymous** donor came up with the money for the child's surgery.

• anonymity 명 익명(성)

0872
ant**onym**
[ǽntənìm]

명 《문법》 **반의어**(↔ synonym 동의어, 유의어)

ant(i)(opposite)+**onym**(word) → 서로 반대되는 (의미의) 단어

04 "Birth" is the **antonym** of "death."

0873
syn**onym**ous
발음주의 [sinɑ́nəməs]

형 1. **동의어[유의어]의** 2. **아주 밀접한**

syn(together)+**onym**(word)+**ous**(형) → (의미를) 함께 가지는 단어의

05 The words "big" and "large" are **synonymous**.
06 To many people the word "family" is **synonymous** with love and acceptance.

• synonym 명 동의어, 유의어

---

01 암석을 연구함으로써 지질학자들은 예전에 어디에서 화산이 **분출했는지를** 알게 된다. **02** 폭설이 항공기 운항에 **지장을 주었다. 03 익명의** 한 기부자가 그 아이의 수술비를 내놓았다. **04** '탄생'은 '죽음'의 **반의어**이다. **05** 단어 'big'와 'large'는 **동의어**이다. **06** 많은 사람에게 '가족'이라는 단어는 사랑, 수용과 **아주 밀접하다.**

0874

inter**medi**ate *

[ìntərmíːdiət]

형 중간의, 중급의 명 중급자

inter(between) + **medi**(middle) + **ate**(형) → 중간에 끼어 있는

01 Our pottery course will be offered in three levels: beginner, **intermediate**, and advanced. 모의응용

- intermediary 형 중간의 명 중재자; 중개인

0875

medieval /
mediaeval *

발음주의 [mìːdíːvəl]

형 중세의; 중세풍의 《서기 약 1000년~1450년》

medi(middle) + **ev**(age) + **al**(형) → 시대의 중간에 있는

> ev는 '나이, 시대(age)'를 나타내는 어근이다.
> e.g. longevity(long+ev(age)+ity(형) → 장수)

02 This church is a perfect example of **medieval** architecture.

0876

mediate *

[míːdièit]

동 중재하다, 조정하다(= intervene); 화해시키다

medi(middle) + **ate**(동) → 중간에서 행동하다

03 Tommy attempted to **mediate** an argument between his friends.

- mediation 명 중재, 조정; 화해
- mediator 명 중재자, 조정자

---

01 저희 도예 수업은 초급, **중급**, 고급 3단계로 제공됩니다. **02** 이 교회는 **중세** 건축 양식의 완벽한 예시이다. **03** Tommy는 자신의 친구들 사이의 언쟁을 **중재하려고** 시도했다.

through의 의미

통과·과정·완료

뚫고 지나가는 과정이나 과정을 거쳐 완료되는 상태를 나타냄.

· It's hard to break **through** cultural differences in a new country. (새로운 나라에서 문화 차이를 극복하는 것은 어렵다.)

PART 4

Unit

22

0877
come through

1. 성공하다, 해내다 2. (정보, 의미 등이) 들어오다, 전달되다

come + through (통과) → ~을 통과하여 오다

01 Mina is a great leader who always **comes through** under pressure.
02 There is news just **coming through** of an earthquake.

0878
get through

1. 통과하다, 빠져나가다 2. (일 등을) 끝내다, 완수하다

get + through (통과; 완료) → ~을 통과하여 나가다[도착하다]

03 There was a traffic jam in the morning, but I managed to **get through** it.
04 Even though we worked overtime yesterday, we've still got lots of work to **get through**.

0879
go through

1. 겪다, 경험하다 (= experience) 2. 자세히 조사[검토]하다 (= examine)

go + through (과정) → (과정을 겪으며) 통과하다; 처음부터 끝까지 가다

05 When you're **going through** a hard time, it often helps to talk to someone.
06 Let's **go through** our plan one last time. 모의응용

0880
look through

1. (빠르게) 살펴보다, 훑어보다 2. 검토하다

look + through (과정; 완료) → 처음부터 끝까지 보다

07 Waiting in the dental clinic, I **looked through** a magazine.
08 I **looked through** your essay, and I thought you didn't do your best.

모의응용

---

01 미나는 압박 속에서도 항상 **성공하는** 훌륭한 리더이다. 02 지진 소식이 막 **들어오고** 있다. 03 아침에 교통체증이 있었지만, 나는 가까스로 **빠져나올 수** 있었다. 04 어제 시간 외로 일했음에도 불구하고, 우린 여전히 **끝내야** 할 일이 많이 있다. 05 네가 힘든 시기를 **겪고** 있을 때, 누군가에게 얘기하는 것이 종종 도움이 된다. 06 우리 계획을 마지막으로 한 번만 **자세히 검토해** 보자. 07 치과 진료를 기다리며, 나는 잡지를 **훑어보고** 있었다. 08 난 네 에세이를 **검토하였고**, 네가 최선을 다하지 않았다고 생각한다.

⚡ 각각의 주어진 문맥과 1~3의 의미 추론 과정을 통해, 굵게 표시된 단어의 의미를 추론해 보세요.

01 **revert**

Individuals will often understand their need to change and express commitment to changing, but then return to what is familiar. This tendency to **revert** to the familiar is a serious challenge not just for individuals but for society as a whole.

1 품사 ☐동 ☐형 ☐명 ☐부

2 문맥 사람들은 익숙한 것으로 되돌아가며, 이렇게 익숙한 것으로 _____ 경향은 심각한 도전이다.

3 분석 re+vert

02 **assent**

One important thing regarding any type of psychological research is gaining **assent** from the participants beforehand. It would be unethical to test unwilling subjects.

1 품사 ☐동 ☐형 ☐명 ☐부

2 문맥 심리 조사의 한 가지 중요한 점은 사전에 참가자들로부터 _____ 를 얻는 것이다. 조사를 꺼리는 사람들을 테스트하는 것은 비윤리적이다.

3 분석 as+sent

03 **conspicuous**

Tigers' stripes help them blend in with tall grasses, but zebras are really **conspicuous**. What was the point of Mother Nature painting these elegant creatures in black and white? 모의응용

1 품사 ☐동 ☐형 ☐명 ☐부

2 문맥 호랑이들의 줄무늬는 키 큰 잔디와 잘 조화되지만, 얼룩말들은 정말로 _____.

3 분석 con+spic+(u)ous

04 **deficient**

Among people who do not eat iron-rich meat or cannot afford it, and therefore survive mainly on grains, it is common for the body to be **deficient** in iron. 모의응용

1 품사 ☐동 ☐형 ☐명 ☐부

2 문맥 철분이 풍부한 음식을 먹지 않으면 철분이 _____ 몸이 된다.

3 분석 de+fic(i)+ent

01 동, 되돌아가는   02 명, 동의   03 형, 눈에 잘 띈다   04 형, 부족한

revert

[rivə́ːrt]

[동] (본래 상태, 생각 등으로) **되돌아가다**

re(back) + **vert**(turn) → 뒤로 돌다

01 After you have reached your ideal weight, try not to **revert** to your unhealthy eating habits.

assent

[əsént]

[동] 동의하다, 찬성하다 [명] 동의, 찬성

as(to) + **sent**(feel) → (같은) 쪽으로 느끼다 → 같은 생각을 하다

02 She refused to **assent** to the terms of the contract.

conspicuous

철자주의 [kənspíkjuəs]

[형] 눈에 잘 띄는, 튀는 (= noticeable)

con(강조) + **spic**(look at) + **(u)ous**(형) → 잘 보이는

03 The sign was placed in a very **conspicuous** spot.

deficient

[difíʃənt]

[형] 부족한, 결핍된

de(down, away) + **fic(i)**(do, perform) + **ent**(형) → 하는 것에서 벗어난 → 하지 못한, 미치지 못한

04 New research indicates that 75% of U.S. adults are **deficient** in vitamin D.

• **deficiency** [명] 부족, 결핍

---

01 이상적인 체중에 도달한 뒤에는 건강에 해로운 식습관으로 **되돌아가지** 않도록 노력하라. 02 그녀는 그 계약 조건에 **동의하기를** 거부했다. 03 그 표지판은 매우 **눈에 잘 띄는** 장소에 놓였다. 04 새 연구는 미국 성인의 75퍼센트가 비타민 D가 **결핍되어** 있음을 보여준다.

05 depreciate

Most people would pick a new car over a used car if they could afford it. But new cars start to **depreciate** as soon as they are on the road, and they continue to lose resale value each year.

1 품사 ☐ 동 ☐ 형 ☐ 명 ☐ 부

2 문맥 사람들은 새 차를 더 좋아하지만, 차는 모는 즉시 _____. 그리고 되팔 때의 가치를 계속 해서 해마다 잃는다.

3 분석 de+preci+ate

---

06 detract

Placing oneself in the role of photographer can **detract** from delight in the present moment. I know a father who devoted himself earnestly to photographing the birth of his first child, and he later regretted that he had missed out on such an important moment. 수능응용

1 품사 ☐ 동 ☐ 형 ☐ 명 ☐ 부

2 문맥 사진사는 지금 순간의 즐거움을 _____ 수 있다. 내가 아는 한 아버지는 첫 아이의 탄생을 찍느라 그 중요한 순간을 놓친 것을 후회했다.

3 분석 de+tract

---

07 equilibrium

Gravity is everywhere in the universe, affecting everything we see. Consider a book on a table top: the table is pushing upward on the book, and gravity is pulling the book downward with the same amount of force. Since these two forces cancel each other, the book is at **equilibrium**.

1 품사 ☐ 동 ☐ 형 ☐ 명 ☐ 부

2 문맥 탁자 위의 책은 두 가지 중력이 서로 상쇄되어 _____ 상태에 있는 것이다.

3 분석 equi+libri(균형)+um

---

08 indigenous

Infectious diseases like smallpox were originally brought from Europe into the Americas. Since people native to the Americas had no prior exposure to the diseases, the majority of the **indigenous** population of the Americas was wiped out. *smallpox 천연두

1 품사 ☐ 동 ☐ 형 ☐ 명 ☐ 부

2 문맥 아메리카 원주민들은 그 전염병에 노출된 적이 없었기 때문에 아메리카의 _____ 인구 대다수가 몰살되었다.

3 분석 indi(in, within)+gen+ous

---

09 retract

Despite the aggressive advertising, the company's image had been severely damaged. Many reservations were **retracted** in the following months, and demand never fully recovered.

1 품사 ☐ 동 ☐ 형 ☐ 명 ☐ 부

2 문맥 그 회사의 이미지가 손상되어 예약이 많이 _____. 수요가 결코 완전히 회복되지 않았다.

3 분석 re+tract

---

05 동, 가치가 떨어진다   06 동, 손상시킬   07 명, 평형   08 형, 토착   09 동, 취소되었고

depreciate

발음주의 [dipríːʃièit]

[동] 가치가 떨어지다; 낮게 평가하다

de(down) + preci(price, value) + ate(동) → 값[가치]이 떨어지다

01 I had no intention of **depreciating** your contribution.

• depreciation [명] 가치 하락; 경시

---

detract

[ditrǽkt]

[동] (가치 등을) 손상시키다; (가치 등이) 떨어지다

de(down) + tract(draw) → 아래로 끌어내리다

02 These small faults do not **detract** from the overall quality of the book.

---

equilibrium

발음주의 [iːkwilíbriəm]

[명] 평형, 균형(= balance); (마음의) 평정

equi(equal) + libri(balance) + um(명) → 동등하게 균형을 맞춘 상태

03 I paused in the hall to take three deep breaths to restore my **equilibrium**.

---

indigenous

철자주의 [indídʒənəs]

[형] 토착의, 그 지역 고유의; 타고난

indi(in, within) + gen(give birth) + ous(형) → 본래부터 ~에서 태어난

접두사 indi-의 기원은 '안에(in, within)'를 뜻하는 라틴어이다.

04 The kangaroo is **indigenous** to Australia.

---

retract

[ritrǽkt]

[동] (앞서 한 말을) 취소하다, 철회하다(= withdraw)

re(back) + tract(draw) → 뒤로 끌어당기다

05 The man confessed his guilt but later **retracted** his statement.

• retraction [명] 취소, 철회

---

01 나는 네 기여도를 **낮게 평가하려는** 의도는 없었다. 02 이러한 조그만 결함이 그 책의 전반적인 품질을 **떨어뜨리지는** 않는다. 03 나는 **평정**을 회복하기 위해 심호흡을 세 번 하려고 현관에 잠시 멈춰 섰다. 04 캥거루는 호주의 **토착종**이다. 05 그 남자는 자신의 죄를 자백했지만 후에 자신의 말을 **철회했다.**

05

—

테마로 외우는 어휘 I
학문 · 탐구

How to infer the meanings of words
from their context

23 | 물리 · 화학(physics · chemistry)

물질의 구성

0881

particle **

[pá:rtikl]

↳ 물질을 구성하는 미세한 물체인 분자, 원자 등을 통칭하는 것이
'입자(particle)'이다.

몡 입자; 극소량, 아주 작은 조각

01 The colors of the sky result from the scattering of sunlight by dust
particles. 모의응용

0882

molecule **

발음주의 [mάləkjù:l]

몡 분자

02 Hot water **molecules** move faster than cold ones.

• molecular 몒 분자의

0883

atom *

[ǽtəm]

몡 원자

03 The **atoms** bond together to form a molecule.

• atomic 몒 1. 원자의 2. 원자력의

0884

nuclear **

[nú:kliər]

몒 1. (원자)핵의 2. 원자력의; 핵무기의

04 When two **nuclear** particles collide, different forms of matter are
produced.
05 a **nuclear** power station

원자 번호에 의해 분류되는 원자의 종류를 원소(element)라 하는데, 원소는 다른 물질로 분해될 수 없다.　　주요 원소 Appendix 482쪽

0885

hydrogen **

발음주의 [háidrədʒən]

몡 《화학》 수소

06 Water is composed of the elements **hydrogen** and oxygen. 모의응용

---

01 하늘의 색깔은 먼지 **입자**에 의해 햇빛이 산란되어 생긴다. **02** 뜨거운 물의 **분자**는 차가운 물의 분자보다 더 빨리 움직인다. **03** **원자들**이 함께 결합하여
분자를 형성한다. **04** 두 개의 **핵입자**가 충돌하면, 서로 다른 형태의 물질이 만들어진다. **05 원자력** 발전소 **06** 물은 **수소**와 산소 원소로 이루어져 있다.

물질은 자연적으로 또는 인위적으로 상태나 특성이 변화할 수 있으며, 이와 관련된 어휘는 아래와 같다.

0886

solid **

[sálid]

명 고체 형 1. 고체의; 단단한 (= firm) 2. 확실한, 믿을 수 있는

01 Water expands when it becomes a **solid**. 모의응용
02 **solid** evidence

- solidity 명 굳음; 견고함
- solidify 동 굳어지다; 확고해지다

0887

condense

강세주의 [kəndéns]

동 1. 응결하다; 농축시키다 2. (글, 정보 등을) 요약하다 (= summarize)

con(강조) + **dense**(밀도 높은; 빽빽한) → 밀도 높게[빽빽하게] 만들다

03 Moisture in the air **condenses** to form tiny drops of water.
04 The report was **condensed** into a single page.

- condensation 명 1. 응결; 농축 2. 요약

0888

liquid **

[líkwid]

명 액체 형 액체 형태의

05 Ammonia is a colorless **liquid** or gas with a sharp smell.

0889

dissolve *

발음주의, 강세주의
[dizálv]

동 1. (액체로) 용해되다, 녹이다 2. (관계, 모임 등을) 끝내다; 해산시키다 (= dismiss)

dis(away, apart) + **solve**(loosen) → 느슨하게 풀어 서로 떨어뜨리다

06 When water is stored in plastic containers, chemicals from the plastic
can **dissolve** into the water. 모의응용
07 They decided to **dissolve** the partnership.

cf. solvent 용매 《용질을 녹여 용액을 만드는 액체》
soluble (액체에) 녹는, 용해할 수 있는

---

01 물은 **고체**가 되면 팽창한다. **02 확실한** 증거 **03** 공기 중 수분이 **응결하여** 작은 물방울들을 형성한다. **04** 그 보고서는 한 페이지로 **요약되었다. 05** 암모니아는
톡 쏘는 듯한 냄새를 가진 무색의 **액체** 또는 기체이다. **06** 플라스틱 용기에 물을 보관하면 플라스틱에서 나오는 화학 물질이 물속에 **용해될** 수 있다. **07** 그들은
협력 관계를 **끝내기로** 결정했다.

0890

fluid**

[flúːid]

[명] 유동체 (= liquid 액체; 액체 형태의; 유동적인)

[형] 1. 유동성의 2. 유동적인, 변하기 쉬운 3. (움직임 등이) **부드러운**

01 an object's **fluid** state
02 Our plans for the project are still somewhat **fluid**.
03 a dancer's **fluid** movements

0891

vapor

발음주의 [véipər]

[명] 증기 (= steam)

04 Warm air is able to hold more water **vapor** than cold air.

0892

evaporate*

[ivǽpərèit]

[동] 1. 증발하다[시키다] 2. (희망, 열의 등이) **사라지다**

e(out) + **vapor**(steam) + **ate**(동) → 증기가 되어 밖으로 나가다

05 The sun **evaporates** moisture on leaves.
06 The energized feeling from caffeine quickly **evaporates** and leaves students feeling tired. 모의응용

• evaporation [명] 1. 증발 2. 소멸

0893

decompose

발음주의, 강세주의
[dìːkəmpóuz]

[동] (화학 작용에 의해) **분해되다, 부패하다** (= decay, rot)

de(opposite) + **compose**(구성하다) → 구성하는 것의 반대 → 함께 있지 않게 떨어뜨려 두다

07 Many creatures **decompose** rapidly when they die, so it could be hard to find their fossils. 모의응용

0894

dilute

[dilúːt]

[동] 희석하다 [형] (액체가) 희석된

08 Water helps **dilute** toxins that could inhibit immune function.

---

01 물체의 **유동체** 상태 02 그 프로젝트에 대한 우리의 계획들은 여전히 다소 **유동적이다.** 03 무용수의 **부드러운** 동작 04 따뜻한 공기는 차가운 공기보다 수**증기**를 더 많이 포함할 수 있다. 05 태양은 잎사귀에 있는 수분을 **증발시킨다.** 06 카페인으로 얻은 활기찬 기분은 빨리 **사라지고** 학생들을 피곤한 상태가 되게 한다. 07 많은 생물들이 죽으면 빠르게 **부패하기** 때문에 그것들의 화석을 찾는 것이 어려울 수 있다. 08 물은 면역 기능을 저해할 수 있는 독소를 **희석하는** 데 도움이 된다.

0895

refine **

[rifáin]

동 1. 정제하다, 불순물을 제거하다(= purify) 2. 개선하다, 다듬다

re(again) + fine → 다시 깨끗하게 만들다

01 Each day a huge amount of crude oil is **refined** and used in the United States. 수능응용
02 During the past hundred years, the theory of the atom has been repeatedly **refined**. 모의응용

• refinement 명 1. 정제 2. 개선 3. 세련, 고상함
• refined 형 1. 정제된 2. 개선된 3. 세련된, 교양 있는

0896

chemical **

[kémikəl]

형 화학의, 화학적인 명 《보통 복수형》 화학 물질

03 A scientist conducted research to discover the **chemical** makeup of tears. 모의응용

0897

synthetic *

발음주의, 강세주의
[sinθétik]

형 합성의; 인조의(= artificial, man-made)

04 Plastics are **synthetic** materials made from chemicals in factories. 모의응용

• synthesize 동 합성하다
• synthesis 명 합성

0898

fuse *

발음주의 [fju:z]

동 융합[결합]되다; 녹이다 명 전기 퓨즈; 도화선

05 As your baby grows, some of its bones will **fuse** together.
06 He tried to **fuse** Western and Asian culture into his writing.
07 If the light won't turn on, check whether a **fuse** is blown.

• fusion 명 융합[결합]; 용해

---

01 미국에서는 매일 방대한 양의 원유(原油)가 **정제되고** 사용된다. 02 지난 100년 동안 원자에 대한 이론은 여러 차례 **개선되어** 왔다. 03 한 과학자가 눈물의 **화학적인** 구성을 알아내기 위해 연구를 수행했다. 04 플라스틱은 공장에서 화학 물질로 만들어진 **합성** 물질이다. 05 당신의 아기가 자라면서, 아기의 뼈 일부는 함께 **접합[결합]될** 것이다. 06 그는 동서양의 문화를 자신의 글에 **융합하려고** 노력했다. 07 만약에 불이 켜지지 않는다면, **전기 퓨즈가** 나갔는지 확인해봐라.

0899

rust *

[rʌst]

명 (금속의) 녹 동 녹슬다, 부식하다

01 The metal had begun to **rust**.

• rusty 형 녹이 슨

> | 기타 물질의 상태·변화 |
>
> **saturate** 1. 포화 상태로 만들다 2. 흠뻑 적시다   **corrode** (금속이) 부식하다
> **combustion** 연소; 산화   **ignite** 점화하다, 불이 붙다
> **steam** 1. 증기(가 발생하다), 김(을 내다) 2. (음식을) 찌다

물질의 특성 · 작용

0900

mass **

[mæs]

명 1. 《물리》 질량 2. (큰) 덩어리(= lump) 3. 무리 형 많은, 대량의

02 The density of an object equals its **mass** divided by its volume.
03 The sauce became a sticky **mass** at the bottom of the pan.
04 a **mass** of errors

• **a mass of** 많은
• **the mass of** 대부분의, 대다수의

cf. volume 1. 부피 2. (시리즈로 된 책의) 권 3. 음량, 볼륨

• massive 형 거대한, 엄청난

0901

gravity **

발음주의 [ɡrǽvəti]

명 《물리》 중력, (지구) 인력(引力)

05 An object's weight is the force applied on it by **gravity**. 모의응용
cf. weightlessness 무중력

0902

magnet *

[mǽɡnit]

명 1. 자석 2. 사람의 마음을 끄는 것

06 **Magnets** pull strongly on certain metals such as iron. 모의응용
07 The town is a **magnet** for tourists in summer.

• magnetic 형 자석의; 자성을 띤

---

01 그 금속은 **녹슬기** 시작했다. **02** 물체의 밀도는 그 **질량**을 부피로 나눈 것과 같다. **03** 그 소스는 냄비 바닥에 끈적한 **덩어리**가 되었다. **04 많은** 실수 **05** 한 사물의 무게는 **중력**에 의해 그것에 적용되는 힘이다. **06 자석**은 철과 같은 특정한 금속들을 강하게 끌어당긴다. **07** 그 소도시는 여름에 관광객들의 **마음을 끄는** 곳이다.

0903

elastic**

발음주의 [ilǽstik]

형 탄성의, 탄력 있는; 신축성이 있는 (= flexible)

01 When stretched, a rubber band produces an **elastic** force.

0904

resilience

[rizíljəns]

명 1. 탄성, 탄력(성) 2. 회복력

02 The higher **resilience** of rubber particles is utilized to make materials that can resist impact damage.
03 He showed great **resilience**, not giving up after continuous failures.

• **resilient** 형 1. 탄력 있는 (= elastic) 2. (충격, 부상 등에) 회복력이 있는

0905

friction*

[fríkʃən]

명 1. 《물리》 마찰(력) 2. (의견의) 충돌, 불화 (= conflict)

04 When you rub your hands together, the **friction** produces heat.
05 the **frictions** between parents and their teenage children

---

0906

velocity

발음주의, 강세주의
[vəlásəti]

명 속도, 속력

06 an experiment to predict the **velocity** of a moving object

cf. momentum 《물리》 운동량; 가속도

빛과 열

0907

ray**

[rei]

명 광선; 빛

07 The ozone layer shields the earth from the sun's harmful ultraviolet (UV) **rays**. 모의응용

cf. ultraviolet rays 자외선

> | 광선, 빛 |
>
> **beam** 광선 (= ray); 빛줄기
> **spark** 불꽃(을 일으키다); 촉발시키다
> **glitter** 반짝반짝 빛나다 (= shine, twinkle, sparkle)
> **flash** 번쩍임; 번쩍하는 빛; (빛이) 번쩍 비추다
>
> **spectrum** (빛의) 스펙트럼; 범위, 영역
> **ultraviolet** 자외선(의) 《약어. UV》
> **infrared** 적외선의

---

01 고무줄은 늘어나면 **탄력**을 만들어낸다. 02 고무 분자의 높은 **탄성**은 충격 손상을 견딜 수 있는 물질을 만드는 데 활용된다. 03 그는 계속되는 실패에도 포기하지 않으며, 대단한 **회복력**을 보였다. 04 양손을 비비면, **마찰**이 열을 발생시킨다. 05 부모와 십 대 자녀 사이의 **충돌** 06 움직이는 물체의 **속도**를 예측하기 위한 실험 07 오존층은 태양의 해로운 자외**선**으로부터 지구를 보호해준다.

thermal

발음주의 [θɔ́ːrməl]

[형] 1. 열(熱)의 2. 보온이 잘되는

01 When coal is burned, chemical energy is transformed into **thermal** energy.
02 **thermal** underwear

빛의 발산 Appendix 482쪽

radiate

발음주의, 강세주의
[réidièit]

[동] (빛, 열 등을) **방출하다, 내뿜다**(= emit)

03 Asphalt roads **radiate** heat into the air, which makes summer hotter in the city. 모의응용

• radiation [명] 1. 《매개체 없이 열이 이동하는》 복사(輻射) 2. 방사선
• radiant [형] 복사(輻射)의; 빛[열]을 내는

실험 · 측정

실험·측정에 대한 일반적인 프로세스를 따라가면서 학습하도록 하자. 이론(theory)을 정립하기 위해서는 먼저 가설을 세운 뒤에 실험을 행하고, 데이터나 통계를 토대로 분석하여 입증한다.

hypothesis **

발음주의, 강세주의
[haipάθəsis]

[명] 가설(假說); 가정(= assumption)

04 The results of the experiment did not support this **hypothesis**.

---

undertake **

undertook-undertaken
[ʌ̀ndərtéik]

[동] 1. (책임을) **맡다, 착수하다** 2. 약속하다

05 The scientists will **undertake** a series of experiments.
06 He **undertook** to finish the job by Friday.

---

simulate **

[símjəlèit]

[동] 1. **모의실험을 하다** 2. **~인 체하다, 가장하다**(= pretend)

07 Computer programs can be used to **simulate** deep sea conditions.
08 A few kinds of animals **simulate** death when an enemy comes near.

• simulation [명] 1. 모의실험, 시뮬레이션 2. 가장, 흉내

---

01 석탄을 태우면, 화학에너지가 **열**에너지로 바뀐다. **02** 보온이 잘되는 내의 **03** 아스팔트 도로는 열을 공기 중으로 **방출하는**데, 이것은 도시의 여름을 더 뜨겁게 만든다. **04** 그 실험의 결과는 이 **가설**을 뒷받침하지 않았다. **05** 그 과학자들은 일련의 실험에 **착수할** 것이다. **06** 그는 그 일을 금요일까지 마치기로 **약속했다. 07** 컴퓨터 프로그램은 심해 환경을 **모의실험 하도록** 사용될 수 있다. **08** 몇몇 종류의 동물들은 적이 가까이 오면 죽은 **체한다.**

0913

apparatus*

발음주의, 강세주의

[ǽpərǽtəs]

몡 1. 기구(器具), 장치 (= equipment) 2. (정부 등의) 기구, 기관 3. (신체의) 기관

01 They were setting up laboratory **apparatuses** for the experiment.
02 The political **apparatus** was set up by the government to settle economic issues.
03 the sensory **apparatus**

cf. kit (특정한 목적용) 도구 한 세트

| 측정 도구 |

microscope 현미경
thermometer 온도계, 체온계
barometer 1. 기압계 2. (여론, 동향 등을 보여주는) 지표
gauge 계량기, 측정기; 측정하다

speedometer 속도계
hygrometer 습도계
calorimeter 열량계

0914

specimen

발음주의 [spésəmən]

몡 견본, 표본 (= sample)

04 They took blood **specimens** for analysis.

0915

formula*

[fɔ́ːrmjələ]

몡 1. 《화학, 수학》 공식, -식(式) 2. 방법; 비결

05 H_2O is the chemical **formula** for water.
06 We're still searching for a **formula** to solve the problem peacefully.

• **formulate** 몸 1. 공식화하다 2. (세심히) 만들어내다

0916

ratio**

발음주의 [réiʃou]

몡 비(比), 비율 (= proportion, rate)

07 The **ratio** of salt water to fresh water on Earth is around 40 to 1.

◆ **ratio of A to B** A 대(對) B의 비율

| percentage vs. percentage point |

percentage 백분율, 퍼센트 《전체를 100으로 둘 때 그중 일부가 차지하는 비율》
percentage point 퍼센트포인트 《퍼센트(percentage)로 나타낸 수치가 이전 수치에 비해 증가하거나 감소한 양》

---

01 그들은 그 실험을 위해 실험실 **기구들**을 설치하고 있었다. **02** 그 정치 **기구**는 정치 문제를 해결하기 위해 정부에 의해 설립되었다. **03** 감각 **기관**
04 그들은 분석을 위해 혈액 **표본**을 채취했다. **05** H_2O는 물의 화학**식**이다. **06** 우리는 그 문제를 평화적으로 해결하기 위한 **방법**을 여전히 찾고 있다.
07 지구의 염수와 담수의 **비율**은 대략 40 대 1이다.

statistics **

강세주의 [stətístiks]

[명] 1. 《복수 취급》 통계 (자료) 2. 《단수 취급》 통계학

01 We drew graphs with the **statistics** from the experiment.
02 The course includes physics and **statistics**.

- statistical [형] 통계(상)의
- statistically [부] 통계(학)상으로
- statistician [명] 통계학자

0918

verify

[vérəfài]

[동] 증명[입증]하다; 확인하다(= prove, confirm)

03 The results from several tests **verified** his theory is true.

- verification [명] 증명, 입증; 확인

0919

figure ** [fígjər]

필수 다의어 1

핵심 의미	모양이나 형태가 되도록 만든 것

사람의	1. [명] 모습, 형상(形象)
	2. [명] (중요한) 인물
	3. [명] 몸매
수를 나타내는	4. [명] 숫자(= digit); 수치
여러 모양	5. [명] 도표, 그림; 도형

※ 다음 각 문장에 쓰인 다의어의 의미를 위에서 찾아 그 번호를 (_____)에 쓰시오.

04 The above **figures** show how to open the package. 모의응용 (_____)
05 Liz saw a dark **figure** draw near the trees. 모의응용 (_____)
06 She eats enormous meals but still keeps her slim **figure**. (_____)
07 This year's sales **figures** were excellent. (_____)
08 Our consultants are prominent **figures** in their field. (_____)

◆ **figure out** 알아내다, 이해하다

---

01 우리는 그 실험의 **통계**로 그래프를 그렸다. **02** 그 강좌는 물리학과 **통계학**을 포함한다. **03** 여러 실험의 결과가 그의 이론이 사실이라는 것을 **입증했다**. **04** 위의 ⁵그림은 그 상자를 어떻게 여는지를 보여준다. **05** Liz는 어두운 ¹형상이 나무 근처에 접근하는 것을 보았다. **06** 그녀는 엄청난 양의 식사를 하지만, 여전히 날씬한 ³몸매를 유지한다. **07** 올해의 매출 ⁴수치는 매우 좋았다. **08** 우리의 자문 위원들은 자신들의 분야에서 유명한 ²인물들이다.

0920
scale** [skeil]

| 핵심 의미 | 사다리 / 껍질 |

사다리처럼 단계가 있는   1. 명 저울

사다리 등으로   2. 동 오르다

단계별로 구분되는   3. 명 등급, 계급

     4. 명 규모, 정도

지도상의 규모   5. 명 축척, 비율(= proportion, ratio)

물고기 표면의 껍질   6. 명 비늘 동 비늘을 벗기다

     7. 동 치석을 제거하다 명 치석

PART 5

Unit

23

※ 다음 각 문장에 쓰인 다의어의 의미를 위에서 찾아 그 번호를 (_____)에 쓰시오.

01 We are going to evaluate work performance on a **scale** of 1 to 10. (_____)

02 the businesses that buy goods on a large **scale** and sell them 수능응용 (_____)

03 To weigh the parcel that you want to send, put it on the **scale**. 수능응용 (_____)

04 a map with a **scale** of 1:250,000 (_____)

05 The dentist **scaled** my teeth last week. (_____)

06 Fish have **scales** on their bodies which serve as a protective layer. 모의응용 (_____)

07 The special rope enables the climber to **scale** rough mountains. (_____)

◆ **on a large[small] scale** 대[소]규모로

01 우리는 근무 실적을 1에서 10까지의 ³등급으로 평가할 것이다. 02 큰 ⁴규모로 물건을 사서 파는 회사들 03 보내려는 소포의 무게를 재려면 ¹저울 위에 올려놓으세요. 04 1:250,000의 ⁵축척으로 된 지도 05 그 치과 의사는 지난주에 내 이의 ⁷치석을 제거했다. 06 물고기들은 몸에 보호층 역할을 하는 ⁶비늘이 있다. 07 그 특별한 밧줄은 등산가가 험한 산을 ²오를 수 있게 한다.

지구과학은 지구와 그 주위의 천체를 연구하는 학문으로써 폭넓은 영역을 포함하며, 그중에서도 지질, 지형, 천체 등과 관련된 단어를 수능 독해에서 자주 접할 수 있다.

지구

0921

globe *
[gloub]

몡 1. ((the -)) **지구; 세계** 2. **구(球)**(= sphere) 3. **지구본**

01 tourists from every corner of the **globe**
02 Three large glass **globes** hang from the ceiling.
03 We can see the whole Earth by spinning the **globe**. 모의응용

• **global** 혱 1. 세계적인, 전 세계의 2. 전반적인
• **globalization** 몡 세계화

0922

hemisphere *
[hémisfiər]

몡 (지구 등의) **반구(半球)** ((구(球)의 절반))

hemi(half) + **sphere**(구(球)) → 구의 절반

04 Oaks grow throughout the Northern **Hemisphere**. 모의응용

0923

polar **
[póulər]

혱 1. **북극[남극]의, 극지의** 2. (자석의) **양극[음극]의**

05 As our climate warmed up, the **polar** icecaps began to melt.
06 **polar** attraction

• **pole** 몡 1. (천체, 전지 등의) **극(極)** 2. 막대기, 장대

0924

arctic
[á:rktik]

몡 ((the A-)) **북극 (지방)**(= the North Pole) 혱 **북극의**

07 Across the **Arctic**, the number of polar bears is in decline. 모의응용

cf. **antarctic** ((the A-)) 남극 (지방)(= the South Pole); 남극의

---

01 세계 각지에서 온 관광객들 **02** 세 개의 큰 유리 **공**이 천장에 매달려 있었다. **03** 우리는 **지구본**을 돌리면서 지구 전체를 볼 수 있다. **04** 참나무는 북**반구** 전역에서 자란다. **05** 기후가 따뜻해지면서, **북극의** 만년설이 녹기 시작했다. **06 양극과 음극의** 끌어당김 **07 북극** 전역에서 북극곰의 수가 줄어들고 있다.

0925

continent **

발음주의 [káːntənənt]

명 대륙; 육지, 본토

01 the North American **continent**

• continental 형 대륙의

0926

marine **

[məríːn]

형 바다의, 해양의 명 해병대원

02 the effects of pollution on **marine** mammals
03 He is a former U.S. **Marine**.

0927

submarine

[sʌ́bməriːn]

형 바닷속의, 해저의 명 잠수함

sub(under) + **marine**(바다의) → 바다 아래의

04 Diving masks allow us to see **submarine** plant life clearly.
05 During the war, a **submarine** transported supplies to several ports.

0928

mediterranean

발음주의 [mèdətəréiniən]

명 《the M-》 지중해 형 지중해의

medi(middle) + **terran**(land) + **ean** → 남유럽과 북아프리카 대륙 사이(에 있는 바다)

06 The **Mediterranean** climate has hot, dry summers and warm, wet winters.

0929

equator

[ikwéitər]

명 《the -》 (지구의) 적도

07 The **equator** divides the earth into two hemispheres.

0930

latitude *

[lǽtətjùːd]

명 1. 위도 2. (행동, 사상 등의) 자유; 허용 범위

08 an island located at 40 degrees north **latitude**
09 Giving people the **latitude** to use their judgment and apply their talents accelerates progress. 수능응용

cf. longitude 경도

01 북아메리카 **대륙** 02 **해양** 포유동물에게 미치는 오염의 영향 03 그는 전(前) 미**해병대원**이다. 04 잠수 마스크는 우리가 **해저** 식물을 또렷하게 볼 수 있게 한다. 05 전쟁 동안, **잠수함**은 많은 항구에 보급품을 수송했다. 06 **지중해** 기후는 덥고 건조한 여름과 따뜻하고 습한 겨울이다. 07 **적도**는 지구를 두 개의 반구(半球)로 나눈다. 08 북**위** 40도에 위치한 섬 09 사람들에게 자신의 판단력을 사용하고 재능을 적용할 수 있는 **자유**를 주는 것은 발전을 가속화시킨다.

0931

altitude ** 　　　　　명 고도, 해발 (= elevation)

철자주의 [ǽltətjùːd]　　01 When visiting areas of high **altitude**, people may suffer from a lack of oxygen. 모의응용

대기 · 해안

0932

atmosphere ** 　　　명 1. 대기, 공기 2. 분위기

발음주의 [ǽtməsfìər]

02 Our planet's **atmosphere** contains plenty of oxygen. 모의응용
03 Everyone prefers to work in a peaceful **atmosphere** rather than an unpleasant one. 모의응용

• atmospheric 　형 1. 대기의 2. 분위기 있는

0933

aerial 　　　　　형 1. 대기의, 공기의; 공중의 2. 항공(기)의

[ɛ́əriəl]

04 **aerial** currents
05 an **aerial** view of Jeju Island

0934

coast ** 　　　　명 해안(지방) (= shore)

[koust]

06 Along the **coast** of California, fog develops almost every night in summer.

cf. inland 내륙에 있는; 내륙으로

• coastal 　형 해안의, 연안의

---

01 높은 **고도**의 지역을 방문할 때, 사람들은 산소의 부족을 겪을지도 모른다. **02** 지구의 **대기**는 풍부한 산소를 포함하고 있다. **03** 누구나 불편한 분위기보다는 평화로운 **분위기**에서 일하는 걸 선호한다. **04** 기류 ((공기의 흐름)) **05** 항공기에서 본 제주도 **06** 캘리포니아 **해안**을 따라서, 여름밤에는 거의 매일 안개가 낀다.

0935

offshore

강세주의 [ɔ́ːʃɔ́ːr]

[형] 1. 해안의, 연안의 2. 국외의   [부] 앞바다에; (육지에서) 바다로

off(방향) + **shore**(해안) → 해안에서 바다로 향하는

01 Moderate waves and **offshore** winds created fabulous surfing conditions.
02 I transferred the money from a domestic bank account to an **offshore** bank account.
03 In coastal towns, light winds tend to blow **offshore** during the night and early morning.

지형

0936

terrain

[təréin]

[명] 지형; 지역

terr(land) + **ain**(명) → 땅

04 The region is surrounded by mountainous **terrain** but can be very warm and dry during summer.

0937

horizon**

발음주의, 강세주의
[həráizən]

[명] 1. 수평선, 지평선 2. (인식, 사고 등의) 시야

05 The Sun illuminates the Earth's atmosphere even when it is below the **horizon** and not directly visible.
06 Traveling overseas has helped to broaden her **horizons**.

  • horizontal [형] 수평(선)의, 가로의 (↔ vertical 수직의, 세로의)

0938

slope**

[sloup]

[명] 비탈, 경사지 [동] 경사지게 하다 (= incline 경사(면); 경사지게 하다, 경사지다)

07 a **slope** of 30 degrees

0939

swamp

[swɑmp]

[명] 늪, 습지 (= marsh) [동] (큰 파도 등이) 뒤덮다

08 Alligators live in environments such as rivers and lowland **swamps**.
09 Huge waves **swamped** the vessel.

  ◆ **be swamped with[by]** (일 등이) 쇄도하다

---

01 적당한 파도와 **해안** 바람이 아주 좋은 서핑 조건을 만들었다. **02** 나는 국내 계좌에서 **국외** 계좌로 돈을 송금했다. **03** 해안 도시에서는, 밤과 이른 아침 동안 미풍이 **내륙에서 바다로** 부는 경향이 있다. **04** 그 지역은 산악 **지형**으로 둘러싸여 있지만, 여름에 매우 따뜻하고 건조할 수 있다. **05** 태양은 **수평선[지평선]** 아래 있어서 눈에 직접 보이지 않을 때라도 지구의 대기를 비춘다. **06** 해외를 여행하는 것은 그녀의 **시야**를 넓히는 것을 도와줬다. **07** 30도의 **경사지 08** 악어는 강과 저지대 **늪** 같은 환경에서 산다. **09** 큰 파도가 그 배를 **뒤덮었다.**

0940

wilderness *

[wíldərnis]

⒩ 황무지, 황야; 버려진 땅

01 His goal was to explore the country's great **wilderness**.

지리·지형 Appendix 483쪽

0941

stream **

[striːm]

⒩ 1. 개울, 시내 2. (계속 이어진) 줄, 흐름 (= flow)

02 A **stream** runs through the field.
03 **streams** of traffic; **streams** of thought

> | 지리, 지형 |
>
> **cliff** (특히 해안의) 벼랑, 절벽
> **shore** 해안; 물가 ※ ashore 해안으로; 물가에 shoreline 해안선; 물가
> **pond** (주로 인공으로 만든) 연못
> **cape** 곶, 갑 《바다 쪽으로 뾰족하게 뻗은 육지》
> **bay** 만(灣) 《바다가 육지 속으로 파고들어 와 있는 곳》
> **gulf** 만(灣) 《바다가 육지 속으로 파고들어 와 있는 곳 bay보다 크기가 큼》
> **canyon** 깊은 협곡
> **plateau** 고원; 높고 편평한 땅

지질 · 암석

0942

geological

발음주의, 강세주의
[dʒìːəládʒikəl]

⒡ 지질학(상)의, 지질의

geo(earth) + **log(y)**(science) + **ical**(⒡) → 땅을 공부하는 학문의

04 During this cave tour, you will hear about the **geological** features of the cave. 모의응용

• **geology** ⒩ 지질학

광물·암석 Appendix 483쪽

0943

marble

[máːrbl]

⒩ 1. 대리석 2. 구슬

05 I like **marble** tables. They look more stylish than wood tables. 모의응용
06 When I was young, I loved riding my bike and playing with **marbles**.

---

01 그의 목표는 그 나라의 드넓은 **황야**를 탐험하는 것이었다. 02 **개울**이 들판을 지나 흐른다. 03 교통의 **흐름**; 생각의 **흐름** 04 이 동굴 투어 동안, 여러분은 동굴의 **지질학적** 특징에 관해 들을 것입니다. 05 나는 **대리석** 테이블을 좋아해. 그것들은 목재 테이블보다 더 멋져 보여. 06 어렸을 때 나는 자전거 타기와 **구슬**을 가지고 노는 것을 정말 좋아했다.

0944

erode

강세주의 [iróud]

[동] 1. (비, 바람 등이) **침식시키다; 풍화되다** 2. (서서히) **약화시키다**

01 The cliff has been **eroded** by the waves of the sea.
02 Her confidence has been slowly **eroded** by repeated failures.

• erosion [명] 침식 (작용)

우주

방대한 우주에는 수많은 은하계(galaxy)가 있고, 그중에 우리 태양계(our Solar System)가 속한 은하계를 은하수(the Galaxy, the Milky Way)라 한다.

0945

cosmos

발음주의 [kázməs]

[명] 《the -》 (질서를 이룬 체계로서의) **우주** (= universe)

03 the origins of the **cosmos**

• cosmic [형] 1. 우주의 2. 무한한 (= infinite)

0946

galaxy *

[gǽləksi]

[명] 은하계; 《the G-》 은하수 (= the Milky Way)

04 Astronomers have discovered the most distant **galaxy** ever found.

| 태양계 8개 행성 |

Mercury 수성	**Jupiter** 목성
Venus 금성(= the morning[evening] star)	**Saturn** 토성
Earth 《the -》 지구(= the planet)	**Uranus** 천왕성
Mars 화성 *cf.* Martian 화성의; 화성인	**Neptune** 해왕성

0947

solar **

[sóulər]

[형] 태양의; 태양열을 이용한

05 **Solar** energy can be a practical alternative energy source. 수능응용

---

01 그 절벽은 바다의 파도에 의해서 **침식되어** 왔다. **02** 거듭되는 실패에 그녀의 자신감은 서서히 **약화되어** 왔다. **03** 우주의 기원 **04** 천문학자들은 여태껏 발견된 것 중 가장 멀리 떨어진 **은하계**를 발견했다. **05** **태양열** 에너지는 실용적인 대체 에너지원이 될 수 있다.

0948

lunar

[lúːnər]

형 달의; 달의 작용에 의한

01 Those who watched the **lunar** landing of Apollo 11 had a thrilling experience. 모의응용

0949

eclipse*

발음주의, 강세주의

[iklíps]

명 (해, 달의) 식(蝕) 동 (달, 지구 등이 다른 천체를) 가리다

02 a solar[lunar] **eclipse**

0950

satellite**

[sǽtəlàit]

명 위성; 인공위성

03 The moon is a **satellite** of the earth.

0951

comet

발음주의 [kámit]

명 혜성

04 A **comet** is traveling around the sun. We can see its long tail with a telescope.

> | 천체(celestial[heavenly] bodies) |
> **satellite** 위성 《행성의 둘레를 운행하는 천체》
> **comet** 혜성 《태양 둘레를 따라 도는 긴 꼬리를 가진 천체》
> **asteroid** 소행성 《화성과 목성 사이의 궤도에서 태양의 둘레를 공전하는 작은 행성》
> **meteor** 유성, 별똥별(= shooting star) 《지구 대기권으로 들어와 빛을 내며 떨어지는 작은 물체》
> **meteoroid** 유성체 《행성들 사이에 떠 있는 작은 암석 조각》

0952

orbit*

[ɔ́ːrbit]

명 궤도 동 궤도를 돌다

05 Venus **orbits** the Sun once every 225 days.

---

01 아폴로 11호의 **달** 착륙을 본 사람들은 황홀한 경험을 했다. 02 일**식**[월**식**] 03 달은 지구의 **위성**이다. 04 **혜성**은 태양 주위를 돌고 있다. 우리는 그것의 긴 꼬리를 망원경으로 관찰할 수 있다. 05 금성은 태양 **궤도를** 225일마다 한 번씩 **돈다**.

0953

revolve

발음주의, 강세주의

[riváːlv]

동 (천체가) 공전하다; (축을 중심으로) **돌다, 회전하다** (= rotate)

re(back, again) + **volve**(roll) → 계속 다시 굴러가다

01 The earth **revolves** on its axis.

0954

observatory

[əbzə́ːrvətɔ̀ːri]

명 관측소; 천문대; 기상대

02 The **observatory** will be used to conduct research on the atmosphere.

0955

telescope **

[téləskòup]

명 망원경

tele(far) + **scope**(watch(er)) → 멀리 보다[보는 것]

03 You can use a **telescope** to see stars more clearly. 모의응용

0956

probe **

[proub]

동 탐사하다; 조사하다, 캐묻다 명 조사 (= investigation)

04 Astronomers and scientists **probed** space aboard spacecraft.
05 He didn't like the media **probing** into his past.

cf. space probe 우주 탐사선

0957

spacecraft

[spéiskræft]

명 우주선 (= spaceship)

06 To see all of Earth, we would have to go around it in a **spacecraft**.

모의응용

cf. craft 1. 우주선(= spacecraft); 비행기(= aircraft); 선박 2. 수공예(품)

---

01 지구는 지축(地軸)을 중심으로 **돈다**. **02** 그 **관측소**는 대기에 관한 연구를 수행하기 위해 사용될 것이다. **03** 별을 더 선명하게 보기 위해서 **망원경**을 사용할 수 있다. **04** 천문학자들과 과학자들은 우주선을 타고 우주를 **탐사했다**. **05** 그는 언론이 자신의 과거를 **캐묻는** 것을 좋아하지 않았다. **06** 지구의 모든 면을 보기 위해서는, 우리는 **우주선**을 타고 지구 주위를 돌아야 할 것이다.

flat** [flæt]

> **핵심의미** 평평한

평평한 땅	1. 형 평평한; (땅이) 평지인
	2. 형 납작한
타이어가 납작해진	3. 형 바람이 빠진, 펑크 난 명 펑크 난 타이어
기복 없는	4. 형 (요금, 가격 등이) 균일한
균일한 형태의 집	5. 명 아파트식 주택

※ 다음 각 문장에 쓰인 다의어의 의미를 위에서 찾아 그 번호를 ( )에 쓰시오.

01 A long time ago, people thought that the earth was **flat**. ( )
02 Clients are charged a **flat** rate of 15 dollars monthly. ( )
03 I think your bicycle has a **flat** tire. 모의응용 ( )
04 Coins are usually round and **flat**. ( )
05 The family live in a fourth-floor **flat**. ( )

object** 발음주의, 강세주의 명[ábdʒikt] 동[əbdʒékt]

---

ob(before, against)+**ject**(throw) → 앞으로 던지다, 대항하여 던지다

> **핵심의미** 앞에 던져진 것

앞에 던져진	1. 명 물체, 사물
앞을 향한	2. 명 목적, 목표(= goal, purpose, aim)
	3. 명 (감정, 행위 등의) 대상
대항하는 의견을 던지다	4. 동 반대하다

※ 다음 각 문장에 쓰인 다의어의 의미를 위에서 찾아 그 번호를 ( )에 쓰시오.

06 In 1898, a peculiar wooden **object** was found in a tomb in Egypt. 모의응용 ( )
07 The band is currently the **object** of much media attention. ( )
08 The **object** of the game is to score the most points. ( )
09 Many people **objected** to the building of the new plant. ( )

• **object to** ~에 반대하다

• objective	명 목적, 목표(= goal, purpose, aim) 형 객관적인
• objection	명 반대, 이의
• objectively	부 객관적으로

---

01 아주 오래 전에, 사람들은 지구가 **¹평평하다**고 생각했다. 02 고객들은 매달 15달러의 **⁴균일한** 요금이 부과된다. 03 네 자전거 타이어가 **³펑크가** 난 것 같아. 04 동전은 보통 둥글고 **²납작하다**. 05 그 가족은 4층짜리 **⁵아파트**에 산다. 06 1898년 기묘한 목제 **¹물체**가 이집트의 한 무덤에서 발견되었다. 07 그 밴드는 현재 많은 미디어가 주목하는 **³대상**이다. 08 그 게임의 **²목적**은 가장 많은 점수를 획득하는 것이다. 09 많은 사람들이 새로운 공장의 건설에 **⁴반대했다**.

subject** 발음주의, 강세주의 [혱][sʌ́bdʒikt] [동][səbdʒékt]

sub(under) + ject(throw) → 아래로 던지다 → 아래에 놓다

핵심 의미 | 아래로 던져진 것

토론, 연구 등의 밑에 놓인	1. [명] 주제, 화제 (= topic)
학교에서 배우는 주제	2. [명] 과목, 학과
그림, 사진 등의 주제	3. [명] 대상, 소재
연구의 대상	4. [명] 연구대상, 피실험자
아래에서 지배를 받는	5. [동] 지배하다 [형] 지배를 받는; (승인 등을) 받아야 하는 [명] 신하
부정적인 영향력 아래에 놓여	6. [형] ~될 수 있는

PART 5

Unit

24

※ 다음 각 문장에 쓰인 다의어의 의미를 위에서 찾아 그 번호를 (_____)에 쓰시오.

01 Love between a mother and a child is the **subject** of many of her paintings. (_____)

02 The **subject** of our debate today is the environment. (_____)

03 Our school has mentors for **subjects** like math and chemistry who'll share useful tips with you. 모의응용

(_____)

04 The **subjects** of this experiment are all men aged 18-35. (_____)

05 All buses are **subject** to delay in bad weather. (_____)

06 This plan is **subject** to the approval of the government. (_____)

◆ **be subject to** ~을 조건으로 하는, (승인 등을) 받아야 하는

◆ **subjective** [형] 1. 주관적인 (↔ objective 객관적인) 2. 개인의, 개인적인

---

01 모자간의 사랑은 그녀가 그린 많은 그림의 **³소재**이다. 02 오늘 우리 논쟁의 **¹주제**는 환경이다. 03 우리 학교는 유용한 정보를 여러분과 나눌 수학과 화학 같은 **²과목**의 멘토가 있습니다. 04 이 실험의 **⁴피실험자**는 모두 18세에서 35세 사이의 남성들이다. 05 모든 버스는 좋지 않은 날씨로 인해 지연**⁶될 수 있다.** 06 이 계획은 정부의 승인을 **⁵받아야 한다.**

동식물의 발달과 번식, 유전과 진화, 생물학적 특성, 생물 다양성 등과 관련된 내용이 출제된다. 또한, 자연환경, 건강 또는 인류의 기원과 같은 관련 소재의 맥락 속에서 등장하기도 하므로 평소 배경 지식을 쌓아두는 것도 유용하다.

생물 일반

0961

organism **
[ɔ́ːrɡənizəm]

명 유기체, (작은) 생물

01 Food intake is essential for the survival of all living **organisms**. 수능응용

0962

microbe
[máikroub]

명 미생물(= microorganism)

micro(small) + **be**(life) → 아주 작은 생명체

be는 어근 bio의 변화형으로 'life'의 의미를 가진다. (☞ Unit 20)

02 We are the host to billions of **microbes**, and most of them are essential to our health.

0963

germ **
발음주의 [dʒəːrm]

명 세균, 병균

03 **Germs** are tiny organisms, or living things, that can cause disease.

| 여러 가지 생물 |
fungi(fungus의 복수형) 균류 《곰팡이, 효모, 버섯류 등》
bacteria(bacterium의 복수형) 박테리아, 세균
pest 1. 해충 2. 역병(疫病), 흑사병

0964

cell **
[sel]

cell이 모인 것이 battery이다.

명 1. 세포 2. (수도원, 교도소 등의) **작은 방; 독방** 3. 《전기》 **전지**

04 Living organisms are made of **cells**.
05 a prison **cell**
06 Solar **cells** turn sunlight into electricity.

• **cellular** 형 1. 세포의 2. 휴대 전화의

---

01 음식 섭취는 모든 살아있는 **유기체**의 생존에 필수적이다. **02** 우리는 수십억 개 **미생물**의 숙주이며, 그것들의 대부분은 우리 건강에 꼭 필요하다. **03** 세균은 질병을 일으킬 수 있는 아주 작은 유기체, 즉 생물체이다. **04** 생물은 **세포**로 이루어져 있다. **05** 교도소 **독방 06** 태양광 **전지**는 태양광선을 전기로 바꾼다.

0965

tissue **

[tíʃuː]

명 1. (세포들로 이뤄진) 조직 2. 화장지; 얇은 종이[천]

01 It is known that 85% of our brain **tissue** consists of water. 모의응용
02 She wiped her nose with a **tissue**.

동식물

0966

→ 유인원이란 원숭이류 중에서 꼬리가 없는 종(種)을 말한다. 사람과 비슷하여
거의 직립 보행을 할 수 있으며, 손가락과 발가락으로 물건을 쥘 수 있다.

ape

발음주의 [eip]

명 유인원, 꼬리 없는 원숭이

03 Chimpanzees and gorillas are both **apes**.

0967

mammal **

발음주의 [mǽməl]

명 포유동물

04 Although polar bears are **mammals**, they can swim a hundred miles or
more. 모의응용

0968

primate

[práimèit]

명 영장류 《사람, 원숭이, 유인원을 포함하는 개념》

05 We can say tool-making is one of the distinctive features of **primates**.
모의응용

0969

reptile

[réptail]

명 파충류

06 **Reptiles** like snakes have no hair, so they stay underground to keep
warm at night. 모의응용

| 동물의 분류 |

| carnivore 육식동물 | omnivore 잡식동물 | rodent 설치류 |
| herbivore 초식동물 | amphibian 양서류 | avian 조류의 |

0970

동물 관련 여러 어휘 Appendix 484쪽

wildlife *

[wáildlaif]

명 야생동물

wild(야생의) + **life** → 야생에 사는 생물

07 The construction of new highways in natural areas destroys **wildlife**
habitats.

---

01 우리 뇌 **조직**의 85퍼센트가 물로 구성되어 있다고 알려져 있다. **02** 그녀는 **화장지**로 자신의 코를 닦았다. **03** 침팬지와 고릴라는 모두 **유인원**이다. **04** 비록
북극곰은 **포유동물**이지만, 100마일이나 그 이상을 수영할 수 있다. **05** 우리는 도구를 만드는 것이 **영장류** 특유의 특징 중 하나라고 말할 수 있다. **06** 뱀과 같은
파충류는 털이 없어서 밤에는 따뜻하게 지내기 위해 땅속에 머문다. **07** 자연 지역의 새로운 고속도로 건설은 **야생동물**의 서식지를 파괴한다.

botanic(al) *

발음주의 [bətǽnik(əl)]

[형] 식물의; 식물학(상)의

01 Plants are grouped into **botanical** "families" that have certain characteristics in common.

- botany [명] 식물학
- botanist [명] 식물학자

0972

vegetation **

[vèdʒətéiʃən]

[명] (특정 지역의) **초목, 식물**

02 **Vegetation** becomes rare when you're higher up the mountains.

식물 관련 여러 어휘 Appendix 485쪽

0973

stem **

[stem]

[명] 1. (식물의) **줄기, 대** 2. 《언어》 **어간(語幹)** 《낱말의 어형변화에 대한 기본형》
[동] **생기다, 유래하다**

03 During droughts, the roots shrink and drag the **stem** underground. 모의응용
04 'Deliver' is the **stem** of the forms 'delivers,' 'delivering' and 'delivered'.
05 Their disagreement **stemmed** from a misunderstanding.

- **stem from** ~에서 유래하다, ~에서 생겨나다(= derive from)

동식물의 활동 · 습성

0974

predator **

발음주의 [prédətər]

[명] **포식자, 포식 동물; 약탈자**

06 An animal in a group has a smaller chance of being attacked by a **predator**. 모의응용

0975

prey **

철자주의 [prei]

[명] 1. (동물의) **먹이, 사냥감** 2. **희생자, 피해자**(= victim)

07 Snakes track their **prey** by its scent.
08 A number of people are falling **prey** to cyber crimes.

- **fall prey to** ~의 희생자[희생양]가 되다

---

01 식물은 어떤 특성을 공통적으로 지니고 있는 **식물학상**의 '과(科)'로 분류된다. **02** 산 위로 더 높이 올라갈수록 **식물**이 드물어진다. **03** 가뭄 동안에는 뿌리가 오그라들어 **줄기**를 땅속으로 끌어당긴다. **04** Deliver는 어형 delivers, delivering 그리고 delivered의 **어간**이다. **05** 그들의 의견 불일치는 오해에서 **생겨났다. 06** 무리에 있는 동물은 **포식자**에 의해 공격받을 가능성이 더 적다. **07** 뱀은 냄새로 **먹이**를 찾는다. **08** 많은 사람들이 사이버 범죄의 **희생자**가 되고 있다.

0976

parasite**

발음주의, 강세주의

[pǽrəsàit]

뗑 기생 동물[식물], 기생충

01 The immune system is our body's powerful natural defense against **parasites**. 모의응용

• parasitic 웹 기생하는, 기생충에 의한

0977

breed**

bred-bred

[briːd]

동 1. 새끼를 낳다(= reproduce) 2. 사육하다, 재배하다 3. 야기하다, 일으키다

뗑 품종

02 Eagles **breed** during the cooler months of the year.
03 He got into the business of **breeding** horses.
04 Poor living conditions often **breed** health problems.

• breeding 뗑 1. 번식 2. 사육

| 번식 |

sperm 정자
ovum 난자

mating 짝짓기
incubate (알을) 품다; 배양하다

0978

hatch**

[hætʃ]

동 (알을) 깨다, 부화하다 뗑 (배, 항공기의) 출입문[구]

05 Female leopard sharks lay eggs and **hatch** them inside their bodies.
모의응용

06 an escape **hatch**

0979

sting**

stung-stung

[stiŋ]

동 1. (가시, 침 등으로) 찌르다, 쏘다 2. 따끔거리다, 쓰리다

07 The jellyfish **stung** the surfer.
08 The smoke made our eyes **sting**.

0980

burrow

발음주의 [bə́ːrou]

동 1. (굴을) 파다 2. (~속으로) 파고들다, 파묻다 뗑 굴

09 Some lizards can quickly **burrow** into loose soil to hide. 모의응용
10 She **burrowed** deep into the warm blankets.

---

01 면역 체계는 **기생충**에 대한 우리 몸의 강력하고 자연스러운 방어이다. **02** 독수리는 연중 시원한 달에 **새끼를 낳는다. 03** 그는 말을 **사육하는** 사업을 시작했다. **04** 열악한 생활환경은 종종 건강 문제를 **일으킨다. 05** 암컷 레오파드 상어는 알을 낳아 그것들을 자신의 몸 안에서 **부화시킨다. 06** 탈출구 **07** 해파리가 파도 타던 사람을 **쐈다. 08** 연기가 우리 눈을 **따끔거리게** 했다. **09** 어떤 도마뱀들은 숨기 위해 푸석한 흙 속으로 재빨리 **굴을 팔** 수 있다. **10** 그녀는 따뜻한 담요 안으로 깊이 **파고들었다.**

0981

pollination

발음주의, 강세주의
[pὰlənéiʃən]

명 수분 → '수분(pollination)'이란 꽃가루가
암술머리에 옮겨붙는 일을 말한다.

01 Bees play an important role in the **pollination** of flowers and the spreading of seeds.

cf. pollen 꽃가루, 화분

- pollinate 동 수분하다
- pollinator 명 (곤충 등의) 꽃가루 매개자

0982

sprout

[spraut]

명 싹 동 싹이 나다

02 Potatoes will **sprout** if kept in a warm place.

cf. bud 꽃봉오리, 눈 (꽃눈, 잎눈 등); 봉오리를 맺다

0983

blossom**

발음주의 [blάsəm]

동 1. 꽃이 피다 2. (얼굴, 형편이) 피다, 좋아지다 명 (과일나무의) 꽃

03 This flower **blossoms** only once in twelve years. 모의응용
04 Their friendship began to **blossom** when they spent summer vacation together.

- blossoming 명 개화(開花)

0984

bloom**

[blu:m]

동 꽃이 피다 명 1. (관상용) 꽃(= blossom 꽃(이 피다)) 2. 한창(때), 전성기(= prime)

05 The tree has red flowers that **bloom** at sunset. 수능응용
06 The man is still in the **bloom** of youth.

0985

wither

[wíðər]

동 1. 시들다, 말라 죽다 2. 약해지다; 사라져 가다

07 Plants usually **wither** from lack of water.
08 Our hopes have **withered** away.

0986

ferment

강세주의 동[fərmént]
명[fə́:rment]

동 발효되다, 발효시키다 명 발효(균); 효소

09 Fruit juices **ferment** unless they are kept refrigerated.

- fermentation 명 발효 (작용)

---

01 벌들은 꽃의 **수분**과 씨앗의 확산에 중요한 역할을 한다. **02** 감자를 따뜻한 곳에 보관하면 **싹이 날** 것이다. **03** 이 꽃은 12년에 단 한 번만 **핀다**. **04** 그들의 우정은 여름 방학을 함께 보내며 **좋아지기** 시작했다. **05** 그 나무는 해 질 녘에 **피는** 빨간 꽃을 가지고 있다. **06** 그 남자는 아직 **한창** 젊은 나이이다. **07** 식물은 보통 물이 부족해서 **시든다**. **08** 우리의 희망은 **사라져 갔다**. **09** 과일주스는 냉장 보관되지 않으면 **발효된다**.

0987

dormant*

[dɔ́ːrmənt]

형 (동식물이) **발육을 중단한, 휴면기의; 동면(冬眠)중의**

01 The seeds of many wild plants remain **dormant** for months until winter is over. 수능응용

0988

hibernation

강세주의 [hàibərnéiʃən]

명 **겨울잠, 동면**

02 Warm spring temperatures awakened the turtles from their **hibernation**.

• hibernate 동 겨울잠 자다, 동면하다

0989

aquatic

[əkwǽtik]

형 1. 물속[물가]에서 자라는 2. 물과 관련된

aqua(water) + **tic**(형) → 물과 관련된

03 Toxic waste from the city can pollute nearby **aquatic** ecosystems.
04 **aquatic** sports such as swimming and surfing

cf. aquarium 수족관

0990

nocturnal

[nɑktə́ːrnl]

형 **야행성의**

05 Many desert animals are **nocturnal** because it helps to avoid the heat.

0991

adaptation*

발음주의, 강세주의
[æ̀dəptéiʃən]

명 1. 적응 2. 각색

adapt(적응하다) + **(a)tion**(명) → 적응

06 the remarkable **adaptation** of wildlife to the extreme environment
07 The drama is an **adaptation** of an online comic.

• adaptive 형 적응할 수 있는, 적응성의
• adaptability 명 적응성, 순응성(= flexibility)

0992

tame

[teim]

동 (짐승 등을) **길들이다**(= domesticate) 형 **길들여진**(↔ wild 야생의)

08 Human beings in the New Stone Age began to **tame** animals and grow plants.

---

01 많은 야생 식물의 씨앗은 겨울이 끝날 때까지 여러 달을 **휴면** 상태로 남아있다. **02** 따뜻한 봄 기온이 거북이들을 **겨울잠**에서 깨웠다. **03** 도시의 유독 폐기물은 근처 **수생** 생태계를 오염시킬 수 있다. **04** 수영, 서핑과 같은 **물과 관련된** 스포츠 **05** 대부분의 사막 동물은 **야행성인**데, 더위를 피하는 데 도움이 되기 때문이다. **06** 극한의 환경에 대한 야생동물의 놀라운 **적응 07** 그 드라마는 온라인 만화를 **각색**한 것이다. **08** 신석기 시대 사람들은 동물을 **길들이고** 식물을 재배하기 시작했다.

0993

gene **

[dʒiːn]

명 유전자

01 The **gene** is passed on from parents to children.

• genetic 형 유전(학)의, 유전자의
• genetics 명 유전학

0994

heredity

발음주의, 강세주의 [hərédəti]

명 유전; 유전적 특징

02 **Heredity** can be a factor that influences a person's weight.

0995

species **

[spíːʃiːz]

명 (분류상의) 종(種)

03 Organisms compete for resources with many other **species**. 모의응용

0996

hybrid **

[háibrid]

명 1. (동식물의) 잡종 2. 혼성체, 혼합물(= mixture)

04 Today, most corn seeds cultivated are **hybrids**. 수능응용
05 The architecture is a **hybrid** of classical and modern styles.

cf. hybrid car[vehicle] 하이브리드 승용차 《엔진과 전기를 병행 사용하는 차세대 환경 자동차》

0997

evolve **

발음주의, 강세주의
[iválv]

동 1. 진화하다 2. (점진적으로) 발전하다(= progress)

e(out) + volve(roll) → 밖으로 굴러가다 → 더 높은 상태로 발전하다

06 Most theories suggest that humans **evolved** from an ape-like ancestor.
07 Trees have **evolved** clever ways to keep themselves from hungry animals.

모의응용

• evolution 명 1. 진화 2. 발전; 전개
• evolutionary 형 1. 진화의 2. 점진적인

0998

mutate

[mjúːteit]

동 1. 돌연변이가 되다 2. 변화하다

08 Simple organisms like bacteria are likely to **mutate** rapidly.
09 Technology continues to **mutate** at an alarming rate.

• mutation 명 1. 돌연변이 2. 변화

---

01 유전자는 부모에서 자식들에게로 전달된다. **02** 유전은 사람의 체중에 영향을 주는 한 요인일 수도 있다. **03** 유기체는 자원을 얻기 위해 다른 많은 종(種)과 경쟁한다. **04** 오늘날 재배되는 옥수수 씨앗 대부분이 잡종이나. **05** 그 건축 양식은 고전과 현대식의 혼합물이다. **06** 대부분의 이론은 인간이 유인원과 유사한 조상으로부터 진화했음을 시사한다. **07** 나무는 배고픈 동물들로부터 스스로를 보호하는 기발한 방법들을 발전시켜왔다. **08** 박테리아와 같이 단순한 유기체들은 빠르게 돌연변이가 되기 쉽다. **09** 기술은 놀라운 속도로 계속 변화한다.

measure** [méʒər]

> **핵심 의미** **측정하다**

치수, 양 등	1. 동 측정하다, 재다
측정, 판단의	2. 명 척도, 기준
	3. 동 평가하다, 판단하다 (= assess)
측정하여 대응	4. 명 조치, 대책

※ 다음 각 문장에 쓰인 다의어의 의미를 위에서 찾아 그 번호를 (___)에 쓰시오.

01 Money is not always the **measure** of happiness. (___)
02 An ant **measures** the distance it has traveled by counting its footsteps. 모의응용 (___)
03 We suggest you take proper **measures** to prepare for the storm. 모의응용 (___)
04 You will take a placement test to **measure** your English level. 모의응용 (___)

◆ **take measures to-v** v하기 위해 조치를 취하다

● measurement 명 1. 측정, 측량 2. (높이, 길이 등의) 치수
● measurable 형 1. 측정할 수 있는(↔ immeasurable 헤아릴 수 없는, 무한한) 2. 상당히 중요한

trunk** [trʌŋk]

> **핵심 의미** **나무줄기 / 상자**

	1. 명 (나무) 줄기
나무줄기와 닮은	2. 명 (사람의) 몸통
	3. 명 (코끼리의) 코
상자처럼 속이 빈	4. 명 여행용 큰 가방
차량 속 짐을 넣는	5. 명 (자동차의) 트렁크

※ 다음 각 문장에 쓰인 다의어의 의미를 위에서 찾아 그 번호를 (___)에 쓰시오.

05 I carried a heavy **trunk** downstairs. (___)
06 A banana tree's **trunk** contains a large amount of water. 모의응용 (___)
07 The statue shows the head, **trunk**, and arms of an old man. (___)

---

01 돈이 항상 행복의 ²**척도**인 것은 아니다. 02 개미는 걸음 수를 세어봄으로써 자신이 온 거리를 ¹**측정한다.** 03 폭풍우에 대비하기 위한 적절한 ⁴**조치**를 취하시기 바랍니다. 04 너는 영어 수준을 ³**평가하기** 위한 배치 고사를 치를 것이다. 05 나는 무거운 ⁴**여행용 큰 가방** 하나를 아래층으로 옮겼다. 06 바나나 나무의 ¹**줄기**는 많은 양의 물을 포함한다. 07 그 동상은 한 노인의 머리, ²**몸통**, 팔을 보여준다.

+ Unit +
26 | 자연 · 환경

자연과 환경에 관한 지문은 거의 매해 수능과 모의고사에 등장할 정도로 중요도가 큰 소재이다. 기후와 자연현상, 자연재해, 환경오염과 그로 인한 결과 등이 주요 주제이다.

날씨(weather) · 자연현상(natural phenomena)

1001

temperate

[témpərət]

[형] 1. (기후, 지역 등이) **온화한, 온난한**(= mild) 2. **절제하는, 삼가는**(= moderate)

01 The climate of this region is **temperate** throughout the year.
02 The speaker spoke in a **temperate** manner.

1002

humid **

[ʰjúːmid]

[형] (날씨, 공기 등이) **습한, 눅눅한**(= damp, moist)

03 Korean summers are usually hot and **humid**.

• humidity [명] 습기; 습도

1003

rainfall **

[réinfɔ̀ːl]

[명] **강우(량)**

04 Changes in wind patterns influence the amount of **rainfall**. 모의응용

cf. precipitation 강수(량)

날씨 Appendix 486쪽

1004

breeze

[briːz]

[명] **산들바람, 미풍**

05 I love to feel the **breeze** and smell the fresh scent of the trees.

1005

twilight

발음주의 [twáilàit]

[명] 1. **황혼, 땅거미**(= dusk) 2. **황혼기, 쇠퇴기**

06 **Twilight** is the period just before it becomes dark in the evening.
07 the **twilight** of her acting career

---

01 이 지역의 기후는 연중 내내 **온난하다**. **02** 그 연설자는 **절제된** 태도로 말했다. **03** 한국의 여름은 대개 덥고 **습하다**. **04** 바람 패턴의 변화는 **강우량**에 영향을 준다. **05** 나는 **산들바람**을 느끼며 나무의 신선한 향을 맡는 것을 좋아한다. **06 황혼**이란 저녁에 어두워지기 직전의 기간이다. **07** 그녀의 연기 경력의 **황혼기**

1006

tide**

[taid]

명 조수(潮水) 《밀물과 썰물》

01 The **tides** are due to the gravitation of the moon.

cf. ebb[flood] tide 썰물[밀물]

low[high] tide 간조(干潮)[만조(滿潮)] 《해수면이 하루 중에서 가장 낮아[높아]졌을 때》

• tidal 형 조수(潮水)의

자연재해(natural disaster)

1007

catastrophe

발음주의, 강세주의 [kətǽstrəfi]

명 대참사; 큰 재앙 (= disaster)

02 Strong earthquakes can be **catastrophes** that kill thousands of people.

• catastrophic 형 큰 재앙의; 비극적인

1008

shatter

[ʃǽtər]

동 산산이 부수다 (= smash); 파괴하다 (= destroy)

03 The earthquake **shattered** all the windows in my house.

1009

volcano*

[vɑlkéinou]

명 화산

04 The **volcano** erupted, and the whole town was destroyed.

cf. crater (화산의) 분화구

lava 용암

• volcanic 형 화산의, 화산 작용에 의한

1010

blaze

[bleiz]

동 1. 활활 타다 2. 빛나다 명 1. 불꽃, 화염 2. 눈부신 빛

05 Fires caused by the volcano's eruption **blazed** all over the mountain.

06 a **blaze** of sunshine

---

01 조수(潮水)는 달의 인력 때문이다. **02** 강진은 수천 명의 사람들을 죽이는 **큰 재앙**이 될 수도 있다. **03** 그 지진은 우리 집의 모든 창문을 **산산이 부수었다**. **04** 그 화산이 분출하여 마을 전체가 파괴되었다. **05** 화산 분출로 일어난 불이 산 전체에 걸쳐 **활활 탔다**. **06** 눈부신 햇빛

1011

avalanche

발음주의 [ǽvəlæntʃ]

몡 1. 눈사태, 산사태 2. (우편물, 질문 등의) 쇄도

01 Several skiers were buried in an **avalanche**.

02 an **avalanche** of emails

♦ **an avalanche of** 쇄도하는, 많은

1012

landslide

[lǽndslàid]

몡 1. 산사태 2. (선거에서) 압도적인 승리

03 The flooding in the area caused **landslides** and serious property damage.

04 The candidate won the election by a **landslide**.

1013

blast *

[blæst]

몡 1. 강한 바람 2. 폭발 동 폭발하다, 폭발시키다

05 Every window in the building was broken by the force of the **blast**.

06 A bomb **blast** completely destroyed the town.

07 All the windows were **blasted** out by the bomb.

1014

drown *

발음주의 [draun]

동 익사시키다, 물에 빠져 죽다

08 Some people were swept away and **drowned** by the recent flood.

1015

casualty

발음주의 [kǽʒuəlti]

몡 사상자; 피해자

09 The typhoon has caused heavy **casualties**.

---

01 스키를 타던 사람들 몇 명이 **눈사태**로 매몰되었다. 02 **쇄도하는** 이메일 03 그 지역의 홍수는 **산사태**와 심각한 재산 피해를 일으켰다. 04 그 후보는 선거에서 **압도적인 승리**로 이겼다. 05 건물의 모든 창문이 **강한 바람**의 힘에 의해 깨졌다. 06 폭탄 **폭발**은 그 마을을 완전히 파괴시켰다. 07 폭탄으로 인하여 모든 창문이 **폭발되었다.** 08 몇몇 사람들이 최근의 홍수로 인해 물에 휩쓸려 **익사했다.** 09 그 태풍은 많은 **사상자**를 발생시켰다.

1016

evacuate

강세주의 [ivǽkjuèit]

동 대피시키다; (위험 지역, 건물 등을) 비우다

e(out) + vacu(empty) + ate(동) → (안에 있던 것을) 밖으로 비우다

01 People living along the coast were **evacuated** as the hurricane approached.

• evacuation 명 대피

환경오염 · 환경오염의 원인

1017

exhaust **

[igzɔ́ːst]

동 1. 고갈시키다, 다 써버리다(= use up) 2. 지치게 하다(= wear out)
명 배기가스

02 Some argue that we have nearly **exhausted** the earth's resources. 모의응용
03 Exercising gives you more energy and keeps you from feeling **exhausted**. 모의응용
04 Pollutants from car **exhaust** have been proven to cause cancer. 모의응용

• exhaustion 명 (자원이나 힘을) 다 써버림, 고갈

1018

contaminate *

강세주의 [kəntǽmənèit]

동 오염시키다, 더럽히다(= pollute)

05 The water was **contaminated** with chemicals.

• contamination 명 오염(= pollution)

1019

pollutant

강세주의 [pəlúːtənt]

명 오염물질, 오염원(源)

06 Many of the **pollutants** found in exhaust fumes cause health problems.
cf. exhaust fumes 배기가스

1020

fossil **

발음주의 [fάːsl]

명 화석

07 Pollution and **fossil** fuels have given us global warming, resulting in extreme weather. 모의응용

---

01 해안을 따라 사는 사람들은 허리케인이 다가오자 **대피했다**. **02** 일부 사람들은 지구의 유한한 자원을 거의 **다 써버렸다**고 주장한다. **03** 운동은 더 많은 에너지를 주고 **지치는 것을** 느끼지 못하게 한다. **04** 자동차 **배기가스의** 오염물질은 암을 유발할 수 있다고 밝혀졌다. **05** 물이 화학물질로 **오염되었다**. **06** 배기가스에서 발견되는 많은 **오염물질들이** 건강 문제를 일으킨다. **07** 오염과 **화석** 연료들이 지구 온난화를 초래했고 그 결과 기상 이변을 초래했다.

1021

radioactive

[rèidiouǽktiv]

형 방사능의, 방사성의

01 **Radioactive** waste can have severe effects on the environment.

• radioactivity 명 방사능

1022

by-product

[báiprɑ̀dəkt]

명 1. 부산물 2. 부작용

02 Drilling for oil produces toxic **by-products** and pollutes the ocean.
03 Pain in your neck and shoulders is a **by-product** of using smartphones.

1023

disposable *

강세주의 [dispóuzəbəl]

형 사용 후 버릴 수 있는, 일회용의; 처분 가능한

04 Billions of trees are cut down to produce **disposable** cups.

1024

rubbish

[rʌ́biʃ]

명 쓰레기; 폐물(= garbage, litter)

05 The beach was littered with **rubbish**.

1025

dump **

[dʌmp]

동 (쓰레기 등을) 내버리다(= discard)

06 Too much industrial waste is being **dumped** at sea.

1026

landfill *

[lǽndfil]

명 쓰레기 매립(지)

07 The majority of rubbish is dumped in **landfills**.

---

01 방사능 폐기물은 환경에 심각한 영향을 미칠 수 있다. **02** 석유를 시추하는 것은 독성 **부산물**을 만들어내고 바다를 오염시킨다. **03** 목과 이깨의 통증은
스마트폰 사용의 **부작용**이다. **04** 수십억 그루의 나무가 **일회용** 컵을 만들기 위해 잘려나간다. **05** 그 해변에는 **쓰레기**가 널려 있었다. **06** 너무 많은 산업
폐기물이 바다에 **내버려지고** 있다. **07** 대부분의 쓰레기가 **쓰레기 매립지**에 버려진다.

1027

sewage
발음주의 [súːidʒ]

명 하수, 오물

01 Some plants illegally dumped raw **sewage** into rivers.

◆ **raw sewage** 미처리 하수

• sewer 명 하수(도), 하수관

환경오염의 결과

1028

stink
stank-stunk
[stiŋk]

동 악취를 풍기다 명 악취

02 The polluted lake **stank**.

1029

glacier **
발음주의 [gléiʃər]

명 빙하

03 **Glaciers** are rapidly melting due to global warming. 모의응용

1030

barren
[bǽrən]

형 (땅이) 불모의, 메마른 (↔ productive (토지가) 비옥한)

04 With the shortage of water, the soil has become **barren**.

1031

extinct **
강세주의 [ikstíŋkt]

형 1. (생물. 종족 등이) 멸종된 2. (화산 등이) 활동을 멈춘

05 The influence of humans has led to many species becoming **extinct**.
모의응용

06 an **extinct** volcano

cf. active[dormant] volcano 활(活)[휴(休)]화산

• extinction 명 멸종, 소멸

---

01 몇몇 공장들이 불법적으로 미처리 **하수**를 강에 내버렸다. **02** 오염된 호수가 **악취를 풍겼다**. **03** 지구 온난화로 인해 **빙하들**이 빠르게 녹고 있다. **04** 물 부족으로 인해 그 땅은 **메말랐다**. **05** 인간의 영향은 많은 종들의 **멸종으로** 이어졌다. **06** 사(死)화산 《**활동을 멈춘** 화산》

1032
rainforest **

[réinfɔ̀(ː)rist]

명 (열대) 우림

01 Destruction in tropical **rainforests** has had a severe impact on native plants and wildlife. 모의응용

cf. tropical 열대(성)의, 열대 지방의

1033
deforestation **

[difɔ̀(ː)ristéiʃən]

명 삼림 벌채[파괴]

de(제거)+**forest**+**ation**(명) → 숲을 없앰

02 **Deforestation** left the soil exposed to harsh weather. 수능응용

1034
ecology

발음주의, 강세주의 [ikɑ́ːlədʒi]

명 생태(계)(= ecosystem); 생태학 《줄여서 eco》

03 The oil spill caused terrible damage to the **ecology** of the coast.

• ecological 　형 생태계의; 생태학적인
• ecologist 　명 생태학자

1035
biodiversity

[bàioudaivə́ːrsəti]

명 생물의 다양성

bio(life)+**di**(aside)+**vers(e)**(turn)+**ity**(명) → 생물이 여러 방향으로 바뀌는

04 Climate change has caused the loss of **biodiversity**. 수능응용

1036
habitat **

[hǽbitæt]

명 서식지, 거주지

05 Clearing land for farms destroys the **habitat** of animals and plants.

• habitable 　형 (장소가) 거주할 수 있는, 살기에 알맞은
• habitant 　명 거주자, 주민
• habitation 　명 거주, 주거

---

01 열대 우림의 파괴는 토종 식물과 야생 동물에 심각한 영향을 끼쳐 왔다. **02 삼림 벌채**는 토양이 거친 날씨에 노출되게 했다. **03** 그 기름 유출은 해안 **생태계**에 끔찍한 피해를 유발했다. **04** 기후 변화는 **생물 다양성**의 손실을 야기했다. **05** 농장을 위해 땅을 개간하는 것은 동식물의 **서식지**를 파괴한다.

대책과 해결

1037
preserve **
강세주의 [prizɔ́ːrv]

동 보호하다; 보존하다(= conserve)

pre(before) + serve(keep) → 미리 지키다

01 We must plant new trees and **preserve** our woodlands.

- preservation 명 보호, 보존(= conservation)
- preservative 명 방부제

PART 5

Unit

26

1038
purify *
[pjúrəfài]

동 정화하다, 깨끗이 하다; 정제하다

02 The sewage has to be **purified** before it flows into rivers.

- purification 명 정화; 정제

1039
eco-friendly **
[ìːkoufréndli]

형 환경친화적인

03 We can reduce global warming by consuming **eco-friendly** products.

1040
sustainable **
강세주의 [səstéinəbəl]

형 1. (환경 파괴 없이) 지속 가능한
2. 오랫동안 지속[유지]할 수 있는 (↔ unsustainable 지속 불가능한)

04 We should develop **sustainable** alternative energy.
05 **sustainable** economic growth

---

01 우리는 새 나무를 심고 삼림을 **보호해야** 한다. 02 하수는 강으로 흘러 들어가기 전에 **정화되어야** 한다. 03 우리는 **환경친화적인** 제품을 소비함으로써 지구 온난화를 줄일 수 있다. 04 우리는 **지속 가능한** 대체 에너지를 개발해야 한다. 05 **오랫동안 지속 가능한** 경제 성장

성장 · 죽음

1041

pregnant *
[prégnənt]

형 임신한, 임신하고 있는

01 She is **pregnant** with twins.

• pregnancy 명 임신

1042

adolescent **
발음주의, 강세주의
[æ̀dəlésənt]

형 (사춘기) 청소년의   명 (사춘기) 청소년

02 The wisdom that comes from the elderly can be helpful to **adolescents**.
cf. **puberty** 사춘기

• adolescence 명 청소년기, 사춘기

인생의 시기
infant 유아(의)
adolescent 청소년(의)

adult 성인(의)
elderly 노년(의); 《the -》중장년층

1043

perish
[périʃ]

동 1. (갑자기) 죽다(= die) 2. 멸망하다; 사라지다(= vanish)

03 He **perished** in an unexpected accident last year.
04 Many ancient languages have **perished** over time.

• perishable 형 썩기 쉬운, 잘 상하는

1044

doom
[duːm]

명 불운, 파멸 동 (불행한) 운명을 맞게 하다(= ruin 붕괴; 파멸시키다)

05 The people with the disease are **doomed** to die.

◆ **be doomed to** ~할 수밖에 없는 운명이다

---

01 그녀는 쌍둥이를 **임신 중이다**. 02 나이 든 사람들의 지혜는 **청소년들**에게 도움이 될 수 있다. 03 그는 작년에 예상치 못한 사고로 **사망했다**. 04 많은 고대 언어들이 시간이 흐르며 **사라졌다**. 05 그 질병을 가진 사람들은 죽을 **수밖에 없는 운명이다**.

1045

grave**

[greiv]

명 무덤 형 중대한, 심각한; 엄숙한

01 His body was placed in the **grave**.

02 the **grave** consequences of the soaring population of senior citizens

모의응용

| 죽음, 장례 |

tomb 묘, 무덤

cemetery 공동묘지

graveyard 묘지

headstone 묘비(= gravestone, tombstone)

coffin 관(棺)

corpse 시체, 송장

1046

legacy

[légəsi]

명 유산, 유물, 물려받은 것

03 His father's diligence was his most important **legacy**.

1047

inheritance

[inhéritəns]

명 1. 유산(= legacy, heritage); 상속 2. 유전

inherit(상속받다) + ance(명) → 상속받는 것

04 The sisters received a large **inheritance** from their parents.

05 The complicated systems of **inheritance** make it challenging to predict the occurrence of diseases. ebs응용

• inherit 동 1. (재산 등을) 상속받다 2. (유전적으로) 물려받다

1048

heir

발음주의 [ɛər]

명 상속인; 계승자, 후계자

06 Caesar's will would make Octavius his **heir** to his political and personal fortune. 모의응용

---

01 그의 시신은 **무덤** 속에 놓였다. **02** 급증하는 노인 인구의 **심각한** 결과들 **03** 아버지의 근면함은 그의 가장 중요한 **유산**이었다. **04** 그 자매는 부모로부터 많은 **유산**을 받았다. **05 유전**의 복잡한 체계는 질병의 발생을 예측하는 것을 어렵게 한다. **06** Caesar의 유언은 Octavius를 자신의 정치적, 개인적 재산에 대한 **상속인**으로 만들 것이다.

1049

solidarity

강세주의 [sὰlədǽrəti]

명 연대, 결속

solid(단단한) + **ar(y)**(형) + **ity**(명) → (여럿이) 단단하게 뭉침

01 Many students felt that the uniform enhanced school spirit and **solidarity**. 모의응용

1050

kinship

[kínʃip]

명 1. 친족(임), 친척 관계 2. 연대감 (= affinity, fellowship)

kin(친족) + **ship**(명) → 친족인 상태; 친족 관계끼리 가지는 특성

02 You will have to prove **kinship** in order to receive the inheritance.
03 She felt a **kinship** with the only other Korean in the international school.

1051

reciprocity

발음주의, 강세주의
[rèsəprɑ́səti]

'호혜(reciprocity)'란 서로 혜택을
주고받는 일을 말한다.

명 상호 의존, 호혜

04 Every healthy relationship is built on **reciprocity**, not one-sided kindness.

• reciprocate 동 보답하다

1052

parental**

강세주의 [pəréntl]

형 부모의, 어버이로서의

05 A loving touch after a hard day at school will be welcomed as true **parental** love. 모의응용

cf. maternal 어머니의, 모성의 ※ maternity 어머니임, 모성 (= motherhood)
paternal 아버지의, 부성의 ※ paternity 아버지임, 부성 (= fatherhood)

1053

sibling**

[síbliŋ]

명 형제자매

06 I have four **siblings**: three brothers and a sister.

---

01 많은 학생들은 교복이 애교심과 **연대감**을 높여준다고 느꼈다. **02** 유산을 받기 위해서는 **친족임**을 증명해야 할 것이다. **03** 그녀는 국제 학교에 있는 또 다른 유일한 한국인에게서 **연대감**을 느꼈다. **04** 모든 건강한 관계는 일방적인 친절이 아닌 **호혜**를 바탕으로 한다. **05** 학교에서의 힘든 하루 후에 애정 어린 손길은 진실한 **부모의** 사랑으로서 환영받을 것이다. **06** 나는 네 명의 **형제자매**가 있는데, 남자 형제 셋과 여자 형제 한 명이다.

1054
offspring**
[ɔ́:fsprɪŋ]

명 자식, 자손; (동물의) 새끼

01 positive relationships between parents and **offspring**

1055
fellow**
[félou]

명 동료, 친구(= colleague, companion); 녀석

02 During the orientation, you will meet your teachers and **fellow** students.

모의응용

cf. mate 동료, 친구; 짝

1056
bride**
[braid]

명 신부, 새색시

03 Every guest blessed the **bride** and groom.

cf. (bride)groom 신랑

1057
nurture**
[nɔ́:rtʃər]

동 1. (아이를) 기르다, 양육하다(= raise, rear, bring up) 2. 양성[육성]하다

04 We must **nurture** children with love and care.
05 He has a special passion for **nurturing** young writers.

1058
quarrel*
quarrel(l)ed-quarrel(l)ed-
quarrel(l)ing
발음주의 [kwɔ́:rəl]

동 다투다, 언쟁을 벌이다 명 다툼, 언쟁(= argument 다툼, dispute 분쟁(을 벌이다))

06 They had a **quarrel**, and they haven't spoken to each other since.

cf. betray 1. 배신하다, 배반하다 2. (비밀을) 누설하다

---

01 부모와 **자식** 사이의 긍정적 관계 **02** 오리엔테이션 동안에 너는 선생님들과 **동료** 학생들을 만날 것이다. **03** 모든 손님이 신랑과 **신부**를 축복했다. **04** 우리는 아이들을 사랑과 관심으로 **길러야** 한다. **05** 그는 젊은 작가들을 **양성하는** 데 특별한 열정을 가지고 있다. **06** 그들은 **언쟁**을 벌였고 그 이후로 서로에게 말을 하지 않고 있다.

1059

alienate

발음주의, 강세주의
[éiljənèit]

동 (사람을) 소원하게 하다, 멀리하다

01 Her bad behavior **alienated** her friends.

◆ **be alienated from** ~와 소원해지다, ~로부터 멀어지다

• alienation 명 소외, 멀리함

1060

divorce **

강세주의 [divɔ́ːrs]

동 1. 이혼하다 2. 분리하다, 단절시키다(= disconnect) 명 1. 이혼 2. 분리, 단절

02 **Divorce** rates are rising in many countries around the world. 모의응용
03 the **divorce** between theory and practice

1061

farewell **

강세주의 [fɛərwél]

명 작별 (인사) 형 작별의, 고별의

04 When I said **farewell** to him, his eyes were full of tears. 모의응용

1062

reconcile

발음주의, 강세주의
[rékənsàil]

동 1. 화해시키다(= reunite) 2. 일치시키다, 조화시키다

re(again) + **concile**(make friendly) → 다시 우의를 맺다

05 He wished to become **reconciled** with his friends.
06 It can be difficult to **reconcile** your ideals with reality.

• reconciliation 명 1. 화해 2. 일치, 조화

교육 • 학업

학문명 Appendix 487쪽

1063

discipline **

[dísəplin]

명 1. 훈련, 단련; 규율, 훈육 2. 자제(심), 절제력 3. 학과, 학문 분야
동 훈련하다, 단련하다

07 Different cultures have different ways of **disciplining** their children.
08 Musical training helps children develop **discipline** and self-confidence.
모의응용
09 Some sociologists are now working with colleagues in other **disciplines**.
수능응용

◆ **self-discipline** 자기 훈련[수양]

---

01 그녀의 나쁜 행동은 친구들을 **멀어지게 했다. 02 이혼율**이 전 세계 여러 국가에서 증가하고 있다. **03** 이론과 실제 사이의 **분리 04** 내가 그에게 **작별 인사**를 하자, 그의 눈은 눈물로 가득했다. **05** 그는 친구들과 **화해하게** 되기를 바랐다. **06** 너의 이상을 현실과 **조화시키기는** 어려울 수도 있다. **07** 서로 다른 문화는 아이들을 **훈육하는** 다른 방식을 가지고 있다. **08** 음악 교육은 아이들이 **자제심**과 자신감을 기를 수 있도록 도와준다. **09** 일부 사회주의자들은 이제 다른 **학문 분야**의 동료들과 함께 연구하고 있다.

instruct *

1064

[instrʌ́kt]

[동] 1. 가르치다, 교육하다 2. 지시하다, 명령하다

01 The teacher **instructed** the students on how to develop their writing skills.

02 The swimming coach **instructed** children not to enter the water alone.

- instruction [명] 1. 교육; 지시, 지도 2. 지시 3. 설명(서)
- instructor [명] (특정 기술을 가르치는) 강사, 교사
- instructive [형] 교육적인, 유익한

aptitude

1065

[ǽptətjùːd]

[명] 소질, 적성

03 We should test our children's **aptitudes** in various subject areas. 수능응용

expertise **

1066

발음주의 [èkspəːrtíːz]

[명] 전문 지식[기술]

04 She came to have considerable **expertise** in mechanics.

scholar **

1067

[skálər]

[명] 1. 학자 2. 장학생

05 He became a leading **scholar** of economics.

06 My brother was a **scholar** who graduated from college at the head of his class.

- scholarship [명] 1. 학문; 학식 2. 장학금

guideline **

1068

[gáidlàin]

[명] 가이드라인, 지침, 지표

07 I'd like to give you students some **guidelines** on how to use the seminar rooms. 모의응용

---

01 선생님은 학생들에게 글 솜씨를 발전시키는 방법을 **가르쳤다**. **02** 수영 코치는 아이들에게 물에 혼자 들어가지 말라고 **지시했다**. **03** 우리는 다양한 교과 영역에서 아이들의 **적성**을 시험해야 한다. **04** 그녀는 기계학에서 상당한 **전문 지식**을 갖게 되었다. **05** 그는 뛰어난 경제**학자**가 되었다. **06** 우리 형은 대학을 수석으로 졸업한 **장학생**이었다. **07** 학생 여러분께 세미나실을 어떻게 이용하는지에 대한 몇 가지 **지침**을 알려드리고 싶습니다.

1069

encyclopedia *

강세주의 [insàiklǝpíːdiǝ]

명 백과사전

01 An **encyclopedia** includes information on many subjects.

학교 · 학년

1070

secondary **

[sékǝndèri]

↱ 중등교육이란 중학교와 고등학교 단계에 해당하는 교육을 말한다.
대학교육 이상의 교육은 고등교육(higher education)이라 한다.

형 1. 중등교육[학교]의 2. 이차적인, 부수적인(= subordinate)

02 the **secondary** curriculum
03 a **secondary** infection

> | 학교 종류 |
>
> **preschool** 유치원; 취학 전의
> **primary[elementary] school** 초등학교
> **(junior) high school** (중)고등학교
> **college[university]** 대학교 《college는 주로 2년제 전문대학, university는 주로 4년제 종합대학》
> **boarding school** 기숙학교

1071

faculty *

[fǽkǝlti]

명 1. (대학의) 학부 2. 교수진 3. (타고난) 능력, 재능(= talent)

04 students in the **Faculty** of Law
05 The university has a great **faculty**.
06 She has a **faculty** for making friends.

1072

dormitory **

[dɔ́ːrmitɔ̀ːri]

명 기숙사

07 All the students live in a **dormitory**.

1073

tuition **

[tʃuːíʃǝn]

명 수업료, 등록금

08 Students ranked in the top 10% will be provided with 30% off the
  tuition. 모의응용

---

01 백과사전에는 많은 주제에 관한 정보가 있다. **02** 중등학교 교육 과정 **03** 이차 감염 **04** 법학부 학생 **05** 그 대학에는 훌륭한 **교수진**이 있다. **06** 그녀는 친구를
사귀는 **재능**이 있다. **07** 모든 학생들은 **기숙사**에 산다. **08** 상위 10퍼센트에 해당하는 학생들은 30퍼센트의 **등록금** 할인이 주어질 것이다.

1074
sophomore

발음주의 [sάːfəmɔ̀ːr]

몡 (4년제 대학, 고교의) **2학년생**

01 This class is mainly for freshmen and **sophomores**.

> | 학년 |
>
> **freshman**　(대학, 고교의) 신입생
> **junior**　(4년제 대학, 고교의) 3학년 학생; (2년제 대학의) 1학년 학생
> **senior**　(대학, 고교의) 마지막 학년[졸업반] 학생

PART 5

Unit

27

1075
undergraduate

[ʌ̀ndərgrǽdʒuət]

몡 **대학생, 학부생**

02 When I was an **undergraduate**, I majored in biology.

cf.　**alumni** 《alumnus의 복수형》 졸업생
　　　 graduate student 대학원생

1076
diploma

강세주의 [diplóumə]

몡 **졸업장, 수료증; 학위 (증서)**

03 Tammy was able to earn her high school **diploma**. 모의응용

1077
bachelor

발음주의 [bǽtʃələr]

몡 1. **학사** 《대학에서 수여하는 학위》 2. **미혼[독신] 남자**

04 She held a **bachelor**'s degree in Biology.
05 He remained a **bachelor** all his life.

cf.　**a master[doctor]'s degree** 석사[박사] 학위

---

01 이 수업은 주로 신입생과 **2학년생**들을 위한 것이다. **02** 내가 **대학생**이었을 때, 나는 생물학을 전공했다. **03** Tammy는 고등학교 **졸업장**을 받을 수 있었다. **04** 그녀는 생물학 **학사** 학위를 가지고 있었다. **05** 그는 평생을 **독신**으로 남았다.

1078

issue** [íʃuː]

필수 다의어 1

핵심 의미 밖으로 나가다

토론 밖으로 나온	1. 명 쟁점, 문제, 사안
사안을 밖으로 드러내어	2. 동 발표하다, 공표하다(= announce) 명 발표, 공표
책 등을 밖으로 나오도록	3. 동 (잡지, 면허증 등을) 발행하다, 발급하다(= release) 명 발행, 발급
발행된	4. 명 발행물, (정기 간행물의) 호(= edition)

※ 다음 각 문장에 쓰인 다의어의 의미를 위에서 찾아 그 번호를 (_____)에 쓰시오.

01 To **issue** a membership card, we need your photo and the application form. (_____)
02 A severe storm warning was **issued**. (_____)
03 Electronic waste is becoming a serious **issue** worldwide. 모의응용 (_____)
04 I want to write an article about your work for the next **issue** of the magazine. (_____)

1079

deliver** 강세주의 [dilívər]

필수 다의어 2

핵심 의미 자유롭게 하다

자유롭게 다른 곳으로	1. 동 배달하다, 전하다
하고 싶은 말을	2. 동 (연설, 강연 등을) 하다
뱃속 아기를	3. 동 (아기를) 분만하다, 출산하다
	4. 동 (약속을) 지키다

※ 다음 각 문장에 쓰인 다의어의 의미를 위에서 찾아 그 번호를 (_____)에 쓰시오.

05 She **delivered** healthy twin girls early this morning. (_____)
06 The company didn't **deliver** on its promise to invest in employee training. (_____)
07 The professor was invited to **deliver** a lecture at a local university. 모의응용 (_____)
08 The shipping has been delayed, but we can **deliver** the item by this Friday. 모의응용 (_____)

• **delivery**   명 1. 배달(물) 2. 연설 3. 분만, 출산

---

01 멤버십 카드를 ³**발급하기** 위해, 우리는 당신의 사진과 신청서가 필요합니다. 02 강한 폭풍 경보가 ²**발효되었다**. 03 전자 제품 폐기물이 전 세계적으로 심각한 ¹**문제**가 되어 가고 있다. 04 잡지의 다음 ⁴**호**에 귀하의 작품에 대한 기사를 하나 쓰고 싶습니다. 05 그녀는 오늘 아침 일찍 건강한 쌍둥이 딸을 ³**출산했다**. 06 그 회사는 직원 교육에 투자할 것이라는 약속을 ⁴**지키지** 않았다. 07 그 교수는 지역 대학에서 강연을 ²**하기** 위해 초청되었다. 08 배송이 지연되고 있지만, 그 상품을 이번 주 금요일까지 ¹**배달해드릴** 수 있습니다.

cast** [kæst]

cast-cast

핵심 의미 던지다

	1. 동 던지다
눈길, 미소 등을	2. 동 (시선, 미소 등을) 향하다, 보내다
시선이 가는 배우에게	3. 동 배역을 맡기다 명 배역, 출연자들
빛, 그림자 등을	4. 동 (빛, 그림자 등을) 드리우다
틀 안에 던져 넣어	5. 동 주조(鑄繰)하다 명 주형(鑄型), 거푸집
	6. 명 깁스 (붕대)

※ 다음 각 문장에 쓰인 다의어의 의미를 위에서 찾아 그 번호를 (_____)에 쓰시오.

01 On a table, candles were **casting** a soft, flickering glow. ^{모의응용} (_____)

02 The actor was **cast** as a young doctor in an upcoming movie. (_____)

03 The statue will be **cast** in bronze. (_____)

04 He broke his right arm and was in a **cast** for two months. ^{모의응용} (_____)

05 He **cast** the fishing line to the middle of the river. (_____)

06 She **cast** a glance toward the door. (_____)

◆ **cast a glance [look] at** ~을 힐끗 보다

◆ **have ~ in a cast** ~에 깁스를 하고 있다

---

01 탁자 위에는 양초가 부드럽고 깜박거리는 불빛을 ⁴**드리우고** 있었다. 02 그 배우는 곧 개봉할 영화에서 젊은 의사로서 ³**배역을 맡았다.** 03 그 동상은 청동으로 ⁵**주조될** 것이다. 04 그는 오른쪽 팔이 부러져서 두 달 동안 ⁶**깁스를** 했다. 05 그는 강 가운데로 낚싯줄을 ¹**던졌다.** 06 그녀는 문 쪽을 향해 ²**힐끗** 보았다.

언어 일반

1081

linguistic *

강세주의 [liŋgwístik]

형 언어의, 언어학의

01 Parents play a critical role in a child's **linguistic** development.

- **linguist** 명 언어학자
- **lingual** 형 1. 언어[말]의 2. 혀의
- **linguistics** 명 언어학

1082

bilingual

[bailíŋgwəl]

형 2개 국어를 할 줄 아는 명 이중 언어 사용자

bi(two) + **lingua**(tongue) + **(a)l**(형) → 두 가지 말의

02 People within communities that use many languages are often **bilingual** or multilingual. 모의응용

cf. **monolingual** 하나의 언어를 할 줄 아는; 단일 언어 사용자
multilingual 여러 언어를 할 줄 아는; 다중 언어 사용자

1083

언어 학습·언어학 용어 Appendix 488쪽

usage **

발음주의 [júːsidʒ]

명 1. (단어의) 용법, 어법 2. 사용(량)

03 This is a book on modern English **usage**.
04 Water **usage** is increasing.

말 · 표현

1084

verbal **

발음주의 [vɜ́ːrbəl]

형 언어의; (글이 아닌) 구두(口頭)의, 말로 된(= oral)(↔ nonverbal 비언어적인)

verb(word) + **al**(형) → 말의

05 We had a **verbal** agreement but no written contract.

- **verbally** 부 구두로, 말로

---

01 부모는 아이의 **언어** 발달에 중요한 역할을 한다. 02 많은 언어를 사용하는 지역의 사람들은 **이중 언어 사용자**나 다중 언어 사용자가 될 수 있다. 03 이것은 현대 영어 **어법**에 관한 책이다. 04 물 **사용량**이 증가하고 있다. 05 우리는 **구두(口頭)** 합의를 보았으나 서면 계약은 맺지 않았다.

1085

vowel

발음주의 [váuəl]

명 모음 (글자)

01 In English, the letters 'a,' 'e,' 'i,' 'o,' and 'u' are **vowels**, and the rest are consonants.

cf. **consonant** 자음 (글자)

1086

intonation

[ìntənéiʃən]

명 억양, 어조

02 In Chinese, **intonation** and accent affect the meaning of spoken words.

cf. **accent** 1. 악센트, 강세 2. 말투

1087

pronounce **

강세주의 [prənáuns]

동 1. **발음하다** 2. (공개적으로) **선언하다**(= declare, announce)

pro(forth) + **nounce**(announce) → 앞에서 발표하다

03 Many English words are not **pronounced** as they are spelled.
04 She was **pronounced** dead on arrival at the hospital.

• pronunciation 명 발음

1088

utter *

[ʌ́tər]

동 **말을 하다; 소리를 내다** 형 **완전한, 순전한**(= complete, sheer)

05 The loser was so shocked that he did not **utter** a word for a long time.
06 Lying back in the hot bath was **utter** bliss.

• utterance 명 발화; 발언
• utterly 부 완전히, 순전히(= completely)

1089

recite *

[risáit]

동 (시 등을) **암송하다, 낭독하다**

re(again) + **cite**(언급하다, 인용하다) → (시 등을) 다시 언급[인용]하다

07 My sister **recited** a poem that she had learned at school.

---

01 영어에서, 알파벳 'a,' 'e,' 'i,' 'o' 그리고 'u'는 **모음** 글자이고, 나머지는 자음 글자이다. **02** 중국어에서 **억양**과 강세는 음성 언어의 의미에 영향을 끼친다. **03** 많은 영어 단어들이 철자대로 **발음되지** 않는다. **04** 그녀는 병원에 도착하자마자 사망한 것으로 **발표되었다. 05** 그 패자는 너무 충격을 받아서 오랫동안 한마디의 **말도 하지** 않았다. **06** 뜨거운 욕조 속에 누워 있는 것은 **완전한** 행복이었다. **07** 내 여동생은 학교에서 배웠던 시 한 편을 **암송했다.**

1090

fluent*

[flúːənt]

형 (특히 외국어가) 유창한

flu(flow) + **ent**(형) → (말이) 흐르듯 나오는

01 As most of our guests are French, we want an employee who is **fluent** in French. 모의응용

- fluency 명 유창함
- fluently 부 유창하게

1091

dialect*

[dáiəlèkt]

명 방언, 사투리

02 In some Yorkshire **dialects**, people say "spice" instead of "candy."

words and expressions

proverb 속담, 격언(= saying)	**idiom** 1. 숙어, 관용구 2. 방언, 사투리
maxim 격언, 금언	**riddle** 수수께끼
slang 속어, 은어	

말이나 글의 표현들은 전달하려는 바를 효과적으로 설명하기 위해 다양한 방법으로 나타난다.

1092

analogy*

발음주의, 강세주의
[ənǽlədʒi]

명 비유; 유사점

03 A heart surgeon drew an **analogy** between the human heart and a pump.

1093

metaphor

[métəfɔ̀ːr]

명 은유, 비유

04 'Icy stares' is a **metaphor** because it actually does not imply reduced temperature. 모의응용

- metaphorically 부 은유적으로, 비유적으로

1094

exaggerate*

발음주의, 강세주의 [igzǽdʒərèit]

동 과장하다(= overstate)

05 Fishermen always **exaggerate** the size of a fish they almost caught.

- exaggeration 명 과장

---

01 손님 중 대부분이 프랑스인이기에 우리는 프랑스어가 **유창한** 직원을 원한다. **02** 몇몇 요크셔 지방의 **방언**으로, 사람들은 'candy' 대신 'spice'라 말한다. **03** 한 심장외과 의사가 인간의 심장을 펌프에 **비유했다. 04** '싸늘한 시선'은 실제로 온도가 떨어진 것을 의미하지 않기에 **은유**에 해당한다. **05** 낚시꾼들은 자신이 잡을 뻔한 물고기의 크기를 항상 **과장한다.**

1095

paradox*

[pǽrədàks]

명 역설; 역설적인 사람[일]

01 It is an interesting **paradox** that my aunt claims to hate children but has seven kids.

1096

irony

[áiərəni]

명 모순, 아이러니(한 상황); 반어(법)

02 The **irony** is that his mistake actually improved the team's situation.

• ironic(al) 형 모순적인; 반어적인

1097

sarcastic

[sɑːrkǽstik]

형 풍자적인; 비꼬는

03 Her **sarcastic** manner annoys her friends.

• sarcasm 명 빈정댐, 비꼼

> | 여러 가지 표현법 |
>
> **rhetoric** 수사(修辭)법; 미사여구 ※ **rhetorical** 수사적인; 미사여구식의
> **connotation** 함축; 함축된 의미 ※ **connote** 의미를 함축하다
> **rhyme** 운을 맞추다; 각운; 운문
> **satire** 풍자(문학) ※ **satirical** 풍자적인
> **allegory** 풍자, 우화
> **abbreviate** 줄여 쓰다, 축약하다(= shorten)
> **allude** 암시하다, 넌지시 말하다 ※ **allusion** 암시
> **accentuate** 강조하다(= emphasize)

의사소통

1098

discourse

강세주의

명[dískɔːrs]
동[diskɔ́ːrs]

명 (특정 주제에 대한) **담화, 담론**(= conversation) 동 **이야기하다**

04 He attended a **discourse** on climate crisis issues at the conference.

---

01 우리 이모는 아이들을 싫어한다고 주장하지만, 그녀에게 7명의 아이가 있다는 것은 흥미로운 **역설**이다. **02 모순**은 그의 실수가 실제로는 팀의 상황을 개선했다는 것이다. **03** 그녀의 **비꼬는** 태도는 친구들을 화나게 한다. **04** 그는 회의에서 기후 위기 문제에 대한 **담화**에 참여했다.

1099
profess

강세주의 [prəfés]

동 1. (감정, 믿음 등을) **공언하다; 고백하다**(= confess) 2. (사실이 아닌 것을) **주장하다**

pro(forth) + fess(say) → 앞에서 말하다

01 The government **professed** to reduce crime.
02 She **professed** to know nothing about the missing money.

1100
murmur *

[mə́ːrmər]

동 **속삭이다, 중얼거리다** 명 **속삭임**

03 He **murmured** something, but she did not catch the words.

cf. **mutter** (특히 불만스러워서) 중얼거리다; 투덜거리다
mumble 중얼거리다; 중얼거림

1101
exclaim *

강세주의 [ikskléim]

동 **소리치다, 외치다**(= shout)

ex(out) + claim(외치다) → 밖으로 외치다

04 She **exclaimed** in delight upon hearing the news of my wedding.

• **exclamation** 명 감탄사

1102
vow

발음주의 [vau]

동 **맹세하다, 서약하다** 명 **맹세, 서약**

05 The young man **vowed** to the girl that he would return for her.

1103
pledge *

[pledʒ]

동 (굳게) **약속하다, 맹세하다**(= swear) 명 **약속, 맹세**

06 My parents made a **pledge** to donate money to the charity.

---

01 성부는 범죄를 줄이겠다고 **공언했다.** 02 그녀는 사라진 돈에 관해 아무것도 모른다고 **주장했다.** 03 그가 무언가를 **중얼거렸지만,** 그녀는 그 말을 알아듣지 못했다. 04 그녀는 내 결혼 소식을 듣자마자 기뻐서 **소리쳤다.** 05 그 젊은이는 소녀에게 그녀를 위해 돌아오겠노라 **맹세했다.** 06 우리 부모님께서 자선 단체에 돈을 기부하겠다고 **약속하셨다.**

1104
urge **

[əːrdʒ]

[동] 강력히 권고하다 [명] (강한) 욕구[충동]

01 I **urge** you to protect yourself with appropriate safety equipment when riding a bike. 모의응용

* **urge A to-v** A가 v하도록 강력히 권고하다
* **an urge to-v** v하고 싶은 욕구, 충동

1105
dispute *

강세주의 [dispjúːt]

[동] 1. 논쟁하다(= argue) 2. 반박하다, 이의를 제기하다(= refute)
[명] 분쟁, 논쟁(= disagreement)

02 We were **disputing** whether we should call the police or just watch the fight.
03 The lawyer **disputed** the witness's statement.

cf. **pros and cons** 찬반양론; 장단점

1106
justify **

강세주의 [dʒʌ́stifài]

[동] 정당화하다; 옳음을 증명하다

just(right) + **ify**(동) → 옳게 하다

04 He tried to **justify** his behavior by saying that he was drunk.

* justification [명] 정당화; 정당한 이유

1107
advocate **

발음주의, 강세주의
[동][ǽdvəkèit]
[명][ǽdvəkət]

[동] 지지[옹호]하다(= support) [명] 1. 지지[옹호]자 2. 변호사(= lawyer)

ad(to) + **voc**(voice) + **ate**(동) → ~ 쪽으로 목소리를 내다

05 They formed a group **advocating** for changes in the school system.
06 He worked as a human rights **advocate**.

* advocacy [명] 1. 지지, 옹호 2. 변호

| 다양한 의사소통 |
denote 의미하다, 나타내다
signify 1. 의미하다, 나타내다 2. 중요하다
gossip 소문, 험담
curse 1. 욕설[악담]; 욕설[악담]을 하다 2. 저주(를 퍼붓다)

---

01 자전거를 탈 때 적절한 안전 장비로 자신을 보호할 것을 **강력히 권고한다. 02** 우리는 경찰을 불러야 할지 단지 싸움을 지켜볼지 **논쟁하는** 중이었다.
03 변호사는 목격자의 진술을 **반박했다. 04** 그는 술에 취했다고 말하며 자신의 행동을 **정당화하려** 했다. **05** 그들은 학교제도의 변화를 **지지하는** 단체를
조직했다. **06** 그는 인권**변호사**로 일했다.

1108
draft **
[dræft]

몡 1. 초안 2. 징병 동 1. 초안을 작성하다 2. 선발하다; 징병하다

01 I had to revise my **draft**, as it was full of errors. 모의응용
02 My dad was eighteen when he got **drafted** into the army.

글의 구조 Appendix 488쪽

1109
plot **
[plɑt]

몡 1. (책, 영화 등의) 줄거리 2. 음모 동 1. 줄거리를 짜다 2. 음모를 꾸미다

03 The book's **plot** revolves around a woman who is searching for her missing sister.
04 The two men were accused of a **plot** to bomb a plane.

1110
punctuate
발음주의 [pʌ́ŋkʃuèit]

동 1. (마침표, 쉼표 등의) 구두점을 찍다 2. 간간이 끼어들다, 중단시키다(= interrupt)

05 I didn't know how to **punctuate** a sentence correctly, so I asked for help from my sister.
06 Her speech was **punctuated** by frequent cheers and applause.

• punctuation 몡 구두점

1111
genre **
발음주의 [ʒɑ́ːŋrə]

몡 (예술 작품의) 장르, 유형

07 The novel and the play are different literary **genres**.

1112
narrative **
[nǽrətiv]

몡 서술, 이야기 혱 이야기의

08 The novel is a wonderful **narrative** of a wartime adventure.

• narrator 몡 서술자, 이야기하는 사람
• narration 몡 서술, 이야기함
• narrate 동 서술하다, 이야기하다

---

01 나는 내 **초안**이 오류로 가득해서 수정해야 했다. **02** 아빠가 군대에 **징병 되셨을** 때, 아빠는 18살이었다. **03** 그 책의 **줄거리**는 실종된 여동생을 찾고 있는 한 여자를 중심으로 전개된다. **04** 그 두 남자는 비행기를 폭파하려는 **음모**로 기소되었다. **05** 나는 어떻게 문장에 **구두점을 찍는지**를 정확히 몰라서 언니에게 도움을 요청했다. **06** 그녀의 연설은 잦은 환호와 박수로 인해 **중단되었다**. **07** 소설과 희곡은 서로 다른 문학 **장르**이다. **08** 그 소설은 전시(戰時)의 모험을 다룬 멋진 **이야기**이다.

1113
lyric *
[lírik]

[형] 서정시의 [명] 1. 서정시 2. 《주로 복수형》 노래 가사

01 He loves reading the **lyrics** of the Irish poet.
02 Many parents worry about the effects of violent **lyrics** on kids.

• lyrical [형] 서정적인

1114
myth **
[miθ]

[명] 1. 신화 2. 근거 없는 믿음(= fallacy)

03 Greek and Roman **myth**
04 It is a common **myth** that you can't get sunburned on a cloudy day.

• mythic(al) [형] 신화의; 사실이 아닌

| 문학의 장르와 그 종류 |

prose 산문(체)
verse 1. 운문, 시 2. (시의) 연; (노래의) 절
lore 구전지식; 구비설화 *cf.* folklore 민속, 전통문화
epic 서사시(의)
fable 우화; 꾸며낸 이야기 ※ fabulous 1. 우화에 나오는 2. 엄청난, 굉장한
anecdote (주로 짧고 재미있는) 일화

글의 분위기

글의 분위기란 글을 통하여 독자들이 느끼게 되는 감정을 표현하는 것으로, 이를 묻는 문제가 수능독해 유형에도 등장한다.

1115
humorous **
발음주의 [hjúːmərəs]

[형] 재미있는, 유머러스한

05 The stories in the book are so **humorous** that I laughed several times while reading.

1116
monotonous **
발음주의, 강세주의
[mənátənəs]

[형] 단조로운, 지루한(= tedious)

mono(one) + **ton**(tone) + **ous**(형) → 하나의 어조로

06 The **monotonous** plot of the movie made me bored.

---

01 그는 아일랜드 시인의 **서정시**를 읽는 것을 매우 좋아한다. **02** 많은 부모들이 폭력적인 **가사**가 아이들에게 끼치는 영향에 대해 걱정한다. **03** 그리스 로마 **신화 04** 흐린 날에는 햇볕에 타지 않는다는 것은 흔한 **근거 없는 믿음**이다. **05** 그 책의 줄거리가 무척 **재미있어서** 나는 읽으면서 여러 번 웃었다. **06** 그 영화의 **단조로운** 줄거리가 나를 지루하게 했다.

1117

gloomy **
[glú:mi]

형 우울한, 침울한; 어둑어둑한

01 As the poem was **gloomy**, I felt depressed after reading it.

글의 분위기 Appendix 489쪽

1118

solemn *
발음주의, 철자주의
[sáləm]

형 엄숙한, 근엄한(= serious, grave)

02 The **solemn** tone of the novel reflects the author's experiences during the war.

1119

account ** [əkáunt]

필수 다의어 1

핵심 의미 **계산하다**

금전 계산 등을 위한	1. 명 **계좌**
계좌처럼 권리가 부여되는	2. 명 (인터넷 등의) **계정**
계산 내용을 기록한	3. 명 **장부; 외상 (거래)**
계좌, 장부는 금전 거래 내용을	4. 동 **설명하다** 명 **설명**
설명을 하는	5. 명 **이유, 근거**

※ 다음 각 문장에 쓰인 다의어의 의미를 위에서 찾아 그 번호를 (_____)에 쓰시오.

03 I want to open a new **account**. (_____)

04 He was too shocked to give an **account** of what had happened. (_____)

05 He doesn't drink alcohol on **account** of his poor health. (_____)

06 Log into your student **account** and complete the application form. 모의응용 (_____)

07 Please charge the bill to my **account**. (_____)

- **take A into account** A를 고려하다
- **give an account of** ~을 설명하다

- accountability　　　　　명 책임, 의무

---

01 그 시(詩)는 **우울했기** 때문에 나는 그것을 읽은 후에 침울해졌다. 02 그 소설의 **엄숙한** 분위기는 전쟁 중인 작가의 경험을 반영한다. 03 새로운 **[1]계좌**를 개설하고 싶습니다. 04 그는 너무나 충격을 받아서 무슨 일이 일어났는지 **[4]설명**을 할 수 없었다. 05 그는 안 좋은 건강을 **[5]이유**로 술을 마시지 않는다. 06 학생 **[2]계정**으로 접속하여 지원서를 작성하라. 07 계산은 **[3]외상**으로 달아주십시오.

note ** [nout]

핵심 의미 **주의를 끌기 위한 표시**

중요한 내용을 표시한 종이	1. 몡 **메모, 쪽지**
강의 내용을 표시한 종이	2. 몡 **필기, 노트**
금액을 표시한 종이	3. 몡 **지폐**
표시를 주의 깊게 보다	4. 동 **주목하다, 주의하다**
주목하도록	5. 동 **언급하다, 말하다** (= mention)
주목을 끄는 소리	6. 몡 **음; 음표**
주목을 끄는	7. 몡 (특정한) **어조; 기색, 분위기**

PART 5

Unit

28

※ 다음 각 문장에 쓰인 다의어의 의미를 위에서 찾아 그 번호를 (_____)에 쓰시오.

01 There was a **note** of doubt in his voice. (_____)
02 I reached under my pillow and found a one dollar **note**, torn exactly in half. 모의응용 (_____)
03 The wrapping of Christmas presents, he **notes**, is a fairly recent phenomenon. 모의응용 (_____)
04 Someone hit my car in the parking lot and drove away without leaving a **note**. 모의응용 (_____)
05 Please **note** that the deadline is January 22. (_____)
06 She has a good voice but has trouble hitting the high **notes**. (_____)

---

01 그의 목소리에는 의심의 **7기색**이 깔렸다. **02** 나는 베개 밑으로 손을 뻗어 정확하게 절반으로 찢어진 1달러짜리 **3지폐**를 발견했다. **03** 그는 크리스마스 선물을 포장하는 것이 꽤 최근에 일어난 현상이라고 **5말한다**. **04** 누군가가 주차장에서 내 차를 치고는 **1메모**도 남기지 않고 떠났다. **05** 마감 기한이 1월 22일이라는 점을 **4주의하십시오**. **06** 그녀는 좋은 목소리를 가졌지만, 높은 **6음**을 내는 데 어려움을 겪는다.

사고방식, 사회적 통념, 그에 대한 새로운 고찰 등의 인문학적 내용은 수능에 꾸준히 출제되는 지문들이다. 이러한 주제와 관련하여 추상적인 개념의 어휘들은 특히 예문의 도움을 받아 명확히 이해하고 넘어가도록 하자.

이성(reason)

인간의 이성(reason)은 동물과 구별되는 인간 특유의 뛰어난 능력으로 여겨진다. reason은 '이유'란 의미 외에도 '이성' 등의 의미를 뜻하는 다의어이다. (☞ p.314 필수 다의어 1)

1121
rational **
[rǽʃənl]

형 이성적인, 합리적인(= reasonable)(↔ irrational 불합리한)

01 I need to be fully informed to make a **rational** decision.

   cf. causal 원인의; 인과관계의

- **rationality** 명 합리성
- **rationalize** 동 합리화하다

1122
logic **
[ládʒik]

명 논리(학); 타당성

02 Investigators excel at research, using **logic** to analyze various information. 모의응용

- **logical** 형 논리적인; 타당한(↔ illogical 비논리적인, 터무니없는)

1123
coherent
발음주의, 강세주의
[kouhíərənt]

형 (생각, 주장 등이) 일관성[통일성] 있는(= consistent); 논리 정연한

03 Throughout the meeting, he stated **coherent** and reasonable arguments.

- **cohesion** 명 화합, 결합(= unity)

1124
factual *
[fǽktʃuəl]

형 사실의, 사실에 입각한

04 The witness gave a clear, **factual** account of the attack.

---

01 합리적인 결정을 하기 위해서는 정보를 충분히 알고 있어야 한다. **02** 수사관들은 조사에 뛰어난데, 다양한 정보를 분석하기 위해 **논리**를 활용한다. **03** 회의 내내 그는 **일관성 있고** 합리적인 주장을 펼쳤다. **04** 목격자는 그 공격에 관해 분명하고 **사실에 입각한** 설명을 했다.

1125

empirical

발음주의 [impírikəl]

형 경험[실험]에 의거한, 실증적인

01 Science is an **empirical** field; it develops knowledge by performing experiments.

- empirically 부 경험적으로

사고 작용

1126

contemplate

강세주의 [kάntəmplèit]

동 1. 고려하다; 심사숙고하다(= consider) 2. 응시하다

02 To get a better result, we need to take time to **contemplate**. 모의응용
03 He stood **contemplating** his image in the mirror.

- contemplation 명 1. 사색, 명상 2. 응시

1127

ponder

발음주의 [pάndər]

동 숙고하다, 곰곰이 생각하다

04 The teacher is continually **pondering** how to improve the students' abilities.

1128

meditate

발음주의, 강세주의
[méditèit]

동 1. 숙고하다 2. 명상하다

05 He sat quietly and spent hours **meditating** on his future.
06 Sophie **meditates** for 30 minutes every morning for her mental health.

- meditation 명 1. 숙고 2. 명상

1129

presume

강세주의 [prizúːm]

동 (사실로) 추정하다, 여기다(= assume)

07 I **presume** Ian is not coming, since he hasn't replied to the invitation yet.

- presumption 명 추정, 가정
- presumably 부 아마, 생각건대

---

01 과학은 **실증적인** 분야이다. 과학은 실험을 수행함으로써 지식을 발전시킨다. **02** 더 나은 결과를 얻기 위해 우리는 **심사숙고할** 시간을 들여야 한다. **03** 그는 거울 속 자신의 모습을 **응시하며** 서 있었다. **04** 그 선생님은 학생들의 능력을 향상시킬 방법을 끊임없이 **숙고하고** 있다. **05** 그는 조용히 앉아서 자신의 미래에 대해 **숙고하며** 몇 시간을 보냈다. **06** Sophie는 자신의 정신 건강을 위해 매일 아침 30분씩 **명상한다**. **07** 나는 Ian이 오지 않을 것으로 **추정하는데**, 그가 아직 초대에 답을 하지 않았기 때문이다.

1130

quest

[kwest]

명 탐구, 탐색, 추구 (= pursuit)

01 Great scientists are driven by an inner **quest** to understand the universe. 모의응용

cf. **questionnaire** 설문지, 질문지

1131

embody

[imbádi]

동 (사상, 감정 등을) **구현하다, 구체적으로 표현하다**

em(make) + **body** → 형체를 갖게 만들다

02 Our constitution **embodies** all the fundamental principles of democracy.

1132

mindset *

[máindset]

명 사고방식 (= mentality)

mind + **set**(태도, 자세) → 생각하는 태도, 자세

03 If you start the day with a positive **mindset**, you are more likely to have a good day. 모의응용

1133

cognitive **

발음주의 [ká:gnətiv]

형 인지의, 인식의

04 Studies have shown that as anger increases, **cognitive** processing speed goes down. ebs응용

• **cognition** 명 인지, 인식

1134

insight **

[ínsàit]

명 통찰력; 이해, 간파

05 The book gives us fascinating **insights** into human psychology.

• **insightful** 형 통찰력 있는

---

01 위대한 과학자들은 우주를 이해하려는 내적 **탐구**에 의해 움직인다. **02** 우리 헌법은 민주주의의 모든 기본적 원칙을 **구현한다**. **03** 긍정적인 **사고방식**으로 하루를 시작한다면, 좋은 하루를 보낼 가능성이 더 높다. **04** 연구들은 화가 날수록 **인지** 과정의 속도는 느려진다는 것을 보여주었다. **05** 그 책은 우리에게 인간 심리에 관한 흥미로운 **통찰력**을 제공한다.

1135

intuition*

강세주의 [ìntʃuíʃən]

직관은 정보 자체에 좀 더 집중하여 판단하는 것을 말하고, 직감은 느낌에 더 의존하여 판단하는 것을 말한다. 하지만, 영어로는 모두 intuition으로 표현할 수 있으며 이는 주로 긍정적인 뉘앙스로 쓰인다.

명 직관(력); 직감 (= instinct)

01 Sometimes you need to rely on your **intuition** when making a decision.

• intuitive   형 직관적인, 직감에 의한

개념과 견해

인간은 자신의 관점(viewpoint)에 따라 대상에 대한 개념(notion, concept)을 가지고 있다. 수능, 모의에는 주로 고정관념(stereotype)이나 편견 등의 잘못된 개념과 이를 바로잡는 것에 대한 소재가 선호된다.

1136

viewpoint

[vjú:pɔ̀int]

명 견해, 관점 (= point of view, standpoint)

02 They approached the economic issue from opposite **viewpoints**.

1137

perspective**

강세주의 [pərspéktiv]

명 1. 관점, 시각 (= viewpoint) 2. 전망, 경치 3. 원근법; 원근감

per(through) + **spect**(look at) + **ive**(명) → (전체를) 관통하여 봄

03 With a positive **perspective** and patience, you can overcome all obstacles in your life. 모의응용
04 You can enjoy a **perspective** of the whole valley here.
05 No matter how many times I draw the barn, the **perspective** doesn't look right. 수능응용

1138

outlook

[áutlùk]

명 1. 관점, 견해 2. (앞으로의) 전망, 예측 3. 전망, 경치 (= perspective 1. 관점 2. 전망)

06 They had very different **outlooks** on the world.
07 He has a positive **outlook** on his future. 모의응용
08 From the top of the tower, the **outlook** over the city was spectacular.

---

01 결정을 할 때 때론 **직관**에 의존할 필요가 있다. **02** 그들은 상반된 **관점**에서 그 경제 문제에 접근했다. **03** 긍정적인 **시각**과 인내심이 있으면 인생의 모든 장애물을 극복할 수 있다. **04** 여기에서 계곡 전체의 **경치**를 즐길 수 있다. **05** 내가 아무리 많이 그 헛간을 그려봐도, **원근감**이 맞지 않는다. **06** 그들은 매우 다른 세계**관**을 가지고 있었다. **07** 그는 자신의 미래에 대해 긍정적인 **전망**을 갖고 있다. **08** 그 탑의 꼭대기에서 (내려다보는) 도시의 **전망**은 장관이었다.

1139

preoccupy*

강세주의 [priːˈɑːkjəpài]

⟨동⟩ 생각을 사로잡다, 마음을 빼앗다

pre(before) + **occupy** → (다른 생각이 들어오지 못하게) 어떤 생각이 미리 차지하다

01 Many philosophers have been **preoccupied** with the question of life and death.

+ **be preoccupied with** ~에 몰두하다

• preoccupied ⟨형⟩ (생각, 감정 등에) 사로잡힌, 정신이 팔린

1140

internalize*

[intə́rnəlàiz]

⟨동⟩ (사상, 태도 등을) 내면화하다, 받아들이다 (↔ externalize (생각 등을) 표면화하다)

internal(내부의) + **ize**(동) → 내부로 들어오다

02 Most children **internalize** their parents' values.

• internal ⟨형⟩ 1. 내부의; 내면의 2. 국내의 (↔ external 1. 외부의; 외면의 2. 외국의)

1141

notion**

[nóuʃən]

⟨명⟩ 관념, 개념, 생각 (= idea)

03 Every individual has his own **notion** of right and wrong.

1142

criteria**

발음주의, 강세주의
[kraitíriə]

⟨명⟩ 《criterion의 복수형》 기준, 표준

04 When people evaluate success, they each use their own **criteria**.

1143

bias**

[báiəs]

⟨명⟩ 편견, 선입견 ⟨동⟩ 편견[선입견]을 갖게 하다

05 Scientists should be careful not to include a **bias** when they do experiments. 수능응용

• biased ⟨형⟩ 편견을 가진, 치우친 (↔ unbiased 편견 없는, 편파적이지 않은)

---

01 많은 철학자들은 삶과 죽음의 문제에 **몰두해왔다**. 02 대부분의 아이들은 부모의 가치관을 **받아들인다**. 03 모든 개인은 옳고 그름에 대한 자신만의 **관념**을 가지고 있다. 04 사람들은 성공을 평가할 때 각자 자신만의 **기준**을 사용한다. 05 과학자들은 실험할 때 **편견**을 포함하지 않도록 주의해야 한다.

1144

prejudice**

[prédʒudis]

명 편견, 선입견 동 편견[선입견]을 갖게 하다 (= bias)

01 **Prejudices** often blind us to the facts of the situation.

1145

fallacy*

발음주의 [fǽləsi]

명 (많은 사람이 믿는) 그릇된 생각; 오류

02 It is a common **fallacy** that women are worse drivers than men.

1146

misconception

강세주의 [mìskənsépʃən]

명 (옳지 않은 정보에 근거한) 오해, 잘못된 생각

mis(wrong) + conception(생각) → 옳지 않은 생각

03 It's a common **misconception** that the rich are always happy.

1147

obsess

발음주의, 강세주의

[əbsés]

동 (생각 등이 마음을) 사로잡다, 집착하게 하다

04 When you start new projects, don't get **obsessed** with details that don't really matter. 모의응용

• **be obsessed with[by]** ~에 집착하다

• obsession 명 강박관념, 집착
• obsessive 형 사로잡힌, 강박적인

사상 • 주의(主義)

세상에는 수많은 견해와 관점, 더 나아가 사상, 주의가 존재한다. 이중 어느 하나만을 중시하여 세상의 모든 것을 이해하고 판단하는 것은 곧 편견과 자기중심주의를 가져온다. 나의 생각이 중요한 만큼 다른 사람의 생각도 소중히 하고 이해하는 노력이 중요할 것이다.

1148

ego

발음주의 [íːgou]

명 자아; 자부심, 자존심

05 A healthy **ego** is expressed as self-confidence.

01 우리는 **편견** 때문에 종종 상황에 대한 실체를 보지 못한다. 02 여성이 남성보다 운전을 더 못한다는 것은 흔히 있는 **그릇된 생각**이다. 03 부자들은 항상 행복하다는 것은 흔한 **오해**이다. 04 새로운 프로젝트를 시작할 때, 그다지 중요하지 않은 세부사항에 **집착하지** 마라. 05 건강한 **자아**는 자신감으로 표출된다.

1149

ideology **

발음주의, 강세주의
[idiálədʒi, àidiálədʒi]

명 이념, 이데올로기

> 이데올로기란 세상에 대한 다양한 인식의 방법과 형태로 세계관, 종교관, 가치관, 사상, 사고방식 등 다양한 신념 체계 혹은 인식 체계를 말한다.

01 We usually read news that matches our individual **ideologies** and views of the world. 모의응용

• ideological 형 이념적인, 이데올로기적인

1150

mainstream

강세주의 [méinstrì:m]

명 (사상 등의) **주류, 대세**; (강의) **주류** 형 **주류의** 동 **주류에 편입시키다**

main + stream(흐름) → 주된 흐름

02 Vegetarian eating is moving into the **mainstream** as more young adults refuse to consume meat. 모의응용

1151

assimilation

[əsìməléiʃən]

명 (지식, 사상 등을 제 것으로) **흡수; 동화**

> 성질이나 사상 등이 서로 같아짐.

as(to) + simil(a)(similar) + tion(명) → 비슷한 쪽으로 함

03 The politician insisted on a new policy for **assimilation** of minority ethnic groups.

1152

pessimism

발음주의 [pésəmìzəm]

명 비관주의, 비관론(↔ optimism 낙관주의)

04 Sad and fearful people tend toward **pessimism**, feeling powerless to make change. ebs응용

• pessimist 명 비관주의자(↔ optimist 낙관주의자)
• pessimistic 형 비관적인(↔ optimistic 낙관적인)

1153

realism *

[rí:əlìzm]

명 현실주의, 현실성; 사실주의

05 The mayor has a sense of **realism** about what can be done to improve the economy.

• realist 명 현실주의자; 사실주의 작가[화가]

---

01 우리는 보통 우리의 개인적인 **이념**과 세계관에 일치하는 뉴스를 읽는다. **02** 더 많은 젊은 성인들이 고기를 먹는 것을 거부함에 따라 채식주의 식생활이 **주류**로 진입하고 있다. **03** 그 정치인은 소수 민족 집단들의 **동화**를 위한 새로운 정책을 요구했다. **04** 슬프고 두려워하는 사람들은 변화를 만드는 것에 무력감을 느끼며, **비관주의**의 경향이 있다. **05** 그 시장은 경제를 개선하기 위해 할 수 있는 것에 관한 **현실** 감각이 있다.

1154

humanitarian

강세주의, 철자주의

[hjuːmænitériən]

형 인도주의적인 명 인도주의자

인도주의란 인간의 존엄성을 가장 중요하게 여겨서, 인종, 민족, 종교 등의 구분 없이 인류의 복지를 추구하는 사상이나 태도를 말한다.

01 The government has agreed to provide **humanitarian** aid to the people in the war zone.

1155

altruism

발음주의, 강세주의

[æltruːìzm]

명 이타주의, 이타심 (↔ selfishness 이기주의; 이기적임)

02 She shows her **altruism** when she donates her extra money to the poor.

• altruistic 형 이타적인

1156

idealism

강세주의 [aidíːəlìzm]

명 이상주의

03 His **idealism** ran high, and he thought he would be able to fix all of his problems. 수능응용

1157

patriotism

[péitriətìzəm]

명 애국심

04 The politicians supported the war with a fierce **patriotism**.

• patriot 명 애국자
• patriotic 형 애국적인, 애국심이 강한

> | 기타 주의(主義) |
>
> **humanistic** 인본주의적인
> **liberalism** 자유주의, 진보주의 ※ liberation 해방, 석방
> **materialism** 물질(만능)주의
> **elitism** 엘리트주의; 엘리트 의식 ※ elitist 엘리트주의자
> **nationalism** 1. 민족주의 2. 국수주의

---

01 정부는 전쟁 지역에 있는 사람들에게 **인도주의적인** 도움을 주는 것에 동의했다. **02** 그녀는 자신의 돈을 가난한 사람들에게 기부할 때 **이타심**을 보여준다. **03** 그의 **이상주의**는 고조되었고, 그는 모든 문제를 해결할 수 있을 것이라고 생각했다. **04** 그 정치인들은 강력한 **애국심**으로 전쟁을 지원했다.

1158

reason ** [ríːzən]

핵심 의미 사고(思考)하다, 생각하다

사고로 얻은 어떤 일의 근본	1. 명 이유, 원인; 근거
옳고 그름을 가려 사고	2. 명 이성(적 판단), 사리분별
이성적으로 생각하다	3. 동 (이성적으로) 판단하다; 추리[추론]하다

※ 다음 각 문장에 쓰인 다의어의 의미를 위에서 찾아 그 번호를 ( )에 쓰시오.

01 All humans are capable of **reason** and are born with moral thinking. ( )
02 For **reasons** of security, workers can only open the doors with ID cards. ( )
03 I **reasoned** that cutting out snacks would help me lose weight. ( )

- reasoning   명 추론, 추리

1159

reflect ** [riflékt]

re(back) + flect(bend) → 뒤로 굽다

핵심 의미 뒤로 구부러지다[방향을 틀다]

열, 빛 등을 뒤로	1. 동 반사하다
유리 뒤로	2. 동 (거울 등에) 비치다
	3. 동 반영하다, 나타내다
되돌아보다	4. 동 숙고하다, 깊이 생각하다

※ 다음 각 문장에 쓰인 다의어의 의미를 위에서 찾아 그 번호를 ( )에 쓰시오.

04 They value taking time to **reflect** on a problem before any action is taken. ^{모의응용} ( )
05 The statistics **reflect** a change in people's spending habits. ( )
06 The man could see himself **reflected** in the mirror. ( )
07 The light **reflected** off the surface of the water. ( )

- reflection   명 1. 반사, 반향 2. (거울에 비친) 상(像), 모습 3. (속성 등의) 반영 4. 숙고
- reflective   형 1. (열, 빛 등을) 반사하는 2. 반영하는 3. 숙고하는; 사색적인

---

01 모든 인간은 ²**이성적 판단**을 할 수 있으며, 도덕적 판단력을 가지고 태어났다. 02 보안상의 ¹**이유**로 근로자들은 신분증만으로 문을 열 수 있다. 03 나는 간식을 줄이는 것이 내가 체중 감량하는 데 도움이 될 것이라고 ³**판단했다.** 04 그들은 어떤 조치가 취해지기 선에 문제에 대해 ⁴**깊이 생각하는** 시간을 늘이는 것을 가치 있게 여긴다. 05 그 통계는 사람들의 소비 습관 변화를 ³**반영한다.** 06 그 남자는 거울에 ²**비친** 자신을 볼 수 있었다. 07 그 빛은 물의 표면에 ¹**반사되었다.**

1160

stand ** [stænd]

stood-stood

핵심 의미 **서다, 서 있다**

	1. 동 서다, 서 있다; ~에 있다, 위치하다
어느 한쪽에 서 있다	2. 명 입장, 태도 동 (특정) 입장에 있다
참으며 서 있다	3. 동 참다, 견디다(= endure) 명 저항
길거리에 세워져 있는 것	4. 명 판매대(= stall); 매점
받치도록 세우는 것	5. 명 (가구 등의) -대(臺), 스탠드

PART 5

Unit

29

※ 다음 각 문장에 쓰인 다의어의 의미를 위에서 찾아 그 번호를 (_____)에 쓰시오.

01 John had a stomachache, but he **stood** the pain until the end of the class. 수능응용 (_____)

02 Patrick set up a lemonade **stand** to raise money for poor children. (_____)

03 an umbrella **stand** (_____)

04 We still don't know where you **stand** on this environmental issue. (_____)

01 John은 복통이 있었지만, 수업이 끝날 때까지 고통을 ³**참았다**. 02 Patrick은 불우한 어린이들을 위한 돈을 모으기 위해 레모네이드 ⁴**판매대**를 설치했다.
03 우산 ⁵**스탠드** 04 우리는 이 환경 문제에서 네가 어느 ²**입장**에 있는지를 여전히 모르겠다.

+ Unit +
# 30 | 역사 · 종교

특정 대상의 기원을 설명하는 내용에서부터 역사 이해에 대한 중요성이나 올바른 역사 인식에 대한 내용까지 두루 출제된다. 종교 관련 내용은 주요 소재라기보다 배경 상황이나 인물 설명으로 등장하므로 빈출 어휘 중심으로 알아두자.

역사(history)

1161
origin**
[ɔ́:rədʒin]

명 1. 기원, 유래 2. 출신

01 The country's constitution had its **origins** in Roman law.
02 All children should be treated equally, regardless of their **origin**.

- **original** 형 1. 원래의 2. 최초의(= initial); 독창적인
- **originality** 명 독창성, 기발함(= ingenuity)
- **originate** 동 유래하다, 시작되다

1162
prehistoric**
[prìːhistɔ́ːrik]

형 선사 시대의; 역사 기록 이전의

pre(before) + **historic**(역사의) → 역사 이전의

03 **Prehistoric** people used to change their surrounding ecosystems by hunting large mammals. 모의응용

1163
heritage**
발음주의 [héritidʒ]

명 (국가, 사회의) 유산, 전통(= legacy)

04 The beautiful blue glaciers of Patagonia were registered as a World Natural **Heritage** site in 1981. 모의응용

1164
monument
[mɔ́njumənt]

명 기념물[관]; 유물, 유적

05 Parts of the Berlin wall were allowed to stand as historic **monuments**.

cf. **commemorate** 기념하다

- **monumental** 형 1. 기념비의; 기념이 되는 2. 엄청난, 대단한

---

01 그 나라의 헌법은 로마법에 **기원**을 두었다. **02** **출신**에 상관없이, 모든 아이는 동등하게 대우받아야 한다. **03** **선사 시대의** 사람들은 커다란 포유동물들을 사냥하여 주변 생태계를 변화시키곤 했다. **04** 파타고니아의 아름다운 푸른 빙하는 1981년에 세계 자연 **유산** 지구로 등재되었다. **05** 베를린 장벽 일부는 역사적인 **기념물**로서 남아있도록 허락되었다.

1165

archive *

[ɑ́ːrkaiv]

명 1. 기록 보관소 2. 《복수형》 오래된 기록 동 (기록 보관소 등에) 보관하다

01 Thanks to the advent of photography, we can study history with rich **archives**.
02 The researcher is responsible for analyzing and **archiving** data from satellites.

1166

milestone *

강세주의 [máilstòun]

명 획기적인[중요한] 사건 (= landmark)

03 Columbus' voyage became an important **milestone** in the history of exploration.

1167

antique **

발음주의 [æntíːk]

명 (귀중한) 골동품 형 골동품인; 고대의, 옛날의 (= ancient)

04 There's an exhibit of **antique** pottery at the downtown museum. 모의응용

cf. **outdated** 구식인, 시대에 뒤처진 (= out of date, obsolete)

• antiquity 명 고대 (유물), 옛날

1168

excavate

[ékskəvèit]

동 발굴하다; (구멍 등을) 파다

ex(out) + **cav(e)**(굴) + **ate**(동) → 굴을 파내다 → 발굴하다

05 An ancient object was discovered and **excavated** by archaeologists.

1169

archaeology

발음주의, 강세주의, 철자주의
[ὰːrkiɑ́lədʒi]

명 고고학

06 Through **archaeology** we can know who made ancient objects and how they were used.

• archaeologist 명 고고학자
• archaeological 형 고고학의

01 사진술의 등장 덕분에, 우리는 풍부한 **기록**으로 역사를 공부할 수 있다. **02** 그 연구원은 위성으로부터의 데이터를 분석하고 **보관하는** 일을 맡고 있다. **03** 콜럼버스의 항해는 탐험의 역사에서 중요한 **획기적 사건**이 되었다. **04** 시내 박물관에서 **골동품** 도자기 전시회가 있다. **05** 고대 물품이 발견되었고 고고학자들에 의해 **발굴되었다**. **06 고고학**을 통해 우리는 고대 물품을 누가 만들었으며 그것이 어떻게 쓰였는지 알 수 있다.

1170

era **
[érə]

명 시대, 시기(= age)

01 Ancient Greek mythology has a lot to teach us about the culture of that **era**.

cf. epoch 시대, 시기; 중요한 사건

1171

ancient **
발음주의 [éinʃənt]

형 고대의, 옛날의(↔ modern 현대의); 아주 오래된

02 He accidentally found that the coin belonged to an **ancient** civilization.

1172

primitive **
발음주의 [prímətiv]

형 원시(사회)의, 초기의; 원시적인(↔ advanced 진보한, modern 현대의)

03 In **primitive** societies, people had to fight with wild animals to get food.

모의응용

1173

tribe **
[traib]

명 부족, 종족

04 Studies of primitive **tribes** in South America have found they had a sophisticated social system.

cf. aboriginal 토착의; (특히 오스트레일리아) 원주민(의)
nomadic 유목의

• tribal 형 부족의, 종족의

1174

ancestor **
발음주의 [ǽnsestər]

명 선조, 조상(= forefather)(↔ descendant 자손, 후손)

05 His **ancestors** came to America during the 1800s.

---

01 고대 그리스 신화는 그 **시대**의 문화에 대해 많은 가르침을 준다. 02 그는 우연히 그 동전이 **고대** 문명의 것임을 발견했다. 03 **원시** 사회에서, 사람들은 음식을 얻기 위해 야생 동물과 싸워야 했다. 04 남아메리카 대륙의 원시 **부족**에 관한 연구는 그들이 정교한 사회 체계를 가졌다는 것을 알아냈다. 05 그의 **조상**은 1800년대 동안에 미국으로 왔다.

1175
civilize / civilise
[sívəlàiz]

[동] 문명화하다, 개화하다

01 The Romans tried to **civilize** the ancient Britons.

• civilization [명] 문명 (사회)
• civilian [명] 민간인, 일반 시민 [형] 민간인의
• civil [형] 1. 문명의 2. 민간의, 시민의

1176
temporal *
[témpərəl]

[형] 1. 시간의 2. 속세의, 현세의 3. 순간[일시]적인, 한때의

02 She recollected a past episode, remembering the **temporal** order of events.
03 Although the head of the church is the spiritual leader of millions, he has no **temporal** power.
04 Our human bodies are **temporal** — they do not last forever.

cf. spatial 공간의

1177
momentary
[móuməntèri]

[형] 순간적인, 찰나의(= brief)(↔ everlasting 영원한, 변치 않는)

moment(순간) + ary(형) → 순간의

05 Buddhists generally believe that everything is **momentary**.

1178
eternal *
[itə́ːrnl]

[형] 영원한, 영구한(= permanent); 변함없는

06 Qin Shi Huang, who was a king in ancient China, tried to find the secret to **eternal** life.

• eternity [명] 영원, 영구(永久)

1179
everlasting *
강세주의 [èvərlǽstiŋ]

[형] 영원한, 변치 않는; 끊임없는(= eternal)(↔ temporary 일시적인)

ever(항상) + lasting(지속적인) → 항상 지속되는

07 Leonardo Da Vinci gained **everlasting** fame by painting the Mona Lisa.
08 I'm sick of his **everlasting** complaints.

---

01 로마인들은 고대 영국인들을 **개화하려고** 노력했다. **02** 사건의 **시간적** 순서를 기억하며, 그녀는 과거의 사건을 회상했다. **03** 교회의 수장이 교황이 수백만 명의 정신적 지도자이긴 하지만 **현세적인** 권력을 가지고 있진 않다. **04** 우리 인간의 육체는 **순간적이며**, 영원하지 않다. **05** 일반적으로 불교 신자들은 모든 것은 **찰나라고** 믿는다. **06** 고대 중국의 왕이었던 진시황은 **영원한** 삶의 비결을 찾으려고 노력했다. **07** 레오나르도 다빈치는 모나리자를 그림으로써 **영원한** 명성을 얻었다. **08** 나는 그의 **끊임없는** 불평에 지쳤어.

1180

immortal

강세주의 [imɔ́:rtl]

[형] 불멸의, 죽지 않는 (↔ mortal 1. 영원히 살 수 없는 2. 치명적인)

im(not) + **mort**(death) + **al**(형) → 죽지 않는

01 The Greek gods were considered **immortal**.

• immortality [명] 불사, 불멸 (↔ mortality 죽을 운명)

종교(religion)

1181

holy

[hóuli]

[형] 1. 신성한, 성스러운 (= sacred) 2. 독실한, 경건한

02 In Egypt, cats were associated with gods, so they were regarded as **holy** animals. 모의응용

03 The **holy** man spent many hours on prayer.

1182

sacred **

발음주의 [séikrid]

[형] 신성한, 성스러운 (= holy); 종교적인 (= religious)

04 Cows are **sacred** to Hindus.

1183

divine

강세주의 [diváin]

[형] 신성한, 성스러운 (= holy, sacred); 신(神)의

05 Catholics believe the head of the church's authority comes from God and is therefore **divine**.

• divinity [명] 신성(神性), 신; 신학

1184

glory *

[glɔ́:ri]

[명] 1. (신에 대한) **찬양** 2. **영광, 영예** (= honor)

06 People try to give **glory** to God through prayer and serving others.

07 The trophies remind him of the **glory** of his athletic career.

• glorious [형] 영광스러운

---

01 그리스의 신들은 **불멸이라** 여겨졌다. **02** 이집트에서 고양이는 신과 관련이 있었고, 그래서 그들은 **신성한** 동물로 여겨졌다. **03** 그 **독실한** 남자는 기도하는 데 많은 시간을 보냈다. **04** 힌두교 신자들에게 소는 **신성하다**. **05** 가톨릭 신자들은 교회 지도자의 권위가 신으로부터 나오므로 그것이 **신성하다**고 믿는다. **06** 사람들은 기도와 타인을 섬기는 것을 통해 신에게 **찬양**을 드리고자 한다. **07** 그 트로피들은 그가 선수 생활의 **영광**을 떠올리도록 한다.

1185

sin

[sin]

명 (종교, 도덕상의) **죄, 죄악**

01 Many religions consider stealing as a **sin**.

1186

devil *

[dévəl]

명 ((the D-)) **악마, 사탄; 마귀** (= demon)

02 People tend to believe that God is stronger than the **Devil**.

1187

theology

발음주의 [θiálədʒi]

→ '신학(theology)'이란 종교의 신을 연구하는 학문을 말한다.

명 **신학**

03 She had an interest in God and religion, so she studied **theology**.

1188

prophecy

발음주의, 철자주의
[práfəsi]

명 (특히 종교적인) **예언(력)**

04 The **prophecies** of the devil have all come true.

• **prophet** 명 예언자
• **prophetic** 형 예언의; 예언적인

1189

superstition **

[sùːpərstíʃən]

명 **미신**

05 Because of a **superstition**, he always wears the same clothes when he has a test.

cf. **taboo** 금기, 터부

• **superstitious** 형 미신을 믿는, 미신적인

---

01 많은 종교들이 절도를 **죄악**으로 간주한다. **02** 사람들은 신이 **악마**보다 더 강하다고 믿는 경향이 있다. **03** 그녀는 신과 종교에 관심이 있었고, 그래서 **신학**에 대해서 공부했다. **04** 악마의 **예언들**은 모두 실현되었다. **05** **미신** 때문에, 그는 시험 볼 때 항상 같은 옷을 입는다.

1190
worship**
worshipped-worshipped-
worshipping
[wɔ́ːrʃip]

명 예배, 숭배 동 예배하다, 숭배하다

01 Despite their differences, the religions of Islam and Christianity both **worship** one god. 모의응용

cf. revere 숭배하다

1191
ritual**
[rítʃuəl]

명 1. (종교상의) 의식, 의례 (= rite, ceremony) 2. (항상 하는) 의례적인 일
형 1. 의식의 2. 의례적인

02 People should respect the various **rituals** of other religions. 모의응용
03 She began her normal **ritual** of making dinner and taking a bath.

> | 종교 |
> **bible** (기독교의) 성서; (유대교의) 경전
> **persecution** (특히 종교상의) 박해, 학대
> **doctrine** 1. (종교상의) 교리(敎理) 2. 정책

1192
creed
[kriːd]

명 1. (종교적) 교리(敎理) 2. 신념, 원칙

04 Mother Teresa offered her service and love to people from different **creeds** and cultures.
05 His political **creed** is different from that of his colleagues.

1193
sermon
발음주의 [sɔ́ːrmən]

명 설교; 훈계

06 The religious leader delivered a long **sermon** against the war.

---

01 차이점이 있긴 하지만, 이슬람교와 기독교 모두 유일신을 **숭배한다**. **02** 사람들은 타 종교들의 다양한 **종교의식**을 존중해야 한다. **03** 그녀는 저녁을 짓고 목욕을 하는 자신의 평범한 **의례적인 일**을 시작했다. **04** 테레사 수녀는 다른 **교리**와 문화의 사람들을 위해 예배를 드리고 사랑을 전했다. **05** 그의 정치적인 **신념**은 동료들의 신념과 다르다. **06** 그 종교적 지도자는 전쟁에 반대하는 것에 대한 긴 **설교**를 했다.

1194

preach

[priːtʃ]

동 설교하다; 전도하다

01 The minister **preached** to his followers about the need for patience.

1195

saint *

[seint]

명 성인(聖人), 성자 《약어 St.》; 성인과 같은 사람

02 The portraits of many **saints** lined the walls of the church.

1196

priest **

[priːst]

명 사제, 신부(神父); 성직자 (= minister)

03 The **priest** spent his entire life taking care of the poor.

종교 관련 Appendix 489쪽

1197

monk

발음주의 [mʌŋk]

명 수도자, 수도승

04 Priests and **monks** have to follow a strictly regulated set of activities every day.

cf. monastery 수도원

> | 종교 관련 종사자, 장소 |
> **pope** 교황
> **pastor** 목사
> **nun** 수녀, 여승
> **clergy** 《집합적》 성직자 ※ clergyman (한 사람의) 성직자, 목사
> **temple** 신전, 사원, 절
> **cathedral** 대성당, 큰 예배당
> **chapel** 예배당, 예배실

---

01 그 목사는 자신의 신도들에게 인내심의 필요성에 대해 **설교했다.** 02 많은 **성인(聖人)**의 초상화들이 교회의 벽을 따라 줄지어 있었다. 03 그 **신부(神父)**는 일생을 가난한 사람들을 돌보며 보냈다. 04 신부와 **수도승**은 매일 엄격하게 통제된 일련의 행동을 따라야 한다.

appreciate ** [əpríːʃièit]

ap(toward) + **preci**(price) + **ate**(동) → 가격으로 향하다

핵심 의미 가격을 매기다

가격을 매기기 위해 가치를	1. 동 (제대로) **인식하다, 깨닫다** (= realize)
가치를 제대로 인식해서	2. 동 **감상하다, 진가를 알아보다**
진가를 알아봐 줘서	3. 동 **고마워하다**

※ 다음 각 문장에 쓰인 다의어의 의미를 위에서 찾아 그 번호를 (____)에 쓰시오.

01 I deeply **appreciated** that he took the time to help me. 모의응용 (_____)
02 We **appreciate** that caring for children is an important job. (_____)
03 He **appreciated** fine works of art at the Metropolitan Museum. (_____)

• **appreciation**   명 1. 이해, 평가 2. 감상 3. 감사 (= gratitude)

charge ** [tʃɑːrdʒ]

핵심 의미 (무거운 짐 등을) 지우다; 싣다

일의 부담을	1. 동 **책임을 맡기다** 명 (사람, 일에 대한) **책임, 담당**
책임을 탓하여	2. 명 **기소, 고소** 동 **기소하다, 고소하다** (= accuse)
무기를 싣고	3. 명 **공격, 돌격** 동 **공격하다, 돌격하다**
금전상으로	4. 동 (요금, 값을) **청구하다** 명 (상품, 서비스에 대한) **요금**
	5. 동 **신용카드로 사다**; (외상으로) **달아놓다**
~에 전기를	6. 동 (전기를) **충전하다**

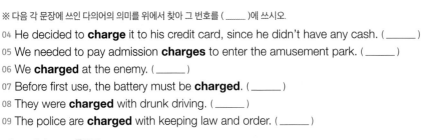

※ 다음 각 문장에 쓰인 다의어의 의미를 위에서 찾아 그 번호를 (____)에 쓰시오.

04 He decided to **charge** it to his credit card, since he didn't have any cash. (_____)
05 We needed to pay admission **charges** to enter the amusement park. (_____)
06 We **charged** at the enemy. (_____)
07 Before first use, the battery must be **charged**. (_____)
08 They were **charged** with drunk driving. (_____)
09 The police are **charged** with keeping law and order. (_____)

◆ **free of charge** 무료로
◆ **in charge of** 담당해서, ~을 맡아서

01 나는 그가 나를 돕기 위해 시간을 내어준 것에 매우 ³**고마워했다.** 02 우리는 아이들을 돌보는 것이 중요한 일이라는 것을 ¹**인식하고 있다.** 03 그는 메트로폴리탄 미술관에서 우수한 예술 작품들을 ²**감상했다.** 04 그는 현금이 하나도 없었기 때문에 그것을 ⁵**카드로 사기**로 했다. 05우리는 놀이공원에 입장하기 위해 입장 ⁴**요금**을 내야만 했다. 06 우리는 적을 ³**공격했다.** 07 처음으로 사용하기 전에, 그 배터리는 ⁶**충전되어야** 한다. 08 그들은 음주운전으로 ²**기소되었다.** 09 경찰은 법과 질서를 유지할 ¹**책임을 맡는다.**

1200

discharge * 강세주의 [distʃáːrdʒ]

dis(opposite) + **charge**(load) → '짐을 싣다'의 반대

핵심 의미 **(무거운 짐 등을) 제거하다, 내보내다**

안에 있던   1. 동 (기체, 액체, 에너지 등을) **흘리다, 방출하다**(= release)

채워 놓았던 전기를   2. 동 **방전하다**

구속을   3. 동 **석방하다; 퇴원시키다; 제대시키다; 해고하다**

PART 5

Unit

30

※ 다음 각 문장에 쓰인 다의어의 의미를 위에서 찾아 그 번호를 (____)에 쓰시오.

01 The doctor gave some warnings to his patient before she was **discharged** from the hospital. ^{모의응용}

(____)

02 The cell phone's battery was fully **discharged** in under 2 hours. (____)

03 Large amounts of dangerous waste are **discharged** daily by the factory. (____)

---

01 병원에서 ³**퇴원하기** 전에, 그 의사는 몇 가지 주의사항들을 자신의 환자에게 말했다. **02** 그 휴대폰의 배터리는 2시간이 안 되어 완전히 ²**방전되었다.**
03 엄청난 양의 위험 폐기물이 그 공장에 의해 매일 ¹**방출된다.**

⚡ 각각의 주어진 문맥과 1~3의 의미 추론 과정을 통해, 굵게 표시된 단어의 의미를 추론해 보세요.

01 **aggravate**

Difficulty in assessing information is **aggravated** by the overabundance of information at our disposal. Even when the information set seems less untidy, information overload, a state of confusion and decision avoidance, can still occur. 모의응용

1 품사 □ 동 □ 형 □ 명 □ 부

2 문맥 정보가 과다하면 정보를 평가하는 데 어려움이
_____

3 분석 ag+gravate(무겁게 누르다)

---

02 **align**

Being happy requires you to realize that there will be times when you are unhappy. If you can **align** your expectations with reality a little more by expecting to face challenges, you will be better off in the end. 모의응용

1 품사 □ 동 □ 형 □ 명 □ 부

2 문맥 자신의 기대를 조금 더 현실에 맞춰 _____
수 있다면, 더 잘 살게 될 것이다.

3 분석 a+lign(선)

---

03 **debris**

Everyone wore heavy gloves to protect themselves from all the broken glass and brick. "Any place is a good start," Aaron said. They all nodded and started to clear the **debris** from the aisle, piling it outside the shattered windows.

1 품사 □ 동 □ 형 □ 명 □ 부

2 문맥 깨진 유리와 벽돌로부터 스스로를 보호하기 위해
장갑을 낀 사람들이 _____를 치우는
일을 하기 시작했다.

---

04 **diffuse**

When cultural traits **diffuse** from one group, they are usually changed or adapted over time by the people in the receiving culture. The extent and rate of diffusion depend on the degree of social contact.

1 품사 □ 동 □ 형 □ 명 □ 부

2 문맥 문화적 특성이 한 집단으로부터 _____ 때,
받아들이는 문화의 사람들에 의해 변화되고 개조
된다.

3 분석 dif+fuse(쏟다, 따르다)

---

01 동. 심화된다 02 동. 조정할 03 명. 잔해 04 동. 확산될

aggravate

[ǽɡrəvèit]

동 악화시키다, 심화시키다 (= make worse)

ag(to) + gravate(무겁게 누르다)

01 Their negative reactions have greatly **aggravated** the situation.

• aggravation 명 악화(시킴)

align

[əláin]

동 나란히 만들다, 일직선으로 하다; 조정[조절]하다

a(to) + lign(선) → 선에 놓다

02 If you're working in any area that doesn't **align** with your own values, every minor problem will seem like a crisis. 모의응용

• alignment 명 가지런함, 일직선; 조정[조절]

debris

발음주의 [dəbríː]

명 (파괴된 후의) 잔해, 파편; 쓰레기

03 The streets were full of **debris** from last night's riot.

diffuse

[difjúːz]

동 분산[확산]시키다 형 널리 퍼진 (↔ concentrated (한 장소에) 집중된)

dif(apart) + fuse(pour) → 여러 방향으로 쏟아지다

04 New information was **diffused** immediately through the internet.

• diffusion 명 발산; 확산

---

01 그들의 부정적인 반응은 그 상황을 크게 **악화시켰다.** 02 자신의 가치관과 **맞지** 않는 곳에서 일하고 있다면, 모든 사소한 문제들이 위기처럼 여겨질 것이다. 03 거리는 어젯밤 폭동으로 인한 **잔해들**로 가득 차 있었다. 04 새로운 정보는 인터넷을 통해 즉각 **확산되었다.**

05 eminent

We would expect that scientists who have produced the most work in the past and whose work has been the most frequently cited would be the most **eminent** scientists in their fields.

1 품사   ☐동   ☐형   ☐명   ☐부

2 문맥   가장 많은 연구를 해왔고 가장 많이 인용된 과학자들이 그 분야에서 가장 _____ 것으로 예상된다.

3 분석   e+min(언덕)+ent(형)

---

06 intricate

The best moments usually occur when a person's body or mind is stretched to its limits in a voluntary effort to accomplish something difficult and worthwhile. For a sprinter, it could be trying to beat his own record; for a violinist, mastering an **intricate** musical passage. 수능응용

1 품사   ☐동   ☐형   ☐명   ☐부

2 문맥   바이올린 연주자에게 어렵고 가치 있는 순간이란 _____ 악절을 완전히 익히는 순간일 것이다.

---

07 nuisance

What is the best way to speak English fluently? Should we try to do it on our own or should we go to a local language school? It is an awful **nuisance** for anyone to be bothered with such questions.

모의응용

1 품사   ☐동   ☐형   ☐명   ☐부

2 문맥   영어를 유창하게 말할 수 있는 방법에 관련된 질문들에 시달리는 것은 _____ 이다.

---

08 unanimous

There has been increasing concern with waste disposal in this city. So, yesterday, the city council passed a new 5 cent tax on paper and plastic bags by **unanimous** vote to discourage their use.

1 품사   ☐동   ☐형   ☐명   ☐부

2 문맥   쓰레기 처리에 대한 우려가 증가하여 종이 봉지와 비닐봉지에 대한 세금을 _____ 투표로 통과시켰다.

3 분석   un+anim(마음)+ous(형)

---

09 feeble

The Minoans survived for another fifty years, but the shift in climate triggered by the largest volcanic eruption in recorded history destroyed crops nationwide. By the time the Greeks invaded, resistance was **feeble**, and the once mighty Minoans fell.   *Minoans 고대 크레타 문명

1 품사   ☐동   ☐형   ☐명   ☐부

2 문맥   그리스인들이 침입할 무렵, 저항은 _____ 한때 위대했던 고대 크레타 문명은 붕괴했다.

---

05 형, 저명할   06 형, 복잡한   07 명, 성가신 일   08 형, 만장일치의   09 형, 약했고

eminent

[émənənt]

형 1. **저명한**(= prominent) 2. (자질 등이) **뛰어난**(= outstanding)

e(out) + min(hill) + ent(형) → 튀어나온, 돌출한

01 **eminent** statesmen

• eminence 명 명성

---

intricate

[íntrikət]

형 **복잡한, 뒤얽힌**(= complicated)

02 an **intricate** maze / an **intricate** plot

• intricacy 명 복잡한 사항; 복잡함

---

nuisance

발음주의 [nú:sns]

명 **성가신 사람[것], 귀찮음**

03 Some adults think snow is more **nuisance** than pleasure.

---

unanimous

발음주의 [junǽniməs]

형 **만장일치의, 동의하는**

un(one) + anim(mind) + ous(형) → 하나의 마음인

04 We have reached a **unanimous** decision.

---

feeble

[fí:bl]

형 **약한, 연약한; 미미한**

05 a **feeble** old man

• feebleness 명 약함, 무력함

---

01 저명한 정치가 **02 복잡한** 미로 / **복잡한** 구성[줄거리] **03** 일부 어른들은 눈을 즐거움보다는 **성가신 것**으로 생각한다. **04** 우리는 **만장일치** 결정에 도달했다. **05 연약한** 노인

테마로 외우는 어휘 II
사회 ①

*How to infer the meanings of words
from their context*

경제상황 · 물가

경제상황이나 물가는 변화하는 것으로서, 좋거나 나쁘거나 정체 상태 중의 하나이다. 주로 그런 내용을 담은 어휘들이 대상이 된다.

1201

index **
[índeks]

명 《복 indexes/indices》 1. **지표, 지수** 2. **색인**

01 An economic **index** can be a useful way to measure a nation's economic health.
02 The **index** lists all the English words used in the book.

1202

boom *
[buːm]

명 1. **호황**(↔ recession 불황) 2. (갑작스러운) **인기** 3. **쾅하고 울리는 소리**
동 **호황을 누리다**

03 Government policy encouraged an economic **boom**.
04 The K-pop **boom** started in Asia.
05 the **boom** of thunder

1203

soar **
발음주의 [sɔːr]

동 (물가 등이) **급등하다**(= skyrocket); (하늘 높이) **치솟다**

06 Property prices have **soared** in the last two years.

1204

surge
[səːrdʒ]

동 1. (물가 등이) **급등하다**(= soar, skyrocket) 2. **밀려들다**
명 1. **급등** 2. **밀려듦**

07 Global food costs **surged** by 25 percent due to a fall in supply and poor harvests.
08 When the ticket office opened, a huge crowd **surged** forward to buy tickets.

1205

plunge
[plʌndʒ]

동 (물가 등이) **급락하다, 떨어지다; 뛰어들다** 명 **급락**

09 The company's shares **plunged** 33% in a single day.

cf. slump 1. (가치, 수량, 가격 등이) 급감(하다), 폭락 2. 불황; 슬럼프

---

01 경제 **지표**는 한 국가의 경제적 건실함을 측정하는 유용한 방법이 될 수 있다. **02** 그 **색인**은 책에 쓰인 모든 영단어를 열거한다. **03** 정부의 정책은 경제 **호황**을 촉진했다. **04** K-pop의 **갑작스러운 인기**는 아시아에서 시작되었다. **05** 전통이 **쾅하고 울리는 소리** **06** 부동산 가격이 지난 2년 동안 **급등했다.** **07** 전 세계의 식량 가격이 공급 하락과 흉작으로 인해 25퍼센트까지 **급등했다.** **08** 매표소가 열리자 엄청난 수의 군중이 표를 사기 위해 앞으로 **밀려들었다.** **09** 그 회사의 주가가 단 하루 만에 33퍼센트 **급락하였다.**

1206

inflation **

[infléiʃən]

인플레이션이란 통화량의 증가로 화폐가치가 하락하고, 모든 상품의 물가가 전반적으로 상승하는 경제 현상을 뜻한다.

명 인플레이션, 물가상승; 팽창 (↔ deflation 디플레이션, 물가하락; 수축)

01 The rise in price of goods and services is called **inflation**.

• inflate 동 가격을 올리다; 팽창시키다(↔ deflate 가격을 끌어내리다; 수축시키다)

1207

fluctuate

강세주의 [flʌ́ktʃuèit]

동 계속해서 변동하다, 오르내리다

fluctu(flow) + ate(동) → 흐르다 → 계속해서 움직이다

02 Vegetable prices **fluctuate** according to the season.

금융 · 재정(finance)

아래 단어들은 약간씩의 개념 차이로 다르게 해석되지만 결국 의미하는 것은 '돈'이라 할 수 있다. 그러한 큰 개념을 염두에 두고 학습해보자.

1208

fund **

[fʌnd]

명 자금 동 자금을 대다

03 All the **funds** raised will be used for replacing old school chairs with new ones. 모의응용

1209

asset

[ǽset]

명 자산, 재산 (= property, fortune)

04 The company had to sell some of its **assets** to avoid bankruptcy.

1210

sum **

[sʌm]

명 1. 액수 2. 총합, 합계 (= total)

05 Bill wants to spend a large **sum** on repairing the house.
06 The **sum** of all the angles of a triangle is 180 degrees.

01 재화와 서비스의 가격이 오르는 것을 **인플레이션**이라고 한다. **02** 채소 가격은 계절에 따라 **계속해서 변동한다**. **03** 모금된 **자금**은 모두 오래된 학교 의자를 새것으로 교체하는 데 사용될 것이다. **04** 그 회사는 파산을 피하기 위해 **자산** 중 일부를 매각해야 했다. **05** Bill은 집을 수리하는 데 큰 **액수**를 쓰기를 원한다. **06** 삼각형의 모든 각의 **총합**은 180도이다.

1211
profit**

발음주의 [práfit]

명 이익, 이득(↔ loss 손실)

01 She makes a **profit** from selling waste material to junk shops.

◆ **make a profit** 이익을 내다

- profitable 형 수익성이 있는; 유익한(↔ unprofitable 수익을 못 내는; 이익이 없는)
- profitability 명 수익성

1212
revenue**

발음주의, 강세주의 [révənjùː]

명 수입, 수익; 세입(= income)(↔ expenditure 지출)

02 The magazine had been losing advertising **revenue** for months.

1213
margin**

[máːrdʒin]

명 1. 이윤, 이익(= profit margin) 2. (책 페이지의) **여백** 3. (득표수 등의) **차이**

03 This company uses cheap labor to increase its **margins**.
04 Please write your name in the right **margin** of the page.
05 The election was won by the very narrow **margin** of only 185 votes.

- marginal 형 가장자리의; 중요하지 않은(= insignificant)

1214
surplus

[sə́ːrplʌs]

명 흑자; 과잉(= excess)(↔ deficit 적자; 부족) 형 과잉의

sur(over) + **plus**(more) → 더 넘어선 것

06 A fall in the price of grain impacted heavily on the country's trade **surplus**.

1215
commission*

[kəmíʃən]

명 1. 수수료 2. 위원회

07 The dealer takes a 20% **commission** on the sales he makes.
08 An international **commission** outlawed the fishing of some sharks. 모의응용

1216
cutback

[kʌ́tbæ̀k]

명 (비용, 인원 등의) 축소, 삭감(= reduction)

09 Financial **cutbacks** have led to a decline in the number of staff.

---

01 그녀는 폐품을 고물상에 팔아 **이익**을 낸다. 02 그 잡지는 수개월 동안 광고 **수익**을 잃어오고 있었다. 03 이 회사는 **이윤**을 늘리기 위해 값싼 노동력을 이용한다. 04 페이지의 오른쪽 **여백**에 이름을 써주십시오. 05 그 선거는 단 185표의 매우 적은 **차이**로 이겼다. 06 곡물 가격의 하락은 그 나라의 무역 **흑자**에 엄청난 영향을 끼쳤다. 07 그 중개인은 자신이 내는 매출의 20퍼센트를 **수수료**로 받는다. 08 국제 **위원회**는 일부 상어의 포획을 금지했다. 09 재정 **축소**는 직원 수의 감소를 초래했다.

1217

tax^{**}

[tæks]

명 세금

01 Higher **taxes** will result in lower consumer spending.

> | 상품에 붙는 세금 |
> **levy** (가장 일반적인 의미의) 세금
> **duty** (일반적인) 세금
> **customs** 관세 《국내로 들여오는 수입품에 대한 세금》
> **tariff** 관세 《수출입 상품에 붙이는 세금. 값싼 수입품으로부터 국내 산업을 보호하기 위한 개념》

1218

monetary^{**}

발음주의, 강세주의
[mánətèri]

형 통화(通貨)의, 화폐의

02 The country has a **monetary** system based on the value of gold.

1219

deposit^{**}

발음주의 [dipázit]

동 1. 예금하다; (특히 안전한 곳에) **맡기다** 2. 침전시키다
명 1. 예금 2. 보증금 3. 침전물

03 My wages are automatically **deposited** into my account every month.
04 To use a shopping cart, customers have to pay a small **deposit** by inserting a coin. 모의응용
05 The flood left a thick **deposit** of mud on the floor.

cf. overdraw (예금보다) 초과 인출하다

1220

debt^{**}

발음주의 [det]

명 채무, 빚

06 If you overuse your credit card, you may end up burdened with a large **debt**.

• debtor 명 채무자 (↔ creditor 채권자)

1221

loan^{**}

발음주의 [loun]

명 대출(금) 동 빌려주다

07 She's trying to get a $50,000 **loan** to start her own business.

01 더 높은 **세금**은 소비자의 지출이 더 줄어드는 결과를 가져올 것이다. 02 그 나라는 금의 가치에 기반을 둔 **화폐** 제도를 가지고 있다. 03 내 급여는 내 계좌에 매달 자동으로 **예금된다**. 04 쇼핑 카트를 이용하기 위해, 고객들은 동전을 하나 넣어서 약간의 **보증금**을 내야 한다. 05 그 홍수는 바닥에 두터운 진흙 **침전물**을 남겼다. 06 신용카드를 너무 많이 사용하면, 결국 큰 **빚**을 지게 될지도 모른다. 07 그녀는 자신의 사업을 시작하기 위해 5만 달러의 **대출금**을 받으려 하고 있다.

1222

mortgage

발음주의, 철자주의

[mɔ́ːrɡidʒ]

우리나라 말로도 흔히 쓰이는 '모기지론(mortgage loan)'은 은행이 부동산을 담보로 하여 주택 자금을 장기간 빌려주는 제도를 뜻한다.

기타 금융·재정 Appendix 490쪽

몡 담보 대출(금) 동 저당 잡히다

01 **Mortgages** are generally long-term loans that take decades to pay back.

| 기타 은행, 화폐 관련 용어 |

bank account 은행 예금 계좌

savings account 보통 예금 계좌 《계좌에 돈을 넣어두면 이자가 붙는 예금》

ATM(automated teller machine) 현금 자동 지급기

debit card 직불카드(= check card) 《결제 시 계좌에서 돈이 바로 빠져나가는 카드》

cf. credit card 신용카드 《결제 후 일정 기간 이후에 계좌에서 돈이 빠져나가는 카드》

　　cash card 캐시[현금]카드 《ATM기에서 현금을 인출할 수 있는 카드》

exchange rate 외환 시세, 환율

face value 액면가 《화폐나 유가 증권, 티켓 따위의 표면에 적힌 가격》

token (화폐 대용으로 쓰는) 토큰; 선불권; 표시

상업의 여러 형태

상업이란 물품을 사고파는 행위를 통해 이익을 얻는 일을 말한다. 작은 시장에서 물건을 사고파는 것에서부터 국가 간의 국제 무역까지 다양한 상업의 종류와 그 제반 활동에 관련된 어휘를 알아보도록 하자.

1223

commerce *

발음주의 [kámərs]

몡 상업; 무역(= trade)

02 **Commerce** involves buying and selling goods and services.

• commercial 형 상업의, 상업적인 몡 (TV, 라디오) 광고

1224

transaction **

발음주의 [trænsǽkʃən]

몡 거래, 매매; (업무) 처리

trans(across)＋**act**(do)＋**ion**(몡) → 가로질러 오가는 행위

03 The sale of goods is the most common form of commercial **transaction**.

• transact 동 거래하다; 처리하다

1225

retail *

[ríːtèil]

몡 소매 형 소매의 동 소매로 팔다 (↔ wholesale 도매(의); 도매로 팔다)

04 The **retail** price is usually higher than the wholesale price.

• retailer 몡 소매업자 (↔ wholesaler 도매업자)

---

01 일반적으로 **담보 대출**은 상환하는 데 수십 년이 걸리는 장기대출이다. 02 **상업**은 상품과 서비스를 사고파는 것을 포함한다. 03 물품의 판매는 상업적 **거래**의 가장 흔한 형태이다. 04 **소매**가격은 대개 도매가격보다 더 높다.

1226
import **
발음주의, 강세주의
[통][impɔ́ːrt] [명][impɔːrt]

[통] 수입하다 [명] 수입(품) (↔ export 수출하다; 수출(품))

im(in) + port(carry) → (나라) 안으로 운반하다

01 The trading company **imports** beer from Germany and exports Japanese beer all over the world.

1227
barter **
[bɑ́ːrtər]

[통] 물물교환하다 [명] 물물교환

02 They **barter** eggs for cheese with the neighboring farm.

1228
monopoly *
강세주의 [mənɑ́pəli]

[명] (시장의) 독점, 전매

mono(one) + pol(sell) + y(명) → 혼자 파는 것

03 The national airline, which now has at least 10 competitors, is no longer a **monopoly**.

1229
auction **
[ɔ́ːkʃən]

[명] 경매 [통] 경매로 팔다

04 Buying and selling stuff through **auctions** on the Internet is big business these days.

1230
bid
bid-bid-bidding
[bid]

[통] (특히 경매에서) 입찰하다, 값을 부르다 [명] 입찰

05 The person who **bids** the most money gets to buy the item at an auction. 모의응용

1231
bazaar
발음주의, 철자주의
[bəzɑ́ːr]

[명] 바자(회) 《특히 공공 목적의 자금을 모으기 위하여 벌이는 시장》

06. I'm going to raise money for charity through our student council **bazaar**. 모의응용

---

01 그 무역회사는 독일로부터 맥주를 **수입하고** 일본 맥주를 전 세계로 수출한다. 02 그들은 이웃 농장과 달걀을 치즈로 **물물교환한다**. 03 그 국영 항공사는 이제 최소 10개의 경쟁사가 있기에 더는 **독점**이 아니다. 04 인터넷 **경매**를 통해 물건을 사고파는 것은 오늘날 큰 사업이다. 05 경매에서 가장 높은 **값을 부른** 사람이 그 물품을 사게 된다. 06 나는 우리 학생회 **바자**를 통해 자선기금을 위한 돈을 모금할 예정이다.

1232
vendor**
[véndər]

명 노점상, 행상인

vend(팔다)+or(명) → 파는 사람[곳]

01 Food **vendors** will offer a variety of foods at the music festival.

• vend 동 팔다, 팔리다

1233
merchandise**
강세주의 [mə́ːrtʃəndàiz]

명 (매매한) 물품, 상품 (= goods)

02 This store has a variety of **merchandise** for sale.

• merchant 명 상인, 무역상

> | 물품을 뜻하는 기타 어휘 |
>
> **goods** 상품, 제품 《소재나 용도에 초점》 *e.g.* electrical goods 전기제품
> **commodity** 1. 상품, 물품; 원자재 2. (유용한) 것
>   *e.g.* basic commodities like rice and meat 쌀과 고기 같은 기본 물품
>   **wares** (특히 길거리 등에서 파는) 물건, 상품

1234
warehouse*
[wɛ́ərhàus]

명 창고 (= storehouse)

ware(제품)+house → 제품이 있는 곳

03 A **warehouse** is a large building where goods are stored before they are sold.

1235
주식 관련 Appendix 490쪽

stock**
[stɑk]

명 1. 재고품 2. 주식 (= share) 동 저장[비축]하다

04 The model is very popular these days, so it's out of **stock**. 모의응용
05 If the **stock** price goes up, investors may receive some of the profits.

◆ out of stock 재고가 떨어진(↔ in stock 재고가 있는)

1236
inventory
발음주의, 강세주의
[ínvəntɔ̀ːri]

명 물품 목록; 재고품 (= stock)

06 All items in the shop should be listed in the **inventory**.

---

01 음식을 파는 **노점상들**이 그 음악 축제에서 다양한 음식을 제공할 것이다. 02 이 상점에는 판매되는 다양한 **상품**이 있다. 03 **창고**는 물품이 팔리기 전에 저장되는 큰 건물이다. 04 그 모델은 요즘 매우 인기가 있어서 **재고**가 떨어졌다. 05 **주식** 가격이 오르면, 투자자들은 그 이익의 일부를 받을지도 모른다. 06 이 가게의 모든 물품은 **물품 목록**에 포함되어야 한다.

1237

bargain**

발음주의 [bá:rgən]

명 (정상가보다) 싸게 사는 물건; 흥정 동 흥정하다

01 That second-hand table was a real **bargain**.

1238

warrant

[wɔ́(ː)rənt]

동 (품질 등을) 보증하다 명 보증(서) (= guarantee 보증하다; 보증(서))

02 Companies must **warrant** the quality of goods they produce.

• warranty 명 품질 보증(서)

1239

brochure**

발음주의, 강세주의
[brouʃúər]

명 (안내, 광고용) 책자 (= booklet)

03 We produced a **brochure** that includes specific information about our new product.

1240

withdraw** [wiðdrɔ́ː]

필수 다의어 1

withdrew-withdrawn

핵심 의미 **뒤로 물리다, 철회하다**

제공, 지원 등을	1. 동 철회하다, 중단하다
군대가 뒤로 물리다	2. 동 철수하다 (= retreat)
활동, 조직에서 뒤로 물리다	3. 동 탈퇴하다; 기권하다
예금한 돈을 철회하다	4. 동 인출하다

※ 다음 각 문장에 쓰인 다의어의 의미를 위에서 찾아 그 번호를 (___)에 쓰시오.

04 The troops began to **withdraw** from the northern region. (___)
05 She had to **withdraw** from the competition because of a leg injury. (___)
06 Please write down the amount of money you want to **withdraw**. 모의응용 (___)
07 In many mountain areas, the bus service has been **withdrawn**. (___)

• withdrawal 명 1. (제공, 지원의) 중단, 철회 2. (군대의) 철수 3. 탈퇴; 기권 4. (예금) 인출

---

01 그 중고 탁자는 정말로 **싸게 산 물건**이었다. 02 기업은 그들이 생산하는 상품의 품질을 **보증해야** 한다. 03 우리는 우리의 새 제품에 대한 구체적인 정보를 담은 **책자**를 만들었다. 04 그 군대는 북쪽 지역으로부터 ²**철수하기** 시작했다. 05 그녀는 다리 부상으로 그 시합을 ³**기권해야** 했다. 06 ⁴**인출하고** 싶은 금액을 적어주십시오. 07 많은 산간 지역에서 버스 운행이 ¹**중단되었다**.

32 경제(economy) · 산업(industry) 2

어떤 산업이든지 그것에 종사하는 사람(생산자), 생산에 필요한 것(원료), 생산 과정, 산출물이 있기 마련이다. 각 산업별로 어떤 어휘들이 쓰이는지 알아보자. industry는 '산업' 외에도 '공업, 제조업'을 뜻하기도 한다.

농업(farming)

의식주 중에 가장 중요한 '식량'을 생산해내는 농업은, 활동의 중심이 좀 더 많은 식량을 생산해내기 위한 것이다. 비옥한 땅을 찾아 경작하고 퇴비를 주며 농약을 치고 관개를 하는 것, 모두 풍작을 위한 것임을 염두에 두면서 학습하도록 하자.

1241

agriculture **
[ǽgrikʌ̀ltʃər]

몡 농업, 농사

01 **Agriculture** uses about two-thirds of the fresh water consumed in the world today.

• agricultural 혱 농업의, 농사의

1242

peasant **
발음주의 [pézənt]

몡 소작농, 농부

02 **Peasants** were people who farmed land that was owned by someone else. 모의응용

1243

fertile *
발음주의 [fə́ːrtl]

혱 비옥한, 기름진(= productive, fruitful)(↔ barren 불모의, 메마른)

03 The corn can grow up to 10 feet in the **fertile** fields.

• fertilize 동 1. 비료를 주다 2. 수정시키다
• fertilizer 몡 비료

1244

compost
발음주의 [kámpoust]

몡 퇴비 동 퇴비를 주다(= fertilize)

04 Farmers use **compost** in the fields to make the soil fertile.

cf. manure 거름(을 주다), 천연 비료

---

01 **농업**은 오늘날 전 세계에서 소비되는 담수의 약 3분의 2를 사용한다. 02 **소작농**은 다른 사람이 소유한 땅에 농사를 짓는 사람들이었다. 03 옥수수는 **비옥한** 땅에서 10피트까지 자랄 수 있다. 04 농부들은 토양을 비옥하게 만들기 위해 밭에 **퇴비**를 사용한다.

1245
plow / plough
발음주의 [plaʊ]

⟨명⟩ 쟁기 ⟨동⟩ 쟁기로 갈다; 경작하다

01 Farmers must sow more seeds and **plow** more fields to supply our increasing population. 모의응용

1246
reservoir *
발음주의, 강세주의
[rézərvwàːr]

⟨명⟩ 1. 저수지 2. 저장(소), 보고(寶庫)

02 When **reservoirs** dry up, farmers suffer.
03 The internet is a **reservoir** of information.

1247
irrigate
발음주의, 강세주의 [írəgèit]

→ '관개(irrigation)'란 작물이 자라는 데 필요한 물을 인공적으로 농경지에 공급하는 일을 말한다.

⟨동⟩ 관개하다, (땅에) 물을 대다

04 The water from the reservoir is used to **irrigate** the area.

• irrigation ⟨명⟩ 관개

1248
drain **
[drein]

⟨동⟩ 1. 물을 빼다 2. (힘, 돈 등을) 소모시키다, 고갈시키다(= deplete) ⟨명⟩ 배수관

05 Much of the wetlands were **drained** for sugar cane farming.
06 Unemployment can be a damaging and financially **draining** experience for a mature worker.

cf. ditch 배수로; 버리다

• drainage ⟨명⟩ 배수 → '배수(drainage)'란 홍수 등으로 농경지에 물이 넘치는 경우 인공적으로 물을 빼주는 일을 말한다.

1249
pesticide **
강세주의 [péstəsàid]

⟨명⟩ 농약, 살충제

pest(i)(insect) + **cide**(kill) → 해로운 곤충을 죽이다

07 Those who eat the peel of fruit want farmers to use less **pesticide**. 수능응용

---

01 농부들은 늘어나는 인구에 (식량을) 공급하기 위해 더 많은 씨를 뿌리고 더 많은 농경지를 **경작해야** 한다. **02** **저수지**가 마르면 농부들은 고통받는다.
03 인터넷은 정보의 **보고(寶庫)**이다. **04** 그 저수지의 물은 지역의 **땅에 물을 대는** 데 사용된다. **05** 사탕수수 농사를 위해 많은 습지에서 물을 **뺐다.** **06** 실업은
숙련된 노동자들에게 피해를 주며 경제적으로 **고갈시키는** 경험이 될 수 있다. **07** 과일 껍질을 먹는 사람들은 농부들이 **농약**을 덜 쓰기를 원한다.

1250

organic **

[ɔːrgǽnik]

형 1. 유기농의 2. 유기체의, 생물의

01 We don't use any pesticides, so all our produce is guaranteed to be 100% **organic**.

02 Bacteria thrive on **organic** waste.

1251

ripe

[raip]

형 (곡물. 과일이) **익은; 숙성한**(↔ unripe 덜 익은)

03 Those bananas aren't **ripe** yet — they're still green.

• ripen 동 익다; 숙성하다

1252

harvest **

[hάːrvist]

명 수확(물) 동 수확하다(= reap)

04 Fruits from abroad are usually **harvested** at least two weeks before they are ripe. 모의응용

1253

crop **

[krɑp]

명 농작물; 수확량(= yield)

05 The main **crops** harvested in the country are rice and wheat.

cf. produce 농산물; 생산물

1254

grain **

[grein]

명 곡물; 알갱이

06 This year's **grain** harvest fell due to the drought.

1255

mill *

[mil]

명 1. 방앗간 2. 공장 동 (가루가 되도록) 갈다(= grind)

07 After it is harvested, grain is ground into flour at a **mill**.

08 a cotton **mill**

---

01 우리는 농약을 선혀 쓰시 않기에 우리의 모든 농산물은 100퍼센트 **유기농**임을 보장한다. **02** 세균은 유기 폐기물에서 잘 자란다. **03** 그 바나나들은 아직 **익지** 않아서 여전히 초록색이다. **04** 보통 수입 과일들은 적어도 익기 2주 전에 **수확된다**. **05** 그 나라에서 수확되는 주요 **농작물**은 쌀과 밀이다. **06** 올해 **곡물** 수확은 가뭄으로 인해 감소했다. **07** 수확된 후에 곡물은 **방앗간**에서 가루로 갈린다. **08** 면직 **공장**

1256
orchard *
발음주의 [ɔ́ːrtʃərd]

명 과수원

01 This is a fruit-growing town, with many apple **orchards**.

목축업 · 임업 · 어업

1257
pasture **
[pǽstʃər]

명 초원, 목초지(= meadow)

02 She brought the sheep to a **pasture** to eat the grass.

cf. ranch (대규모) 목장

1258
livestock **
[láivstàk]

명 가축(= stock)

03 My uncle runs a farm and raises **livestock** such as cattle and pigs.

cf. cattle ((집합적)) 소

1259
herd **
[həːrd]

명 떼, 무리 동 (무리를) 이끌다

04 A **herd** of sixty dairy cows produces about a ton of milk in less than a day.

cf. flock (특히 새의) 떼, 무리; (많은 수가) 모이다
swarm (특히 곤충의) 떼, 무리; 무리지어 이동하다

1260
hay *
[hei]

명 건초, 말린 풀

05 A farmer cuts grass and dries it to make **hay** for feeding cattle.

1261
graze **
[greiz]

동 풀을 뜯다; 방목하다

06 Herds of cattle and flocks of sheep are lazily **grazing** in the green pasture. 모의응용

• grazing 명 목초지, 방목지(= pasture, meadow)

---

01 이곳은 많은 사과 **과수원**이 있는 과수 재배 마을이다. 02 그녀는 풀을 먹기 위해 양들을 **목초지**로 데려왔다. 03 우리 삼촌은 농장을 운영하며 소와 돼지 같은 **가축**을 기르신다. 04 60마리의 젖소 **무리**는 하루도 되지 않아 약 1톤의 우유를 생산한다. 05 농부는 소를 먹일 **건초**를 만들기 위해 풀을 베어 말린다. 06 소 떼와 양 무리가 푸른 초원에서 한가로이 **풀을 뜯고** 있다.

1262

slaughter

발음주의 [slɔ́ːtər]

몡 도살; 대학살 통 (가축을) 도살하다

01 No cattle aged more than 30 months were allowed to be **slaughtered** for food.

1263

log**

logged-logged-logging
[lɔːg]

몡 1. 통나무 2. 일지 통 1. 벌목하다 2. 일지를 기록하다

02 The captain always keeps a voyage **log**.
03 **Logging** is one of the main industries of the state of Washington.

1264

timber*

[tímbər]

몡 목재 (= lumber); (목재용) 수목[산림]

04 Forests have been a source of **timber** for building and firewood. 모의응용

1265

fishery

[fíʃəri]

몡 어장 (= fish farm); 어업

05 The majority of the world's **fisheries** have suffered from overfishing.

모의응용

cf. fisherman 어부

제조업 • 유통

1266

industrialize /
industrialise**

[indʌ́striəlàiz]

산업화란 제조업의 비중이 확대되는 생산 양식과
생산 관계의 변화 현상을 말한다.

통 산업화하다, 공업화하다

06 The building of factories and power plants greatly helped to **industrialize** the rural area.

• industrialization 몡 산업화, 공업화
• industrialized 혱 산업화된, 공업화된

---

01 30개월이 넘는 소는 식용으로 **도살되는** 것이 허용되지 않았다. **02** 그 선장은 항상 항해 **일지**를 기록한다. **03** **벌목**은 워싱턴주의 주요 산업들 중 하나이다. **04** 숲은 건축을 위한 **목재**와 장작의 원천이 되어왔다. **05** 세계 **어장**의 대부분은 과도한 낚시로 인해 고통 받고 있다. **06** 공장과 발전소의 건설은 그 농촌 지역을 **산업화하는** 데 크게 도움이 되었다.

1267

manufacture**

강세주의 [mǽnjufǽktʃər]

图 제조하다, 생산하다 명 제조, 생산; ((복수형)) 제품 (= produce 생산하다; 생산[농작]물)

manu(hand) + **fac(t)**(make) + **ure**(명) → 손으로 만드는 일

01 This toy was designed in the U.S., **manufactured** in China, and packaged in Mexico.

• manufacturer 명 제조업자, 생산 회사 (= producer)

1268

automate

강세주의 [ɔ́ːtəmèit]

图 자동화하다

auto(self) + **mat(os)**(thinking) + **(at)e**(동) → 스스로 생각하게 하다

02 If we **automate** the assembly process, we will be able to increase production.

• automatic 형 자동의 (↔ manual 수동의); 반사적인
• automation 명 자동화

1269

label**

label(l)ed-label(l)ed-
label(l)ing
발음주의 [léibl]

명 상표, 라벨 图 상표[라벨]를 붙이다

03 All our products should be **labelled** with their price when manufactured.

• label A (as) B A를 B라고 부르다

1270

distribution**

[dìstrəbjúːʃən]

명 1. (상품의) 유통 2. 분배, 나누어 줌; 분포

dis(apart) + **tribut(e)**(give) + **tion**(명) → 나누어 주는 것

04 The company is searching for new **distribution** channels for their products.
05 an unfair income **distribution**

• distribute 图 1. (상품을) 유통하다 2. 분배하다
• distributor 명 유통회사, 배급업자

---

01 이 장난감은 미국에서 디자인되어 중국에서 **제조되고** 멕시코에서 포장되었다. **02** 만약 조립 공정을 **자동화한다**면, 우리는 생산량을 늘릴 수 있을 것이다. **03** 우리의 모든 제품은 제조될 때 가격 **라벨이 붙여질** 것이다. **04** 그 회사는 제품의 새로운 **유통** 채널을 찾고 있다. **05** 소득의 불공평한 **분포**

흔히 매스컴(mass communication)이라 불리는 신문, 잡지, 라디오, TV 등은 영어로는 media(매체, 미디어)에 해당한다. 최근 들어서는 social media까지 합세하여 많은 정보를 대중들에게 전달하는 역할을 한다.

1271

article **

[ɑ́ːrtikl]

몡 1. (신문, 잡지 등의) **기사** 2. (계약서 등의) **조항** 3. **물건, 물품**

01 Readers choose to read or not to read a particular **article** depending on the headline. 모의응용
02 East and West Germany united under **article** 23 of the Bonn Constitution.
03 The shop sells small household **articles**.

cf. headline (신문 기사 등의) 표제

1272

bulletin **

[búlətən]

몡 (뉴스) **속보**; **공고, 게시**

04 The TV program was interrupted for an important news **bulletin**.

◆ **bulletin board** 게시판

> | 신문 각 부분의 명칭 |
>
> **editorial** (신문, 잡지의) 사설, 논평; 1. 사설의 2. 편집과 관련된
> **sidebar** (주요 기사 옆에 짧게 곁들이는) 관련 기사
> **caption** 캡션 《사진, 삽화 등에 붙인 설명》; 자막
> **classified ads** (신문의) 안내 광고 《구인, 구직 등 항목 별로 구분되어 있음》
> **tabloid** 타블로이드판 신문 《보통 신문의 절반 크기》

1273

broadcast **

broadcast-broadcast-
broadcasting
[brɔ́ːdkæst]

동 1. **방송하다** 2. **널리 알리다, 사방에 퍼뜨리다** 몡 **방송**

broad(wide) + **cast**(throw) → 넓게 내던지다 → 널리 알리다, 방송하다

05 Please don't **broadcast** my secrets all over the school.
06 The host checks her scripts repeatedly before she begins the **broadcast**. 모의응용

---

01 독자들은 표제에 따라 특정 **기사**를 읽을 것인지 혹은 읽지 않을 것인지를 선택한다. 02 동독과 서독은 Bonn 헌법의 제23조 하에 통일했다. 03 그 상점은 소형 가정**용품**들을 판매한다. 04 그 TV 프로그램은 중요한 뉴스 **속보** 때문에 중단되었다. 05 나의 비밀을 온 학교에 **퍼뜨리지** 마라. 06 진행자는 **방송**을 시작하기 전에 반복해서 대본을 확인한다.

1274

dispatch

강세주의 [dispǽtʃ]

图 보내다; 파견하다 图 파견

01 Reporters and cameramen were **dispatched** to the war zone.

1275

relay *

강세주의

图[riléi] 图[ríːlei]

图 (정보, 소식 등을) **전달하다; 중계하다**

图 1. 중계 2. 릴레이 경주, 계주(= a relay race)

02 The broadcasts were **relayed** by satellite to audiences all over the world.

03 a 400-meter **relay**

cf. herald 보도하다, 알리다; 예고하다

1276

publicity

강세주의 [pʌblísəti]

图 1. (언론의) 관심; 널리 알려짐 2. 광고, 홍보(= promotion)

04 There has been a great deal of **publicity** surrounding the incident.

05 We planned an exciting **publicity** campaign with our advertisers.

1277

censor

[sénsər]

图 검열하다 图 검열관

06 Broadcasting stations **censor** bad language from their programs.

• censorship 图 검열

01 기자들과 촬영 기사들이 전쟁 지역으로 **파견되었다**. 02 그 방송은 위성으로 전 세계 시청자들에게 **중계되었다**. 03 400미터 **계주** 04 그 사건을 둘러싸고 **언론의** 대단히 많은 **관심**이 있어 왔다. 05 우리는 광고주들과 함께 흥미로운 **홍보** 캠페인을 계획했다. 06 방송국은 그들의 프로그램에서 욕설을 **검열한다**.

1278

press** [pres]

필수 다의어 1

핵심 의미 **누르다**

	1. 동 누르다, 압축하다
눌러서	2. 동 압박하다; 강요하다
종이에 눌러서 글자를 찍어내는	3. 명 인쇄(기)
매일 인쇄되는	4. 명 《the -》 신문; 언론

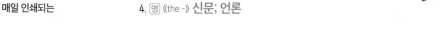

※ 다음 각 문장에 쓰인 다의어의 의미를 위에서 찾아 그 번호를 (_____)에 쓰시오.

01 He is **pressing** us to make a quick decision. (_____)

02 **Press** this black button on the electronic dictionary, and you'll see a lot of example sentences. 모의응용
(_____)

03 The books are issued from the **presses**. (_____)

04 Any effort to restrict the freedom of the **press** should be prevented. 모의응용 (_____)

1279

current** [kə́:rənt]

필수 다의어 2

핵심 의미 **흐르는, 달리는**

시간이 지금 흐르는	1. 형 현재의, 지금의
물, 공기, 전기의 흐름	2. 명 해류; 기류; 전류
때, 정세 등의 흐름	3. 명 (특정 집단 사람들 사이의) 경향, 추세

※ 다음 각 문장에 쓰인 다의어의 의미를 위에서 찾아 그 번호를 (_____)에 쓰시오.

05 The leaf fish allows itself to be carried along by **currents**. 모의응용 (_____)

06 A lot of businesses are being hurt by the **current** high interest rates. (_____)

07 The news reported on the **current** of hopelessness among young people. (_____)

| • currently | 부 현재는, 지금은 |
| • currency | 명 1. 통화(通貨), 화폐 2. 통용; 유통 |

---

01 그는 빠른 결정을 내리도록 우리를 ²**압박하고** 있다. 02 전자사전의 이 검은색 버튼을 ¹**눌러라**, 그러면 많은 예문을 보게 될 것이다. 03 그 책들은 ³**인쇄기**에서 발행된다. 04 ⁴**언론**의 자유를 제한하려는 어떠한 노력도 방지되어야 한다. 05 leaf fish는 ²**해류**를 따라 이동한다. 06 많은 기업이 ¹**현재의** 높은 이자율로 인해 피해를 입고 있다. 07 그 뉴스는 젊은이들 사이의 절망감에 대한 ³**경향**을 보도했다.

1280

cover** [kʌ́vər]

핵심 의미 완전히 가리다

완전히 가려서	1. 图 덮다, 씌우다 (↔ uncover 덮개를 벗기다) 图 덮개, 표지
덮은 범위를	2. 图 다루다, 포함하다
사건을 다루다	3. 图 취재하다, 보도하다
범위 내에 포함하다	4. 图 (보험으로) 보장하다
부족한 범위를	5. 图 (돈을) 충당하다
일정한 범위를	6. 图 (언급된 거리를) 가다

※ 다음 각 문장에 쓰인 다의어의 의미를 위에서 찾아 그 번호를 (_____)에 쓰시오.

01 Robinson, a sports reporter, will be dispatched to Russia to **cover** the World Cup. (_____)
02 I want to **cover** fifty miles before it gets dark. (_____)
03 The book **covered** every situation, from constructing boats to catching fish without a line. 모의응용
(_____)
04 I have to **cover** my university tuition fees myself. (_____)
05 Your insurance will **cover** the repairs of your car. 모의응용 (_____)
06 Dozens of wildflowers **cover** the ground on both sides of the path. 모의응용 (_____)

◆ **be covered with** ~로 뒤덮이다

◆ **coverage** 图 1. (책 등에 포함된 정보의) 범위 2. 보도, 방송 3. (보험의) 보상 (범위)

01 스포츠기자인 Robinson은 월드컵을 ³취재하기 위해 러시아로 파견될 것이다. 02 나는 어두워지기 전에 50마일을 ⁶가길 원한다. 03 그 책은 배를 만드는 것에서부터 낚싯줄 없이 물고기를 잡는 것까지 모든 상황을 ²다루었다. 04 나는 대학 등록금을 내 스스로 ⁵충당해야 한다. 05 당신의 보험은 자동차 수리를 ⁴보장할 것입니다. 06 수많은 야생화가 길 양편에서 땅을 ¹덮고 있다.

(행정) 구역

1281

province*

발음주의 [prάvins]

[명] 1. 《행정 단위》 주(州), 도(道) 2. 《the 복수형》 (수도 외의) 지방

01 the Canadian **province** of Alberta
02 They left the city for life in the **provinces**.

cf. county (영국, 미국 등의) 자치주; 군(郡)

1282

district**

[dístrikt]

[명] 지역(= region), 구역

03 Thailand is divided into 76 provinces, which are further divided into over 800 **districts**.

1283

metropolitan*

[mètrəpάlitən]

[형] 대도시의, 수도의

metro(mother) + **poli(s)**(city) + **tan**(형) → 모(母)도시의

04 He was drawn to the **metropolitan** beauty of Paris.

cf. cosmopolitan 전 세계적인

• metropolis [명] 대도시, 수도

1284

suburban

발음주의 [səbə́ːrbən]

[형] 교외의, 교외에 사는

sub(under) + **urban**(도시의) → 도시 바로 밑의 → 도시 주변의

05 **Suburban** areas generally lack the public transportation systems that urban areas have.

• suburb [명] 교외, 도시 주변 주택 지역

---

01 캐나다의 앨버타주(州) **02** 그들은 **지방**에서의 생활을 위해 그 도시를 떠났다. **03** 태국은 76개의 지방으로 나누어지고, 더 나아가서 800개가 넘는 **지역**으로 나누어진다. **04** 그는 파리가 가진 **대도시의** 아름다움에 이끌렸다. **05** **교외** 지역은 도시 지역이 갖춘 대중교통 시스템이 일반적으로 부족하다.

1285

infrastructure*

[ínfrəstrÀktʃər]

↱ 교통, 통신, 전력 등 국가나 사회가 제대로 기능할 수 있게 하기 위한 것을 말한다.

명 사회[공공] 기반시설

infra(below) + structure → 아래에서 기반이 되는 구조물

01 Money spent on tourism **infrastructure**, such as airports, has long-term benefits for a country. 모의응용

1286

facility**

발음주의, 강세주의
[fəsíləti]

명 1. 《주로 복수형》 (편의) 시설 2. 특성, 기능 3. (타고난) 재능 (= talent)

02 Medical **facilities** in this country serve the needs of an aging population.
03 The software has the **facility** to produce high-quality graphics.
04 His **facility** for memorizing addresses was astonishing.

1287

endow

발음주의, 강세주의
[indáu]

동 1. 기부하다 (= donate) 2. (재능 등을) 부여하다

05 The money will be used to **endow** the museum and research facility.
06 She was **endowed** with both good looks and a good brain.

＊ **be endowed with** ~을 타고나다, ~을 지니다

1288

wellbeing

[welbíːiŋ]

명 복지, 안녕

07 The government exists for the **wellbeing** of its citizens.

1209

pension

[pénʃən]

명 연금, 생활보조금

08 Many older people are living on a government **pension** after retirement.

---

01 공항과 같은 관광 **기반시설**에 쓰이는 돈은 나라에 장기적 이익을 가져온다. 02 이 나라의 의료 **시설**은 고령 인구의 요구에 부응한다. 03 그 소프트웨어는 고화질의 그래픽을 만드는 **기능**이 있다. 04 주소를 암기하는 그의 **재능**은 놀라웠다. 05 그 돈은 박물관과 연구 시설에 **기부하는** 데 사용될 것이다. 06 그녀는 미모와 좋은 머리를 모두 **부여받았다**. 07 정부는 국민의 **안녕**을 위해 존재한다. 08 많은 노인들이 은퇴 후 정부가 주는 **생활보조금**으로 생활하고 있다.

1290
insure*
[inʃúər]

동 1. 보험에 들다 2. 보장하다(= ensure)

01 We strongly recommend **insuring** against sickness or injury.
02 facilities to **insure** the safety of cyclists

• insurance 명 보험; 보험료(= premium)

사회 신분 · 집단

1291
hierarchy
발음주의, 철자주의
[háiərὰːrki]

명 계급 (제도), 계층

03 Every society has various types of **hierarchy**.

• hierarchical 형 계급의, 계층의

1292
imperial
발음주의 [impíəriəl]

형 황제의; 제국의

04 The **imperial** family lived a luxurious life.

• imperialism 명 제국주의

1293
lord*
철자주의 [lɔːrd]

명 1. 《영국》 (높은 신분의 남자) 귀족, -경(卿) 2. (중세 유럽의) 영주(領主)(= landlord)
　　3. 《the L-》 하느님, 주님

05 the **lords** and ladies of the royal family
06 The peasants were loyal to their **lord**.
07 May the **Lord** bless you and keep you.

---

01 질병이나 상해에 대비하여 **보험에 드실 것**을 강력히 권하는 바입니다. 02 자전거 타는 사람들의 안전을 **보장하기** 위한 시설들 03 모든 사회에는 다양한 종류의 **계급**이 존재한다. 04 그 **황제** 일가는 호화로운 삶을 살았다. 05 왕실의 **귀족들**과 귀족 가문의 여인들 06 소작농들은 자신의 **영주(領主)**에게 충성했다. 07 **주님**의 은총과 가호가 있기를.

1294
slave**

[sleiv]

• slavery

명 노예

01 During the early 19th century, Britain made the **slave** trade illegal.

명 노예 신분[제도]

> | 신분, 계급제도 관련 | 계급의 구분 Appendix 491쪽
>
> **empire** 제국 ※ emperor 황제
> **aristocracy** 귀족 (계층) ※ aristocrat 귀족
> **royal** 국왕[여왕]의 ※ royalty 왕족
> **nobleman** 상류층 사람, 귀족
> **majesty** 폐하, 왕권; 장엄함 ※ majestic 장엄한
> **knight** (중세의) 기사

PART 6

Unit

33

1295
civic

[sívik]

→ '공민'은 국가와 사회의 일원으로서 헌법의 권리와 의무를 가진 사람을 말한다.

형 1. 시민의, 공민의 2. (도)시의

02 Voting is one of the **civic** responsibilities.
03 **civic** facilities such as cultural centers and city libraries

1296
cluster

[klʌ́stər]

명 무리, 떼; (작은 열매의) 송이 동 무리를 이루다, 모이다

04 There was a **cluster** of spectators enjoying the street performance.
05 Many students **clustered** around the bulletin board to see the schedule for the school trip.

사회문제와 해결

1297
turmoil

[tə́ːrmɔil]

명 소란, 혼란(= confusion)

06 Political **turmoil** should be resolved with tolerance rather than conflict.

---

01 19세기 초반 동안, 영국은 **노예** 무역을 불법화했다. 02 투표는 **시민의** 책무 중 하나이다. 03 문화 센터와 시립 도서관 같은 **도시** 편의 시설 04 길거리 공연을 즐기는 관중 **무리**가 있었다. 05 많은 학생이 수학여행 일정을 보려고 게시판 주변에 **모였다.** 06 정치적 **혼란**은 갈등보다는 관용으로 해결되어야 한다.

1298

overpopulation *

강세주의 [òuvərpὰpjuléiʃən]

명 인구 과잉

over(too much) + population(인구) → 과도한 인구

01 Some major cities in developed countries are suffering from **overpopulation** problems.

1299

abuse **

발음주의
명[əbjúːs] 동[əbjúːz]

명 1. 학대 2. 남용, 오용

동 1. 학대하다 2. 남용하다, 오용하다 (= misuse 남용(하다), 오용(하다))

02 Parenting classes might reduce future problems, including child **abuse** and neglect. 모의응용
03 She is continually **abusing** her position by getting other people to do things for her.

• abusive 형 1. 모욕적인 (= insulting, offensive) 2. 폭력적인

1300

minority *

[mainɔ́ːrəti]

명 소수, 소수 집단 (↔ majority 다수) 형 소수(자)의

minor(less) + ity(명) → 보다 작아진 상태

04 **Minorities** that are active and advocate their position consistently help to create social change.

• minor 형 1. 작은, 중요하지 않은 2. 부전공의 명 1. 부전공 2. 미성년자

1301

orphan *

[ɔ́ːrfən]

명 고아 동 고아로 만들다

05 The long war between the two countries created many **orphans**.

• orphanage 명 고아원

---

01 선진국들의 일부 주요 도시들은 **인구 과잉** 문제를 겪고 있다. 02 육아 수업은 아동**학대**와 방치를 포함한 미래의 문제를 줄일지도 모른다. 03 그녀는 다른 사람들에게 자신을 위한 일을 하게 시킴으로써 지위를 계속 **남용하고** 있다. 04 적극적이고 자신들의 입장을 지속적으로 변호하는 **소수 집단들**은 사회 변화를 만드는 데 도움이 된다. 05 두 국가 간의 오랜 전쟁으로 많은 **고아**가 생겼다.

1302
bully
bullied-bullied
[búli]

동 괴롭히다, 따돌리다 명 괴롭히는 사람

01 In one study, 75 percent of students reported having been **bullied** at school.

cf. outcast 따돌림[버림]받는 사람

- **bullying** 명 괴롭히기, 집단 따돌림

1303
addict *
발음주의, 강세주의
명[ǽdikt] 동[ədíkt]

명 중독자 동 중독시키다

02 Drug **addicts** need help to break their addiction.

- **addicted to** ~에 중독된

- **addiction** 명 중독
- **addicted** 형 중독된
- **addictive** 형 중독성의

1304
exploit **
강세주의 [iksplɔ́it]

동 1. (부당하게) 이용하다; 착취하다
　　2. (최대한) 활용하다(= utilize, make use of); 개발하다

03 Employers will be able to **exploit** workers unless they are legally constrained. 모의응용
04 We need to **exploit** this opportunity.

- **exploitation** 명 1. (부당한) 이용; 착취 2. 개발

1305
discriminate **
강세주의 [diskrímineit]

동 1. 차별하다 2. 구별[식별]하다(= differentiate, distinguish)

05 Employers must not **discriminate** on the basis of race, gender, or age.
06 Newborn babies can **discriminate** between a man's and a woman's voice.

- **discrimination** 명 1. 차별 2. 식별(력); 안목

---

01 한 연구에서 학생들의 75퍼센트가 학교에서 **괴롭힘을 당해본** 적이 있다고 보고했다. 02 약물 **중독자들**은 중독을 끊기 위해 도움이 필요하다. 03 고용주들은 법적으로 제약을 받지 않는다면 노동자들을 **착취할** 수 있을 것이다. 04 우리는 이 기회를 **최대한 활용해야** 한다. 05 고용주들은 인종, 성별, 나이를 근거로 **차별해서는** 안 된다. 06 신생아들은 남성과 여성의 목소리를 **구별할** 수 있다.

segregate

강세주의 [ségrigèit]

동 차별하다; 분리하다 (↔ integrate 통합하다; 합치다)

se(apart) + **greg(e)**(flock) + **ate**(동) → 무리를 갈라 서로 떨어지게 하다

01 The civil rights movement fought against practices that **segregated** blacks and whites.

• segregation 명 차별 (정책); 분리 (↔ integration 통합)

---

constrain

강세주의 [kənstréin]

동 강요하다, 억지로 시키다 (= compel); 제한[제약]하다 (= restrict)

con(together) + **strain**(bind) → 함께 묶어서 속박하다

02 The freedom of the media is in danger of being **constrained** by the government.

• constraint 명 제한, 제약

---

suicide

발음주의, 강세주의
[sjúːəsàid]

명 자살

03 **Suicide** is a social problem that affects not only individuals but society as a whole.

◆ **commit suicide** 자살하다

---

impoverish

강세주의 [impávəriʃ]

동 1. 빈곤[가난]하게 하다 2. 품질을 저하시키다

im(make) + **pover**(poor) + **ish**(동) → 빈곤하게 만들다

04 Falling rice prices have **impoverished** many farmers.
05 Poor farming practices **impoverished** the soil.

---

underprivileged

발음주의 [ʌndərprívəlidʒd]

형 (사회, 경제적으로) 혜택을 못 받는 (↔ privileged 특권을 가진)

under + **privilege**(특혜) + **(e)d**(형) → 특혜 아래에 있는 → 특혜를 받지 못하는

06 The nonprofit organization is planning to open a school for **underprivileged** students. 모의응용

---

01 그 인권 운동은 흑인과 백인을 **차별하는** 관행에 맞서 싸웠다. 02 언론의 자유는 정부에 의해 **제한될** 위험에 치해 있다. 03 **자살**은 개인뿐만 아니라 사회 전반에도 영향을 끼치는 사회문제이다. 04 쌀값 하락이 많은 농부들을 **빈곤하게 했다.** 05 형편없는 농사법이 토양의 질을 **저하시켰다.** 06 비영리 단체는 **혜택을 못 받는** 학생들을 위한 학교를 열 계획이다.

1311

needy

[níːdi]

형 (경제적으로) 어려운, 궁핍한(= poor)

need(빈곤) + **y**(형) → 빈곤한

01 What about bringing smiles to the faces of **needy** children by donating a toy? 모의응용

1312

famine *

발음주의 [fǽmin]

명 기근, 굶주림(= hunger)

02 Millions of people in Africa continue to die because of war and **famine**.

1313

starvation

[staːrvéiʃən]

명 기아, 굶주림

starv(e)(굶주리다) + **ation**(명) → 굶주리는 것

03 Many people face **starvation** every day because they don't have any food to eat.

• starve 동 굶주리다, 굶어죽다

1314

plight

[plait]

명 역경, 곤경

04 The government has a duty to respond to the **plight** of the poor and homeless.

1315

tackle *

[tǽkl]

동 1. (문제 등을) **다루다**, (힘든 상황 등과) **씨름하다** 2. 《스포츠》 **태클하다, 공을 뺏다**

명 태클

05 The government is looking for a solution to **tackle** inflation.
06 The soccer player was **tackled** right before the end of the game.

1316

eradicate

[irǽdəkèit]

동 없애다, 근절하다(= eliminate, wipe out)

e(out) + **radic**(root) + **ate**(동) → 뿌리를 뽑아버리다

어근 radic은 root(뿌리)를 의미한다. *e.g.* radical(근본적인)

07 We need to recognize ethnic diversity in order to **eradicate** racism.

---

01 장난감을 기부함으로써 **경제적으로 어려운** 아이들의 얼굴에 웃음을 주는 것은 어떨까요? **02** 아프리카에 있는 수백만 명의 사람들이 전쟁과 **기근**으로 인해 계속해서 죽어가고 있다. **03** 많은 사람들은 먹을 음식이 전혀 없어 매일 **굶주림**에 직면한다. **04** 정부는 가난하고 집이 없는 사람들의 **곤경**에 대응할 의무가 있다. **05** 정부는 인플레이션을 **다루기** 위해 해결책을 찾고 있다. **06** 그 축구 선수는 경기 종료 직전에 **태클을 당했다**. **07** 인종차별을 **없애기** 위해 우리는 인종의 다양성을 인정해야 한다.

1317

subsidy

[sʌ́bsədi]

명 (국가 등이 제공하는) **보조금, 장려금**

sub(under) + sid(sit) + y(명) → 아래에서 자리 잡도록 도와주는 것

01 The government is considering increasing **subsidies** for low-income areas.

• subsidize 동 보조금을 주다

1318

기타 사회문제·활동 Appendix 491쪽

harmonize

강세주의 [há:rmənàiz]

동 **조화를 이루다, 조화시키다**

harmon(y) + ize(동) → 조화를 만들다

02 Accept the differences in others and try to **harmonize** with them.

• harmonious 형 조화로운

1319

strike** [straik]

필수 다의어 1

struck-struck/stricken

핵심 의미 치다, 때리다

	1. 동 (손이나 무기로) **치다; 공격하다**
서로 치여	2. 동 **충돌하다, 부딪히다**
회사와 직원들 간의 충돌	3. 명 **파업** 동 **파업하다**
기발한 생각이 머리를 치고	4. 동 **떠오르다, 생각나다**
재난, 질병 등이 갑자기	5. 동 **발생하다; 덮치다**

※ 다음 각 문장에 쓰인 다의어의 의미를 위에서 찾아 그 번호를 (_____)에 쓰시오.

03 The rail **strike** has resulted in major delays on roads across the country. (_____)

04 He stopped speaking, **struck** by a sudden thought. (_____)

05 The sea **strikes** our coasts continually, changing their shape and creating amazing natural features.

모의응용 (_____)

06 They predict that a large earthquake will **strike** in this region. (_____)

07 Several cars were **struck** by a falling tree. (_____)

• strikingly 부 눈에 띄게, 두드러지게

---

01 정부는 저소득 지역의 **보조금**을 늘리는 것을 고려 중이다. 02 타인의 다름을 받아들이고 그들과 **조화를 이루려고** 노력하라. 03 그 철도 [3]**파업**은 도시 전체에 걸쳐 도로에 극심한 정체를 가져왔다. 04 그는 갑작스러운 생각이 [4]**떠올라** 말을 멈추었다. 05 바닷물이 지속적으로 해안을 [1]**치면서** 해안의 모양이 바뀌고 멋진 자연지형을 만든다. 06 그들은 대지진이 이 지역에서 [5]**발생할** 것이라고 예측한다. 07 몇 대의 차가 쓰러지는 나무와 [2]**충돌했다.**

stake* [steik]

핵심 의미 **말뚝**

1. 명 말뚝

말뚝을 박아 소유 경계를 표시　2. 명 지분(持分)

지분으로 손익이 얽힌 관계　3. 명 이해관계

돈을 거는 도박장의 말뚝에서 유래　4. 명 (내기, 도박 등에) 건 돈　동 (돈 등을) 걸다

※ 다음 각 문장에 쓰인 다의어의 의미를 위에서 찾아 그 번호를 (_____)에 쓰시오.

01 They took a 40 percent **stake** in the company. (_____)

02 He liked gambling, but only for small **stakes**. (_____)

03 A man began to hammer **stakes** into the ground. 모의응용 (_____)

04 He has a personal **stake** in the success of the play. (_____)

◆ **at stake** 위기에 처한, 위태로운

---

01 그들은 그 회사에서 40퍼센트의 ²**지분**을 차지했다. 02 그는 도박을 좋아했지만, 적은 ⁴**돈**만 걸었다. 03 한 남자가 땅에 ¹**말뚝**을 박기 시작했다. 04 그는 그 연극의 성공에 개인적인 ³**이해관계**가 있다.

+ Unit +

34 | 정치 · 외교

정치, 외교는 직접적인 내용 소재가 되기보다는 배경으로 등장하는 경우가 많다. 각 단어의 뜻 이해를 도와주는 설명과 예문을 통해 단어의 개념과 시사하는 바를 확실히 알아두고, 글의 배경 파악에 도움이 될 수 있도록 하자.

정치(politics) · 정치 체제

1321
statesman

[stéitsmən]

명 (경험 많고 존경받는) **정치가**

01 Many people think that Abraham Lincoln was one of the greatest **statesmen** ever.

1322
regime

발음주의, 강세주의

[reiʒíːm]

명 1. (특히 비민주적인) **정권** 2. 제도, 체제

02 The military **regime** refused to recognize the election results.
03 Investors will benefit from recent changes in the tax **regime**.

1323
propaganda

강세주의 [prɑ̀pəgǽndə]

> '선전(propaganda)'이란 주장이나 어떤 것의 존재 가치를 여러 사람에게 널리 알리는 것을 말한다.

명 **선전**

04 The most common arena for spreading false **propaganda** is the internet.

• **propagate** 동 1. 퍼뜨리다, 전파하다 2. 번식시키다

1324
dynasty

[dáinəsti]

명 **왕가, 왕조**

05 King Yeongjo ruled for fifty-four years during the Joseon **dynasty**.

---

01 많은 사람들은 에이브러햄 링컨이 가장 훌륭한 **정치가** 중 한 명이었다고 생각한다. 02 그 군사**정권**은 선기 결과를 인정하기를 거부했다. 03 투자자들은 최근 조세**제도**의 변화로 이익을 얻게 될 것이다. 04 거짓 **선전**을 퍼뜨리기에 가장 일반적인 장소는 인터넷이다. 05 영조 왕은 조선 **왕조** 기간 동안 54년을 통치했다.

1325

throne

[θroun]

명 왕좌; 왕위

01 When an emperor of China died, his son inherited the **throne** at age nineteen. 모의응용

1326

realm

발음주의 [relm]

명 1. (지식, 활동 등의) **영역, 범위**(= scope, domain) 2. **왕국**(= kingdom)

02 He has been fascinated by the **realm** of politics since he was a teenager.
03 the **realm** of England

1327

monarchy

[mánərki]

명 군주제; 군주국

04 Prior to the French Revolution, France was a **monarchy**.

• monarch 명 군주, 제왕

| 다양한 정치체제, 이념 |

democracy 민주주의; 민주국가 ※ democratic 민주주의의, 민주적인
communism 공산주의 ※ communist 공산주의자; 공산주의의
socialism 사회주의 ※ socialist 사회주의자; 사회주의의
republicanism 공화주의 ※ republican 공화주의자; 공화국의, 공화주의의
totalitarianism 전체주의 ※ totalitarian 전체주의의
bureaucracy 관료 (체제); 관료국가
autocracy 독재정치; 독재주의 국가
anarchism 무정부주의 ※ anarchy 1. 무정부 상태 2. 정치적[사회적] 혼란
                          anarchist 무정부주의자; 무정부주의의
capitalism 자본주의 ※ capitalist 1. 자본주의자 2. 자본가
authoritarian 권위주의적인 ※ authoritative (정보 등이) 권위 있는; (태도 등이) 권위적인

1328

municipal

발음주의 [mjuːnísəpəl]

형 지방 자치제의, 시(市)의

05 The political parties are convincing people to vote for them in next month's **municipal** elections.

---

01 중국의 황제가 죽었을 때, 그의 아들이 19살의 나이에 **왕위**를 물려받았다. **02** 그는 10대였을 때부터 정치의 **영역**에 매료되어 왔다. **03** 잉글랜드 **왕국**
04 프랑스 혁명 이전에 프랑스는 **군주국**이었다. **05** 정당들은 다음 달의 **지방 자치** 선거에서 자신들을 뽑아달라고 설득하고 있다.

1329

reign

발음주의 [rein]

图 통치하다, 지배하다 (= rule) 图 통치 (기간)

01 Queen Victoria **reigned** over Britain from 1837 to 1901.

1330

federal*

[fédərəl]

图 연방제의; 연방정부의

> 연방: 자치권이 있는 다수의 나라가 공통의 정치 이념으로 연합하여 구성하는 국가. 각 구성국들은 자체적인 국내법에 따르지만, 연방 국가는 국제법상의 외교권을 갖는 하나의 주권 국가이다. 미국 외에도 독일, 스위스 등이 여기에 속한다.

02 The United States is a **federal** state consisting of fifty states.

1331

autonomy

강세주의 [ɔːtánəmi]

图 1. 자치권 2. 자율(성) (= independence)

auto(self) + **nom(os)**(law) + **y**(图) → 스스로 규범을 가지는 것

03 The federal government has given every state some **autonomy** to govern themselves.
04 The teacher encourages students' individual **autonomy**.

• autonomous 图 1. 자주적인, 자치의 2. 자율적인

1332

sovereign

발음주의 [sávərin]

图 1. (국가가) 자주적인, 독립된 (= autonomous, independent) 2. 최고 권력을 지닌
图 군주, 국왕

05 Once India was a colony of England, but now it's a **sovereign** nation.
06 a **sovereign** ruler of a country

• sovereignty 图 (국가의) 독립; 통치권

1333

tyrant

발음주의 [táiərənt]

图 폭군, 독재자; 폭군 같은 사람 (= dictator)

07 The country was ruled by a corrupt **tyrant** for decades.

• tyranny 图 1. 폭정, 압제 2. 독재(국가)

---

01 빅토리아 여왕은 1837년부터 1901년까지 영국을 **통치했다.** 02 미국은 50개의 주(州)로 이루어진 **연방** 국가이다. 03 그 연방정부는 모든 주(州)에게 스스로 통치할 **자치권**을 주어 왔다. 04 선생님은 학생들 개인의 **자율**을 장려하신다. 05 인도는 한때 영국의 식민지였지만, 지금은 **독립된** 국가이다. 06 한 나라의 **최고 (권력의)** 통치자 07 그 나라는 수십 년 동안 부패한 **폭군**에 의해 지배당했다.

1334
slogan

[slóugən]

몡 (정당, 광고 등의) **구호, 슬로건**

01 The party was formed under the **slogan** "Clean Politics."

1335
scheme*

[skiːm]

몡 1. (정부나 정당의) **계획** 2. **책략** 동 1. **계획하다** 2. **책략을 꾸미다** (= plot)

02 The political party announced a major house-building **scheme** in the area.
03 They **schemed** to seize control of the government.

1336
nominate*

발음주의, 강세주의

[nɑ́mənèit]

동 1. (중요 지위, 수상자 등의 후보자로) **지명하다**

2. (어떤 일을 하도록) **임명하다** (= appoint, designate)

04 He was **nominated** as a candidate for the next prime minister.
05 He has been **nominated** as fire chief.

• nomination 몡 1. 지명 2. 임명

1337
parliament

발음주의 [pɑ́ːrləmənt]

몡 **의회, 국회**

06 The German **parliament** building is one of Berlin's most historic landmarks. 모의응용

cf. council (지방 자치 단체의) 의회

1338
chairperson*

[tʃéərpɜ̀ːrsn]

몡 (회의, 위원회, 조직 등의) **의장; 회장**

07 In Korea, the **chairperson** of the National Assembly shall hold office for two years.

cf. preside (회의 등을) 주도하다, 사회를 보다
forum 토론회, 토론의 장

---

01 그 정당은 '깨끗한 정치'라는 **구호**하에 조직되었다. 02 그 정당은 그 지역의 주요 주택 건축 **계획**을 발표했다. 03 그들은 그 정부를 장악하려는 **책략을 꾸몄다.** 04 그는 차기 국무총리 후보로 **지명되었다.** 05 그는 소방서장으로 **임명되었다.** 06 독일의 **의회** 건물은 베를린의 가장 역사적인 랜드마크 중 하나이다. 07 한국에서 국회**의장**은 2년간 임기를 수행하게 된다.

1339

agenda

[ədʒéndə]

명 의제, 안건 《특정 시기에 정치적으로 중요한 이슈》

01 For the present government, the unemployment problem is at the top of the **agenda**.

1340

chamber **

[tʃéimbər]

명 (특정 목적의) **-실(室)**(= hall); (의회의) **회의실**

02 Members of the National Assembly have a regular meeting in the parliamentary **chamber**.

정치 참여 · 갈등

1341

elect **

[ilékt]

동 선거하다, 선출하다

03 Ancient Greek citizens **elected** politicians who gave them free theater tickets. 모의응용

• election   명 선거; 당선

1342

ballot

[bǽlət]

명 무기명[비밀] 투표; 투표용지 동 무기명 투표를 하다

04 Pick up a **ballot** and vote for a new name for our company mascot. 모의응용

1343

mandate

[mǽndeit]

동 1. 권한을 주다 2. 지시하다, 명령하다
명 1. (선거에 의해 정부나 정당에 주어진) **권한** 2. **지시**(= command 명령(하다))

05 Proposals that **mandate** lower speed limits could reduce traffic.
06 The election victory gave the party a **mandate** to continue its reform.

• mandatory   형 의무적인, 강제적인(= compulsory)

---

01 현(現) 정부에서는 실업 문제가 최우선의 **안건**이다. 02 국회의원들은 의회의 **회의실**에서 정기 회의를 한다. 03 고대 그리스 시민들은 자신들에게 무료 연극 표를 제공한 정치인들을 **선출했다**. 04 **투표용지**를 챙기고 우리 회사의 새 마스코트 이름에 투표해주세요. 05 속도제한을 낮추도록 **명령하는** 제안들은 교통량을 줄일 수 있을 것이다. 06 선거에서의 승리는 그 정당에 개혁을 지속할 수 있는 **권한**을 주었다.

1344

rally

[rǽli]

명 (특히 정치적) **집회** 동 (지지를 위해) **결집[단결]하다**

01 During a political **rally**, minor clashes between police and demonstrators occurred.

1345

rebel*

rebelled-rebelled-rebelling
발음주의, 강세주의
동[ribél] 명[rébəl]

동 **반란을 일으키다, 반항[저항]하다** 명 **반역자**

02 When the government imposed more taxes, the citizens **rebelled**.

• rebellion 명 반란, 반항[저항] (= uprising)
• rebellious 형 반역하는, 반항[저항]하는

| 반란, 폭동 |

revolt 반란, 폭동; 반란[폭동]을 일으키다
riot 폭동; 폭동을 일으키다
mob 폭도; 군중, 무리; 떼 지어 몰려들다

1346

intrigue*

강세주의
명[íntriːg] 동[intríːg]

명 (정치적인) **모의, 음모** 동 1. **음모를 꾸미다** 2. **강한 흥미를 불러일으키다**

03 political **intrigue**
04 The movie's excellent reviews **intrigued** me, so I went to watch it the next day.

• intriguing 형 흥미 있는

1347

overthrow

overthrew-overthrown
동[òuvərθróu]
명[óuvərθròu]

동 (정부, 제도 등을) **뒤엎다, 전복시키다** 명 **전복, 타도**

over(above) + **throw**(던지다) → 위로 던져 엎다

05 He became deeply involved in a plot to **overthrow** the government. 모의응용

---

01 정치 **집회** 동안, 경찰과 시위자들 간의 가벼운 충돌이 있었다. 02 정부가 더 많은 세금을 부과하자 시민들이 **반란을 일으켰다.** 03 정치적 **음모** 04 영화에 대한 호평은 나에게 **강한 흥미를 불러일으켜서**, 다음날 그 영화를 보러 갔다. 05 그는 정부를 **전복시키기** 위한 음모에 깊숙이 관여하게 되었다.

1348

exile

발음주의 [égzail]

동 추방하다 (= banish), 유배하다 명 추방; 망명(자)

01 The dictator was **exiled** from his home country.

1349

assassination

강세주의, 철자주의 [əsæsənéiʃən]

명 《주로 정치적 이유》 암살

02 The **assassination** of the president led to riots all across the country.

- assassinate 동 암살하다
- assassin 명 암살범

외교

1350

ambassador

발음주의 [æmbǽsədər]

↗ '대사(ambassador)'란 한 나라를 대표하여 다른 나라에서 외교를 하는 최고 직급을 말한다.

명 1. 대사 2. 대표, 사절

03 Mrs. Cameron, a respected diplomat, was selected as South Africa's **ambassador** to Korea. 모의응용
04 The model is an **ambassador** for a famous fashion brand.

1351

embassy*

[émbəsi]

명 대사관

05 The Ambassador will meet with foreign representatives at the **embassy**.

1352

diplomat*

강세주의 [dípləmæt]

명 외교관

06 **Diplomats** from six nations gathered to discuss the North Korean nuclear crisis.

- diplomacy 명 외교(술)
- diplomatic 형 외교의; 외교적 수완이 있는

---

01 그 독재자는 자신의 조국에서 **추방되었다.** 02 대통령의 **암살**은 전국에 걸친 폭동으로 이어졌다. 03 존경받는 외교관인 Cameron 여사는 주한 남아프리카 **대사**로 선발되었다. 04 그 모델은 유명 패션 브랜드의 **대표**이다. 05 그 대사는 **대사관**에서 외국 대표들과 만날 것이다. 06 6개국의 **외교관들**이 북핵 위기를 논의하기 위해 모였다.

1353

delegate

발음주의, 강세주의
몡[déligət] 동[déligèit]

몡 (집단의 의사를 대표하는) **대표자** (= representative), 사절 동 대표로 임명하다

01 The international conference was attended by **delegates** from 20 countries.

1354

counterpart **

[káuntərpà:rt]

몡 상대; 대응 관계에 있는 사람

02 The president of Korea will meet with his Chinese **counterpart** tomorrow.

1355

ally *

발음주의, 강세주의
몡[ǽlai] 동[əlái]

몡 동맹국, 연합국 동 동맹시키다

03 South Korea is an **ally** of the United States.

• **alliance** 몡 동맹, 연합

1356

treaty

[trí:ti]

몡 조약, 협정 《문서에 의한 국가 간의 합의》

04 Both countries in the conflict have agreed to the terms of the peace **treaty**.

정치·외교 관련 Appendix 491쪽

1357

summit *

[sʌ́mit]

몡 1. 정상 회담 2. 꼭대기, 정상

05 a **summit** of EU leaders
06 The **summit** was lost in clouds.

---

01 20개국의 **대표자들**이 그 국제회의에 참석했다. 02 대한민국의 대통령이 내일 중국의 **상대**(대통령 지위에 대응하는 사람)를 만날 것이다. 03 남한은 미국의 **동맹국**이다. 04 갈등 관계에 있던 양국 모두 평화 **조약**의 조항들에 동의했다. 05 유럽 연합 지도자들의 **정상 회담** 06 **꼭대기**는 구름에 가려 보이지 않았다.

1358
bar** [bɑːr]

barred-barred-barring

| 핵심 의미 | 막대기 |

1. 명 막대기 (모양의 것)

막대기 모양 판매대에 음식이 나오는 2. 명 술집, 바; (특정 음식, 음료를 파는) 전문점

막대기 모양 난간으로 자리가 나뉜 3. 명 변호사(직); 법정

앞을 가로막는 막대기 4. 명 장애(물) 동 막다, 금하다

※ 다음 각 문장에 쓰인 다의어의 의미를 위에서 찾아 그 번호를 (_____)에 쓰시오.

01 She passed the Massachusetts **bar** exam on her first try. (_____)

02 He used to just sit at a **bar**, drink a glass of wine, and listen to jazz. (_____)

03 They seized his passport and **barred** him from leaving the country. (_____)

1359
party** [pɑ́ːrti]

필수 다의어 2

| 핵심 의미 | 부분(part)으로 나누다 |

무리로 나누어진 사람들 1. 명 (공동의 목적을 가진) 일행, 단체

즐거움을 목적으로 나누어진 모임 2. 명 파티, 모임

정치적 목적으로 나누어진 모임 3. 명 (정치) 정당

계약, 법률관계로 나누어진 사람 4. 명 (계약) 당사자

※ 다음 각 문장에 쓰인 다의어의 의미를 위에서 찾아 그 번호를 (_____)에 쓰시오.

04 I'm going to hold a **party** to celebrate our wedding anniversary. (_____)

05 In the poll, 38.6% of the respondents answered that they supported the ruling **party**. 모의응용 (_____)

06 The theater gives a 5% discount to **parties** of teenagers. (_____)

07 The contract can be ended by either **party** with three months' notice. (_____)

01 그녀는 매사추세츠주 ³**변호사** 시험을 첫 시도에 통과했다. 02 그는 그저 ²**바**에 앉아 와인 한 잔을 마시며 재즈 음악을 듣곤 했다. 03 그들은 그의 여권을 압류하여 그가 그 나라를 떠나지 못하게 ⁴**막았다**. 04 나는 우리의 결혼기념일을 축하하기 위해 ²**파티**를 열 것이다. 05 여론 조사에서 응답자의 38.6퍼센트가 여³**당**을 지지한다고 대답했다. 06 그 극장은 청소년 ¹**단체**에게 5퍼센트 할인을 해 준다. 07 그 계약은 양 ⁴**당사자** 중 한쪽이 3개월 전에 통보하는 것으로 끝낼 수 있다.

1360
term** [təːrm]

핵심 의미 **한계, 끝**

시간적 한계	1. 명 기간(= period); 학기; 임기
의미의 한정	2. 명 용어, 말
계약을 한정하는 것	3. 명 조건, 조항
한정된 것 중 어느 하나의	4. 명 《주로 복수형》 관점, 면
둘 사이를 한정	5. 명 《주로 복수형》 관계, 사이

※ 다음 각 문장에 쓰인 다의어의 의미를 위에서 찾아 그 번호를 (____)에 쓰시오.

01 The car is great in **terms** of gas mileage, but it's not very comfortable. (_____)

02 I asked if he was still on friendly **terms** with my sister. (_____)

03 Permission marketing is a **term** meaning that the customer has agreed to receive marketing messages. 모의응용 (_____)

04 Under the **terms** of my work contract, I can have 15 days of vacation a year. (_____)

05 If we overeat regularly, it has serious long-**term** influences on our health. 모의응용 (_____)

◆ **in terms of** ~의 관점[면]에서

---

01 그 차는 연비 ⁴**면**에서 훌륭하지만, 별로 편안하지는 않다. 02 나는 그가 여전히 내 여동생과 친한 ⁵**사이**인지를 물었다. 03 허용 마케팅은 고객이 마케팅 메시지를 받는 데 동의했다는 것을 의미하는 ²**용어**이다. 04 내 근로 계약 ³**조건**에 따르면, 나는 일 년에 15일의 휴가 일수를 가질 수 있다. 05 만약 우리가 정기적으로 과식한다면, 그것은 우리의 건강에 심각한 장¹**기간**의 영향을 준다.

35 회사·법

회사 · 경영(management)

1361

corporation **

강세주의, 철자주의
[kɔ̀ːrpəréiʃən]

명 (큰 규모의) **기업, 회사**

01 The small company has grown into a giant **corporation** that employs thousands of people.

• corporate   형 기업의

1362

incorporate **

강세주의 [inkɔ́ːrpərèit]

동 1. (법인 회사를) **설립하다**   2. **포함하다**(= include)

02 The company was **incorporated** in the state of Washington in 1994.
03 This aircraft **incorporates** several new safety features.

• incorporation   명 1. 설립 2. 포함
• incorporated   형 법인의

1363

enterprise *

[éntərpràiz]

명 1. **기업, 회사**   2. (대규모) **사업**   3. **진취성**

04 She is the owner of an extremely successful **enterprise**.
05 Sending a man into space is a large-scale **enterprise**.
06 We're looking for young people with **enterprise** and creativity.

• enterprising   형 진취력이 있는
• entrepreneur   명 기업가, 사업가

1364

merge *

[məːrdʒ]

동 **합병하다; 합치다**(= combine)

07 They decided to **merge** the two companies into one because of the economic crisis.

cf. **affiliate** 제휴하다, 연계하다; 계열사

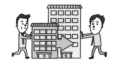

• merger   명 (조직, 사업체의) 합병

---

01 그 작은 회사는 수천 명의 직원을 고용하는 대규모의 **기업**으로 성장했다. 02 그 회사는 1994년 워싱턴주에서 **설립되었다**. 03 이 항공기는 여러 새로운 안전 기능을 **포함하고 있다**. 04 그녀는 매우 성공적인 **기업**의 대표이다. 05 인간을 우주로 보내는 것은 대규모 **사업**이다. 06 우리는 **진취성**과 창의성을 갖춘 젊은이들을 찾고 있다. 07 그들은 경제적 위기로 인해 두 회사를 하나로 **합병하기로** 결정했다.

1365

headquarters*

[hédkwɔ̀ːrtərz]

명 본사; 본부 (= head office)

01 Our company has its **headquarters** in Seoul, and major branches in Busan and Gwangju. 모의응용

1366

executive**

발음주의, 강세주의

[igzékjutiv]

명 1. 임원, 경영진 2. 《the -》 행정부 형 1. 경영의 2. 행정[집행]의

02 He is an important **executive** in a large multinational company and is extremely busy.

03 the **executive** department

cf. legislature 입법부

judiciary 사법부

◆ chief executive officer(CEO) 최고 경영자

• execute 동 1. 실행[수행]하다 (= carry out, implement) 2. 처형[사형]하다 (= put to death)

• execution 명 1. 실행, 수행 2. 처형, 사형

1367

subordinate

발음주의, 강세주의

형[səbɔ́ːrdənət]

동[səbɔ́ːrdənèit]

명 부하, 하급자 형 1. 하급의 (= inferior) 2. 부수적인, 부차적인 (= secondary)

동 ~보다 아래에 두다

sub(below) + **ordin**(order) + **ate**(형) → 아래 순서에 두는

04 The CEO was admired and respected by all his **subordinates**.

05 In this business, everything is **subordinate** to making a profit.

◆ be subordinate to ~의 하위에 있다; ~에 비해 부차적이다

주요 직위·직책명 Appendix 491쪽

1368

personnel**

강세주의, 철자주의

[pə̀ːrsənél]

명 (조직의) 인원, 직원들; 인사과 (= human resources)

06 All **personnel** must attend security education.

---

01 우리 회사는 서울에 **본사**가 있고, 부산과 광주에 주요 지사가 있다. 02 그는 큰 다국적 기업의 주요 **임원**이어서 매우 바쁘다. 03 행정부 04 그 최고 경영자는 모든 **하급자들**이 우러러보고 존경했다. 05 이 사업에서, 모든 것은 이익을 내는 것에 비해 **부차적인** 사항이다. 06 모든 **직원들**은 보안 교육에 참석해야 한다.

주요 직업명 Appendix 492쪽

1369

vocation

[voukéiʃən]

® 1. 천직, 직업 2. 소명 (의식), 사명감

01 It is important to choose the **vocation** that suits you best. 모의응용
02 Jane has a **vocation** for teaching.

• vocational ⑲ 직업의, 직업과 관련된

| 직업(job/work) |

occupation 《격식》 직업
career 직업; 경력
profession 전문직 《의사, 변호사 등》
calling 소명 (의식) 《남을 돕기 위해 일생동안 하는 일》

1370

recruit**

강세주의 [rikrúːt]

⑧ 모집하다, 뽑다(= employ, hire) ⑲ 신입사원, 신병

03 The firm plans to **recruit** new employees for the personnel department.

• recruitment ⑲ 채용, 신규 모집

1371

resume**

발음주의, 강세주의
⑲[rézumèi] ⑧[rizúːm]

⑲ 이력서(= résumé) ⑧ 다시 시작하다

04 To apply, please email your **resume** listing all your relevant work experience. 모의응용
05 He stopped to take a sip of water and then **resumed** speaking.

• resumption ⑲ 재개, 다시 시작함

1372

qualify**

강세주의 [kwáləfài]

⑧ 자격을 주다[얻다](↔ disqualify 자격을 박탈하다, 실격시키다)

06 If you pass the application review, you are **qualified** for the interviews.

• qualification ⑲ 자격(증)
• qualified ⑲ 자격(증)이 있는, 적임의(↔ disqualified 자격을 잃은, 실격된)

---

01 자신에게 가장 적합한 **직업**을 선택하는 것이 중요하다. 02 Jane은 가르치는 일에 대해 **소명 의식**을 갖고 있다. 03 그 회사는 새로운 인사부 직원을 **모집할** 계획이다. 04 지원을 하려면, 모든 관련 업무 경력을 열거한 **이력서**를 이메일로 보내주십시오. 05 그는 물을 한 모금 마시기 위해 멈췄다가 연설을 **다시 시작했다.** 06 서류전형을 통과한다면, 면접을 볼 **자격이 주어진다.**

1373
designate *
발음주의, 강세주의
[dézignèit]

동 1. 지정[지적]하다 2. (특정한 직책에) 지명하다 형 (직책에) 지명된

01 This area has been **designated** as a National Park.
02 The manager of each division is allowed to **designate** his successor.

cf. **inaugural** 취임(식)의; 첫

1374
resign *
발음주의 [rizáin]

동 사직하다, 사임하다

03 He **resigned** from the company in order to take a more challenging job.

◆ **resign oneself to A** (체념하여) A를 받아들이다

◆ **resignation** 명 1. 사직(서), 사임 2. 체념

Unit
35

회사 정책

1375
wage(s) **
[weidʒ, wéidʒəz]

명 (시간, 주 등의 단위로 받는) **임금, 급료**

04 Our company pays higher **wages** to experienced workers.

1376
incentive **
강세주의 [inséntiv]

명 우대책, 장려(금); 동기부여(= motivation)

05 We offer **incentives** to all employees.

> **| 일의 보상 |**
> **pay(check)** 급료 《가장 일반적으로 쓰이는 말》
> **salary** (특히 월 단위로 지급되는) 급여, 월급
> **payoff** 급료 지급(일)
> **earnings** 소득, 수입
> **pension** 연금
> **bonus** 보너스, 상여금; 덤

---

01 이 지역은 국립공원으로 **지정되었다.** 02 각 부서장은 자신의 후임자를 **지명하는** 것이 허용된다. 03 그는 더 도전적인 직업을 갖기 위해 그 회사에서 **사직했다.** 04 우리 회사는 경력직 직원에게 더 높은 **임금**을 지급한다. 05 우리는 모든 직원에게 **장려금**을 지급한다.

1377

confidential

발음주의, 강세주의

[kὰnfədénʃəl]

[형] 1. 기밀의, 비밀의 2. 신뢰받는, 신임하는

01 It is our policy to keep the personal information of our staff company **confidential**.

02 a **confidential** secretary

• confidentiality [명] 기밀, 비밀

1378

seal **

[siːl]

[명] 1. 직인, 도장 2. 바다표범 [동] 봉하다

03 The postal worker placed a **seal** on each item of mail.

04 **Seals** are faster than polar bears in open water. 모의응용

05 The company's confidential documents must be **sealed** and stamped.

법 일반

1379

justice **

[dʒʌ́stis]

[명] 1. 정의(正義); 공정, 정당성(↔ injustice 불평등, 부당성) 2. 사법, 재판(관)

06 Laws should be based on the principles of **justice**.

07 the criminal **justice** system

cf. charter 헌장, 선언문

decree 1. 법령 2. 판결

1380

authorize

[ɔ́ːθəràiz]

[동] 권한을 부여하다, 허가하다(= empower)

08 The government has **authorized** the army to sell its surplus weapons legally.

• authorization [명] 허가(증)

• authoritarian [형] 권위[독재]주의의 [명] 권위[독재]주의자

• authoritative [형] (정보 등이) 권위 있는; (태도 등이) 권위적인

---

01 직원의 개인 정보를 회사 **기밀**로 유지하는 것이 우리의 정책이다. **02** **신뢰받는** 비서 **03** 우체국 직원은 각각의 우편물에 **도장**을 찍었다. **04** 얼어붙지 않은 바다에서 **바다표범**은 북극곰보다 빠르다. **05** 회사의 기밀 서류는 반드시 **봉해진** 후 직인이 찍혀야만 한다. **06** 법은 **정의**의 원칙에 기반을 두어야 한다. **07** 형사 **사법** 제도 **08** 정부는 군대가 여분의 무기를 합법적으로 판매하도록 **권한을 부여했다.**

1381

sanction
발음주의 [sǽŋkʃən]

[명] 1. 허가, 승인 2. 제재; 처벌
[동] 1. 허가[승인]하다 2. 제재를 가하다

01 We need the **sanction** of Parliament to enact laws.
02 the **sanctions** against social misbehavior 수능응용

1382

oblige
발음주의, 강세주의
[əbláidʒ]

[동] 의무적으로 ~하게 하다; 강요하다(= obligate)

03 The labor law specifies that employers are legally **obliged** to pay the minimum wage.

◆ **be obliged to-v** v해야만 한다

• obligation [명] 의무(= duty)
• obligatory [형] 의무적인

1383

ban **
banned-banned-banning
[bæn]

[동] (공식적으로) 금지하다(↔ permit 허락하다) [명] 금지

04 He's been **banned** from driving for a year because of drunk driving.

◆ **ban A from v-ing** A가 v하는 것을 금지하다

1384

prohibit **
강세주의 [prouhíbit]

[동] (법률, 권한에 따라) 금지하다(= ban)

05 New security regulations **prohibit** passengers from leaving their seats during takeoffs and landings. 모의응용

◆ **prohibit A from v-ing** A가 v하는 것을 금지하다

• prohibition [명] 금지(법)

1385

condemn
강세주의, 철자주의
[kəndém]

[동] 1. 비난하다, 규탄하다(= criticize) 2. 선고를 내리다

06 The politician has been **condemned** for violating election laws.
07 He was found guilty and **condemned** to death.

---

01 법을 제정하기 위해서는 의회의 **승인**이 필요하다. 02 사회적 부정행위에 대한 **제재** 03 노동법은 고용주들이 법률상 **의무적으로** 최저 임금을 지급**해야 한다**고 명시한다. 04 그는 음주운전으로 1년 동안 운전이 **금지되었다**. 05 새로운 안전 규정은 이륙과 착륙 시 승객들이 자리를 떠나는 것을 **금지한다**. 06 그 정치인은 선거법을 위반한 것으로 **비난받아** 왔다. 07 그는 유죄로 판결되어 사형을 **선고받았다**.

legislate

강세주의 [lédʒislèit]

⑧ 입법하다, 법률을 제정하다(= enact)

01 The government promised to **legislate** to protect people's right to privacy.

• legislation ⑨ 입법, 법률 제정

---

legalize

[líːɡəlàiz]

⑧ 합법화하다

02 Casino gambling was **legalized** in several cities to attract tourists.

• legalization ⑨ 합법화

---

amend

[əménd]

⑧ (법안 등을) 개정하다, 고치다

03 Congress has **amended** the law to prevent discrimination based on race.

• amendment ⑨ 개정, 수정(안)

---

abolish *

[əbáliʃ]

⑧ (법, 제도 등을) 폐지하다

04 Some countries have **abolished** the death penalty to protect human rights.

• abolishment ⑨ 폐지(= abolition)

---

copyright *

[kápiràit]

⑨ 저작권, 판권

05 The court case was brought to decide who holds the **copyright** of the book.

---

01 정부는 국민의 사생활에 대한 권리를 보호하기 위해 **법률을 제정할** 것을 약속했다. 02 카지노 도박은 관광객을 끌어들이기 위해 몇몇 도시에서 **합법화 되었다.** 03 의회는 인종에 따른 차별을 막기 위해 법률을 **개정했다.** 04 몇몇 나라는 인권을 보호하기 위해 사형 제도를 **폐지했다.** 05 그 법정 소송 사건은 누가 그 책의 **저작권을** 가지는지를 가리기 위해 제기되었다.

1391

patent **

발음주의 [pǽtənt]

명 특허(권) 통 특허를 받다

01 **Patent** law describes the processes of granting and enforcing **patents** to protect intellectual property.

준수 • 위반

1392

uphold

upheld-upheld
강세주의 [ʌphóuld]

통 1. (법, 제도 등을) 지키다; 지지[유지]하다 2. (판결 등을) 확인하다; 인정하다

02 We have a duty to **uphold** the law.
03 The Supreme Court judge **upheld** the County Court's decision.

1393

legitimate *

발음주의, 강세주의
[lidʒítəmət]

형 1. 법률(상)의; 합법적인(= legal) 2. 정당한, 타당한

04 Their business operations are perfectly **legitimate**.
05 You must have a **legitimate** excuse for missing an exam.

1394

comply

강세주의 [kəmplái]

통 (법, 명령 등을) 준수하다, 따르다

06 If you don't **comply** with the traffic rules, you will be fined.

1395

violate *

강세주의 [váiəlèit]

통 위반하다(= disobey)(↔ observe 준수하다); 침해하다

07 Young drivers tend to **violate** basic traffic laws more often, such as those regarding speeding. 모의응용

• violation 명 위반(↔ observance 준수); 침해

---

01 특허법은 지적 재산권을 보호하기 위해 **특허**를 승인하고 시행하는 절차를 서술한다. 02 우리는 법을 **지킬** 의무가 있다. 03 대법원 판사는 지방 법원의 판결을 **인정했다**. 04 그들의 사업 운영은 완전히 **합법적이다**. 05 시험을 치르지 않은 것에 대한 **정당한** 사유가 있어야 한다. 06 교통 법규를 **따르지** 않는다면, 벌금이 부과될 것이다. 07 젊은 운전자들은 속도위반과 같은 기본적인 교통법규를 더 자주 **위반하는** 경향이 있다.

1396

infringe

[infrínʤ]

동 (법률 등을) **위반하다**; (법적 권리를) **침해하다**

01 People who **infringe** on copyright can be taken to court. 수능응용

• infringement 명 (법규) 위반; (특허권 등의) 침해

1397

liable

[láiəbl]

형 1. 법적 책임이 있는 2. ~하기 쉬운(= likely)

02 Reckless drivers are **liable** for heavy fines.
03 You're more **liable** to injury when you don't get regular exercise.

• **be liable to-v** v하기 쉬운, v할 것 같은

• liability 명 법적 책임

1398

apply** [əplái]

필수 다의어 1

핵심 의미 **~에 포개다**

(일자리, 대학 등에 포개어) 대다	1. 동 **지원하다, 신청하다**
특정 대상에 포개어 대다	2. 동 **적용하다, 응용하다**
화장품, 페인트 등을 적용하다	3. 동 **바르다**

※ 다음 각 문장에 쓰인 다의어의 의미를 위에서 찾아 그 번호를 (_____)에 쓰시오.

04 They **apply** what they learned in school to their everyday lives. (_____)
05 Ancient Egyptian men **applied** various cosmetics to their skin. 모의응용 (_____)
06 I **applied** to be a volunteer guide to help foreigners during the film festival. 모의응용 (_____)

• **apply for [to]** ~에 지원하다, 신청하다

• **apply A to B** A를 B에 적용하다[바르다]

• application 명 1. 지원(서), 신청(서) 2. 적용, 응용 3. (약 등을) 바름, 도포
• applicant 명 지원자
• appliance 명 (특히 가정용) 기기
• applicable 형 적용할 수 있는, 해당하는

---

01 저작권을 **침해하는** 사람은 법정에 소환될 수 있다. 02 난폭 운전자들은 과중한 벌금을 낼 **법적 책임이** 있다. 03 규칙적인 운동을 하지 않으면 다치기 더 **쉽다.** 04 그들은 학교에서 배운 것을 일상생활에 ²**적용한다.** 05 고대 이집트 남성들은 피부에 다양한 화장품을 ³**발랐다.** 06 나는 영화제에서 외국인들을 돕는 자원봉사자 안내원으로 ¹**지원했다.**

1399

promote ** 강세주의 [prəmóut]

pro(forward)+**mote**(move) → 앞으로 움직이다

핵심 의미 **앞으로 움직이다**

앞으로 나아가도록	1. 동 촉진하다, 장려하다(= encourage)
판매를 촉진하기 위해	2. 동 홍보하다
직급을 앞으로 이동시켜	3. 동 승진[진급]시키다

※ 다음 각 문장에 쓰인 다의어의 의미를 위에서 찾아 그 번호를 (____)에 쓰시오.

01 A bike lane helps **promote** an orderly flow of traffic. 모의응용 (_____)

02 She was continually **promoted** because she was getting far more done than anyone else. 모의응용
(_____)

03 A drink company handed out free samples of an energy drink to **promote** it. 모의응용 (_____)

* **promotion** — 명 1. 촉진 2. 홍보 3. 승진
* **promotional** — 형 홍보의

1400

project ** 발음주의, 강세주의 명[prάdʒekt] 동[prədʒékt]

pro(forward)+**ject**(throw) → 앞으로 던지다

핵심 의미 **앞으로 던지다**

앞에 던져진 일	1. 명 과제; 계획 동 계획하다
앞을 내다보다	2. 동 예상하다, 추정하다(= forecast, estimate)
빛, 영상 등을 앞으로 던지다	3. 동 비추다, 투영하다

※ 다음 각 문장에 쓰인 다의어의 의미를 위에서 찾아 그 번호를 (____)에 쓰시오.

04 We don't have a screen, but we can **project** the slides onto the back wall. (_____)

05 School officials are **projecting** a rise in student numbers next semester. (_____)

06 Sue and Judy have been working on a **project** together for their history class. 모의응용 (_____)

◆ **be projected to-v** v할 것으로 예상[추정]되다

* **projection** — 명 1. 예상, 추정 2. 투영
* **projector** — 명 프로젝터, 영사기

---

01 자전거 전용도로는 질서정연한 교통흐름을 ¹**촉진하도록** 도와준다. **02** 그녀는 다른 누구보다 훨씬 더 많은 것을 완수하고 있었기 때문에 계속해서
³**승진했다.** **03** 한 음료 회사가 에너지 음료를 ²**홍보하기** 위해 무료 샘플을 나눠주었다. **04** 우리는 스크린이 없지만, 뒷벽에 슬라이드를 ³**비출** 수 있다. **05** 학교
관계자들은 다음 학기에 학생 수가 늘 것으로 ²**예상하고** 있다. **06** Sue와 Judy는 역사 수업 ¹**과제**를 함께 해 오고 있다.

⚡ 각각의 주어진 문맥과 1~3의 의미 추론 과정을 통해, 굵게 표시된 단어의 의미를 추론해 보세요.

01 abort

It is rather unusual for many companies to **abort** a project. Even when a project can no longer be rescued, they often follow through with it to completion no matter the cost.

1 품사 ☐ 동 ☐ 형 ☐ 명 ☐ 부

2 문맥 회사들은 프로젝트를 _____ 않고 끝까지 이행하는 경우가 자주 있다.

02 admonish

The judge **admonished** the jury that the "verdict must be based solely on the evidence in the case" and that any sympathy the jury may feel for any party may not influence their verdict.

1 품사 ☐ 동 ☐ 형 ☐ 명 ☐ 부

2 문맥 재판관은 배심원들에게 평결이 소송의 증거에 의거해야만 한다는 것을 _____.

03 appease

Concerns worsened over the large trade deficit. In such circumstances, the prospect of using specific trade remedies to **appease** those concerned is inevitable.

1 품사 ☐ 동 ☐ 형 ☐ 명 ☐ 부

2 문맥 막대한 무역 적자에 대한 우려가 심화되어, 우려하는 사람들을 _____ 위한 치유책이 사용될 것이다.

3 분석 ap+pease(평화)

04 austerity

The global recession that began in 2008 has not gone away. Consumers are coming to terms with the fact that the days of increasing affluence may be over. Many of them are already adapting their lives to this **austerity** and adjusting their spending accordingly.

1 품사 ☐ 동 ☐ 형 ☐ 명 ☐ 부

2 문맥 세계적 불황에 따라 부의 증대가 끝난 것일지도 모른다는 생각에, 소비자들은 _____ 의 생활을 하고 있다.

01 동, 중단시키지 02 동, 충고했다 03 동, 달래기 04 명, 내핍 상태

abort
[əbɔ́ːrt]

동 1. 유산하다 2. (일을) 중단시키다(= halt)

01 The virus can cause pregnant animals to **abort**.
02 We had no option but to **abort** the mission.

- abortion 명 1. 유산 2. 중단, 불발
- abortive 형 (일이) 무산된

admonish
[ædmániʃ]

동 꾸짖다(= scold); (강력히) 충고하다

03 The teacher **admonished** him about excessive noise.

- admonition 명 책망; (강한) 충고

appease
[əpíːz]

동 달래다, 진정시키다(= pacify)

ap(to) + **pease**(peace) → ~에게 평화를 가져다주다

04 She claimed that the government had only changed the law in order to **appease** their critics.

- appeasement 명 달램, 진정

austerity
[ɔːstérəti]

명 1. 내핍 상태 《물자가 없는 것을 참고 견딤》; 긴축 2. 금욕적임; 엄격함

05 the **austerity** which follows a war

- austere 형 1. 소박한 2. 금욕적인; 근엄한

---

01 그 바이러스는 임신한 동물이 **유산하도록** 할 수 있다. 02 우리는 그 임무를 **중단시킬** 수밖에 없었다. 03 선생님은 지나치게 시끄럽다고 그를 **꾸짖었다.**
04 그녀는 정부가 비판자들을 **진정시키기** 위해서 그 법을 바꾸었을 뿐이라고 주장했다. 05 전쟁 뒤에 이어지는 **내핍 상태**

05 bizarre

Whether an animal can feel anything resembling the loneliness humans feel is hard to say. However, highly social animals, such as certain types of parrot, seem to be adversely affected when kept alone. Some parrots will engage in **bizarre** behaviors and can severely harm themselves. 모의응용

1 품사 □동 □형 □명 □부

2 문맥 고도로 사회적인 동물을 계속 혼자 내버려 두면 악영향을 받아 _____ 행동을 하고 자해를 할 수 있다.

06 deflect

Mr. Paladino is running for governor in New York. He has endured a series of embarrassing episodes, including the revelation that he forwarded e-mails to friends that included racist comments. To help **deflect** criticism over his past, he hired a campaign manager who specializes in crisis management.

1 품사 □동 □형 □명 □부

2 문맥 주지사 입후보자가 자신의 당황스러운 과거 행적에 대한 비난을 _____ 위해 선거 사무장을 고용했다.

3 분석 de+flect(구부리다, 돌리다)

07 perpetual

Brittney is a writer and traveler. She is also a recovered worrier. After spending 6 years in a **perpetual** state of worry, she overcame panic and constant anxiety through self-designed tools, meditation, and world travel.

1 품사 □동 □형 □명 □부

2 문맥 _____ 걱정으로 6년을 보낸 뒤, 공포와 계속되는 불안을 극복했다.

08 requisite

Hiring the right people who fit in with corporate culture but also have the **requisite** skills and experience needed for the job can be a challenge. So, you should do your best to optimize your job posting with the type of information that will attract a desired candidate.

1 품사 □동 □형 □명 □부

2 문맥 적합한 인재들은 그 직종에서의 _____ 기량과 경험을 갖추고 기업 문화에 맞는 사람들이다.

09 strenuous

The economy is at a critical point. The fact that our efforts to end the economic crisis have been recognized doesn't mean we can relax. It means more **strenuous** effort is needed to fully repair the economy.

1 품사 □동 □형 □명 □부

2 문맥 경제 위기 종식을 위한 노력이 인정받아 왔음에도 안심하지 말고 더 _____ 노력을 해야 한다.

---

05 형, 기이한   06 동, 피하기   07 형, 끊임없는   08 형, 필수적인   09 형, 불굴의

bizarre

발음주의, 철자주의
[bizá:r]

형 기이한, 특이한 (= odd)

01 My grandparents think wearing a lip piercing is a **bizarre** behavior.

deflect

[diflékt]

동 1. 방향을 바꾸다 2. (관심 등을) 피하다; 빗나가게 하다

de(away) + **flect**(bend, turn) → 방향을 돌리다

02 The ball **deflected** off the goalkeeper's shoulder into the goal.
03 The government is trying to **deflect** attention from the troubled economy.

perpetual

[pərpétʃuəl]

형 1. 영속하는 (= permanent, endless) 2. 끊임없는

04 **perpetual** snow
05 I couldn't study with the **perpetual** interruptions.

- **perpetuate** 동 영속시키다
- **perpetuity** 명 영속

requisite

[rékwəzit]

형 필요한, 필수의 (= essential, necessary)

06 the **requisite** skills of an engineer

- **requisition** 명 요구, 요청

strenuous

[strénjuəs]

형 1. 몹시 힘든, 격렬한 2. 불굴의

07 Avoid **strenuous** exercise in the evening or immediately after a meal.
08 Some companies are making **strenuous** efforts to increase the proportion of women.

01 나의 조부모님은 입술 피어싱을 **기이한** 행동으로 보신다. 02 공은 골키퍼의 어깨에 맞고 **방향을 바꾸어** 골이 되었다. 03 정부는 침체된 경제로부터 주의를 **돌리게 하려고** 노력 중이다. 04 만년설 05 나는 **끊임없는** 방해로 공부할 수가 없었다. 06 엔지니어가 가져야 할 **필수적인** 기술 07 저녁에나 식사 직후에는 **격렬한** 운동을 피하라. 08 몇몇 회사들은 여성의 비율을 높이기 위해 **불굴의** 노력을 하고 있다.

07

테마로 외우는 어휘 III
사회 ②

How to infer the meanings of words
from their context

실전에 강해지는 훈련 ⑤

범죄

1401

offense / offence
[əféns]

명 1. 범죄; 범법 2. 불쾌하게 하는 것 3. 《스포츠》 공격(법)

01 The woman was punished for committing the **offense**.
02 I have taken **offense** to the rude reply, and I asked for an apology.
03 After months of intensive training, the player's defense as well as **offense** improved.

- **offend** 동 1. 불쾌하게 하다 2. (도덕 등에) 어긋나다; 위반하다
- **offender** 명 범죄자
- **offensive** 형 불쾌한

1402

wrongdoing
[rɔ́ŋdùiŋ]

명 범법[부정] 행위; 비행

04 He was almost expelled from school for **wrongdoing**.

1403

fraud
발음주의 [frɔːd]

명 사기(꾼), 속임(= deception)

05 It is **fraud** to knowingly make false claims about a product to increase sales. 모의응용

1404

villain
[vílən]

명 (연극, 이야기 등의) 악역; 나쁜 사람, 악인

06 An actor known for his charismatic performances usually plays the **villain**.

---

01 그 여성은 **범죄**를 저지른 것에 대한 처벌을 받았다. **02** 나는 무례한 대답에 **불쾌감**을 느꼈고, 사과를 요청했다. **03** 몇 달간의 강도 높은 훈련 후에, 선수들의 **공격법**뿐 아니라 수비력도 향상되었다. **04** 그는 **비행**을 저질러 학교에서 퇴학당할 뻔했다. **05** 판매를 증가시키기 위해 상품에 대해 고의로 거짓된 주장을 하는 것은 **사기**이다. **06** 카리스마 있는 연기로 유명한 배우는 보통 **악역**을 맡는다.

bribe

[braib]

명 뇌물 동 뇌물을 주다, 매수하다

01 It is illegal to offer a **bribe** to government employees.

• bribery 명 뇌물 수수(收受), 뇌물을 받음

---

rob *

robbed-robbed-robbing
[rɑb]

동 도둑질하다, 강탈하다

02 The pickpocket **robbed** the lady of her purse.

• **rob A of B** A에게서 B를 빼앗아가다

• robbery 명 강도질, 도둑질
• robber 명 강도

| 절도 |

pickpocket 소매치기
burglary 주거 침입 강도
shoplifting 가게 좀도둑질

---

pirate

[páiərət]

명 1. 해적 2. 저작권 침해자, 표절자 동 표절하다, 저작권을 침해하다

03 While the general was on route to Spain, **pirates** robbed him of all his possessions. 수능응용
04 The revenue earned by software programs is at risk from **pirates**.

---

forge

[fɔːrdʒ]

동 1. 위조[날조]하다, 꾸며내다 2. 만들어내다, 구축하다

05 Someone **forged** my signature, so I should have just called the police right away.
06 Members of the tribe **forge** their identities through dance and rituals.

모의응용

---

01 공무원들에게 **뇌물**을 제공하는 것은 불법이다. 02 소매치기는 그 여성에게서 지갑을 **도둑질했다**. 03 그 장군이 스페인으로 항해하는 동안, **해적들**이 그에게서 모든 소지품을 빼앗아갔다. 04 소프트웨어 프로그램에서 얻는 수익은 **저작권 침해자들**에 의해 위험한 상황에 놓여있다. 05 누군가 내 서명을 **위조해서**, 나는 바로 경찰에 전화했어야 했다. 06 그 부족의 일원들은 춤과 의식을 통해 일체감을 **구축한다**.

1409

falsify
강세주의 [fɔ́:lsəfài]

동 (문서 등을) **위조하다, 조작하다**

    fals(e)(가짜의)+**ify**(동) → 가짜를 만들다

    01 The thief **falsified** a passport to flee abroad.

1410

fabricate
[fǽbrikèit]

동 1. (거짓 정보를) **날조하다, 조작하다** 2. **만들다, 조립하다**

    02 The criminal was accused of **fabricating** the evidence at the scene.
    03 Only a master sculptor could design and **fabricate** such a detailed statue.

• fabrication 명 1. 꾸며낸 것, 위조(물) 2. 제조, 조립

1411

menace
발음주의 [ménis]

명 **위협, 협박**(=threat) 동 **위협하다**

    04 The robbers broke into the bank and demanded money with **menace**.

1412

hostage
발음주의 [hάstidʒ]

명 **인질, 볼모**

    05 The robbers exchanged the **hostages** for money.

> | 기타 범죄 |
>
> **trespass** 무단침입(하다)
> **kidnap** 유괴하다, 납치하다
> **gamble** 도박(을 하다)
> **hijack** (차량, 비행기 등을) 납치하다
> **murder** 살인(죄); 살해하다
> **blackmail** 갈취(하다), 공갈(하다)

---

01 그 도둑은 해외로 도주하기 위해 여권을 **위조했다.** 02 범인은 현장에서 증거를 **조작했다**는 혐의를 받았다. 03 명인 조각가만이 그렇게 정교한 조각상을 디자인하고 **만들** 수 있었다. 04 강도들이 은행에 침입해 **위협**하며 돈을 요구했다. 05 강도들은 **인질들**을 돈과 교환했다.

1413

confederate

발음주의, 강세주의
형[kənfédərət]
동[kənfédərèit]

몡 1. 공범, 공모자 2. 동맹[연합]국 동 동맹하다 혭 동맹의, 연합한

01 Even though they strongly denied it, the evidence indicates that they are **confederates** in this crime.
02 England and France were **confederates** in World War II.

고소 · 청원

1414

sue **

[suː]

동 고소하다, 소송을 제기하다

03 The company was **sued** by its customers for violating contracts.

1415

lawsuit

[lɔ́ːsùːt]

몡 소송, 고소(= case, suit)

04 A **lawsuit** concerns a dispute between two people or organizations.

1416

defendant

강세주의 [diféndənt]

몡 《법률》 피고 《소송을 당한 사람》

05 The **defendant** tried to claim that it was self-defence.

cf. plaintiff 원고, 고소인

1417

attorney

강세주의 [ətə́ːrni]

몡 변호사(= lawyer); (특히 법률문제의) 대리인

06 A public **attorney** was chosen to represent Amy.

---

01 비록 그들은 강하게 부인했지만, 그 증거는 그들이 이 범죄의 **공범**임을 나타낸다. **02** 제2차 세계 대전에서 영국과 프랑스는 **동맹국**이었다. **03** 그 회사는 계약을 위반해서 고객들에게 **소송을 당했다**. **04** 소송은 두 사람이나 단체 간의 분쟁에 관한 것이다. **05** 그 **피고**는 그것이 정당방위였다고 주장하려 노력했다. **06** 국선**변호사**가 Amy를 변호하기 위해 선임되었다.

petition
1418

강세주의 [pətíʃən]

명 (법원에 법률적 처리를 요청하는) 청원(서), 탄원(서) 동 청원[탄원]하다

01 Local residents drew up.a **petition** to protest the hospital closure.

체포 · 소환

---

patrol *
1419

강세주의 [pətróul]

명 순찰(대) 동 순찰을 돌다

02 Police officers are **patrolling** the town as often as possible to help people in need. 모의응용

cf. cop 경찰관

---

apprehend
1420

강세주의 [æ̀prihénd]

동 1. 체포하다(= arrest) 2. 이해하다, 파악하다

ap(to) + **prehend(ere)**(seize) → ~로 붙잡다

03 After a warrant was issued, the police **apprehended** the suspect.
04 It took years for me to **apprehend** the concepts in his writings.

---

summon *
1421

[sʌ́mən]

동 소환하다, 호출하다

05 Anyone who is **summoned** must arrive at court by nine o'clock in the morning. 모의응용

• summons 명 소환(장), 호출

조사 · 기소

---

scrutiny
1422

발음주의 [skrúːtəni]

명 정밀 조사, 철저한 검토

06 Careful **scrutiny** of the scene of an accident can reveal much evidence.

---

01 지역 주민들은 병원 폐쇄에 항의하기 위해 **탄원서**를 작성했다. 02 경찰관들은 어려움에 처한 사람들을 돕기 위해 가능한 한 자주 그 마을을 **순찰하고** 있다. 03 영장이 발부된 후, 경찰은 용의자를 **체포했다.** 04 나는 그가 쓴 글의 개념을 **이해하는** 데 몇 년이 걸렸다. 05 **소환된** 사람은 오전 9시까지 법정에 반드시 도착해야 한다. 06 사고 현장에 대한 주의 깊은 **정밀 조사**는 많은 증거를 드러낼 수 있다.

1423

surveillance

[sərvéiləns]

명 (용의자, 죄수의) 감시

01 The suspects were under continuous **surveillance** by the police day and night.

1424

interrogate

강세주의 [intérəgèit]

동 심문하다; 질문하다

inter(between) + **rog**(ask) + **ate**(동) → 사이에서 묻다

02 The police **interrogated** the suspect for several hours.

1425

torture

발음주의 [tɔ́ːrtʃər]

명 고문; 심한 고통 동 고문하다, 괴롭히다

03 His statements were made under **torture**.

• torturous 형 고문의; 고통스러운

1426

confess **

강세주의 [kənfés]

동 1. (죄, 잘못을) 자백하다, 인정하다(= admit, acknowledge) 2. 고백하다

04 After hours of questioning, the suspect **confessed**.
05 I **confessed** to her that I had broken her favorite vase.

• confession 명 1. 자백, 인정 2. 고백

1427

prosecute

발음주의, 강세주의
[prásikjùːt]

동 기소하다, 공소를 제기하다 《검사가 범죄임을 인지하여 법원에 정식 재판을 청구함》

06 DNA from crime scenes is now commonly used to **prosecute** criminals. 모의응용

• prosecutor 명 검사 《공소를 제기하여 재판을 집행하는 사람》

---

01 용의자들은 밤낮으로 계속해서 경찰에게 **감시**받았다. 02 경찰은 그 용의자를 몇 시간 동안 **심문했다**. 03 그의 진술은 **고문**을 받고 한 것이었다. 04 몇 시간의 심문 이후, 용의자는 **자백했다**. 05 나는 그녀가 가장 좋아하는 화병을 깨뜨렸다고 **고백했다**. 06 범죄 현장에서 발견된 DNA는 이제 범죄자를 **기소하는** 데 흔히 사용된다.

1428
plead
pleaded/pled-pleaded/pled
[pliːd]

[동] 1. (피고가 재판에서 자신의 유무죄를) **주장하다** 2. **변호하다**

3. **애원하다, 간청하다**(= beg)

01 to **plead** not guilty
02 They hired a top lawyer to **plead** their case.
03 He **pleaded** to be allowed to see his son one more time.

• plea [명] 1. 주장 2. 변호 3. 애원, 간청

1429
testify
강세주의 [téstəfài]

[동] 1. (법정에서) **증언하다, 진술하다** 2. **증명하다**

04 The witness **testified** about what he saw of the accident at the trial.
05 These statistics **testify** that the program is working well.

• testimony [명] 1. 증언 2. 증명

1430
jury *
발음주의 [dʒúri]

[명] **배심원(단); 심사위원단**

미국은 배심원제도(The Jury System)를 통해 12명의 일반인들이 법정에서 사건에 대한 평결을 한다. 우리나라도 '국민참여재판'이라는 이름으로 배심원제도가 일부 시행되고 있다.

06 He was judged innocent by a **jury** of twelve citizens.

• juror [명] (한 사람의) 배심원

1431
verdict
[vɜ́ːrdikt]

[명] 1. (배심원단의) **평결** 2. **의견, 결정**

ve(i)r(true) + **dict**(saying) → 진실을 말하는 것 → 유무죄를 말하는 것

07 The jury reached a guilty **verdict**.
08 What's your **verdict** on her new book?

1432
innocence
[ínəsəns]

[명] 1. **무죄, 결백**(↔ guilt 유죄) 2. **순진, 천진난만**

09 The new evidence proved that she had truthfully protested her **innocence**.
10 Most people lose their **innocence** as they grow older.

• innocent [형] 1. 무죄인, 결백한(↔ guilty 유죄인) 2. 순진한, 천진난만한

---

01 무죄를 **주장하다** **02** 그들은 자신들의 사건을 **변호할** 최고의 변호사를 고용했다. **03** 그는 자기 아들을 한 번 더 보게 해 달라고 **애원했다**. **04** 증인은 그 사고에 대해 자신이 본 것을 재판에서 **증언했다**. **05** 이 통계는 그 프로그램이 잘 작동하고 있다는 것을 **증명한다**. **06** 그는 12명의 시민들로 구성된 **배심원단에** 의해 무죄로 판결 받았다. **07** 배심원단은 유죄 **평결을** 내렸다. **08** 그녀의 새 책에 대한 네 **의견**은 어때? **09** 새로운 증거가 그녀가 정직하게 자신의 **무죄를** 주장했음을 증명했다. **10** 대부분의 사람들이 나이가 들면서 **천진난만함을** 잃는다.

1433

convict

강세주의 [kənvíkt]

[동] 유죄를 선고하다[입증하다]

01 Two men were arrested and **convicted** of stealing sheep. 모의응용

• conviction [명] 1. 유죄 선고[판결] 2. 확신, 신념

1434

punishment *

[pʌ́niʃmənt]

[명] 처벌, 벌

punish(처벌하다)+ment(명) → 처벌하는 것

02 Criminals sometimes perform community service as part of their **punishment**.

◆ **capital punishment** 사형

• punish [동] 처벌하다, 벌주다

1435

penalty **

[pénəlti]

[명] 1. 형벌, 처벌(= punishment); 벌금(= fine, forfeit) 2. 불이익

03 The maximum **penalty** for the offence is 2 years in jail.
04 One of the **penalties** of fame is loss of privacy.

◆ **pay the penalty (for)** (~에 대한) 대가를 치르다

• penalize [동] 1. 처벌하다; 벌칙을 적용하다 2. 불리하게 하다

1436

imprison

발음주의 [imprízən]

[동] 투옥하다, 감금하다

im(in)+prison → 감옥 안에 넣다

05 He was **imprisoned** three times for his illegal actions.

cf. **amnesty** 사면(하다), 특별 사면

• imprisonment [명] 투옥, 감금

---

01 두 남자가 체포되었고 양을 훔친 것에 대해 **유죄를 선고받았다**. **02** 범죄자들은 때때로 **처벌**의 한 부분으로서 사회봉사 활동을 한다. **03** 그 범죄의 최고 **형벌**은 2년의 징역형이다. **04** 명성으로 인한 **불이익** 중 한 가지는 사생활이 없어지는 것이다. **05** 그는 자신의 불법적 행동으로 세 차례 **투옥되었다**.

1437

commit ** 강세주의 [kəmít]

committed-committed-committing

핵심 의미   맡기다, 끼워 맞추다

(자신을) 죄, 과실 등에	1. 동 (범죄 등을) **저지르다**
	2. 동 **약속하다** (= promise)
(자신을) 어떤 일에	3. 동 **전념하다, 헌신하다**

※ 다음 각 문장에 쓰인 다의어의 의미를 위에서 찾아 그 번호를 (_____)에 쓰시오.

01 Representatives of both nations finally **committed** themselves to settling the dispute peacefully.

(_____)

02 She **committed** herself to the care of her little son. (_____)

03 Statements given to the police by witnesses are used to track down those who **commit** crimes.

모의응용 (_____)

◆ **commit oneself to** ~를 약속하다; ~에 전념[헌신]하다

◆ **commit A to memory** A를 마음에 새기다, 암기하다

• **commitment**   명 1. 약속 2. 전념, 헌신 3. 의무, 책임

1438

attribute ** 발음주의, 강세주의 동[ətríbjuːt] 명[金tribjùːt]

핵심 의미   원인을 ~로 보다

	1. 동 (~의) **탓[덕]으로 보다** (= ascribe)
작품 등의 저작권을 ~로 보다	2. 동 (~의) **것이라고 하다**
성질 등의 원인을 ~로 보다	3. 동 (성질 등이) **있다고 생각하다**
결과물의 원인	4. 명 **속성, 자질** (= quality)

※ 다음 각 문장에 쓰인 다의어의 의미를 위에서 찾아 그 번호를 (_____)에 쓰시오.

04 The shoplifting incidents last week were **attributed** to two thieves. (_____)

05 Useful **attributes** like experience or understanding increase with age. 모의응용 (_____)

06 a play **attributed** to Shakespeare (_____)

07 The ancient people **attributed** magical powers to the stones. (_____)

◆ **attribute A to B** A를 B의 탓[덕]으로 보다

---

01 두 나라의 내표는 그 분쟁을 평화롭게 해결하기로 마침내 ²**약속했다**. 02 그녀는 어린 아들을 돌보는 데 ³**헌신했다**. 03 증인에 의해 경찰에게 제공된 진술은 범죄를 ¹**저지른** 사람들을 찾아내는 데 사용된다. 04 지난주에 있었던 절도 사건은 두 도둑 ¹**탓으로 보인다**. 05 경험이나 이해심 같은 유용한 ⁴**자질**은 나이와 함께 증가한다. 06 셰익스피어²**의 것으로 여겨지는** 희곡 07 고대 사람들은 돌에 마술적인 힘이 ³**있다고 생각했다**.

resolve** [rizálv]

re(back; 강조) + solve(loosen) → 느슨하게 풀다

핵심 의미 **분해하다**

	1. 동 분해하다
문제를 분해하여	2. 동 (문제 등을) 풀다, 해결하다 (= solve)
문제가 해결되어	3. 동 결심하다; 결의하다 명 결심; 결의

※ 다음 각 문장에 쓰인 다의어의 의미를 위에서 찾아 그 번호를 (_____)에 쓰시오.

01 After he had the accident, he **resolved** never to drive fast again. (_____)

02 Working for an online shopping mall, Lydia helps **resolve** customer complaints. ᵉᵇˢ응용 (_____)

03 The scientists **resolve** water into oxygen and hydrogen. (_____)

• resolution 　　　 명 1. 해결 2. 결심; 결의

release** 강세주의 [rilí:s]

핵심 의미 **풀어주다, 되돌려주다**

죄수를	1. 동 석방하다 (= set free) 명 석방
정보, 영화, 음반 등을	2. 동 발매하다, 개봉하다 명 발매, 개봉
물질을	3. 동 방출하다, 내뿜다 명 방출

※ 다음 각 문장에 쓰인 다의어의 의미를 위에서 찾아 그 번호를 (_____)에 쓰시오.

04 the **release** of carbon dioxide into the atmosphere (_____)

05 The government announced that the prisoners would be **released**. (_____)

06 The famous director's new movie will be **released** on Christmas Day. (_____)

---

01 교통사고를 낸 이후, 그는 다시는 과속 운전을 하지 않겠다고 ³**결심했다**. **02** 온라인 쇼핑몰에서 일하며, Lydia는 고객 불만을 ²**해결하는 것을** 돕는다. **03** 과학자들은 물을 산소와 수소로 ¹**분해한다**. **04** 대기 중으로의 이산화탄소 ³**방출** **05** 정부는 그 죄수들이 ¹**석방될** 것이라고 발표했다. **06** 그 유명한 감독의 새 영화는 크리스마스에 ²**개봉될** 것이다.

군대 · 군사

1441

military **
[mílitèri]

형 군사의, 무력의 명 군인들, 군대

01 **military** plans for bombing targets 모의응용

1442

enlist
강세주의 [inlíst]

동 1. 입대하다, 징집하다 2. (협조, 참여를) 요청하다

en(make) + list(list) → 명단을 만들다 → 명단에 오르게 하다

02 He will **enlist** in the army at the end of this month.
03 I **enlisted** the help of my neighbors.

1443

martial **
[máːrʃəl]

형 군대의; 전쟁의; 호전적인(= warlike)

04 If a soldier violates **martial** rule, he is sent to a court-martial.

◆ **martial arts** 무예

1444

troop **
[truːp]

명 1. (대규모의) 병력, 군대 2. 무리

05 More **troops** are being sent into the war zone.
06 In India, you can see **troops** of monkeys walking around the city.

1445

corps
발음주의
영[kɔːr] 목[kɔːrz]

명 1. 군단 ((군과 사단의 중간)), 부대 2. (특정한 활동을 하는) 단체, 집단

07 The Marine **Corps** is regularly trained to fight.
08 press **corps**

---

01 목표물을 폭격하기 위한 **군사** 계획 02 그는 이달 말 군에 **입대할** 것이다. 03 나는 이웃의 도움을 **요청했다.** 04 만약 병사가 **군대의** 법을 위반하면, 그는 군법회의에 회부된다. 05 더 많은 **병력**이 전쟁지역에 투입되고 있다. 06 인도에서는 도시를 걸어 다니는 원숭이 **무리**를 볼 수 있다. 07 해병 **부대**는 징기직으로 전투를 위한 훈련을 받는다. 08 기자**단**

1446

navy *

발음주의 [néivi]

명 해군

01 The army, **navy**, and air force will take part in the military training together.

육군 계급 Appendix 493쪽

1447

admiral

[ǽdmərəl]

명 해군 대장, 제독 《육군과 공군의 '장군'에 해당하는 계급》

02 The **admiral** retired from the navy after 30 years of service.

1448

fleet

[fliːt]

명 (해군) 함대, 선단 《배의 무리》

03 There were more than 1,000 ships in the enemy **fleet**.

1449

veteran *

[vétərən]

명 1. 퇴역 군인 2. 전문가(= expert) 형 노련한, 경험이 많은

04 The ceremony was attended by many of the **veterans** of the Second World War.

05 She is a **veteran** of many election campaigns.

1450

deployment

[diplɔ́imənt]

명 1. (군대, 무기의) 배치 2. (인력, 자원 등의 효율적인) 투입, 동원

de(apart) + **ploy**(fold) + **ment**(명) → 접힌 것을 펼쳐 놓는 것
      fold(접다)를 나타내는 어근 ply, plic의 변화형(→ Unit 18)

06 The government announced the **deployment** of extra security forces.

07 the **deployment** of new staff for a long term project

• deploy 동 1. 배치하다 2. (자원 등을) 효율적으로 사용하다

1451

array *

강세주의 [əréi]

동 (군대를) 정렬시키다; (보기 좋게) 배열하다 명 정렬; 배열

08 The commander **arrayed** his troops for the battle.

◆ an array of 다수의

---

01 육군, **해군** 그리고 공군이 그 군사 훈련에 함께 참여할 것이다. 02 그 **해군 대장**은 30년간의 군 복무 이후 해군에서 은퇴했다. 03 적군의 **함대**에는 1,000척 이상의 배가 있었다. 04 제2차 세계 대전의 많은 **퇴역 군인들**이 그 의식에 참여했다. 05 그녀는 많은 선거 캠페인의 **전문가**이다. 06 정부는 추가 경비 병력의 **배치**를 발표했다. 07 장기 프로젝트를 위한 새로운 직원의 **투입** 08 지휘관은 전투를 위해 자신의 군대를 **정렬시켰다.**

1452
salute

강세주의 [səlúːt]

동 1. 경례하다 2. 인사하다(= greet) 명 경례

01 The soldiers **saluted** the general before leaving the battlefield.
02 Tommy **saluted** her with a smile.

1453
march **

[mɑːrtʃ]

↗ '가두행진'은 요구, 주장을 위해 길에서 군중이 줄지어 걸어 나가는 것을 말한다.

동 1. 행진하다, 행군하다 2. 가두행진하다 명 1. 행진, 행군 2. 가두행진

03 Soldiers were **marching** up and down outside the government buildings.
04 Protest **marches** and demonstrations are a common nonviolent tactic.

1454
escort *

발음주의, 강세주의
동[iskɔ́ːrt] 명[éskɔːrt]

동 호위[호송]하다, 에스코트하다 명 호위대

05 The military deployed troops to **escort** the president.

전쟁 · 전투

1455
warfare

[wɔ́ːrfèər]

명 전쟁, 교전 상태; 투쟁, 싸움

06 Horses were important for transportation and played a major part in **warfare**. 모의응용

1456
combat **

발음주의, 강세주의
명[kámbæt] 동[kəmbǽt]

명 전투, 싸움 동 싸우다

07 The general ordered his troops to go into **combat**.

1457
battlefield *

[bǽtlfiːld]

명 전쟁터, 전장; 논쟁[갈등]의 장(場)

08 The passionate photographer devoted himself to photographing **battlefields**, regardless of the danger.

1458
fort

[fɔːrt]

↗ '요새', '보루'란 군사적으로 중요한 곳에 적의 공격을 견딜 수 있도록
튼튼하게 만들어 놓은 방어 시설을 말한다.

명 요새, 보루(= fortress)

09 The **fort** was built to defend the town from invasion.

• fortify 동 1. 요새화하다 2. 강화하다

---

01 군인들은 그 전쟁터를 떠나기 전에 장군에게 **경례했다.** 02 Tommy는 그녀에게 웃으면서 **인사했다.** 03 군인들은 정부청사 바깥에서 이리저리 **행진하고** 있었다. 04 항의성 **가두행진들**과 시위들은 흔한 비폭력 전술이다. 05 군대는 대통령을 **호위하기** 위해 병력을 배치했다. 06 말은 중요한 교통수단이었으며 **전쟁**에서 중요한 역할을 했다. 07 장군은 자신의 군대에 **전투**를 시작하라고 명령했다. 08 열정적인 사진작가는 위험에도 불구하고 **전쟁터**의 사진을 찍는 데에 몰두했다. 09 그 **요새**는 침략으로부터 마을을 보호하기 위해 만들어졌다.

1459

foe
[fou]

명 적(= enemy), 원수

01 The army attacked the **foe** at first light.

1460

command **
강세주의 [kəmǽnd]

동 1. 명령하다(= order) 2. 지휘하다; 통제하다(= control) 3. (경치가) 내려다보이다
명 1. 명령 2. 지휘; 통제

02 The officer **commanded** his troops to attack the fortress.
03 a window **commanding** a view of a lake
04 He has 1,200 soldiers under his **command**.

⬩ **take command of** (~을) 통제하다

⬩ **commander** 명 지휘관, 사령관

1461

bombard
발음주의 [bɑmbɑ́ːrd]

동 폭격하다; (질문, 비난 등을) 퍼붓다

05 The city was **bombarded** by an enemy nation during the war.

1462

besiege
발음주의 [bisíːdʒ]

동 (도시 등을) 포위하다; 둘러싸다

06 The city had been **besieged** by the army and isolated.

⬩ **siege** 명 포위 공격

1463

assault
발음주의 [əsɔ́ːlt]

명 폭행, 공격 동 폭행하다, 공격하다 (= attack 공격(하다))

07 Under any circumstances, it is not acceptable to **assault** a flight attendant. 모의응용

1464

retreat *
강세주의 [riːtríːt]

동 1. 후퇴하다; 물러서다(= withdraw) 2. (생각, 태도 등을) 철회하다, 바꾸다
명 1. 후퇴 2. 철회

re(back) + **treat**(draw) → 뒤로 끌다[움직이다]

08 The army **retreated** back down the mountain.
09 The labor union **retreated** from its original demand of a 12% increase in salaries.

---

01 군대는 동이 트자마자 **적**을 공격했다. **02** 그 사령관은 자신의 군대에 요새를 공격하라고 **명령했다. 03** 호수 경관이 **내려다보이는** 창문 **04** 1,200명의 군인이 그의 **지휘** 아래 있다. **05** 그 도시는 전쟁 동안 적국의 **폭격을 받았다. 06** 그 도시는 군대에 **포위되어** 고립되어 있었다. **07** 어떤 경우에도, 승무원을 **폭행하는** 것은 용인되지 않는다. **08** 군대는 산 아래로 **후퇴했다. 09** 그 노동조합은 급여를 12퍼센트 인상해달라는 기존의 요구를 **철회했다.**

1465

refuge

[réfjuːdʒ]

명 피난(처), 도피(처)(= shelter)

01 Thousands of families came here seeking **refuge** from the civil war.

• refugee 명 피난민, 망명자

1466

captive

[kǽptiv]

형 포로의; 사로잡힌 명 포로

02 Soldiers put an enemy **captive** in prison.

• captivity 명 감금, 억류

1467

surrender*

강세주의 [səréndər]

동 1. 항복하다(↔ resist 저항하다) 2. (권리 등을) 포기하다, 넘겨주다

sur(over) + render(give back) → 넘겨 줘버리다

03 The enemy finally **surrendered** after three days of fighting.
04 Cathy was reluctant to **surrender** her independence.

1468

colony*

발음주의 [kάləni]

명 식민지

05 Australia and New Zealand are former British **colonies**.

• colonial 형 식민지의; 식민지 시대의
• colonist 명 식민지 개척자, 식민지 주민
• colonize 동 식민지로 만들다

전술

1469

tactic(s)

[tǽktik(s)]

명 전술; 전략, 작전

06 They changed their **tactics** to defeat the enemy.

• tactical 형 전술적인; 전략적인 (= strategic)

---

01 수천 명의 가족이 내전으로 인해 **피난처**를 찾고자 이곳에 왔다. **02** 군인들은 적군 **포로** 한 명을 감옥에 가두었다. **03** 적군은 3일간의 전투 후에 마침내 **항복했다**. **04** Cathy는 자신의 독립을 **포기하는** 것을 꺼려했다. **05** 호주와 뉴질랜드는 영국의 예전 **식민지**이다. **06** 그들은 적군을 패배시키기 위해 자신들의 **전술**을 바꿨다.

1470
disguise**
강세주의 [disgáiz]

[동] 1. 변장하다, 위장하다(= camouflage) 2. 숨기다, 감추다 [명] 변장, 위장

dis(off) + **guise**(style) → (자신의) 스타일을 벗어난

01 Soldiers **disguised** themselves as ordinary civilians.
02 She made an attempt to **disguise** her surprise.

1471
camouflage
강세주의 [kǽməflɑ̀ːʒ]

[동] 위장하다, 감추다 [명] 위장

03 The army tanks were painted green and brown for **camouflage**.

1472
ambush
[ǽmbuʃ]

[명] 잠복, 매복 [동] 매복했다가 습격하다

am(in) + **bush**(bush, woods) → 덤불[숲] 속

04 They waited in **ambush** in order to attack the enemy.

1473
raid
[reid]

[동] 1. 습격하다, 급습하다 2. 침입하다 [명] 1. 습격, 급습 2. (불법) 침입

05 Soldiers carried out **raids** on the enemy in the area.
06 Two armed men **raided** the bank on Tuesday.

무기

1474
bullet
[búlit]

[명] 총알, 탄환

07 The general was wounded by an enemy **bullet**.

총기
pistol 권총, 피스톨
rifle 소총, 라이플총
trigger 1. (총의) 방아쇠 2. 촉발시키다; 계기
gunpowder 화약

---

01 군인들은 스스로를 평범한 민간인처럼 **위장했다.** 02 그녀는 자신의 놀라움을 **감추려고** 시도했다. 03 육군의 탱크는 **위장**을 위해 초록색과 갈색으로 칠해졌다. 04 그들은 적군을 공격하기 위해서 **매복**한 채로 기다렸다. 05 군인들은 그 지역에서 적군에 대한 **습격**을 감행했다. 06 화요일에 두 명의 무장한 남자가 은행에 **침입했다.** 07 장군은 적군의 **총알**에 부상을 입었다.

1475

cannon

[kǽnən]

명 대포

01 The sound of **cannons** firing was overwhelming.

cf. **artillery** 대포; 포병대

1476

spear*

[spiər]

명 창(槍), 투창

02 Soldiers were armed with **spears** and shields in the past.

cf. **shield** 방패

무기·전쟁 관련 Appendix 493쪽

1477

armor

[ɑ́ːrmər]

명 갑옷

03 In the Middle Ages, knights used to wear **armor** in battle.

1478

shot** [ʃɑt]

핵심 의미 **쏘다, 발사하다**

총알 등을	1. 명 발사, 발포; 총알 (= bullet)
물건을	2. 명 차기, 던지기, 타격
약물을	3. 명 주사 (= injection)
기회를	4. 명 시도 (= attempt)
	5. 명 촬영, 사진

※ 다음 각 문장에 쓰인 다의어의 의미를 위에서 찾아 그 번호를 (____)에 쓰시오.

04 The golfer's last **shot** finished just inches from the hole. (_____)

05 The third **shot** hit the police officer in the chest. (_____)

06 a group **shot** of all the family (_____)

07 I got a vaccination **shot** in order to prevent getting the flu. (_____)

08 He decided to have a **shot** at building his own house. (_____)

---

01 대포 발사 소리는 압도적이었다. **02** 과거에 군인들은 **창**과 방패로 무장했다. **03** 중세에는 기사들이 전투에서 **갑옷**을 입곤 했다. **04** 그 골프 선수의 마지막 ²**타격**은 홀에서 단 몇 인치 떨어져서 끝났다. **05** 세 번째 ¹**총알**이 그 경찰관의 가슴에 맞았다. **06** 모든 가족의 단체 ⁵**사진 07** 나는 독감에 걸리는 것을 예방하기 위해 백신 ³**주사**를 맞았다. **08** 그는 자신의 집을 짓는 것을 ⁴**시도**해 보기로 결심했다.

yield ** [jiːld]

필수 다의어 **2**

핵심의미	**지불하다, (내어)주다**

결과 등을   1. 동 **생산하다, 초래하다** 명 (농작물 등의) **산출량**

자신을   2. 동 **굴복하다, 항복하다** (= surrender)

상황, 사람 등에게   3. 동 **양보하다**

※ 다음 각 문장에 쓰인 다의어의 의미를 위에서 찾아 그 번호를 (_____)에 쓰시오.

01 After a long battle, the town was forced to **yield**. (_____)

02 Jane **yielded** to oncoming traffic. (_____)

03 I have three trees that **yield** several pounds of fruit each year. 모의응용 (_____)

PART 7

Unit

37

---

associate ** 강세주의 동[əsóuʃièit] 명형[əsóuʃiət]

필수 다의어 **3**

핵심의미	**결합하다, 함께하다**

결합시켜 생각하다   1. 동 **연상시키다, 관련짓다**

사람들과   2. 동 **어울리다, 교제하다** 명 **동료, 친구**

어떤 일에 누구와   3. 동 **협력[연합]하다** 형 **제휴한**

※ 다음 각 문장에 쓰인 다의어의 의미를 위에서 찾아 그 번호를 (_____)에 쓰시오.

04 The CEO intends to **associate** with foreign companies for a new global project. (_____)

05 Parents don't like their children **associating** with rude people. (_____)

06 In China, the color red is **associated** with happiness, luck, and blessings. 모의응용 (_____)

* **be associated with** ~와 연관[관련]되다

* **association**   명 1. 연관(성) 2. 협회

---

01 긴 전투 후에, 그 마을은 ²**항복해야만** 했다. 02 Jane은 다가오는 차에게 ³**양보했다.** 03 나는 매년 몇 파운드의 과일을 ¹**생산하는** 세 그루의 나무가 있다. 04 그 경영인은 새로운 글로벌 프로젝트를 위해 외국기업과 ³**협력하려고** 한다. 05 부모들은 자식들이 무례한 사람들과 ²**어울리는 것을** 싫어한다. 06 중국에서 빨간색은 행복, 행운, 축복과 ¹**관련된다.**

운송 · 수송

1481

transport**

강세주의 [동][trænspɔ́ːrt]
[명][trǽnspɔːrt]

[동] 운송하다; 이동시키다 [명] 운송 (수단); 이동

01 The shuttle bus **transports** all students to their homes.

• **transportation** [명] 운송, 수송 (수단)

1482

transit

[trǽnsit]

[명] 1. 운송, 수송 (= transport) 2. 통과, 통행

trans(across) + **it**(go) → 가로질러 가다

02 A painting which she ordered was in **transit**.
03 They allowed two days for the **transit** of the desert.

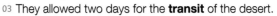

• **transition** [명] (다른 상태로의) 이행, 변화

1483

compartment

강세주의 [kəmpáːrtmənt]

[명] 1. (기차 등의) 객실 2. 칸; 칸막이

com(강조) + **part**(part) + **ment**(명) → 나뉜 것

04 He booked a first-class **compartment** on the train.
05 There's some ice cream in the freezer **compartment**.

1484

cargo*

[káːrgou]

[명] (선박, 비행기의) 화물

06 The ship uses this crane to load its regular **cargo**.

1485

freight

발음주의 [freit]

[명] 화물; 화물 운송 [동] 화물로 보내다

07 The ship carries both **freight** and passengers.

---

01 셔틀버스는 모든 학생들을 집으로 **운송한다.** 02 그녀가 주문한 그림은 **운송** 중이었다. 03 그들은 사막을 **통과**하는 데 이틀을 잡았다. 04 그는 기차의 일등 **객실**을 예약했다. 05 냉동 **칸**에 약간의 아이스크림이 있다. 06 배는 정기 **화물**을 싣기 위해 이 크레인을 사용한다. 07 그 배는 **화물**과 승객 모두를 운송한다.

1486
overload
강세주의
통[òuvərlóud] 명[óuvərlòud]

통 과적하다, 짐을 너무 많이 싣다; 부담 주다 명 과적, 너무 많은 짐

over(too much) + load(짐을 싣다) → 너무 많이 짐을 싣다

01 An **overloaded** truck makes driving difficult and can cause accidents.

1487
fare**
[fɛər]

명 (교통) 요금, 운임

02 My family wondered about the **fare** to travel from Philadelphia to Boston. 수능응용

육로

1488
pedestrian**
강세주의 [pədéstriən]

명 보행자 형 보행자의

pedestri(on foot) + an(명, 형) → 걸어서 가는 사람(의)

03 **Pedestrians** were waiting for the light to change.

1489
crossroads
[krɔ́ːsròudz]

명 1. 교차로, 네거리 2. (중요한) 갈림길, 기로(= turning point)

04 Turn left at the first **crossroads**.
05 He is standing at the **crossroads** of his life.

cf. crosswalk 횡단보도
junction 교차로

1490
alley
발음주의 [ǽli]

명 골목길, 오솔길(= pathway)

06 He took a shortcut through an **alley**.

1491
verge*
[vəːrdʒ]

명 1. 도로변, 길가; 가장자리(= edge) 2. 경계, 한계; 직전

07 Workers cut the grass on the **verges** of the road.
08 The company was on the **verge** of going bankrupt.

◆ **on the verge of** ~하기 직전의

---

01 과적한 트럭은 운전을 어렵게 하고 사고를 유발할 수 있다. **02** 우리 가족은 필라델피아에서 보스턴으로 가는 **요금**이 궁금했다. **03 보행자들**은 신호등이 바뀌길 기다리고 있었다. **04** 첫 번째 **교차로**에서 좌회전하세요. **05** 그는 인생의 **갈림길**에 서 있다. **06** 그는 **골목길**을 통해 지름길로 갔다. **07** 일꾼들은 **도로변**의 풀을 베었다. **08** 그 회사는 파산하기 **직전**이었다.

1492

pavement *

발음주의 [péivmənt]

명 포장도로; 인도, 보도(= sidewalk)

01 The driveway has been covered with fresh **pavement**.

cf. ramp (높이가 다른 두 도로, 건물 등의 사이를 연결하는) 경사[진입]로, 램프

• pave 동 (길을) 포장하다

1493

lane **

[lein]

명 차선; 좁은 길

02 We drove along a narrow **lane** to reach the farmhouse.

1494

highway **

강세주의 [háiwèi]

명 고속도로, (시내와 연결된) 간선도로

03 It is very dangerous to drive too fast on the **highways**.

cf. freeway 고속도로
superhighway (여러 차선의) 고속도로

1495

toll **

[toul]

명 1. 통행료 2. (전쟁, 재난 등의) 사상자[희생자] 수
동 1. (요금을) 징수하다(= charge) 2. (종이) 울리다

04 Drivers going over this bridge have to pay a **toll** of $2.50. 모의응용
05 The official death **toll** of the earthquake has now reached 7,000.
06 The priest began **tolling** the bell.

교통 문제

1496

congestion

강세주의 [kəndʒéstʃən]

명 혼잡, 정체

con(together) + **ges**(carry) + **tion**(명) → 함께 옮기는 것, 나르는 것

07 The new bridge can ease **congestion** in the area.

• congested 형 혼잡한, 붐비는

---

01 ㄴ 신입로는 새 **포상노로**로 넓어섰나. **02** 우리는 농가에 이르기 위해 좁은 **차선**을 따라 운전했다. **03** **고속도로**에서 너무 빠르게 운전하는 것은 매우
위험하다. **04** 이 다리를 건너가는 운전자들은 2달러 50센트의 **통행료**를 내야만 한다. **05** 지진으로 인한 공식적인 **사상자 수**는 이제 7,000명에 도달했다.
06 그 사제는 종을 **울리기** 시작했다. **07** 그 새로 생긴 다리는 그 지역의 **혼잡**을 완화할 수 있다.

1497

stuck **

[stʌk]

형 (~에 빠져) **움직일 수 없는, 꼼짝 못하는**

01 I got **stuck** in a traffic jam for half an hour.

1498

horn **

[hɔːrn]

명 1. (차량의) **경적**(= honk) 2. (동물의) **뿔**

02 Several drivers honked their **horns** on the crowded roads.
03 a large bull with curved **horns**

1499

bypass

[báipæs]

동 **우회하다** 명 **우회 도로**

by(by) + **pass**(pass) → 옆으로 지나다

04 I heard there was a traffic jam on the highway, so I took the **bypass**.

1500

tow *

[tou]

동 **견인하다, 끌다** 명 **견인**

05 The car broke down, and we needed somebody to give us a **tow**.

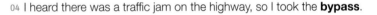

해로

1501

raft

[ræft]

명 **뗏목; 고무보트** 동 **뗏목을 타다**

06 He took a **raft** down the river, heading toward the jungle.

• **rafting** 명 **래프팅, 뗏목 타기**

1502

paddle

[pǽdl]

명 (고정되지 않은 짧은) **노** 동 **노를 젓다**

07 Due to the strong currents, Sophia was forced to **paddle** harder. 모의응용

---

01 나는 30분 동안 교통체증에 갇혀 **꼼짝 못했다. 02** 몇몇 운전자들이 붐비는 도로에서 **경적**을 울렸다. **03** 구부러진 **뿔**을 가진 큰 황소 **04** 나는 고속도로에 차가 막힌다는 것을 듣고 **우회 도로**로 갔다. **05** 차가 고장이 나서, 우리를 **견인**해줄 누군가가 필요했다. **06** 그는 정글을 향해 **뗏목**을 타고 강을 내려갔다. **07** 강한 해류 때문에, Sophia는 더 세게 **노를 저어야** 했다.

1503
shipping ** [ʃípiŋ]

명 1. 《집합적》 선박, 배 2. 해상 운송

01 The harbor is open to all **shipping**.
02 She founded an international **shipping** company.

cf. shipment 수송; 선적(량)

1504
vessel ** [vésəl]

명 1. (대형) 선박, 배 2. 그릇, 용기(= container) 3. 혈관, 맥관

03 Almost all ancient **vessels** were propelled by paddles or sails.
04 A liquid takes the shape of the **vessel** containing it.
05 a blood **vessel**

1505
deck [dek]

'갑판(deck)'이란 배 위에 깔아 놓은 나무나 철판 바닥을 말한다.

명 갑판

06 Going to the **deck** of the ship and feeling the wind makes seasickness better. 모의응용

1506
harbor / harbour * [háːrbər]

명 1. 항구 2. 피난처
동 1. 항구에 정박하다 2. (생각을) 품다 3. 숨겨주다

07 The pianist plays the piano at sailors' restaurants in Sydney **harbor**. 모의응용
08 Coming back from a hard day of work, home feels like a safe **harbor**.
09 I still **harbor** the wish to be an artist.
10 She was arrested for **harboring** a criminal.

1507
port * [pɔːrt]

명 항구 (도시), 항만

11 New York is the busiest **port** on the East Coast.

1508
dock [dɑk]

명 선착장, 부두(= pier) **동** (배를) 부두에 대다

12 Grandpa got most of the materials for building his house from the Oakland **docks**. 수능응용

---

01 그 항구는 모든 **선박**이 다니도록 개방된다. **02** 그녀는 국제 **해상 운송** 회사를 설립했다. **03** 거의 모든 고대의 **배들**은 노나 돛으로 나아갔다. **04** 액체는 그것이 담긴 **그릇**의 형태를 취한다. **05** **혈관** **06** 배의 **갑판**으로 가서 바람을 느끼는 건 뱃멀미를 낫게 한다. **07** 그 피아니스트는 시드니 **항구**에 있는 선원 식당에서 피아노 연주를 한다. **08** 힘든 일과를 보내고 놀아오니, 집이 안전한 **피난처**처럼 느껴졌다. **09** 나는 여전히 예술가가 되고 싶은 소망을 **품고 있다**. **10** 그녀는 범죄자를 **숨겨준** 것으로 체포되었다. **11** 뉴욕은 대서양 연안에서 가장 붐비는 **항구 도시**이다. **12** 할아버지는 자신의 집을 지을 재료 대부분을 오클랜드 **부두**에서 얻으셨다.

1509
anchor*
[ǽŋkər]

명 1. 닻 2. (뉴스) 앵커, 아나운서   동 닻을 내리다; 고정시키다

01 We dropped **anchor** off the coast of Norway.
02 She has been an **anchor** for the evening news for seven years.

1510
embark
강세주의 [imbáːrk]

동 1. (배에) 승선하다; 짐을 싣다 2. 착수하다, 시작하다

em(in) + **bark**(ship) → 배 안으로 가다

03 Many people were gathered at the pier, waiting to **embark**.
04 She **embarked** on a new career as a writer.

1511
canal
강세주의 [kənǽl]

명 운하, 수로

05 Like Venice, Stockholm is built on the water with **canals** crossing the
city.

1512
steer*
발음주의 [stiər]

동 1. (탈것을) 조종하다; 나아가다 2. (사람이나 상황을) 인도하다, 이끌다(= guide)

06 He **steered** the boat slowly towards the harbor.
07 Jimmy tried to **steer** his children towards healthier foods.

1513
navigate*
강세주의 [nǽvəgèit]

동 1. 항해하다, (탈것을) 조종하다 2. (지도 등을 보고) 길을 찾다, 방향을 읽다

navi(ship) + **gate**(drive) → 배를 몰다

08 Early explorers used to **navigate** the sea by the stars.
09 The global positioning system(GPS) helps you **navigate**
while driving. 수능응용

• navigation 명 항해, 운항
• navigator 명 항해사, 조종사

---

01 우리는 노르웨이 해안에 **닻을** 내렸다. **02** 그녀는 7년 동안 저녁 뉴스의 **앵커**로 있다. **03** 많은 사람들이 **승선하기를** 기다리면서 부두에 모여있었다.
04 그녀는 작가로서 새로운 경력을 **시작했다**. **05** 베네치아처럼, 스톡홀름은 도시를 가로지르는 **운하**와 함께 물 위에 지어져 있다. **06** 그는 항구를 향해 보트를
천천히 **조종했다**. **07** Jimmy는 자신의 아이들이 더 건강한 음식을 먹도록 **인도하기** 위해 노력했다. **08** 초기 탐험가들은 별을 따라서 바다를 **항해하곤** 했다.
09 위성 위치 확인 시스템(GPS)은 네가 운전하는 동안 **길을 찾는** 것을 도와준다.

선박 Appendix 494쪽

wreck *

발음주의 [rek]

명 난파(선)(= shipwreck), 조난 동 난파시키다

01 The Titanic **wreck** site was first discovered in 1985 by oceanographer Robert Ballard.

항공 운송

1515

aviation

강세주의 [èiviéiʃən]

명 비행, 항공

02 civil **aviation**

• aviator 명 비행사

1516

aircraft **

[ɛ́ərkræft]

명 항공기

03 The **aircraft** had 48 passengers on board.

1517

runway **

강세주의 [rʌ́nwèi]

명 1. 활주로 2. (패션쇼장의) 무대(= catwalk)

04 Pilots communicate with the control tower to determine which **runway** to use for takeoff.
05 She appeared on the **runway** for the first time when she was 19.

1518

항공 Appendix 494쪽

crew **

[kru:]

명 1. ((집단)) 승무원, 선원 2. (함께 일을 하는) 팀, 반, 조

06 The ship's captain and **crew** were busy preparing to sail.
07 a film **crew**

---

01 티이태닉 **난파** 장소는 1985년에 해양학자 Robert Ballard에 의해 처음 발견되었다. **02** 민간 **항공 03** 그 **항공기**는 48명의 승객을 태웠다. **04** 조종사늘은 이륙을 위해 어떤 **활주로**를 이용할지 결정하기 위해 관제탑과 소통한다. **05** 그녀는 19살 때 처음으로 **무대**에 섰다. **06** 그 배의 선장과 **선원들**은 항해를 준비하느라 바빴다. **07** 영화 제작**팀**

1519
board ** [bɔːrd]

핵심 의미 **판자, 널빤지**

정보를 알리는	1. 명 판자, -판; 게시판
식사하는 탁자	2. 명 (숙박업소 등의) 식사 동 하숙하다
넓고 평평한 판자에 올라서다	3. 동 (비행기, 배 등에) 탑승하다
탁자에서 만나 회의를 함께 하는	4. 명 위원회, 이사회(= committee)

※ 다음 각 문장에 쓰인 다의어의 의미를 위에서 찾아 그 번호를 (_____)에 쓰시오.
01 You must have a ticket in order to **board** the train. (_____)
02 the **Board** of Education (_____)
03 In the nursing home, he will have to pay for room and **board**. (_____)
04 The posters on the campus bulletin **boards** should have stamps of approval. 모의응용 (_____)

PART 7
Unit
38

1520
even ** [íːvən]

핵심 의미 **평평한; 같은**

바닥 등이	1. 형 평평한, 반반한
비율, 높낮이, 양 등이	2. 형 균등한; 일정한
두 사람[팀]이	3. 형 대등한, 피장파장인
균등하게 2로 나누어지는	4. 형 짝수의
마음이	5. 형 차분한

※ 다음 각 문장에 쓰인 다의어의 의미를 위에서 찾아 그 번호를 (_____)에 쓰시오.
05 It really wasn't an **even** contest — the other team was far stronger than us. (_____)
06 Two, four, six, and eight are **even** numbers. (_____)
07 We finally reached **even** ground after the long climb. (_____)
08 She spoke with a calm, **even** voice. (_____)
09 He favors an **even** distribution of wealth. (_____)

• evenly 부 1. 평평하게 2. 균등하게; 일정하게 3. 차분히

---

01 기차에 ³**탑승하기** 위해 반드시 표를 소지해야 한다. **02** 교육 ⁴**위원회 03** 양로원에서, 그는 객실 및 ²**식사** 요금을 지불해야 할 것이다. **04** 교내 ¹**게시판**에 붙은 포스터에는 반드시 승인 도장이 있어야 한다. **05** 그건 정말로 ³**대등한** 게임이 아니었어. 상대 팀이 우리 팀보다 훨씬 더 강했어. **06** 2, 4, 6, 8은 ⁴**짝수**이다. **07** 오랜 등반 후에 우리는 마침내 ¹**평평한** 땅에 닿았다. **08** 그녀는 침착하고 ⁵**차분한** 목소리로 말했다. **09** 그는 부의 ²**균등한** 분배를 지지한다.

+ Unit +
39 | 일상생활

일과 및 생활용품

1521

chore**
[tʃɔːr]

명 《복수형》 (정기적으로 하는) 일, 허드렛일; 하기 싫은 지루한 일

01 Eunice helps her mother with the household **chores**. 모의응용

1522

errand*
[érənd]

명 심부름, 잡일

02 He often runs **errands** for his grandmother.

1523

vacuum**
[vǽkjuəm]

명 진공; 진공청소기 동 진공청소기로 청소하다

03 I **vacuumed** the living room while my husband scrubbed the bathroom.

1524

detergent
[ditə́ːrdʒənt]

명 세제, 세정제

04 This **detergent** removes all kinds of stains from clothes.

> | 가사 관련 |
> **lawn** 잔디(밭)　　　**mow** (풀을) 베다 ※ mower 잔디 깎는 기계　　　**sweep** 청소하다, 쓸다

1525

utensil
강세주의 [juːténsəl]

명 (특히 가정용) 기구, 도구

05 kitchen **utensils**

1526

gear**
[giər]

생활용품 Appendix 495쪽

명 1. 톱니바퀴, 기어　2. (특정 활동을 위한) 장비; 의복
동 맞게 하다, 조정하다 (= adapt, adjust)

06 a racing bike with ten **gears**
07 fishing **gear**
08 My training was **geared** towards winning gold in the Olympics.

◆ **gear up for** ~을 위한 준비를 하다

---

01 Eunice는 집안**일**을 하며 엄마를 돕는다. **02** 그는 종종 할머니의 **심부름**을 한다. **03** 남편이 욕실을 박박 문질러 청소하는 동안 나는 거실을 **진공청소기로 청소했다. 04** 이 **세제**는 옷에 묻은 모든 종류의 얼룩을 지운다. **05** 주방 **도구 06** 열 개의 **기어**를 가진 경주용 자전거 **07** 낚시 **장비 08** 내 훈련은 올림픽에서 금메달을 따기 위해 **조정되었다.**

의(衣)

1527

textile *
[tékstail]

명 직물, 옷감(= cloth, fabric) 형 직물의, 방직의

01 a **textile** designer

1528

weave **
wove-woven
[wiːv]

동 (옷감 등을) 짜다, 엮다

02 textiles **woven** from linen or wool

1529

의류·색깔 Appendix 496쪽

garment
[gáːrmənt]

명 옷(= clothes), 의류

03 Once, she worked in the **garment** industry.

> | 복장, 의류 |
>
> **clothing** 《집합적》 의류
> **apparel** (좋은) 의류, 의복(= garment)
> **outfit** (특별한 경우, 목적의) 복장, 옷(= costume); 장비
> **attire** 차림새, 복장

1530

wrinkle **
발음주의 [ríŋkəl]

명 주름 동 주름지다; 주름을 잡다, (얼굴 등을) 찡그리다

04 She ironed her **wrinkled** dress.

1531

stain **
[stein]

명 얼룩(= spot), 때; 오점 동 얼룩지게 하다

05 My friend spilt some coffee by accident, which made an ugly **stain** on my carpet. 모의응용

• stainless 형 얼룩이 없는, 녹이 슬지 않는

1532

ragged
발음주의 [rǽgid]

형 1. 낡아빠진, 남루한(= worn, shabby) 2. (표면 등이) 고르지 못한(= rough)

06 Cleaning up the closet, I piled up some **ragged** clothes to throw away.
07 He saw a boat near a **ragged** coastline.

• rag 명 넝마, 누더기

---

01 직물 디자이너 **02** 리넨과 울로 **짜인** 옷감 **03** 한때, 그녀는 **의류** 산업에 종사했다. **04** 그녀는 자신의 **주름진** 드레스를 다림질했다. **05** 내 친구는 실수로 약간의 커피를 엎질렀고, 그것은 내 카펫 위에 보기 싫은 **얼룩**을 남겼다. **06** 옷장을 청소하면서, 나는 몇몇 **낡아빠진** 옷들을 버리려고 쌓아두었다. **07** 그는 **고르지 못한** 해안선 근처에 있는 보트 한 척을 보았다.

1533
ornament

[ɔ́ːrnəmənt]

명 장식(품)(= decoration) 동 장식하다

01 She dressed simply, without **ornament**.

• ornamental 형 장식용의(= decorative)

1534
cosmetic(s) *

발음주의, 강세주의

[kɑzmétik(s)]

명 화장품 형 1. 미용의, 성형의 2. 표면적인, 겉치레에 불과한(= superficial)

02 She made organic **cosmetics** by herself with natural ingredients.
03 We made a few **cosmetic** changes to the house before we sold it.

식(食)

1535
appetite *

[ǽpətàit]

명 1. 식욕 2. 욕구, 욕망(= desire)

04 People served food that has been dyed blue will lose their **appetite**.

모의응용

05 her **appetite** for reading

• appetizer 명 (식전에 먹는) 식욕을 돋우는 음식, 애피타이저

1536
feast

[fiːst]

명 축제, 잔치

06 Guests were eating and drinking a lot at their wedding **feast**.

cf. banquet 연회, 만찬

식재료·조리 관련 Appendix 497쪽

1537
beverage **

[bévəridʒ]

명 (물이 아닌) 음료, 마실 것

07 Coffee has become one of the most popular **beverages** in Korea.

음식 상태 Appendix 498쪽

1538
edible **

[édəbəl]

형 먹을 수 있는, 식용의(= eatable)

08 Some wild mushrooms are **edible**, but others can be dangerous.

---

01 그녀는 **장식** 없이 수수하게 옷을 입었다. **02** 그녀는 천연 재료를 가지고 혼자 힘으로 유기농 **화장품**을 만들었다. **03** 우리는 집을 팔기 전에 조금의 **표면적인** 변화를 만들었다. **04** 파랗게 염색된 음식을 제공받는 사람들은 **식욕**을 잃을 것이다. **05** 독서에 대한 그녀의 **욕구 06** 그들의 결혼 **잔치**에서 손님들은 많이 먹고 마시고 있었다. **07** 커피는 한국에서 가장 인기 있는 **음료** 중 하나가 되었다. **08** 어떤 야생 버섯들은 **먹을 수 있지만**, 다른 버섯들은 위험할 수 있다.

1539
dine *
[dain]

[동] 식사하다, 만찬을 들다

01 We **dined** out with my parents at a restaurant in town.

◆ **dine out[in]** 외식하다[집에서 식사하다]

cf. **cuisine** (주로 비싼 식당의) 요리(법)

1540
devour *
강세주의 [diváuər]

[동] 1. 게걸스레 먹다; 집어 삼키다 2. (엄청난 관심과 열의로) **탐독하다, 뚫어지게 보다**

02 After spending 3 hours swimming, the boys **devoured** their pancakes.
03 He was **devouring** detective fiction.

1541
lick
[lik]

식사 동작 Appendix 498쪽

[동] 핥아먹다, 핥다

04 The kids **licked** the ice cream off their lips.

cf. **suck** 빨아내다; 빨아 먹다[마시다]

주(住)

건물 종류 Appendix 498쪽

1542
reside *
발음주의 [rizáid]

[동] 거주하다, 살다

re(back, again) + **side**(sit) → 다시 앉다 → 다시 자리 잡다

05 He has **resided** in London for 10 years.

• **resident** [명] 1. 주민, 거주자 2. 레지던트, 전문의 실습생 [형] 거주하는
• **residential** [형] 주거의, 거주지의
• **residence** [명] 거주(지)

1543
dwell **
dwelled/dwelt-
dwelled/dwelt
[dwel]

[동] 1. 거주하다, 살다(= live, reside) 2. (어떤 상태에) 머무르다, 못 떠나다

06 The man and his family **dwelled** in the middle of the forest.
07 He believed that people who **dwelled** on the past had no future.

◆ **dwell on** 곰곰이 생각하다[곱씹다]

• **dweller** [명] 거주자 (= resident)
• **dwelling** [명] 거주지 (= residence)

---

01 우리는 부모님과 함께 시내의 한 식당에서 **식사했다. 02** 수영하느라 3시간을 보낸 후, 소년들은 팬케이크를 **게걸스레 먹었다. 03** 그는 탐정 소설을 **탐독하고** 있었다. **04** 아이들은 입술에 묻은 아이스크림을 **핥아먹었다. 05** 그는 런던에 10년 동안 **거주했다. 06** 그 남자와 그의 가족은 숲의 한가운데에 **살았다. 07** 그는 과거에 **머무르는** 사람들은 미래가 없다고 생각했다.

1544

inhabit *

강세주의 [inhǽbit]

[동] 거주하다, 살다(= live, reside, dwell); 서식하다

01 The people **inhabiting** the area live in harmony with nature.

• inhabitant [명] 주민, 거주자(= resident, dweller); 서식 동물

1545

sedentary

[sédəntèri]

[형] 1. (활동 등이) 주로 앉아서 하는 2. 한 곳에 머물러 사는

02 She works in a **sedentary** office job.
03 Koalas are largely **sedentary** animals.

주거 공간과 관련된 내용이 종종 수능 지문으로 출제된다. 땅과 건물, 시설 등의 물리적 주거 공간 관련 명칭을 익혀두자.

1546

estate *

강세주의 [istéit]

[명] 1. 사유지, 토지 2. 자산, 재산(= property)

04 During the Renaissance, many of the newly rich spent their money on **estates**. 모의응용
05 Her **estate** was left to her daughter.

• **real estate** 부동산

1547

erect *

강세주의, 철자주의
[irékt]

[동] 1. 건설하다(= build) 2. (똑바로) 세우다 [형] 똑바로 선(= upright)

06 The church was **erected** in 1582.
07 She stood **erect** with her arms by her sides.

• erection [명] 건립, 설치

| 건축, 건설 |

blueprint (건물, 기계 설계용) 청사진 《건축 등의 도면을 복사하는 데 쓰는 사진》
framework (건물 등의) 뼈대, 틀
pillar 기둥 (모양의 것)
column 1. (둥근 석조) 기둥[원주]; (둥근 기둥 모양의) 기념비 2. (신문, 잡지 등의) 정기 기고란
insulate 절연[방음] 처리를 하다

1548

ventilate *

[véntəlèit]

[동] 환기하다

08 Suzy **ventilated** the room by opening the window.

• ventilation [명] 통풍, 환기 (장치)

---

01 그 지역에 **거주하는** 사람들은 자연과 조화를 이루면서 산다. 02 그녀는 **주로 앉아서 하는** 사무직에서 일한다. 03 코알라는 대체로 **한 곳에 머물러 사는** 동물이다. 04 르네상스 시대 동안에, 신흥 부유층 중 많은 사람이 자신의 돈을 **토지**를 사는 데 썼다. 05 그녀의 **재산**은 딸에게 남겨졌다. 06 그 교회는 1582년에 **건설되었다**. 07 그녀는 양팔을 옆구리에 붙이고 **똑바로 섰다**. 08 수지는 창문을 열어서 방을 **환기했다**.

1549

furnish **

[fə́ːrniʃ]

동 1. (가구 등을) 비치하다 2. 제공하다, 공급하다

01 The newly married couple spent a lot of money to **furnish** their new home.

02 Basic equipment will be **furnished** to all new employees.

1550

renovation *

강세주의 [rènəvéiʃən]

명 (낡고 오래된 것의) 수리; 혁신

re(again) + nov(new) + ation(명) → 다시 새롭게 하기

03 The old apartment underwent major **renovations**.

• renovate 동 수리[보수]하다(= repair); 새롭게 하다

1551

shelter **

[ʃéltər]

명 피신처(= refuge); 보호소 동 보호하다

04 My friend and I started volunteering at the animal **shelter** last week. 모의응용

여러 가지 거주 형태 중, 대가를 지불하고 타인의 집을 빌려서 거주하는 경우에 어떤 용어들을 사용하는지 알아보자.

1552

lease *

[liːs]

명 임대차 계약 동 임대[임차]하다

↗ 임대하다: 돈을 받고 자기의 물건을 남에게 빌려주다
임차하다: 돈을 내고 남의 물건을 빌려 쓰다

05 While staying in Toronto, he **leased** a small apartment.

1553

rent **

[rent]

명 집세, 임대[임차]료(= rental) 동 임대[임차]하다

06 How much **rent** do you pay for this house?

1554

tenant *

[ténənt]

명 세입자, 임차인

07 **Tenants** are asked not to play music loudly, especially after 10 p.m. 모의응용

cf. landlord 집주인, 임대주

1555

spacious *

발음주의 [spéiʃəs]

형 (공간, 방이) 넓은, 훤히 트인(= roomy)

08 The kitchen in my grandmother's house is quite **spacious**.

---

01 그 신혼부부는 자신들의 새집에 가구를 **비치하느라** 많은 돈을 썼다. **02** 모든 신입 직원들에게 기본 장비가 **제공될** 것이다. **03** 그 낡은 아파트는 대규모로 **수리**되었다. **04** 내 친구와 나는 지난주에 동물 **보호소**에서 자원봉사 활동을 시작했다. **05** 토론토에 머무는 동안, 그는 작은 아파트를 **임차했다**. **06** 이 집의 **집세**로 얼마나 내십니까? **07** **세입자들**은 특히 오후 10시 이후에 음악을 크게 틀지 말라고 요구받는다. **08** 할머니 댁의 부엌은 꽤 **넓다**.

1556

cozy

[kóuzi]

형 아늑한, 안락한(= comfortable)

01 After dinner, we gathered in a **cozy** room with comfortable sofas for conversation.

1557

housewarming *

[háuswɔ̀ːrmiŋ]

명 집들이

02 Dan brought a small flowerpot as a **housewarming** present.

1558

bound ** [baund]

필수 다의어 1

| 핵심 의미 | **묶인 / 한계[경계] / 뛰다 / 준비하다** |

| 사물에 | 1. 형 묶인 |

책임이나 일에 묶여

2. 형 (~할) 의무가 있는

3. 형 반드시 ~하게 되어 있는

4. 동 뛰다, (공 등이) 튀어 오르다 명 도약

5. 동 인접하다; 경계를 짓다 명 《복수형》 경계(= border)

6. 명 한계, 범위(= limit)

준비해서

7. 형 ~로 향하는, ~행(行)의

※ 다음 각 문장에 쓰인 다의어의 의미를 위에서 찾아 그 번호를 (_____)에 쓰시오.

03 He boarded a Washington-**bound** flight from San Francisco. 모의응용 (_____)

04 The dogs **bounded** ahead. (_____)

05 The generosity of the priest had no **bounds**. (_____)

06 According to the contract, you are **bound** to pay before the end of the month. (_____)

07 If you have problems at home, it's **bound** to affect your work. (_____)

08 A peninsula is **bounded** on three sides by the sea. (_____)

09 The package is **bound** with string. (_____)

◆ **bound for** ~로 향하는, ~행의

◆ **boundless** 형 무한한, 끝없는(= endless, infinite)

---

01 저녁 식사 이후, 우리는 편안한 소파가 있는 **아늑한** 방에 대화하려고 모였다. **02** Dan은 **집들이** 선물로 작은 화분을 가져왔다. **03** 그는 샌프란시스코에서 워싱턴으로 **7향하는** 비행기에 탑승했다. **04** 그 개들은 앞으로 **4뛰어갔다. 05** 그 신부(神父)의 관대함은 **6한계**가 없었다. **06** 그 계약에 따르면, 너는 이 달 말이 되기 전에 돈을 지불할 **2의무가 있다. 07** 만약 가정에서 문제가 있으면, **3반드시** 일에 영향이 미치게 **된다. 08** 반도는 3면이 바다에 **5인접해있다. 09** 그 소포는 끈으로 **1묶여있다.**

serve ** [səːrv]

핵심 의미 **도움을 주다, 헌신하다**

식사에	1. 동 (식당 등에서) **음식을 제공하다, 상에 차려주다**
어떤 일에	2. 동 **도움이 되다, 기여하다;** (필요로 하는 것을) **제공하다**
구체적 목적의 활동에	3. 동 (특정 용도로) **쓰일 수 있다, 적합하다**
사람, 국가 등을 위해	4. 동 **일하다, 복무하다**
	5. 동 (교도소에서) **복역하다**
	6. 동 (테니스 등에서) **서브를 넣다**

※ 다음 각 문장에 쓰인 다의어의 의미를 위에서 찾아 그 번호를 (_____)에 쓰시오.

01 The results of their experiments **served** as an important step in finding a cure. (_____)

02 The sofa can **serve** as a bed for a night. (_____)

03 All dishes are **served** with a salad. (_____)

04 She **served** an ace in the final match. (_____)

05 The judge sentenced her to **serve** two years in jail for theft. (_____)

06 He **served** more than 20 years in the army. (_____)

attend ** [əténd]

핵심 의미 **마음을 쓰다**

타인에게	1. 동 **주의를 기울이다, 신경을 쓰다**
환자에게	2. 동 **간호하다, 돌보다**
어떤 장소에	3. 동 **가다, 참석하다**

※ 다음 각 문장에 쓰인 다의어의 의미를 위에서 찾아 그 번호를 (_____)에 쓰시오.

07 The nurses **attended** on the patients day and night. (_____)

08 Are you going to **attend** the conference this Sunday? 모의응용 (_____)

09 Alice didn't **attend** to the priest's sermon. (_____)

◆ **pay attention to** ~에 주의를 기울이다

- attention 명 1. 주의, 주목 2. 관심 3. 보살핌, 돌봄 (= care)
- attendance 명 출석, 참석
- attendant 명 1. 참석자 2. 종업원[안내원]; 수행원
- attentive 형 주의 깊은, 세심한

01 그들의 실험 결과는 치료법을 찾는 데 중요한 단계로써 ²**기여했다.** 02 그 소파는 하룻밤 정도는 침대로 ³**쓰일 수 있다.** 03 모든 음식은 샐러드와 함께 ¹**제공된다.** 04 그녀는 결승전에서 에이스 ⁶**서브를 넣었다.** 05 판사는 그녀에게 절도죄로 감옥에서 2년간 ⁵**복역할** 것을 선고했다. 06 그는 육군에서 20년 넘게 ⁴**복무했다.** 07 간호사들은 환자들을 밤낮으로 ²**간호했다.** 08 이번 주 일요일에 그 회의에 ³**참석할** 거니? 09 Alice는 그 목사의 설교에 ¹**주의를 기울이지** 않았다.

+ Unit +
40 문화 · 여가

오페라, 미술, 영화 등 다양한 문화 활동과 관련된 지문은 수능에서 단골로 출제된다. 원만한 독해와 고득점을 위해 문화와 여가에 관한 아래의 어휘들을 학습해두자.

공연

1561

rehearsal**
강세주의 [rihə́ːrsəl]

명 예행연습, 리허설

01 The pianist was performing at **rehearsal**.

• rehearse 동 예행연습[리허설]을 하다

1562

monologue
발음주의 [mánəlɔ̀ːg]

명 독백; 1인극

→ speech, word의 의미를 갖는 어근 logue가 사용된
또 다른 단어로는 dialogue(대화)가 있다.

mono(single) + **logue**(speech, word) → 한 사람이 하는 말

02 The play begins with the main character's **monologue**.

1563

applause*
강세주의 [əplɔ́ːz]

명 박수갈채

03 The entire audience stood up and gave her **applause**. 모의응용

cf. standing ovation 기립 박수

• applaud 동 (공연 등에) 박수갈채를 보내다 (= clap), 칭찬하다

1564

acclaim
강세주의 [əkléim]

동 칭송하다, 환호하다 명 칭송 (↔ criticism 비판)

ac(toward) + **claim**(cry out) → ~를 향하여 소리 지르다

04 His play was **acclaimed** as a masterpiece.

예술 · 미술

1565

craftsman
[krǽftsmən]

명 공예가; 장인(匠人) (= artisan, craftsperson)

craft(skill) + **man**(man) → 솜씨 있는 사람

05 The tiles are handmade by a trained **craftsman**.

---

01 그 피아니스트는 **리허설**에서 연주하고 있었다. **02** 그 연극은 주인공의 **독백**으로 시작한다. **03** 모든 관중은 일어서서 그녀에게 **박수갈채**를 보냈다. **04** 그의 희곡은 걸작으로 **칭송받았다**. **05** 그 타일들은 숙달된 **공예가**에 의해 손으로 만들어진 것이다.

1566
prolific
[prəlifik]

형 (화가, 작가 등이) **다작하는**; 《동식물》 다산의, 풍부한(= plentiful)

01 He was probably the most **prolific** songwriter of his generation.

1567
patron
발음주의 [péitrən]

명 1. 후원자, 후원 단체(= sponsor) 2. 고객(= customer); 단골

02 The artist was dependent on a wealthy **patron**.
03 The restaurant's owner surveyed his **patrons** to improve its service.

• **patronize**   동 1. 후원하다 2. 애용하다

1568
exposition
[èkspəzíʃən]

명 1. 전시회, 박람회(= exhibition) 2. (상세한) 설명, 해설

04 World Art **Expositions** take place every 5 years and last up to 6 months.
05 She gave a splendid **exposition** on 19th-century paintings.

1569
curator *
강세주의 [kjuəréitər]

명 (박물관, 미술관 등의) 전시 책임자, 큐레이터

06 The museum's **curator** personally guided my class around the exhibits and explained their significance. 모의응용

다양한 형태의 예술품을 부르는 명칭 및 작품을 제작하는 과정을 나타내는 단어를 알아두자.

1570
mold
[mould]

명 1. 틀, 거푸집 2. 곰팡이   동 (틀에 넣어) 만들다

07 The smith poured the molten metal into the square-shaped **mold**.
08 **Mold** grows easily on foods in the presence of moisture.

---

01 그는 아마 자신의 세대에서 가장 **다작하는** 작사가 겸 작곡가였을 것이다. **02** 그 예술가는 한 부유한 **후원자**에게 의존했다. **03** 레스토랑 주인은 서비스를 개선하기 위해 자신의 **고객들**에게 설문조사를 했다. **04** 세계 예술 **박람회**는 5년마다 열리며 6개월 동안 지속된다. **05** 그녀는 19세기 그림들에 대해 훌륭한 **설명**을 했다. **06** 박물관의 **큐레이터**가 직접 우리 반에게 전시품들을 안내해주었고 그것들의 중요성에 관해서도 설명해주었다. **07** 그 대장장이는 녹인 금속을 사각 모양의 **틀**에 부었다. **08** **곰팡이**는 습기가 있는 음식물에서 쉽게 자란다.

1571

pottery **

[pátəri]

명 도자기; 도예 《도자기 공예》

01 She makes **pottery** by hand as a hobby.

cf. ceramic 도자기; 《복수형》 도예

• potter   명 도예가

1572

sculpt

[skʌlpt]

동 조각하다; 형태를 만들다

02 Johnny **sculpted** a dog out of wood.

• sculpture   명 조각(품)
• sculptor   명 조각가

1573

carve **

[kɑːrv]

동 조각하다; 새기다 (= engrave)

03 Animal figures **carved** from stone were placed on the top of the mountain. 모의응용

예술품의 여러 특징들은 글의 대의를 파악하는 데 영향을 미치지는 않지만, 관련 지문에서 화자의 의도나 세부 사항을 파악하는 데 도움이 된다.

1574

authentic *

발음주의, 강세주의

[ɔːθéntik]

형 진짜의, 진품의 (= real, genuine)(↔ fake 가짜의); 진실된; 진심의 (= sincere)

04 The work was judged to be an **authentic** 19th-century painting.

• authenticity   명 진짜[진품]임; 진실성, 진정성

1575

aesthetic *

발음주의, 강세주의

[esθétik]

형 미의; 심미적인   명 미적 특징; 《복수형》 미학

05 The **aesthetics** of a city matter. We walk further when our surroundings are attractive. ebs응용

• aesthetically   부 심미적으로, 미학상

1576

exquisite

발음주의, 강세주의

[ikskwízit, ékskwizit]

형 매우 아름다운; 정교한 (= delicate)

06 My grandmother has an **exquisite** hand-painted vase from Italy.

---

01 그녀는 취미로 손으로 **도자기**를 빚는다. 02 Johnny는 나무로 개를 **조각했다.** 03 돌로 **조각된** 동물 조각상들이 산의 정상에 설치되었다. 04 그 작품은 **진품의** 19세기 그림으로 판단되었다. 05 도시의 **미적 특징**은 중요하다. 주변 환경이 매력적일 때 우리는 더 많이 걷는다. 06 우리 할머니는 손으로 그린 **매우 아름다운** 이탈리아산 꽃병을 가지고 계신다.

음악

1577

symphony**

[símfəni]

명 교향곡, 심포니

sym(together)+**phony**(voice, sound) → 함께 나는 소리

01 The orchestra performed Beethoven's Fifth **Symphony**.

• symphonic 형 교향악의

1578

choir*

발음주의 [kwáiər]

명 합창단, 성가대 동 합창하다

02 Mary sings in the soprano part of the **choir**.

• choral 형 합창(단)의

PART 7

Unit
40

1579

tune**

[tjuːn]

명 곡, 선율(= melody) 동 1. 《악기》 조율하다 2. (방송 채널 등을) 맞추다, 조정하다

03 Andy was humming a familiar **tune**.
04 They **tuned** the guitars before rehearsal.
05 The radio was **tuned** to her favorite station.

◆ **in tune with** ~와 조화를 이루는

cf. notation (음악, 수학 등의) 표기법, 기호

1580

문화·예술 Appendix 499쪽

vocal**

[vóukəl]

형 목소리의, 음성의 명 《음악》 보컬

06 Allison's **vocal** style is influenced by country and blues music.

스포츠

1581

athlete**

[ǽθliːt]

명 운동선수

07 **Athletes** from around the world will be competing at the Olympics.

• athletic 형 1. 운동 (경기)의 2. (몸이) 탄탄한, 건장한

---

01 오케스트라는 베토벤의 **교향곡** 5번을 연주했다. **02** Mary는 **합창단**의 소프라노 파트에서 노래를 부른다. **03** Andy는 친숙한 **곡**을 흥얼거리고 있었다. **04** 그들은 리허설 전에 기타를 **조율했다. 05** 라디오는 그녀가 가장 좋아하는 방송국으로 **맞춰졌다. 06** Allison의 **목소리** 스타일은 컨트리 음악과 블루스 음악에 의해 영향을 받았다. **07** 전 세계의 **운동선수들**이 올림픽에서 경쟁할 것이다.

1582
referee *
[rèfərí:]

명 심판 동 심판하다, 중재하다

01 The **referee** ordered the player off.

cf. umpire 심판; 심판을 보다

1583
gymnasium / gym **
발음주의, 강세주의
[dʒimnéiziəm, dʒim]

명 체육관

02 They played basketball in a **gymnasium**.

1584
gymnastics *
강세주의 [dʒimnǽstiks]

명 체조, 체육

03 She struggled to find the confidence to attempt the high bar in **gymnastics** class. 모의응용

• gymnastic 형 체조의

1585
league **
[lí:g]

취미·스포츠·신체 단련 Appendix 499쪽

명 1. 《스포츠》 경기 연맹, 리그 2. 연합, 연맹(= association)

04 He is a Major **League** Baseball player.
05 The **League** of Nations, now called the United Nations, was founded in 1919.

| 스포츠 관련 |

dive   (물속으로 거꾸로) 뛰어들다, 다이빙하다; 잠수하다
sprint   1. (짧은 거리를) 전력 질주(하다) 2. (달리기, 수영 등의) 단거리 경기
　　　※ sprinter 단거리 주자, 스프린터
wrestling   레슬링 ※ wrestle 1. 몸싸움을 하다, 레슬링을 하다 2. (힘든 문제와) 씨름하다
championship   챔피언 지위; 선수권 대회, 챔피언전

여가 (활동) • 여행

1586
pastime *
[pǽstàim]

명 오락, 취미, 여가 활동(= recreation)

06 His favorite **pastimes** were watching movies and riding his bike.

---

01 심판은 그 선수에게 퇴장을 명령했다. **02** 그들은 **체육관**에서 농구를 했다. **03** 그녀는 **체조** 수업에서 철봉을 시도하기 위해 자신감을 찾으려고 애썼다. **04** 그는 메이저 **리그**의 야구 선수이다. **05** 현재 국제 연합이라 불리는 국제 **연맹**은 1919년에 설립되었다. **06** 그의 가장 좋아하는 **취미**는 영화 감상과 자전거 타기였다.

1587
stroll

[stroul]

몡 산책 툉 산책하다, 한가로이 거닐다

01 They **strolled** along the riverbank, enjoying the evening sun.

| 걷는 동작 |

sneak 살금살금 가다(= creep)
trudge (지쳐서) 터덜터덜 걷다
shuffle 1. 발을 끌며 걷다 2. 뒤섞다

roam (이리저리) 돌아다니다(= wander)
stride 성큼성큼 걷다

1588
ascend

발음주의, 강세주의
[əsénd]

툉 오르다, 올라가다(= climb)(↔ descend 내려오다)

a(to) + scend(climb) → ~쪽으로 오르다

02 The air became colder as we **ascended** the mountain.

• ascent 몡 1. 오르기, 상승 2. 오르막(길) 3. 승진, 향상

1589
descend *

발음주의, 강세주의
[disénd]

툉 하강하다, 내려오다(↔ ascend 올라가다)

de(down) + scend(climb) → 아래로 가다

03 I slowly **descended** into the valley.

◆ be descended from ~의 자손이다; (언어 등이) ~에서 유래하다

• descendant 몡 자손, 후예(= offspring)(↔ antecedent 선조, forefather 조상)

수능 지문의 소재로 여행 관련 내용이 자주 출제된다. 여행을 떠나기 전 숙소 예약부터 자세한 일정을 세우고 소화하기까지, 여러 과정에 관련되는 어휘를 알아두자.

1590
itinerary

강세주의 [aitínərèri]

몡 여행 일정(표)

04 A detailed **itinerary** can help travelers use their limited time efficiently.

모의응용

1591
reserve **

[rizə́ːrv]

툉 1. 예약하다(= book) 2. (훗날을 위해) 비축하다, 남겨두다(= set aside, keep)

re(back) + serve(save) → 뒤로 모으다 → 가지고 있다

05 I **reserved** the flight tickets in advance because it was the holiday season.
06 You had better **reserve** your energy for the next task.

• reservation 몡 예약

---

01 그들은 석양을 즐기며 강둑을 따라 **산책했다. 02** 우리가 산에 **올라갈수록** 공기는 더 차가워졌다. **03** 나는 천천히 계곡으로 **내려갔다. 04** 상세한 **여행 일정표**는 여행객들이 한정된 시간을 효율적으로 사용하도록 도와줄 수 있다. **05** 휴가 시즌이기 때문에 나는 비행기 표를 사전에 **예약했다. 06** 다음 업무를 위해 에너지를 **비축해두는** 것이 좋을 것이다.

1592

accommodate*

강세주의 [əkámədèit]

[동] 1. 숙박시키다, (사람을) 수용하다 2. (새로운 상황에) 적응하다(= adapt)

01 The hotel can **accommodate** 600 guests.

02 Her eyes took a while to **accommodate** to the darkness.

• accommodation [명] 1. 숙박시설 2. 적응

> | 숙박시설 |
>
> **inn**   여관, 여인숙
> **suite**   (특히 호텔의) 스위트룸 《연결된 몇 개의 방으로 이루어진 공간》
> **lounge**   1. (호텔 등의) 휴게실 2. (공항 등의) 대합실

1593

reception*

[risépʃən]

[명] 1. 접수처, 안내 데스크 2. 환영(회) 3. (전화 등의) 수신 (상태)

03 We arranged to meet in **reception** at 6:30 a.m.

04 The prince was given an enthusiastic **reception** in the ceremony.

05 There was very poor **reception** on my phone.

• receptionist [명] 접수 담당자

1594

excursion

발음주의, 강세주의
[ikskə́ːrʒən]

[명] 짧은 여행, 소풍

ex(out) + **cur**(run) + **sion**(명) → 밖에 나가 달리기

06 Ashley and Jay took an **excursion** to the San Diego Zoo.

1595

expedition*

[èkspədíʃən]

[명] 탐험[원정](대)

ex(out) + **pedi**(foot) + **tion**(명) → 밖에 나가 발로 돌아다님

07 In 1924, a member of the British **expedition** to Everest reached an elevation of 28,126 feet. 수능응용

1596

scenery**

발음주의 [síːnəri]

[명] 경치, 풍경(= view); 배경

08 My family took the back roads to enjoy the **scenery**. 모의응용

cf. sightseeing 관광

• scenic [형] 1. 경치의; 경치가 좋은 2. (연극의) 배경의, 무대의

---

01 그 호텔은 600명의 손님을 **수용할** 수 있다. **02** 그녀의 눈은 어둠에 **적응하기**까지 약간의 시간이 걸렸다. **03** 우리는 오전 6시 30분에 **안내 데스크**에서 만나기로 정했다. **04** 왕자는 기념식에서 열렬한 **환영**을 받았다. **05** 내 전화기의 **수신 상태**가 매우 나빴다. **06** Ashley와 Jay는 샌디에이고 동물원으로 **소풍**을 갔다. **07** 1924년에 영국 에베레스트 **원정대**의 한 대원이 28,126피트의 고도에 도달했다. **08** 우리 가족은 **경치**를 즐기기 위해 뒷길로 갔다.

1597

landscape**

[lǽndskèip]

명 풍경, 경치 동 조경(造景)하다, 경치를 꾸미다

01 He gazed out at the beautiful river **landscape**.

1598

exotic**

발음주의, 강세주의

[igzátik]

형 이국적인; 외국의(= foreign)

exo(outside, outer)+**tic**(형) → 외부의

02 Some people love to travel to **exotic** places.

1599

breathtaking*

[bréθtèikiŋ]

형 숨이 막히는 듯한, 깜짝 놀랄만한

03 The trip provided Michelle with opportunities to photograph **breathtaking** scenery and wildlife. 모의응용

1600

direct** [dirékt, dairékt]

필수 다의어 1

핵심 의미	**향하게 하다, 겨냥하다**

(~을) 겨냥한   1. 형 직접적인 (↔ indirect 간접적인)

목적지로 곧장 향하는   2. 형 직행의, 직통의

~로 향하도록   3. 동 명령하다, 지시하다 (= command)

길을   4. 동 길을 가르쳐주다

~로 향하도록   5. 동 지도[감독]하다; (연극, 영화 등을) 연출[감독]하다

※ 다음 각 문장에 쓰인 다의어의 의미를 위에서 찾아 그 번호를 ( )에 쓰시오.

04 He's in charge of everything from writing the script to **directing** the play. 모의응용 ( )
05 The police officers were **directed** to search the building. ( )
06 Could you **direct** me to the station? ( )
07 They wore sunglasses to deflect the **direct** rays of the sun. ( )
08 Ashley took a **direct** flight to San Francisco. ( )

- direction   명 1. 방향 2. 목적, 목표 3. 지휘, 통솔; 명령 4. (영화 등의) 감독, 연출
- director   명 1. (회사의) 임원, 중역 2. 책임자, 관리자 3. (영화, 연극 등의) 감독, 연출자
- directly   부 1. 곧장, 똑바로 (= straight) 2. 직접적으로 3. 즉시 (= at once) 4. 바로 (= exactly)

---

01 그는 아름다운 강의 **풍경**을 응시했다. 02 어떤 사람들은 **이국적인** 장소로 여행 다니는 것을 좋아한다. 03 그 여행은 Michelle에게 **숨이 막히는 듯한** 풍경과 야생 동물의 사진을 찍을 기회를 주었다. 04 그는 대본을 쓰는 일에서부터 연극을 [5]**연출하는** 일까지 모든 것을 맡고 있다. 05 경찰은 그 건물을 수색하도록 [3]**명령받았다.** 06 역으로 가는 [4]**길을 가르쳐주실** 수 있나요? 07 그들은 태양의 [1]**직사**광선을 피하기 위해 선글라스를 썼다. 08 Ashley는 샌프란시스코로 가는 [2]**직항** 편을 탔다.

⚡ 각각의 주어진 문맥과 1~3의 의미 추론 과정을 통해, 굵게 표시된 단어의 의미를 추론해 보세요.

01 adjacent

Even without a reservation, our receptionist was able to provide us with a room at a discount. The room that was assigned to us was **adjacent** to parking, with very easy access. This saved us from dragging luggage all over the place.

1 품사 □ 동 □ 형 □ 명 □ 부

2 문맥 방이 주차 지역과 _____ 접근하기 편했고 사방으로 짐을 끌고 다니지 않아도 됐다.

02 adorn

The Bridge Suite is the most luxurious premier accommodation in the hotel. It provides its residents with magnificent views from balconies, and quality furniture **adorns** its cozy rooms.

1 품사 □ 동 □ 형 □ 명 □ 부

2 문맥 Bridge 스위트룸의 고급 가구는 아늑한 객실을 _____.

03 demolish

There are a few reasons people choose to **demolish** a house and start from scratch. One reason is that the cost of major renovations far outweighs the cost of destroying and building a nice new home.

1 품사 □ 동 □ 형 □ 명 □ 부

2 문맥 집을 부수고 다시 짓는 이유는 집을 수리하는 비용이 집을 _____ 새로 좋게 짓는 비용보다 많이 나가기 때문이다.

04 falter

Some tennis players believe that the first chance to serve is a trial and invariably use the second chance. The result is that they **falter** with both serves quite often. The lesson is that one should avoid committing mistakes in life and opportunities should be grabbed at the first chance.

1 품사 □ 동 □ 형 □ 명 □ 부

2 문맥 첫 번째 서브 기회보다 두 번째 서브 기회를 더 중시하면 두 서브 모두 _____. 즉, 기회는 맨 처음부터 잡아야 한다.

---

01 [형], 가까워서 02 [동], 꾸민다 03 [동], 허물고 04 [동], 흔들린다

adjacent

발음주의 [ədʒéisnt]

형 가까운, 인접한

01 Construction **adjacent** to the highway constitutes a hazard to motorists.

adorn

[ədɔ́ːrn]

동 꾸미다, 장식하다 (= decorate)

02 She **adorned** her hair with little wild flowers.

• adornment   명 꾸미기, 장식(품)

demolish

[dimáliʃ]

동 1. 무너뜨리다, 허물다   2. (사상, 이론을) 뒤집다

03 A block of apartments used to accommodate homeless people is due to be **demolished**.

04 The results of his research **demolished** many theories.

• demolition   명 파괴, 폭파

falter

[fɔ́ːltər]

동 불안정해지다, 흔들리다

05 Her courage did not **falter** at the prospect of hardship.

---

01 고속도로에 **인접한** 곳에서의 공사는 운전자들에게 위험이 된다. 02 그녀는 머리를 작은 들꽃으로 **장식했다**. 03 노숙자들을 수용하는 데 사용되었던 아파트 한 동이 **허물어질** 예정이다. 04 그의 연구 결과는 많은 이론들을 **뒤집었다**. 05 고난이 예상되는데도 그녀의 용기는 **흔들리지** 않았다.

05 inflict

People **inflict** pain on others in their selfish pursuit of happiness and satisfaction. Yet true happiness comes from love for humanity.

1 품사	☐ 동 ☐ 형 ☐ 명 ☐ 부
2 문맥	행복과 만족을 이기적으로 추구하다가 다른 사람들에게 고통을 _____ 진정한 행복은 인류애로부터 나온다.

---

06 rehabilitate

Pilates was originally used to **rehabilitate** injured athletes. It is a great tool to assist, or accelerate, a physiotherapy program when coming back from an injury.

1 품사	☐ 동 ☐ 형 ☐ 명 ☐ 부
2 문맥	필라테스는 부상당한 선수들을 _____ 위해 이용되었던 것으로 회복 시 물리치료 프로그램을 도와주고 촉진한다.

---

07 subside

More and more people are enjoying skiing and snowboarding in winter. Such sports are popular because people can enjoy high speeds, but the risk of accidents is increasing as well. If you get injured while skiing and the pain does not **subside** within several days, precise examination and treatment is needed immediately.

1 품사	☐ 동 ☐ 형 ☐ 명 ☐ 부
2 문맥	스키를 타다가 부상을 당해 통증이 수일 내로 _____ 않으면 즉각 정밀 검사와 치료가 필요하다.
3 분석	sub+side(놓다, 앉다)

---

08 symmetry

Symmetry adds balance to a design. When elements are the same on both sides of an axis, the design feels comfortable because the arrangement is balanced.

1 품사	☐ 동 ☐ 형 ☐ 명 ☐ 부
2 문맥	_____은 디자인에 균형을 더해주는 것으로, 축의 양옆으로 요소들이 같으면 배열에 균형이 잡혀 디자인이 편안하게 느껴진다.
3 분석	sym+metry(측정)

---

09 transparent

Black ice refers to a thin coating of glazed ice on a surface. While not truly black, it is virtually **transparent**, allowing the surface below to be seen through it. Black ice is often practically invisible to drivers, and thus presents a risk of sudden sliding and subsequent accidents.

1 품사	☐ 동 ☐ 형 ☐ 명 ☐ 부
2 문맥	빙판은 거의 _____ 지표면이 그것을 통과하여 보이게 한다.
3 분석	trans+parent(나타나다)

---

05 동, 가하지만　06 동, 재활 치료하기　07 동, 가라앉지　08 명, 대칭　09 형, 투명하여

inflict

[inflíkt]

[동] (괴로움 등을) **가하다, 안기다**

01 Our moral intuitions tell us that it is never right to **inflict** punishment on an innocent individual.

• inflication [명] (괴로움 등을) 가함; 고통

---

rehabilitate

[ri:həbílətèit]

[동] 1. **재활 치료를 하다** 2. (명예를) **회복시키다** 3. (건물을) **복원시키다**

02 He did all the work to **rehabilitate** his shoulder.

03 To **rehabilitate** his public image, he performed numerous acts of charity.

04 This project will conserve and **rehabilitate** the historic building to prevent further degradation.

• rehabilitation [명] 1. 사회복귀, 갱생 2. 회복 3. 복원

---

subside

[səbsáid]

[동] 1. **가라앉다, 진정되다** 2. (물이) **빠지다**

sub(down) + **side**(settle)

05 The intensity of the anger **subsided** over the following days.

06 An hour later, the flood waters began to **subside**.

---

symmetry

[símətri]

[명] **대칭, 균형** (↔ asymmetry 비대칭, 불균형)

sym(together) + **metry**(measure) → 치수가 일치함

07 The perfect **symmetry** of the design is what helps the vase balance.

---

transparent

[trænspέərənt]

[형] 1. **투명한** 2. **명료한, 알기 쉬운** (= obvious)

trans(across) + **parent**(appear) → 가로질러 나타나다 → (투명해서) 잘 보이다

08 The insect's wings are so thin that they are almost **transparent**.

09 Official documents should be as **transparent** as possible.

---

01 우리의 도덕적 직관은 죄 없는 개인에게 처벌을 **가하는** 것이 결코 옳지 않다는 것이다. 02 그는 어깨 **재활 치료를 하기** 위해 모든 일을 했다. 03 자신의 대중적 이미지를 **회복시키기** 위해 그는 수많은 자선 행위를 했다. 04 이 프로젝트는 더 악화되는 것을 막기 위해 그 역사적 건물을 보존하고 **복원할** 것이다. 05 분노의 강도는 날이 지남에 따라 **가라앉았다.** 06 한 시간 뒤, 홍수로 불어난 물이 **빠지기** 시작했다. 07 디자인의 완벽한 **대칭**은 그 꽃병이 균형을 이루는 것을 돕는다. 08 곤충의 날개는 너무나 얇아서 거의 **투명하다.** 09 공문서는 가능한 한 **알기 쉬워야** 한다.

테마로 외우는 어휘 IV
신체와 감정

신체 부위 · 기관(organ)

신체 여러 명칭 Appendix 500쪽

1601
skeleton
[skélətən]

명 골격, 뼈대

01 The dinosaur **skeleton** has remained untouched for millions of years.
모의응용

1602
spine *
[spain]

명 1. 척추, 등뼈(= backbone) 2. (동식물의) 가시

02 Cindy was suffering from back pain, since she had an injury to her **spine**.
03 cactus **spines**

1603
limb
발음주의 [lim]

명 사지, 팔다리

04 I volunteered as a portrait model. It was fun but my **limbs** got tired and stiff. 모의응용

1604
flesh
[fleʃ]

명 1. (사람, 동물의) 살; 피부 2. (과일 등의) 과육

05 The injury was a light **flesh** wound and healed in a few days.
06 I cut the watermelon in half and scraped out the **flesh** with a spoon.

1605
artery
[ɑ́ːrtəri]

명 동맥

07 **Arteries** carry blood from the heart to all parts of the body.

1606
vein *
[vein]

해부·장기 Appendix 501쪽

명 정맥; (식물의) 잎맥

08 **Veins** carry blood back to the heart.

---

01 그 공룡의 **뼈대**는 수백만 년 동안 손대지 않은 채로 남아 있다. 02 Cindy는 **척추**에 부상을 입어서 요통을 앓고 있었다. 03 선인장 **가시** 04 나는 초상화 모델로 자원했다. 그것은 재밌었지만 내 **팔다리**는 피로하고 뻣뻣해졌다. 05 그 상처는 가벼운 **피부** 상처였고 며칠 만에 나았다. 06 나는 수박을 반으로 잘라서 숟가락으로 **과육**을 파냈다. 07 **동맥**은 심장에서 신체의 모든 부위로 혈액을 운반한다. 08 **정맥**은 심장으로 혈액을 다시 운반한다.

nerve**

[nəːrv]

ⓝ 1. 신경 2. 긴장, 불안(= strain)

01 A group of **nerve** cells called mirror neurons enables us to empathize with others. 모의응용
02 The singer drank water to calm his **nerves** before a performance.

---

pupil**

발음주의 [pjúːpəl]

ⓝ 1. 동공, 눈동자 2. 학생

03 **Pupils** contract in bright light, and expand in darkness.
04 There are 30 **pupils** in the music class.

신체 감각 · 작용

optical*

발음주의 [ɑ́ptikəl]

ⓐ 1. 시각[시력]의, 눈의 2. 광학의, 빛의

optic(visible, seen)+**al**(ⓐ) → 눈에 보이는

05 It's important to get regular **optical** exams for the health of your eyes.
06 **optical** lens

---

aural

발음주의 [ɔ́ːrəl]

ⓐ 청각의, 귀의(= auditory)

aur(ear)+**al**(ⓐ) → 귀의

07 Prolonged exposure to loud noises can cause permanent damage to the **aural** nerves.

---

acoustic

강세주의 [əkúːstik]

ⓐ 1. 청각의, 음향의 2. (악기가) 전자 장치를 쓰지 않는

acous(hear)+**tic**(ⓐ) → 청각의

08 Scientists have developed **acoustic** devices for improving hearing.
09 an **acoustic** guitar

---

01 거울 뉴런이라 불리는 **신경** 세포군은 우리가 다른 사람들에 공감하게 해준다. 02 그 가수는 공연 전에 **긴장**을 가라앉히기 위해 물을 마셨다. 03 **동공**은 밝은 빛에서 수축하고 어둠 속에선 팽창한다. 04 30명의 **학생들**이 음악 수업에 있다. 05 눈 건강을 위해 정기적인 **시력** 검사를 받는 것이 중요하다. 06 **광학** 렌즈 07 큰 소음에 장기간 노출되는 것은 **청각** 신경에 영구적인 손상을 초래할 수 있다. 08 과학자들은 청력 개선을 위한 **청각** 장치들을 개발해왔다. 09 **전자 장치를 쓰지 않는** 기타 (통기타)

1612

odor

발음주의 [óudər]

명 냄새, (특히) 악취

01 The sense of taste is a combination of perceiving taste and **odor**.

1613

texture

[tékstʃər]

명 감촉, 질감; 결

02 This product will help you to improve the **texture** of your skin.

1614

respire

[rispáiər]

동 호흡하다, 숨 쉬다 (= breathe)

re(again and again) + **spire**(breathe) → 반복해서 숨을 쉬다

03 The patient was **respiring** with some difficulty, but her heartbeat was stable.

cf. inhale 숨을 들이마시다 (↔ exhale 숨을 내쉬다)

• **respiration** 명 호흡
• **respiratory** 형 호흡의, 호흡 기관의

1615

pulse **

[pʌls]

명 1. 맥박; 고동 2. (규칙적인) 진동; 박자 (= beat)

04 If you want to give blood, your **pulse** should be between 50 to 100 beats per minute. 모의응용
05 the strong **pulse** of the music

1616

perspire

[pərspáiər]

동 땀을 흘리다, 땀이 나다 (= sweat)

per(through) + **spire**(breathe) → (땀을 통하여) 호흡하다 → 땀이 나다

06 I have an important test in an hour and my palms are already **perspiring**.

• **perspiration** 명 땀 (흘리기) (= sweat)

1617

saliva *

발음주의, 강세주의
[səláivə]

명 타액, 침

07 **Saliva** is the liquid produced in your mouth which helps you to swallow food.

---

01 미각은 맛과 **냄새**를 인지하는 것의 조합이다. 02 이 제품은 피부 **결**을 개선하도록 도와줄 것이다. 03 그 환자는 조금 힘들게 **호흡하고** 있었으나, 그녀의 심장박동은 안정적이었다. 04 헌혈을 하고 싶다면, **맥박**이 1분에 50회에서 100회 사이가 되어야 한다. 05 그 음악의 강한 **박자** 06 나는 중요한 시험이 한 시간 후에 있어서 내 손바닥은 이미 **땀이 나고** 있다. 07 **침**은 음식 삼키는 것을 돕는 입안에서 생성되는 액체이다.

1618
sniff
[snif]

통 코를 훌쩍이다; 냄새를 맡다 명 킁킁거리며 냄새 맡음

01 Detection dogs **sniff** out drugs and other illegal items in passengers' baggage. 모의응용

1619
stumble
[stʌ́mbl]

통 발을 헛디디다; 비틀거리다 명 발을 헛디딤

02 I could have won the hurdles race but I **stumbled** over the final hurdle and fell.

1620
smash
[smæʃ]

통 1. 세게 때리다; 박살 내다 2. 충돌하다; 충돌시키다
명 1. 박살(내는 소리) 2. 충돌

03 Someone **smashed** one of my car's windows and stole money.
04 Four people were seriously injured in the car **smash**.

1621
haul
발음주의 [hɔːl]

통 1. 세게 끌어당기다 2. 운반하다

05 The sailors were **hauling** up an anchor.
06 Until the early 1900s, most freight was **hauled** by rail to cities.

1622
thrust
thrust-thrust
[θrʌst]

통 밀치다; 찌르다 명 찌르기

07 When humans hunted big game 100,000 years ago, they **thrust** at the animals with spears. 모의응용

1623
slap
[slæp]

통 철썩 때리다 명 철썩 때리기; 철썩 부딪치는 소리

08 The elephant can use its ears as effective fans to **slap** annoying flies.
모의응용

---

01 탐지견들은 승객들의 가방 안에 있는 마약이나 다른 불법적인 물건들의 **냄새를 맡는다**. 02 나는 그 장애물 경주에서 이길 수 있었는데 마지막 장애물에 **발을 헛디뎌서** 넘어졌다. 03 누군가가 내 차의 창문 하나를 **박살 내고** 돈을 훔쳐갔다. 04 차 **충돌**로 4명의 사람이 심각하게 다쳤다. 05 선원들은 닻을 **끌어** 올리고 있었다. 06 1900년대 초까지, 대부분의 화물은 철도를 통해 도시로 **운반되었다**. 07 인류가 10만 년 전에 큰 사냥감을 사냥할 때, 그들은 창으로 동물들을 **찔렀다**. 08 코끼리는 자신의 귀를 성가신 벌레들을 **철썩 때리는** 유용한 부채로 사용할 수 있다.

1624
tilt
[tilt]

동 기울다; 기울이다 명 기울기

01 If you get water in your ears, **tilt** your head slightly to one side and shake it out.

건강 관리(healthcare) · 신체 상태

1625
sanitary
[sǽnətèri]

형 위생의, 위생적인(↔ unsanitary 비위생적인)

sanit(health)+**ary**(형) → 위생의

02 Poor **sanitary** conditions are one of the reasons that disease spreads.

• sanitation   명 위생 관리; 위생 시설

1626
hygiene
발음주의 [háidʒiːn]

명 위생, 청결

03 Brushing your teeth regularly is an important part of dental **hygiene**.

1627
immune**
강세주의 [imjúːn]

형 1. 면역성이 있는, 면역의 2. 면제되는, 면하는(= exempt)

04 Sleep deprivation can have a great impact on the **immune** system.
모의응용

05 Some of the politicians seem to be **immune** from punishment.

• immunity   명 1. 면역력 2. 면제
• immunize   동 면역력을 갖게 하다

1628
sturdy*
[stə́ːrdi]

형 (몸이) 튼튼한, 건장한; (물건이) 견고한(= robust)

06 Since she works out regularly, my grandmother is still **sturdy** despite her old age.

---

01 귀에 물이 들어가면 머리를 한쪽으로 약간 **기울여** 물을 털어내리. 02 열악한 **위생** 상태는 질병이 확산되는 이유 중 하나이다. 03 규칙적으로 양치하는 것은 치아 **위생**의 중요한 부분이다. 04 수면 부족은 **면역** 체계에 엄청난 영향을 줄 수 있다. 05 몇몇 정치인들은 처벌을 **면하는** 것처럼 보인다. 06 우리 할머니는 규칙적으로 운동하셔서 많은 나이에도 불구하고 여전히 **튼튼하시다.**

1629

stout

[staut]

형 1. (사람이) 통통한, 뚱뚱한 2. (물건이) 튼튼한

01 A **stout** man was jogging in the park.
02 These **stout** shoes won't wear out on a hike.

> | 체형 |
>
> **thin** 《가장 일반적》 마른
> **slender** 날씬한, 보기 좋게 마른(= slim)
> **skinny** 《지나치게》 마른
>
> **chubby** 《특히 아이가》 토실토실한, 통통한
> **plump** 《긍정적》 통통한 《fat보다 완곡한 표현》

1630

weary

발음주의 [wíəri]

형 1. (몹시) 지친, 피곤한(= tired, exhausted) 2. 싫증 난

03 After vigorous exercise, it's important to rest your **weary** arms and legs.
04 Ann was **weary** of wearing the same clothes every day.

◆ **be weary of** ~에 지치다, ~에 싫증이 나다

1631

obesity **

발음주의, 강세주의
[oʊbíːsəti]

명 비만, 비대

05 Working out regularly helps to prevent **obesity**.
cf. overweight 과체중의

• obese 형 비만의(= fat)

체중 관리와 적절한 영양 공급은 주의해야 할 건강 관리 요소 중의 하나이므로 관련 내용이 기출에 자주 등장한다. 또한, 운동이나 음식 조절 등을 통해 신진대사를 활발하게 하면 비만 예방에 도움이 되므로 다이어트 관련 내용에 신진대사가 자주 등장한다.

1632

diet **

[dáiət]

명 1. 식습관; 식사 2. 식이요법; 다이어트 동 다이어트하다

06 Changing your **diet** is the easiest way to be healthier. 모의응용
07 My mom lost a lot of weight through **diet** and exercise.

• dietary 형 1. 식사의, 음식의 2. 식이요법의

1633

metabolism *

발음주의, 강세주의 [mətǽbəlizəm]

명 신진대사, 물질대사 → 신진대사란 섭취한 영양물질을 생명 활동에 필요한 에너지로 전환하고 필요하지 않은 물질은 몸 밖으로 내보내는 체내의 화학작용이다.

08 A person with a slow **metabolism** easily gains weight.

• metabolic 형 신진대사의

---

01 한 **통통한** 남자가 공원에서 조깅을 하고 있었다. 02 이 **튼튼한** 신발은 하이킹에도 닳지 않는다. 03 격렬한 운동 후에는 **지친** 팔다리를 쉬게 해주는 것이 중요하다. 04 Ann은 매일 같은 옷을 입는 것에 **싫증이 났다**. 05 규칙적으로 운동하는 것은 **비만**을 예방하는 데 도움이 된다. 06 **식습관**을 바꾸는 것은 더 건강해지는 가장 쉬운 방법이다. 07 우리 엄마는 **식이요법**과 운동을 통해 살을 많이 뺐다. 08 **신진대사**가 느린 사람은 체중이 쉽게 는다.

1634

digest **

발음주의, 강세주의
[동][daidʒést, didʒést]
[명][dáidʒest]

[동] 1. 소화하다 2. 이해하다 [명] 요약(문)

01 If you chew your food slowly and many times, it is easier to **digest**.
02 The students seem to need time to **digest** the information.
03 a **digest** of yesterday's meeting

- digestion [명] 소화(작용), 소화력 (↔ indigestion 소화 불량)
- digestive [형] 소화의

1635

nourish *

발음주의 [nə́ːriʃ]

[동] 1. 영양분을 공급하다 2. (생각, 감정 등을) 키우다, 육성하다 (= cultivate)

04 Children need plenty of fresh food to **nourish** them.
05 The school has made a great effort to **nourish** students' musical talent.

- nourishment [명] 영양(분), 자양(분)

1636

nutrition **

[nuːtríʃən]

[명] 영양 (섭취)

06 A lack of knowledge about **nutrition** can result in obesity at a young
age. 모의응용

cf. malnutrition 영양실조

- nutrient [명] 영양소, 영양분
- nutritionist [명] 영양사, 영양학자
- nutritious [형] 영양의, 영양분이 있는

| 각종 영양소 |

| protein 단백질 | mineral 무기질 | carbohydrate 탄수화물 |
| vitamin 비타민 | fat 지방 | calcium 칼슘 |

1637

fiber / fibre **

발음주의 [fáibər]

[명] 섬유(질)

07 Fruits are rich in dietary **fiber**, which can help lower cholesterol.

1638

longevity *

발음주의, 강세주의
[lɑndʒévəti]

[명] 장수(長壽), 오래 삶

08 A 100-year-old man said the key to his **longevity** was exercise and
healthy eating habits.

---

01 음식을 천천히 여러 번 씹으면, **소화하기**가 더 쉽다. **02** 그 학생들은 정보를 **이해하는** 데 시간이 필요해 보인다. **03** 어제 회의의 **요약문 04** 아이들은 **영양분을 공급하기** 위한 신선한 음식이 많이 필요하다. **05** 그 학교는 학생들의 음악적 재능을 **키우기** 위해 엄청난 노력을 해왔다. **06** 영양에 관한 지식 부족은 어린 나이에 비만을 초래할 수 있다. **07** 과일은 식이**섬유**가 풍부한데, 이는 콜레스테롤을 낮추는 데 도움이 될 수 있다. **08** 한 100세의 남성이 자신의 **장수** 비결은 운동과 건강한 식습관이라고 말했다.

1639

ground** [graund]

핵심 의미 **땅**

	1. 몡 땅, 지면; 토양
목적을 가진 땅	2. 몡 장소, -장(場), 마당
	3. 몡 《복수형》 (건물 주위의) 뜰, 구내
토대, 기반이 되는 것	4. 몡 이유, 근거 동 (~에) 이유[근거]를 두다
근거를 가지고 취하는	5. 몡 입장, 의견

※ 다음 각 문장에 쓰인 다의어의 의미를 위에서 찾아 그 번호를 (_____)에 쓰시오.

01 Smoking is banned anywhere on the hospital **grounds**. (_____)
02 My sister drew a picture of a bird on the **ground** with a stick. 모의응용 (_____)
03 All business should be **grounded** in mutual respect and trust. 모의응용 (_____)
04 a baseball **ground** (_____)
05 The two sides are trying to find some common **ground** on these issues. (_____)

• groundless   혱 근거 없는, 사실무근의

PART 8

Unit

41

1640

suit** [suːt]

핵심 의미 **따르다**

특정 상황에 따르는 옷	1. 몡 정장, (옷) 한 벌
법적 절차에 따르는 것	2. 몡 소송 (= lawsuit)
편의에 따르다	3. 동 적합하다 (= fit); 편리하다
옷, 색상 등이 적합하다	4. 동 어울리다

※ 다음 각 문장에 쓰인 다의어의 의미를 위에서 찾아 그 번호를 (_____)에 쓰시오.

06 This skirt with black stripes seems to really **suit** you. 모의응용 (_____)
07 Today's party is a formal event, so you should dress up in a **suit**. 모의응용 (_____)
08 Residents have filed **suit** against the construction company for noise pollution. (_____)
09 You should decide which job will best **suit** your personality. 모의응용 (_____)

◆ **file a suit** 소송을 제기하다

---

01 병원 ³**구내** 어디서든 흡연은 금지된다. 02 내 여동생은 막대기로 ¹**땅** 위에 새 한 마리의 그림을 그렸다. 03 모든 사업은 상호 존중과 신뢰에 ⁴**근거해야** 한다. 04 야구²**장** 05 양측은 이 문제들에 대한 공통된 ⁵**의견**을 찾기 위해 노력하고 있다. 06 이 검은 줄무늬 치마가 너에게 정말 ⁴**어울리는** 것 같다. 07 오늘 파티는 공식적인 행사이므로, 너는 ¹**정장**을 차려입어야 한다. 08 주민들은 소음 공해 때문에 건설 회사를 상대로 ²**소송**을 제기했다. 09 어떤 직업이 너의 성격에 가장 ³**적합할지** 결정해야 한다.

질병 일반

구체적인 병명은 대의 파악에 큰 영향을 미치지는 않으며, 본문 주석으로 주어질 가능성도 있다. 그러나 아래와 같은 관련 어휘들은 잘 알아두자.

1641

ailment
[éilmənt]

명 (심각하지 않은) **질병**(= illness)

01 The medicine can assist you with the treatment of common **ailments**.

1642

infect**
[infékt]

동 **감염[전염]시키다; 오염시키다**(= pollute, contaminate)

in(in) + fect(make) → 몸 안에 (병균을) 만들다

02 If you keep rubbing your eyes, they could become **infected**. 수능응용

• infection 명 감염, 전염
• infectious 형 전염되는, 전염성의

1643

contagious*
강세주의 [kəntéidʒəs]

형 **전염성의, 전염되는**(= infectious)

03 I have a highly **contagious** eye infection, so don't use my towel.

• contagion 명 전염(병), 감염

1644

epidemic*
강세주의 [èpədémik]

명 **전염병; 유행(병)** 형 **유행성의**

04 He died from an **epidemic** sweeping Vienna at the time.

1645

plague*
발음주의 [pleig]

명 **전염병**(= epidemic) 동 (한동안) **괴롭히다; 성가시게 하다**

05 A **plague** is a disease that can wipe out an entire city.
06 Financial problems have been **plaguing** the company.

---

01 그 약은 흔한 **질병**의 치료를 도울 수 있다. 02 눈을 계속 문지르면 눈이 **감염될** 수 있다. 03 내가 **전염성**이 높은 눈병에 걸렸으니 내 수건을 쓰지 마라. 04 그는 그 당시에 비엔나를 휩쓸고 간 **전염병**으로 사망했다. 05 **전염병**은 도시 전체를 전멸시킬 수 있는 질병이다. 06 재정적 문제들이 그 회사를 **괴롭혀** 오고 있다.

1646

chronic *

발음주의 [kránik]

[형] (주로 병이) 만성의; 만성 질환을 앓고 있는

01 I have suffered from **chronic** back pain.

• chronically   [부] 만성적으로

1647

acute

발음주의 [əkjúːt]

[형] 1. (질병이) 급성인, 급성의(↔ chronic 만성의) 2. 극심한, 격렬한 3. 예민한; 예리한

02 **Acute** respiratory infections can spread from one person to another.
03 The water shortage in this area is so **acute** that every well has run dry.
04 Thanks to their **acute** sense of hearing, owls can locate their prey easily.

1648

incurable

[inkjúərəbl]

[형] 불치의, 치유할 수 없는; (습관 등을) 바꿀 수 없는

in(not) + **cure**(치료하다) + **able**(형)

05 Parkinson's disease is an **incurable** disease of the nervous system.

1649

influenza *

강세주의 [ìnfluénzə]

[명] 유행성 감기, 독감(= flu)

06 There were lots of students absent from school last week because of **influenza**.

1650

주요 질환명   Appendix 502쪽

diabetes *

강세주의
[dàiəbíːtis, dàiəbíːtiz]

[명] 당뇨병

07 **Diabetes** is a disease in which the body cannot control its blood sugar levels.

1651

dental *

[déntl]

[형] 치아의, 치과의

08 Brushing your teeth three times a day is good for your **dental** health.

• dentist   [명] 치과 의사

1652

tumor / tumour

발음주의 [tjúːmər]

[명] 종양

09 serious disorders such as **tumors** and heart diseases 모의응용

---

01 나는 **만성** 요통으로 고통받아 왔다. 02 **급성** 호흡기 질환은 한 사람에서 다른 사람에게로 퍼질 수 있다. 03 이 지역의 물 부족은 너무 극심해서 모든 우물이 말라버렸다. 04 **예민한** 청력 덕분에, 올빼미는 먹이의 위치를 잘 찾아낼 수 있다. 05 파킨슨병은 신경 계통의 **불치병**이다. 06 지난주에 **독감**으로 학교를 결석한 학생들이 많았다. 07 **당뇨병**은 신체가 체내 혈당 수치를 조절하지 못하는 질병이다. 08 하루에 세 번 이를 닦는 것은 **치아** 건강에 좋다. 09 **종양**과 심장 질환과 같은 심각한 질병

1653

handicapped**

[hǽndikæpt]

형 장애가 있는 (= disabled)

01 He has been physically **handicapped** since his motorcycle accident.

cf. lame 절름발이의, 다리를 저는

• handicap 명 1. 장애 2. 핸디캡, 불리한 조건 동 불리하게 만들다

1654

cripple

[krípl]

동 장애를 입히다; 손상시키다

02 The **crippled** artist has overcome his handicap by painting with his toes.

증상(symptom)

1655

swell

swelled-swelled/swollen
[swel]

동 1. 붓다, 부풀다 2. 증가하다, 팽창하다

03 My arm **swelled** up where I was stung by a bee.

04 The population has **swelled** in recent years.

1656

itchy

[itʃi]

형 가려운

05 My eyes feel **itchy** because I stared at the computer screen all day.

• itch 동 가렵다 명 가려움

1657

bruise

발음주의 [bru:z]

명 멍, 타박상 동 멍이 생기다

06 Dad was shocked at the terrible **bruise** on my face. 모의응용

| 눈에 보이는 피부 증상 |

| rash 발진 | blister 물집, 수포 |
| mole 1. 사마귀, 점 2. 두더지 | scar 흉터, 상처 |

1658

sprain

[sprein]

동 (손목, 발목 등을) 삐다, 접질리다

07 Kevin had a bike accident and **sprained** his ankle. 모의응용

1659

limp*

[limp]

동 다리를 절다, 절뚝거리다 명 절뚝거림

08 The tennis player was **limping** badly because of a knee injury.

---

01 그는 오토바이 사고 이후로 신체적 **장애가 있다. 02 장애를 입은** 예술가는 자신의 발가락으로 그림을 그림으로써 그의 장애를 극복했다. **03** 내 팔의 벌에 쏘인 곳이 **부었다. 04** 최근 몇 년간 인구가 **증가해** 왔다. **05** 온종일 컴퓨터 스크린을 보았더니 내 눈이 **가려운** 느낌이다. **06** 아빠는 내 얼굴의 심한 **멍**을 보고 놀라셨다. **07** Kevin은 자전거 사고를 당해서 발목을 **삐었다. 08** 그 테니스 선수는 무릎 부상으로 심하게 **절뚝거리고** 있었다.

1660

paralyze *
발음주의, 강세주의
[pǽrəlàiz]

图 마비시키다; 무력하게 하다

01 David's grandfather was **paralyzed** by a severe accident.

• paralysis 阅 마비

1661

numb
발음주의 [nʌm]

阅 감각이 없는, 마비된 图 감각을 잃게 하다

02 The left side of my face was still **numb** an hour after the surgery.

1662

strain
[strein]

阅 1. (근육의) 긴장, 삠 2. 부담, 압박

图 1. (근육에) 무리를 주다 2. 잡아당기다; 압박을 주다

03 I tried to think calm thoughts to cope with the **strain** of the job interview.
04 I **strained** a muscle in my back moving my new sofa yesterday.
05 Several workers **strained** at the rope, trying to move the machine.

1663

allergy **
발음주의 [ǽlərdʒi]

阅 알레르기, 과민증

06 Food **allergies** can result in a variety of different symptoms.

• **have an allergy to** ~에 알레르기가 있다; ~을 아주 싫어하다

• allergic 阅 알레르기가 있는, 알레르기의

1664

dehydration
발음주의, 강세주의
[dìːhaidréiʃən]

阅 탈수(증); 건조

07 If you don't get enough water, you'll eventually experience **dehydration**.

• dehydrate 图 건조시키다

1665

vomit
발음주의 [vάmit]

图 토하다, 게우다(= throw up)

08 You may **vomit** or have a headache after taking this medicine.

---

01 David의 할아버지는 심각한 사고로 **마비되셨다**. 02 내 얼굴 왼쪽이 수술 한 시간 후에도 여전히 **감각이 없었다**. 03 나는 구직 면접의 **부담**에 대처하기 위해 편안한 생각을 하려 했다. 04 나는 어제 새 소파를 옮기다가 등 근육에 **무리를 주었다**. 05 여러 작업자가 기계를 움직이려고 밧줄을 **잡아당겼다**. 06 음식 **알레르기**는 여러 가지 다양한 증상을 유발할 수 있다. 07 물을 충분히 마시지 않으면, 결국 **탈수증**을 경험하게 될 것이다. 08 이 약을 복용하고 나면 **토하거나** 두통이 있을지도 모른다.

1666

choke
[tʃouk]

동 1. **질식시키다, 숨 막히게 하다** 2. (성장, 발전을) **저해하다**; (식물을) **마르게 하다**
명 **질식**

01 The child almost **choked** to death after swallowing a fish bone.
02 The flowers were **choked** out by the weeds.

> | 기타 신체적 증상 |
> dizzy 어지러운   seizure 발작
> cramp (근육의) 경련, 쥐   diarrhea 설사
> insomnia 불면증

의료 행위

의료 행위는 의학적 지식을 기초로 진료, 진찰, 처방, 투약 또는 외과적 시술 순으로 이루어지므로 시간 순서로 기억하는 것이 효율적이다.

1667

vaccine **
[væksíːn]

명 **(예방) 백신**

03 A **vaccine** is usually given by injection to prevent a disease.

• vaccinate 동 예방 접종을 하다
• vaccination 명 예방 접종

1668

diagnose **
강세주의 [dáiəgnòus]

동 (질병 등을) **진단하다**

dia(apart) + **gnose**(learn) → 구별하여 알다

04 A man was **diagnosed** with cancer and given only months to live. 모의응용

• diagnosis 명 진단

1669

remedy *
[rémədi]

명 1. **치료(약)** 2. **해결책** 동 **바로잡다, 개선하다**(= cure 치료(약); 바로잡다, fix)

05 A tea made from basil leaves is used as a **remedy** for colds in India.
06 Building more roads isn't always the best **remedy** for traffic congestion.

cf. medication 약물 (치료)

---

01 그 아이는 생선 가시를 삼키고 **질식하여** 죽을 뻔했나. 02 꽃들은 잡초들로 인해 **말라버렸다.** 03 백신은 질병을 예방하기 위해 대개 주사로 투여된다. 04 한 남자가 암을 **진단받고** 고작 몇 달의 시한부 선고를 받았다. 05 인도에서는 바질 잎으로 우려낸 차가 감기 **치료약**으로 사용된다. 06 더 많은 도로를 건설하는 것이 항상 교통 혼잡에 대한 최선의 **해결책**은 아니다.

1670
hospitalize*
강세주의 [háspitəlàiz]

동 입원시키다

01 Diana had to be **hospitalized** for a few days after a car accident.

1671
painkiller*
[péinkìlər]

명 진통제

02 The nurse bandaged my sprained ankle and injected a **painkiller**.

1672
sterilize
강세주의 [stérəlàiz]

동 살균하다, 소독하다

steril(e)(barren) + **ize**(동) → (세균이) 생식하지 않도록 하다

03 Alcohol is used to **sterilize** wounds.

1673
transfusion
[trænsfjúːʒən]

명 수혈; 주입

trans(across) + **fus**(pour) + **ion**(명) → 다른 곳으로 흘려 넣음

04 The patient needs regular blood **transfusions** and a lot of medication.

1674
prescribe**
[prìskráib]

동 1. (약을) 처방하다 2. 규정하다

pre(before) + **scribe**(write) → 미리 쓰다 → 미리 정해놓다

05 All the medications the doctor **prescribed** have been very effective for me. 모의응용
06 The government **prescribes** the rules we must follow.

• prescription 명 처방(전); 처방약

1675
dose
발음주의 [dous]

명 (약의 1회분) 복용량, 투여량 동 (약을) 투여하다

07 If the pain is hard to endure, increase the **dose** of painkillers.

• dosage 명 (약의) 복용량; 정량

01 Diana는 교통사고 이후에 며칠간 **입원해야** 했다. 02 그 간호사는 내 삔 발목을 붕대로 감고 **진통제**를 주사했다. 03 알코올은 상처를 **소독하는** 데 사용된다. 04 그 환자는 정기적인 **수혈**과 많은 약물치료가 필요하다. 05 그 의사가 **처방해준** 모든 약이 나에게 매우 효과가 있어 왔다. 06 정부는 우리가 따라야 할 규칙들을 **규정한다**. 07 통증을 견디기 힘들다면 진통제 **복용량**을 늘리십시오.

1676

alleviate

강세주의 [əlíːvièit]

동 (고통 등을) **완화하다, 덜다**(= relieve) (↔ aggravate 악화시키다)

al(to) + **levi**(light) + **ate**(동) → 가볍게 하다

01 The doctor prescribed some medicine to **alleviate** her pain.

1677

soothe

발음주의 [suːð]

동 1. (고통 등을) **완화하다, 덜다**(= relieve) 2. (사람을) **달래다, 진정시키다**(= calm)

02 This cream will help to **soothe** your aching muscles.

03 The waiter tried to **soothe** the angry customer.

● **soothing** 형 위로하는, 달래는

1678

stroke** [strouk]

필수 다의어 1

핵심 의미 **타격, 치기**

	1. 명 **타격, 타법; 때리기, 치기**
한 차례의 성공적인 행동	2. 명 **성공적인 일[행동, 생각]**
뇌혈관에 타격	3. 명 **뇌졸중; 발작**
물을 치며 나아감	4. 명 **수영법; 노 젓기**
연필, 붓으로 쳐서 만드는	5. 명 (글씨, 그림의) **한 획**
손으로 털 등을	6. 동 (특히 동물을) **쓰다듬다**

※ 다음 각 문장에 쓰인 다의어의 의미를 위에서 찾아 그 번호를 (____)에 쓰시오.

04 Dad had suffered a **stroke** so he couldn't speak well. (____)

05 The painter made a single brush **stroke** on the white canvas. 모의응용 (____)

06 In the park, some kids **stroked** my dog and played with him. (____)

07 Today I learned a new **stroke** in my swimming lesson. (____)

08 Making paper straws was a **stroke** of genius. (____)

09 The tennis player played some beautiful **strokes**. (____)

● **at a[one] stroke** 단번에

---

01 의사는 그녀의 통증을 **완화하기** 위해 약을 처방했다. 02 이 크림은 너의 아픈 근육을 **완화하는** 데 도움이 될 것이다. 03 그 웨이터는 화가 난 손님을 **진정시키려** 애썼다. 04 아빠는 ³**뇌졸중**을 앓으셔서 말을 잘 하지 못하셨다. 05 그 화가는 하얀 캔버스에 붓으로 거친 ⁵**한 획**을 그었다. 06 공원에서 아이들이 내 강아지를 ⁶**쓰다듬고** 함께 놀았다. 07 나는 오늘 수영 수업에서 새로운 ⁴**수영법**을 배웠다. 08 종이 빨대를 만드는 것은 ²**(성공적인)** 기발한 **생각**이었다. 09 그 테니스 선수는 몇몇 멋진 ¹**타법**을 보여주었다.

1679

due ** 발음주의 [dju:]

핵심 의미 **당연히 치러야 할**

	1. 휑 ~하기로 되어 있는, ~할 예정인
원인을 ~에 돌려야할	2. 휑 ~ 때문에, ~로 인한
돈을 갚기로 되어 있는	3. 휑 지불해야 할
권리, 자격 있는 대상에게	4. 휑 마땅한, 적절한

※ 다음 각 문장에 쓰인 다의어의 의미를 위에서 찾아 그 번호를 (_____)에 쓰시오.

01 Please note that your next payment is **due** on August 15. (_____)

02 Alison is pregnant and her baby is **due** on Christmas Day. (_____)

03 We can prevent car accidents if we drive with **due** care and attention. (_____)

04 I think climate change is **due** to the actions of industrialized countries. (_____)

◆ **due to** ~ 때문에

◆ **due date** 만기일

PART 8

Unit
42

1680

case ** [keis]

필수 다의어 3

핵심 의미 **일어난 일 / 상자**

특정하게 일어난 일	1. 명 경우, 사례
일어난 일에 대한 상황	2. 명 실정, 사실
일어난 일 중 법에 관련된 것	3. 명 (경찰이 조사 중인) 사건
	4. 명 소송 (사건)
	5. 명 상자, 통

※ 다음 각 문장에 쓰인 다의어의 의미를 위에서 찾아 그 번호를 (_____)에 쓰시오.

05 I'm sure you will win your **case**. (_____)

06 Have you seen my eyeglasses **case**? (_____)

07 You may think I made this food, but this is not the **case**. Someone else did. (_____)

08 A dozen police officers are investigating the murder **case**. (_____)

09 In the **case** of vacuum cleaners, make sure to change the dust bag regularly for hygiene. 모의응용

(_____)

◆ **(just) in case** ~할 경우에 대비해서

01 귀하의 다음 지불은 8월 15일에 **³지불해야 하는** 것을 확인해주십시오. **02** Alison은 임신했고, 아기는 크리스마스에 태어날 **¹예정이다**. **03** **⁴적절한** 관심과 주의를 기울이면 자동차 사고를 예방할 수 있다. **04** 나는 기후 변화가 산업화된 국가의 행동 **²때문이라고** 생각한다. **05** 나는 네가 **⁴소송에서** 이길 거라고 확신한다. **06** 내 안경 **⁵통** 본 적 있니? **07** 너는 내가 이 음식을 만들었다고 생각할지 모르겠지만, **²사실이** 아니다. 다른 누군가가 만들었다. **08** 십여 명의 경찰관들이 그 살인 **³사건을** 조사하고 있다. **09** 진공청소기의 **¹경우**, 위생을 위해 먼지 주머니를 반드시 정기적으로 갈아라.

기분, 감정과 관련된 어휘는 글의 뉘앙스, 목적, 예상되는 흐름 등을 쉽게 파악할 수 있는 단서가 된다.

감정 일반

1681
arouse
발음주의 [əráuz]

동 1. (감정, 태도 등을) **불러일으키다** (= evoke, stir up); **자극하다**
2. (잠에서) **깨우다** (= awaken)

01 The rumors about the new smartphone **aroused** strong interest internationally.
02 My sister was sleeping so soundly that I had difficulty **arousing** her.

1682
invoke
[invóuk]

동 1. (느낌을) **불러일으키다** 2. (법 등을) **적용하다**

03 Old-fashioned film cameras are getting popular because they **invoke** memories.
04 The relevant laws will be **invoked** against offenders spreading fake news.

1683
provoke*
강세주의 [prəvóuk]

동 (감정 등을) **불러일으키다; 유발하다**

pro(forth) + **voke**(call) → 앞으로 불러내다

05 His speech **provoked** both tears and laughter.

1684
manifest*
강세주의 [mǽnəfèst]

동 (감정, 태도 등을) **분명히 나타내다** 형 **분명한, 명백한**

06 The workers **manifested** their dissatisfaction in a series of strikes.

1685
outburst
[áutbə̀ːrst]

명 1. (감정의) **폭발, 분출** (= explosion) 2. (특정 활동의) **급격한 증가**

out(밖으로) + **burst**(폭발) → (감정 등이) 밖으로 폭발한 것

07 Sudden emotional **outbursts** can be calmed with meditation.
08 The president expressed concern about the latest **outburst** of violence.

---

01 새로운 스마트폰은 국제적으로 큰 관심을 **불러일으켰다**. **02** 내 여동생이 너무 깊게 자고 있어서 나는 그녀를 **깨우기** 힘들었다. **03** 구식 필름 카메라가 추억을 **불러일으키기** 때문에 인기를 얻고 있다. **04** 가짜 뉴스를 퍼트리는 범죄자들에게는 관련된 법이 **적용될** 것이다. **05** 그의 연설은 웃음과 눈물 모두를 **유발했다**. **06** 근로자들은 일련의 파업으로 자신들의 불만을 **분명히 나타냈다**. **07** 갑작스러운 감정 **분출**은 명상으로 진정될 수 있다. **08** 대통령은 최근 폭력 사건의 **급격한 증가**에 관한 우려를 표했다.

1686

agreeable

[əgríːəbl]

형 1. 기분 좋은; 쾌활한(↔ disagreeable 유쾌하지 않은; 무뚝뚝한)

2. 기꺼이 동의하는; 알맞은

01 Mary has an **agreeable** personality, so many people like her.

02 My friend was **agreeable** to leaving early because she was exhausted.

1687

grin*

grinned-grinned-grinning
[grin]

동 (이를 드러내고) 씩 웃다, 활짝 웃다

03 My father **grinned** and waved to me as soon as he saw me.

cf. giggle 낄낄 웃다, 키득거리다

1688

rejoice

[ridʒɔ́is]

동 크게 기뻐하다

re(강조)+**joice**(joy, be glad) → 매우 기뻐하다

04 Nancy always **rejoiced**, even at little successes or small steps forward.

모의응용

1689

ecstasy

[ékstəsi]

명 황홀(감), 무아의 경지

05 We experienced **ecstasy** as the chocolates melted on our tongues.

슬픔 · 괴로움

1690

grief*

[griːf]

명 비탄, 큰 슬픔

06 It took years for Olivia to get over her **grief** at the death of her mother.

• grieve 동 비탄하다, 몹시 슬퍼하다

---

01 Mary는 **쾌활한** 성격이어서 많은 사람들이 그녀를 좋아한다. **02** 내 친구는 지쳤기 때문에 일찍 떠나는 데 **기꺼이 동의했다**. **03** 우리 아버지는 나를 보자마자 **활짝 웃으며** 손을 흔드셨다. **04** Nancy는 작은 성공이나 작은 진전에도 항상 **크게 기뻐했다**. **05** 우리는 초콜릿이 우리 혀에서 녹을 때 **황홀감을** 경험했다. **06** Olivia가 어머니의 죽음에 대한 **큰 슬픔을** 극복하는 데 수년이 걸렸다.

1691

weep *

wept-wept
[wiːp]

동 울다, 눈물을 흘리다

01 My brother and I **wept** at the news of my grandmother's death.

1692

lament

[ləmént]

동 슬퍼하다, 한탄하다 명 애도

02 The poet **lamented** the loss of his friend and wrote a poem about it.

1693

mourn

발음주의 [mɔːrn]

동 (죽음을) 슬퍼하다, 애도하다

03 My little brother **mourned** the death of his dog, crying constantly. 모의응용

1694

wail

[weil]

동 (슬픔, 통증으로) 통곡하다, 울부짖다 명 통곡, 울부짖음

04 When he broke his leg in the soccer match, he **wailed** in pain.

1695

sob

sobbed-sobbed-sobbing
[sɑb]

동 흐느껴 울다, 흐느끼다

05 "Please don't leave me alone," he **sobbed**.

1696

miserable **

[mízərəbəl]

형 비참한, 불쌍한; 괴로운

06 He looked cold and **miserable** in the rain.

cf. melancholy 우울(한), 울적한

---

01 남동생과 나는 할머니께서 돌아가셨다는 소식에 **눈물을 흘렸다**. **02** 그 시인은 친구를 잃은 것을 **슬퍼하며** 그것에 대한 시를 한 편 썼다. **03** 내 남동생은 끊임없이 울며 반려견의 죽음을 **슬퍼했다**. **04** 축구 시합에서 다리가 부러졌을 때, 그는 고통에 **울부짖었다**. **05** "제발 나를 혼자 두지 마세요"라고 그가 **흐느꼈다**. **06** 그는 빗속에서 춥고 **불쌍해** 보였다.

1697

distress **

강세주의 [distrés]

명 1. 고통, 괴로움 2. 곤궁, 빈곤

동 괴롭히다, 고민하게 하다(= torment 고통, 고뇌; 괴롭히다)

01 Empathetic **distress** occurs when people realize that their actions have had a bad effect on another person. 수능응용

02 financial **distress**

1698

agony

발음주의 [ǽgəni]

명 극심한 고통[괴로움](= anguish)

03 It was **agony** waiting for the results of the interview.

◆ **in agony** 몹시 괴로워하여

1699

groan

[groun]

동 (고통, 짜증으로) 신음하다, 끙끙거리다 명 신음

04 The man on the floor began to **groan** in pain.

cf. moan 1. 신음하다 2. 불평하다(= complain, grumble)

1700

console

발음주의, 강세주의
[kənsóul]

동 위로하다, 위안을 주다(= comfort, reassure)

05 I wrote letters every day to **console** the little girl whose mother had died. 모의응용

◆ consolation 명 위로, 위안(을 주는 것)

당황·놀람

1701

dismay

[disméi]

동 당황하게 하다; 크게 실망시키다 명 당황; 실망

06 My family enjoyed the meal but were **dismayed** by how much it cost.

---

01 공감적 **고통**은 사람들이 자신의 행동이 다른 사람에게 안 좋은 영향을 끼쳤음을 깨달을 때 생긴다. 02 경제적 **곤궁** 03 면접 결과를 기다리는 것은 **극심한 괴로움**이었다. 04 마루에 있는 그 남자는 고통으로 **신음하기** 시작했다. 05 나는 어머니가 돌아가신 어린 소녀를 **위로하기** 위해 매일 편지를 썼다. 06 우리 가족은 식사를 즐겼으나 든 비용에 **당황했다**.

1702
perplex
강세주의 [pərpléks]

⑧ 당혹케 하다, 난처하게 하다 (= embarrass, puzzle)

01 The teacher's question about the meaning of life **perplexed** students.

• perplexed ⑧ 당혹스러운, 난처한

1703
flush *
[flʌʃ]

⑧ 1. 얼굴이 붉어지다 2. (변기의) 물을 내리다
⑨ 1. 홍조 (= blush) 2. 물 내림

02 Lisa **flushed** with embarrassment when she made a mistake during her presentation.
03 The toilet **flushes** automatically.

1704
astonish **
강세주의 [əstániʃ]

⑧ 깜짝 놀라게 하다 (= amaze, astound)

04 He was **astonished** by the amount of junk in the house.

• astonishment ⑨ 깜짝 놀람
• astonishing ⑧ 깜짝 놀랄 만한 (= amazing, astounding)
• astonished ⑧ 깜짝 놀란 (= amazed)

1705
stun
stunned-stunned-stunning
[stʌn]

⑧ 1. 놀라게 하다 (= surprise) 2. (때려서) 기절시키다, 실신시키다

05 News of the earthquake **stunned** people throughout the world.
06 The man was **stunned** by the sudden blow to his head.

• stunning ⑧ 1. 깜짝 놀랄 2. 멋진

좋아함 • 애정

1706
affection **
[əfékʃən]

⑨ 애정, 애착 (= fondness)

07 Cute things, like a baby, awaken **affection** and make us want to take care of them. 모의응용

---

01 인생의 의미에 관한 선생님의 질문은 학생들을 **난처하게 했다.** 02 발표 중에 실수했을 때 Lisa는 당황해서 **얼굴이 붉어졌다.** 03 그 변기는 자동으로 **물이 내려간다.** 04 그는 그 집 안의 쓰레기의 양에 **깜짝 놀랐다.** 05 그 지진 소식은 전 세계의 사람들을 **놀라게 했다.** 06 그 남자는 머리에 가해진 갑작스러운 타격으로 **기절했다.** 07 아기 같은 귀여운 것들은 **애정**을 일깨우고 우리가 그것들을 돌보고 싶게 만든다.

1707

bond **

발음주의 [bɑnd]

동 1. 유대감을 형성하다 2. 접착시키다

명 1. 유대, 결속 2. 접착제 3. 채권 →　채권이란 국가, 공공 단체, 회사 등이 일반인으로부터 비교적 거액의 자금을 일시에 조달하기 위하여 발행하는 증권을 말한다.

01 The poster is **bonded** to the wall with glue.
02 Nowadays, some people only stay in their houses and don't build **bonds** with their neighbors. 수능응용
03 Government **bonds** are considered a safe investment.

1708

enchant

강세주의 [intʃǽnt]

동 1. 황홀하게 하다, 매혹하다(= attract) 2. 마술을 걸다

04 The audience was completely **enchanted** by the pianist's performance.
05 a poor princess **enchanted** by a witch

• enchantment 명 1. 매혹, 매력 2. 마법(에 걸린 상태)

1709

hail

발음주의 [heil]

동 1. 찬사를 보내다 2. 우박이 쏟아지다 명 우박

06 The work has been **hailed** as the twentieth century's most significant poem. 모의응용
07 To survive, plants have to overcome problems such as **hail** and snowstorms. 모의응용

1710

hilarious

철자주의 [hilɛ́əriəs]

형 재미있는, 우스운

08 I wrote a book about my **hilarious** experiences traveling abroad and it became a best-seller.

1711

nostalgia

강세주의 [nɑstǽldʒiə]

명 향수(鄕愁), 옛날을 그리워함

09 A wave of **nostalgia** swept over me when I saw my childhood album.

• nostalgic 형 향수(鄕愁)의, 옛날을 그리워하는

---

01 그 포스터는 풀로 벽에 **접착되어** 있다. **02** 요즘 어떤 사람들은 자신의 집에만 머물며 이웃들과 **유대**를 형성하지 않는다. **03** 정부 **채권**은 안전한 투자로 여겨진다. **04** 관객들은 그 피아니스트의 공연에 완전히 **매혹되었다**. **05** 마녀의 **마술에 걸린** 불쌍한 공주 **06** 그 작품은 20세기의 가장 중요한 시로 **찬사를 받아 왔다**. **07** 살아남기 위해서 식물들은 **우박**과 눈보라와 같은 문제들을 극복해야 한다. **08** 나는 해외여행에서의 나의 **재미있는** 경험에 관한 책을 썼고 그것은 베스트셀러가 되었다. **09** 나의 어린 시절 사진첩을 봤을 때 **향수(鄕愁)**의 물결이 나에게 밀려들었다.

1712

displease

[displíːz]

동 불쾌하게 하다, 기분 상하게 하다(= offend)

dis(not) + please(delight) → 기쁘지 않게 하다

01 When you handed the baby the toy, he looked **displeased**. ebs응용

• displeasure　명 불쾌감, 불만

1713

haunt *

[hɔːnt]

동 1. (특히 불쾌한 생각이) **계속 떠오르다**; (오랫동안) **괴롭히다** 2. (유령 등이) **출몰하다**

02 Twenty years after the fire, he is still **haunted** by images of death and destruction.
03 Some people say the prison is **haunted** by ghosts.

1714

dreadful

[drédfəl]

형 몹시 불쾌한, 끔찍한(= terrible)

04 You don't have to worry about **dreadful** things which are very unlikely to happen. 모의응용

• dread　동 두려워하다, 염려하다

공포, 끔찍함
terror　(극심한) 공포, 두려움
hideous　끔찍한; 흉측한

creepy　오싹한, 소름 끼치는
shudder　(공포, 추위 등으로) 몸을 떨다, 몸서리치다

1715

detest

[ditést]

동 몹시 싫어하다, 혐오하다

05 I **detest** any form of racism.

• detestation　명 혐오

1716

hatred **

발음주의 [héitrid]

명 증오, 혐오(= hate)

06 Some students had a **hatred** for uniforms and discipline.

◆ **have a hatred for**　~를 증오[혐오]하다

---

01 당신이 이 아기에게 장난감을 건네자, 그 아기는 **불쾌해** 보였다. 02 화재가 발생한 지 20년 후, 그는 여전히 죽음과 파괴의 잔상들에 **시달리고** 있다. 03 어떤 사람들은 그 감옥에 유령들이 **출몰한다**고 말한다. 04 일어날 가능성이 매우 낮은 **끔찍한** 일들에 관해 걱정할 필요는 없다. 05 나는 어떤 형태의 인종차별도 **몹시 싫어한다**. 06 몇몇 학생들은 교복과 규율을 **혐오**했다.

glare*

[glɛər]

동 1. 노려보다 2. 눈부시게 빛나다　명 1. 노려봄 2. 눈부신 빛

01 One man kept talking during the concert, and people were **glaring** at him.
02 The white snow **glared** in the morning sunlight.

---

rage**

[reidʒ]

명 격노(= fury)　동 격노하다, 몹시 화내다

03 I was frightened because I had never seen my friends in such a **rage** before.

• enrage　동 격분하게 만들다

---

revenge*

강세주의 [rivéndʒ]

명 복수, 보복

04 The character in the novel dreamed of taking **revenge** on his father's killers.

◆ **take revenge on[against]** ~에게 복수하다

PART 8

Unit

43

---

content** 발음주의, 강세주의 명[kántent] 형·동[kəntént]

필수 다의어 1

핵심 의미 **함께 포함된**

함께 포함된 것	1. 명 《복수형》 **내용(물)**
내용물의 양	2. 명 **함유량, 함량**
책, 문서 등의 내용	3. 명 《복수형》 **목차**
원하는 바를 모두 포함하여	4. 형 **만족하는** 동 **만족시키다** 명 **만족**(↔ discontent 불만(스러운 것))

※ 다음 각 문장에 쓰인 다의어의 의미를 위에서 찾아 그 번호를 (____)에 쓰시오.

05 This milk has a lower fat **content**. (____)
06 My grandmother loved her little house and was **content** with what she had. 모의응용 (____)
07 Please check the **contents** of this box immediately. (____)
08 On which page are the **contents** in this book? (____)

• contentment　명 만족(감)(= satisfaction)

---

01 한 남자가 연주회 동안 계속 말을 해서 사람들이 그를 **노려보고** 있었다. **02** 흰 눈이 아침 햇살에 **눈부시게 빛났다**. **03** 나는 내 친구가 전에 그렇게 **화내는** 걸 한 번도 본 적이 없어서 무서웠다. **04** 그 소설 속의 인물은 자신의 아버지를 죽인 사람들에게 **복수하기를** 꿈꿨다. **05** 이 우유는 지방 ²**함유량**이 낮다. **06** 우리 할머니는 자신의 작은 집을 좋아하셨고 본인이 가진 것에 ⁴**만족하셨다**. **07** 이 상자의 ¹**내용물**을 즉시 확인해주십시오. **08** 이 책의 ³**목차**는 몇 쪽에 있나요?

Unit 44 | 태도 · 성격 1

태도 · 성격 일반

1721

stance

[stæns]

명 1. 입장, 태도 2. (서 있는) 자세(= position, attitude 1. 입장, 태도 2. 자세)

01 He maintained a neutral **stance** during the negotiations.
02 Danny's upright **stance** made him appear taller than he is.

1722

apt

[æpt]

형 1. ~하기 쉬운, ~하는 경향이 있는(= likely, liable) 2. 적절한(= appropriate)

03 Adolescents seem to be more **apt** to take risks than adults are.
04 an **apt** description of the situation

✦ **be apt to-v** v하기 쉽다, v하는 경향이 있다

1723

temper*

[témpər]

명 1. (화를 잘 내는) 성질, 기질; 화 2. (특정한 때의) 기분, 심정(= mood)

05 The boy needs to learn to control his **temper**.
06 I was in a bad **temper** last night because of my test results.

✦ **lose one's temper** 화를 내다

✦ temperament 명 기질, 성미

1724

tact

[tækt]

명 요령, 눈치, 재치

07 This negotiation requires great **tact** on the part of both leaders.

cf. wit 기지(機智), 재치

호의 · 존경

1725

goodwill*

[gùdwíl]

명 호의, 친절; 친선

08 I invited my coworkers to dinner today, as a gesture of **goodwill**.

---

01 그는 협상하는 동안 중립석 **태도**를 유지했다. **02** Danny의 꼿꼿한 **자세**는 그를 실제보다 더 커 보이게 했다. **03** 청소년들은 어른들보다 더 위험을 감수하는 **경향이 있는** 것처럼 보인다. **04** 그 상황에 대한 **적절한** 묘사 **05** 그 소년은 **성질**을 잠는 법을 배워야 한다. **06** 나는 시험결과 때문에 어젯밤에 **기분**이 좋지 않았다. **07** 이 협상은 양측 지도자의 굉장한 **요령**을 요구한다. **08** 나는 **호의**의 표시로 내 동료들을 오늘 저녁 식사에 초대했다.

1726

mercy *
[mɔ́ːrsi]

몡 자비, 인정

01 The woman appealed to the jury to have **mercy** on her husband.

◆ **at the mercy of** ~에 좌우되어, ~의 마음대로

◆ **merciful** 혱 자비로운, 인정 많은 (↔ merciless 무자비한)

1727

benevolent
[bənévələnt]

혱 자비로운, 인정 많은

02 My grandmother looked at me with a **benevolent** smile.

1728

selfless *
[sélflis]

혱 이타적인, 사심 없는 (= altruistic) (↔ selfish 이기적인)

03 The scholar was considered as the ideal human being, who was **selfless** and intellectual. 모의응용

PART 8

Unit

44

1729

virtue **
[vɔ́ːrtʃuː]

몡 1. 미덕; 선, 선행 (↔ vice 악) 2. 장점, 이점 (= advantage, merit)

04 Patience is clearly an important **virtue**, yet many people don't know how to wait nowadays. 수능응용

05 One of the **virtues** of my job is the flexible working hours.

1730

esteem *
강세주의 [istíːm]

몡 존경, 존중 동 존경하다, 존중하다 (= respect)

06 The scientist has always been held in high **esteem** by colleagues.

1731

awe *
발음주의 [ɔː]

몡 경외심 동 경외심을 갖게 하다

07 The artist inspired many other artists who were in **awe** of his creativity.

◆ **in awe of** ~를 경외하여

---

01 그 여자는 자신의 남편에게 **자비**를 베풀어달라고 배심원단에게 호소했다. 02 우리 할머니는 **자비로운** 미소로 나를 바라보셨다. 03 그 학자는 이상적인 인간으로 여겨졌는데, 그는 **이타적이고** 지적이었다. 04 인내는 분명히 중요한 **미덕**이나, 요즘 많은 사람들은 기다릴 줄 모른다. 05 내 직업의 **장점** 중 하나는 탄력적인 근무 시간이다. 06 그 과학자는 동료들에게 항상 높은 **존경**을 받아 왔다. 07 그 예술가는 자신의 독창성을 **경외**하는 다른 많은 예술가들에게 영감을 주었다.

1732
discreet
[diskríːt]

형 분별 있는, 신중한(= careful)

01 She was always very **discreet** about her personal life.

• discretion 명 분별, 신중(↔ indiscretion 무분별, 경솔)

1733
punctual
[pʌ́ŋktʃuəl]

형 시간[기한]을 엄수하는(= on time)

02 Sam is extremely **punctual**, so he comes to school at exactly 8 o'clock every day. 모의응용

• punctuality 명 시간 엄수

1734
alert **
강세주의 [ələ́ːrt]

형 경계하는, 방심하지 않는; 기민한 동 (위험 등을) 알리다

03 Nurses should stay **alert** for any change in patients' condition.
04 The alarm **alerted** people to the fire, and they escaped the building.

◆ **be alert to** ~에 주의를 기울이다

• alertness 명 경계; 기민

1735
beware
[biwέər]

동 조심하다, 주의하다

05 You should **beware** of undercooked food when there is hot weather.

| 신중, 경계 |
prudent 신중한, 조심성 있는(= discreet)(↔ imprudent 신중하지 못한, 경솔한)
watchful 주의 깊은, 조심스러운
meticulous 꼼꼼한
wary 경계하는, 조심하는

---

01 그녀는 항상 자신의 사생활에 관해 매우 **신중했다**. **02** Sam은 **시간을** 매우 잘 **지켜서** 매일 정확히 8시에 등교한다. **03** 간호사들은 환자들의 어떤 상태 변화에도 **방심하지 않고** 있어야 한다. **04** 경보기가 사람들에게 화재를 **알려서** 그들은 건물을 빠져나왔다. **05** 더운 날씨에는 설익은 음식을 **조심해야** 한다.

1736

sophisticated **

강세주의 [səfístəkèitid]

형 1. 교양 있는, 세련된; 지적인 2. (기계 등이) 정교한, 복잡한

01 Maria is a **sophisticated** and intelligent woman.
02 The laboratory was filled with **sophisticated** equipment and lots of reports. 모의응용

• sophistication 명 1. 교양, 세련됨 2. (기계 등의) 정교함

1737

elegant **

발음주의 [éligənt]

형 우아한, 고상한

03 The princess looked as beautiful and **elegant** as always.

• elegance 명 우아, 고상

1738

grace **

[greis]

명 1. 우아함(= elegance)(↔ disgrace 불명예, 수치) 2. 친절, 호의 3. (신의) 은총, 은혜

04 The skater moved over the ice with **grace**.
05 She always handles her clients with tact and **grace**.
06 By the **grace** of God, no one was seriously hurt.

• graceful 형 (용모, 자태 등이) 우아한, 품위 있는(= elegant)(↔ disgraceful 불명예스러운, 수치스러운)
• gracious 형 1. (생활 등이) 우아한, 품위 있는 2. 정중한, 친절한(= polite, kind)

1739

decent *

발음주의 [díːsənt]

형 1. 예의 바른; 친절한 2. (수준, 질이) 괜찮은, 적당한

07 He is a **decent** guy who would help anyone in need.
08 Are there any **decent** restaurants in that area?

1740

dignity **

발음주의 [dígnəti]

명 위엄, 품위

09 My father always advises me to treat everyone I meet with **dignity** and respect. 모의응용

• dignify 동 위엄[품위]있어 보이게 하다

---

01 Maria는 **세련되고** 지적인 여성이다. **02** 그 실험실은 **정교한** 기구들과 많은 보고서들로 가득 차 있었다. **03** 그 공주는 언제나처럼 아름답고 **우아해** 보였다. **04** 그 스케이트 선수는 **우아하게** 얼음 위에서 움직였다. **05** 그녀는 항상 재치와 **친절**로 고객들을 대한다. **06** 신의 **은총**으로 아무도 심하게 다치지 않았다. **07** 그는 어려움에 처한 누구라도 도울 **친절한** 사람이다. **08** 그 지역에 **괜찮은** 식당 좀 있니? **09** 우리 아버지는 나에게 내가 만나는 모든 사람을 **품위**와 존경심을 갖고 대하라고 항상 충고하신다.

1741
keen *
[kiːn]

형 1. 열망하는, 간절히 바라는(= eager) 2. 예리한, 날카로운(= sharp)

01 The students are **keen** to learn more about Korean history.
02 The dog has a **keen** sense of smell.

◆ keen to-v / keen on v-ing v하기를 간절히 바라는

cf. crave 열망[갈망]하다
　　 zealous 열심인, 열성적인

1742
adventurous *
발음주의 [ædvéntʃərəs]

형 1. 모험심이 강한 2. 흥미진진한

adventur(e)(모험)+**ous**(형) → 모험하는 성질을 가진

03 We tend to think **adventurous** people like bright colors, but that is a generalization. 모의응용
04 I wanted to do something **adventurous**, so I decided to travel to a desert in Mongolia. 모의응용

1743
morale
발음주의, 강세주의
[məræl]

명 사기, 의욕

05 My soccer team played well in the match, and our **morale** was high.

1744
ambitious *
[æmbíʃəs]

형 야심 있는; 열망하는

06 Since he was a child, Fred has been **ambitious** and studied very hard.
모의응용

◆ ambition 명 야망, 포부

---

01 그 학생들은 한국사를 더 배우기를 **열망한다. 02** 개는 **예리한** 후각을 갖고 있다. **03** 우리는 **모험심이 강한** 사람들이 밝은색을 좋아한다고 생각하는 경향이 있지만, 그것은 일반화이다. **04** 무언가 **흥미진진한** 일을 하고 싶어서 나는 몽골에 있는 사막을 여행하기로 결심했다. **05** 우리 축구팀은 경기에서 매우 잘했고, 우리의 **사기는** 높았다. **06** 어릴 적부터 Fred는 **야심이 있었고** 매우 열심히 공부했다.

1745

spontaneous
발음주의, 강세주의
[spɑntéiniəs]

형 1. 자발적인; 자연히 일어나는 2. 즉흥적인

01 Paul is a wonderful person who shows **spontaneous** kindness to others. ᵉᵇˢ용용

02 His jokes seemed **spontaneous**, but were in fact carefully prepared in advance.

- **spontaneously** 부 자발적으로; 자연스럽게
- **spontaneity** 명 자발(성); 자연스러움

1746

decisive
[disáisiv]

형 1. 결단력 있는, 단호한 2. 결정적인 (↔ indecisive 1. 우유부단한 2. 결말이 안 난)

03 In emergency situations, one must be able to take **decisive** action.

04 The DNA test result was **decisive** in proving his innocence.

진실함 · 겸손

1747

sincere **
[sinsíər]

형 진실한, 진심 어린 (↔ insincere 진실하지 못한)

05 When **sincere** apologies are offered in an ordinary human relationship, they are willingly accepted. 수능용용

- **sincerely** 부 진심으로
- **sincerity** 명 진실, 진심

1748

earnest
발음주의 [ə́ːrnist]

형 진실한, 진지한

06 Despite his **earnest** efforts, he could not complete the assignment by the deadline.

---

01 Paul은 다른 사람에게 **자발적인** 친절함을 보여주는 멋진 사람이다. 02 그의 농담은 **즉흥적인** 것처럼 보였으나, 사실은 신중하게 미리 준비된 것이었다. 03 비상 상황에서 **결단력 있는** 행동을 할 수 있어야 한다. 04 그 DNA 검사 결과가 그의 무죄를 입증하는 데 **결정적이었다**. 05 보통의 인간관계에서 **진심 어린** 사과를 받을 때, 그 사과는 기꺼이 받아들여진다. 06 그의 **진실한** 노력에도 불구하고, 그는 마감기한까지 과제를 끝낼 수 없었다.

1749

integrity

[intégrəti]

명 1. 정직; 성실 2. 완전한 상태; 보전

01 The politician preserved her **integrity** by fulfilling her election promises.
02 We all have to pay attention to the **integrity** of the ecosystem.

1750

frank*

발음주의 [fræŋk]

형 솔직한(= candid)

03 To receive proper treatment, patients with trauma need to be **frank** with their doctors. 모의응용

• frankly   부 솔직히, 노골적으로

1751

humility*

발음주의 [hjuːmíləti]

명 겸손

04 He always speaks with **humility**, praising the efforts of others above his own.

1752

humble*

[hʌ́mbəl]

형 1. 겸손한 2. 미천한, 보잘것없는

05 The CEO is a **humble** man, so he hardly boasts of his success.
06 a man of **humble** origin

1753

modest**

발음주의 [mɑ́dist]

형 1. 겸손한(= humble) 2. 적당한(= moderate); 수수한

07 She always tries to be **modest** about her achievements.
08 My uncle has a **modest** house near the downtown area.

• modesty   명 1. 겸손 2. 적당함; 수수함, 소박함

---

01 그 정치인은 자신의 선거 공약을 이행함으로써 **정직함**을 지켰다. **02** 우리는 모두 생태계 **보전**에 관심을 기울여야 한다. **03** 제대로 된 치료를 받기 위해, 트라우마가 있는 환자들은 의사에게 **솔직해질** 필요가 있다. **04** 그는 자신보다 다른 사람의 노력을 칭찬하며 항상 **겸손하게** 가지고 말한다. **05** 그 CEO는 **겸손한** 사람이라 자신의 성공에 대해 거의 자랑하지 않는다. **06 미천한** 출신의 남자 **07** 그녀는 자신의 업적에 관해 **겸손하려고** 항상 노력한다. **08** 우리 삼촌은 시내 근처에 **적당한** 집 한 채를 소유하고 있다.

gratitude **

[ɡrǽtətjùːd]

[명] 감사, 고마움 (↔ ingratitude 은혜[고마움]를 모름)

01 I wrote a note expressing **gratitude** to my teacher on a postcard. 모의응용

기타

persevere

발음주의, 강세주의
[pə̀ːrsəvíər]

[동] 인내하다, 끈기 있게 계속하다 (= endure)

02 Even though he was exhausted, Danny **persevered** and finished the race.

◆ **persevere with[in]** ~을 인내하며 계속하다

• perseverance [명] 인내(심), 끈기 (= endurance, patience)

versatile

발음주의 [və́ːrsətl]

[형] 1. 다재다능한 2. (사물이) 다용도의, 다목적의

03 A musical actor must be **versatile** enough to sing and dance in different genres. 모의응용

04 Eggs are a nutritious and **versatile** food.

feminine

발음주의 [fémənin]

[형] 여성의, 여성스러운 (↔ masculine 남성의, 남자다운)

femin(woman) + **ine**(like) → 여성 같은

05 What people consider **feminine** is shaped by cultural expectations.

---

01 나는 엽서에 선생님께 **감사**를 표현하는 짧은 편지를 썼다. 02 비록 Danny는 지쳐있었음에도 **인내하여** 경주를 마쳤다. 03 뮤지컬 배우는 다양한 장르의 노래를 부르고 춤을 출 수 있을 만큼 충분히 **다재다능해야** 한다. 04 달걀은 영양가가 풍부하며 **다용도로 쓰이는** 식품이다. 05 **여성스럽**다고 여겨지는 것은 문화적 기대에 의해 형성된다.

regard** [rigáːrd]

핵심 의미 **지켜보다**

골똘히 지켜보다	1. 图 주시[응시]하다 명 주목
	2. 图 여기다, 간주하다 (= consider)
관심 있게 지켜보는 것	3. 명 관심, 고려
	4. 명 존중, 존경 图 존중하다, 존경하다

※ 다음 각 문장에 쓰인 다의어의 의미를 위에서 찾아 그 번호를 (____)에 쓰시오.

01 Occasions that are **regarded** as appropriate for joking can vary from society to society. 모의응용
(_____)

02 I have a deep **regard** for international volunteers who risk everything to help the poor. (_____)

03 The bird **regarded** me with suspicion as I walked up to its nest. (_____)

04 People with antisocial personality disorder typically have no **regard** for right and wrong. (_____)

◆ **regard A as B** A를 B로 여기다[간주하다]

◆ **with[in] regard to** ~에 관해

• **regarding**   전 ~에 관하여 (= concerning)

dispense [dispéns]

핵심 의미 **계량하여 분배하다 / 없애다**

	1. 图 분배하다, 나누어 주다 (= distribute)
약을 계량하여 주다	2. 图 (약을) 조제하다
	3. 图 《with》 면제하다, 없애다

※ 다음 각 문장에 쓰인 다의어의 의미를 위에서 찾아 그 번호를 (____)에 쓰시오.

05 Credit cards **dispense** with the need for cash. (_____)

06 At the entrance, volunteers **dispensed** paper programs and drink tickets. (_____)

07 A medicine should be **dispensed** based on a doctor's prescription. (_____)

• **indispensable**   형 없어서는 안 될, 필수적인 (= essential)

---

01 농담이 적절하다고 **²여겨지는** 경우는 사회마다 다양할 수 있다. **02** 나는 가난한 사람들을 돕기 위해 모든 위험을 무릅쓰는 국제 자원봉사자들에 대한 깊은 **⁴존경심**을 가진다. **03** 내가 둥지 쪽으로 걸어 올라가자 그 새는 나를 수상히 여기며 **¹응시했다. 04** 반사회적 인격 장애를 가진 사람들은 전형적으로 옳고 그름에 **³관심**이 없다. **05** 신용카드는 현금에 대한 필요를 **³없앤다. 06** 입구에서 자원봉사자들이 프로그램 종이와 음료 티켓을 **¹나눠 주었다. 07** 약은 의사의 처방전에 근거해서 **²조제되어야** 한다.

1760
tip** [tip]

tipped-tipped-tipping

핵심 의미 **(뽀족한) 끝 / 주다 / 기울이다**

1. 몡 (뽀족한) 끝, 끝 부분; 정상

알려주는 정보   2. 몡 조언

감사의 표시로 주는 돈   3. 몡 팁 동 팁을 주다

(물건을) 기울이다   4. 동 기울이다; (기울여서) 따르다, 뒤집어엎다

※ 다음 각 문장에 쓰인 다의어의 의미를 위에서 찾아 그 번호를 (_____)에 쓰시오.

01 If I stand on the **tips** of my toes, I can just reach the top shelf. (_____)
02 We finished our lunch and left a **tip** on the table for the waiter. (_____)
03 The doctor gave me some useful **tips** to correct my posture. 모의응용 (_____)
04 My sister **tipped** the bottle to pour some juice. (_____)

---

01 내가 발가락 **¹끝**으로 선다면 선반 꼭대기에 딱 닿을 수 있다. **02** 우리는 점심식사를 마치고 웨이터를 위한 **³팁**을 식탁 위에 두었다. **03** 의사는 내 자세를 고칠 수 있는 몇 가지 유용한 **²조언**을 해 주었다. **04** 내 여동생은 주스를 좀 따르려고 병을 **⁴기울였다**.

부정적 · 완강한

1761

infamous

[ínfəməs]

형 악명 높은

in(opposite) + famous(좋은 쪽으로 유명한) → 좋지 않은 쪽으로 유명한

01 The criminal is **infamous** for stealing large amounts of money.

1762

notorious

[noutɔ́:riəs]

형 악명 높은 (= infamous)

02 The region is **notorious** for its poor air quality, caused by radical development of industry. 모의응용

1763

cynical

[sínikəl]

형 냉소적인, 빈정대는

03 Many young people today are **cynical** about politics.

1764

skeptical

[sképtikəl]

형 회의적인, 의심 많은 (= doubtful)

04 Many doctors are **skeptical** about online medical information. 모의응용

1765

부정적 태도 · 성격 Appendix 503쪽

reluctant**

강세주의 [rilʌ́ktənt]

형 꺼리는, 마음 내키지 않는 (= unwilling) (↔ willing 기꺼이 하는)

05 Some of the older staff were **reluctant** to use the new equipment.

＊ **be reluctant to-v** v하기를 꺼리다

・reluctance 명 꺼림, 마음 내키지 않음

1766

rigid*

[rídʒid]

형 1. 융통성 없는, 완고한 2. 뻣뻣한, 단단한 (= stiff) (↔ flexible 융통성 있는; 유연한)

06 The manager is so **rigid** that he never listens to others' ideas.
07 This toy is made of **rigid** plastic.

---

01 그 범죄자는 많은 돈을 훔치는 것으로 **악명이 높다.** 02 그 지역은 산업의 급진적인 발전으로 야기된 나쁜 대기 질로 **악명이 높다.** 03 오늘날 많은 젊은이들이 정치에 대해 **냉소적이다.** 04 많은 의사들은 온라인상의 의학 정보에 대해 **회의적이다.** 05 나이 든 직원들 중 몇몇은 새로운 장비를 사용하기를 **꺼렸다.** 06 그 관리자는 너무 **완고해서** 다른 사람들의 의견을 절대 듣지 않는다. 07 이 장난감은 **단단한** 플라스틱으로 만들어져있다.

1767

stern

[stəːrn]

형 매우 엄한, 엄격한(= strict), 근엄한; 심각한

01 My friend's father is **stern** but always friendly to us.

미숙함 · 부주의

1768

immature

강세주의 [imətʃúər]

형 미숙한, 다 자라지 못한(↔ mature 성숙한, 익은)

im(not)+**mature**(성숙한) → 성숙하지 않은

02 When I was young, I was so **immature** and selfish when it came to love. 모의응용

1769

naive *

발음주의, 강세주의
[nɑːíːv]

형 《주로 부정적》 (경험, 지식 부족으로) 순진한, 세상을 모르는

03 Lisa was so **naive** to think that she would ever get her money back.

PART 8

Unit
45

1770

clumsy

[klʌ́mzi]

형 어설픈, 서투른(= awkward)

04 The new worker looks **clumsy**, and I don't think he can do his job well.
모의응용

1771

haste *

[heist]

명 서두름, 급함, 성급

05 My professor left in **haste**, so I didn't get a chance to talk to him.

◆ **in haste** 서둘러서, 성급하게(= in a hurry)

◆ hasty   형 서두르는, 급한
◆ hasten 동 서두르다, 재촉하다

1772

reckless

[réklis]

형 무모한, 신중하지 못한

06 The drunk driver made a **reckless** attempt to escape the police.

---

01 내 친구의 아버지는 **매우 엄격하시지만**, 우리에게는 항상 친절하시다. **02** 나는 어렸을 때 사랑에 대해서라면 매우 **미숙하고** 이기적이었다. **03** Lisa는 너무 **순진해서** 자신의 돈을 언제든 돌려받을 거라고 생각했다. **04** 그 새로운 직원은 **서툴러** 보여서, 나는 그가 일을 잘 할 수 있을 것 같지 않다. **05** 우리 교수님이 **서둘러** 떠나셔서 내가 말을 걸 기회가 없었다. **06** 술에 취한 운전자는 경찰을 피하려는 **무모한** 시도를 했다.

1773

arrogant*

발음주의 [ǽrəgənt]

[형] 거만한, 오만한(↔ humble 겸손한)

01 Brian is the rudest and most **arrogant** man I've ever met.

• arrogance [명] 거만, 오만

1774

outspoken

강세주의 [àutspóukən]

[형] 노골적으로[거침없이] 말하는

02 His **outspoken** attitude was so difficult that he lost many friends.

1775

arbitrary

강세주의 [ɑ́ːrbitrèri]

[형] (행동, 결정 등이) 임의의, 제멋대로인; 독단적인

03 An **arbitrary** decision made by a leader of a group could confuse its members.

• arbitrarily [부] 임의로, 제멋대로

1776

overbearing

[òuvərbɛ́əriŋ]

[형] 강압적인, 남을 지배하려 드는

over(above) + bearing(태도) → (다른 사람들보다) 위에 있으려는 태도

04 His **overbearing** manner always annoys me.

1777

nasty*

[nǽsti]

[형] 1. 못된, 심술궂은 2. 더러운, 불쾌한

05 My brother has been **nasty** to me all week, and it really annoys me.
06 I don't want to eat this tropical fruit, because it smells **nasty**. 모의응용

| 못된, 교활한 |

naughty 버릇없는, 못된
insolent 무례한, 거만한
crafty 교활한, 간사한
cunning 교활한, 약삭빠른
sly 교활한, 음흉한

---

01 Brian은 내가 만나 본 가장 무례하고 **서만한** 사람이나. **02** 그의 **거침없이 말하는** 태도는 너무 곤란하여 그는 많은 친구를 잃었다. **03** 집단의 지도자에 의해 내려진 **제멋대로인** 결정은 집단의 구성원들을 혼란스럽게 할 수도 있다. **04** 그의 **강압적인** 태도는 항상 나를 화나게 한다. **05** 내 남동생은 이번 주 내내 나에게 **못되게** 굴어 왔는데, 그건 나를 정말 짜증 나게 한다. **06** 나는 **불쾌한** 냄새가 나서 이 열대 과일을 먹고 싶지 않다.

wicked

발음주의 [wíkid]

[형] 1. 사악한, 못된(= evil) 2. 짓궂은, 장난기 있는

01 a story about a **wicked** witch
02 Rosy is known for having a **wicked** sense of humor.

1779

mischief

발음주의 [místʃif]

[명] (특히 아이들의) 장난, 못된 짓

03 Those children in my apartment building are always getting into **mischief**.

• mischievous [형] 짓궂은, 장난이 심한(= wicked)

1780

tease *

[tiːz]

[동] 놀리다, 장난하다, 짓궂게 괴롭히다

04 Bob's dad was worried that Bob might be **teased** by other kids about being short. 모의응용

PART 8
Unit
45

1781

mock *

[mɑk]

[동] 조롱하다, 놀리다(= make fun of)

05 Frank kept falling off his bike, and his friends were **mocking** him.

cf. sneer 냉소하다, 비웃다

• mockery [명] 조롱, 놀림

1782

humiliate

강세주의 [hjuːmílièit]

[동] 굴욕감을 느끼게 하다, 창피를 주다(= shame)

06 Robin was **humiliated** and offended when his classmates teased him about his worn-out shoes. 모의응용

• humiliation [명] 굴욕, 창피

---

01 못된 마녀에 대한 이야기 **02** Rosy는 **짓궂은** 유머 감각을 지닌 것으로 알려져 있다. **03** 우리 아파트 건물의 그 아이들은 항상 **못된 짓**을 꾸미고 있다. **04** Bob의 아빠는 Bob이 키가 작다는 것으로 다른 아이들에게 **놀림을 받을까** 봐 걱정했다. **05** Frank는 계속 자전거에서 떨어졌고, 그의 친구들은 그를 **놀리고** 있었다. **06** Robin은 반 친구들이 닳아서 해진 신발 때문에 자신을 놀렸을 때 **굴욕감을 느꼈고** 불쾌했다.

1783

immoral *

[imɔ́ːrəl]

휑 부도덕한, 비도덕적인 (↔ moral 도덕적인)

im(not) + moral(도덕의) → 도덕적이지 않은

01 It was **immoral** of her to tell lies like that to everyone.

• immorality 몡 부도덕, 비도덕성 (↔ morality 도덕(성))

1784

deviant

[díːviənt]

어근 via는 '길(way, road)'을
나타낸다. e.g. via(길을 거쳐
→ 경유하여; 통하여)

휑 일탈적인, 정상에서 벗어난 (↔ normal 정상적인)

de(away) + via(way) + ant(휑) → 정해진 길에서 벗어난

02 The criminal psychology professor studied **deviant** behavior among criminals.

1785

despise

[dispáiz]

동 경멸하다, 멸시하다 (= scorn, look down on)

de(down) + spise(look) → 아래로 보다

03 I **despise** people who are cruel to animals.

1786

contempt

강세주의 [kəntémpt]

몡 경멸, 멸시 (= scorn)

04 She looked at him with **contempt** and hatred.

• contemptuous 휑 경멸하는, 멸시하는 (= scornful)

1787

brutal

발음주의 [brúːtəl]

휑 잔인한, 잔혹한 (= cruel)

05 He was criticized for his **brutal** attitude towards opposing players.

cf. ruthless 무자비한, 인정사정없는

• brute 몡 짐승(같은 사람)
• brutality 몡 잔인함, 잔혹성

---

01 그녀가 모두에게 그렇게 거짓말을 한 것은 **비도덕적이었다.** 02 범죄 심리학 교수는 범죄자들 사이의 **일탈적인** 행동을 연구했다. 03 나는 동물에게 잔인한 사람들을 **경멸한다.** 04 그녀는 그를 **경멸**과 증오의 눈으로 쳐다봤다. 05 그는 상대 선수들에 대한 **잔인한** 태도로 비난받았다.

savage

발음주의 [sǽvidʒ]

형 야만적인; 포악한, 몹시 사나운

01 The guy in the movie is **savage** and cruel.

---

insane

[inséin]

형 제정신이 아닌, 미친 (↔ sane 제정신인)

in(not) + **sane**(healthy) → (정신이) 건강하지 않은

02 The prisoners seemed to be slowly going **insane**.

• insanity 명 정신 이상, 미친 짓

---

frantic

[frǽntik]

형 (걱정, 공포 등으로) 제정신이 아닌; 정신없이 서두는

03 Your parents have been **frantic** with worry because they couldn't reach you.

PART 8

Unit

45

• frantically 부 정신없이

| 이상, 정신없음 |

eccentric 괴짜인, 별난
hysterical 히스테리(성)의, 이성을 잃은
fuss 호들갑, 야단법석

기타

---

thrifty

[θrífti]

형 절약하는, 검소한

04 The couple have plenty of money now, but they still tend to be **thrifty**.

cf. **stingy** 인색한, 너무 아끼는
   miser 구두쇠

• thrift 명 절약, 검소

---

01 영화 속 그 남자는 **포악하고** 잔인하다. 02 죄수들은 서서히 **미쳐**가고 있는 것 같았다. 03 네 부모님은 너와 연락이 되지 않아 걱정으로 **제정신이 아니셨다**.
04 그 부부는 이제 많은 돈이 있지만, 여전히 **절약하는** 경향이 있다.

1792

overlook**
[ðuvərlúk]

동 1. 간과하다, 못 보고 넘어가다(= miss) 2. 눈감아 주다 3. 내려다보다

over(over; above) + **look** → 넘어서[위에서] 보다

01 The detective **overlooked** an important clue.
02 I'll **overlook** your mistake this time, but don't let it happen again.
03 This spot **overlooks** the hills and a beautiful lake that we can swim in.
모의응용

1793

coward
발음주의 [káuərd]

명 겁쟁이

04 My friends called me a **coward** because I was afraid of going to the dentist.

- cowardly 형 겁이 많은, 비겁한 (↔ brave 용감한)
- cowardice 명 겁, 비겁 (↔ bravery 용감함, 용기)

1794

flatter*
[flǽtər]

동 아첨[아부]하다, 알랑거리다

05 I knew Jake was only **flattering** me because he wanted to borrow some money.

- flattery 명 아첨, 아부

1795

lure
[luər]

동 꾀다, 유혹하다(= tempt) 명 유혹; 매력(= allure); 미끼

06 The department store tried to **lure** customers with price discounts.

1796

brag
bragged-bragged-bragging
[bræg]

동 (심하게) 자랑하다, 떠벌리다 명 자랑, 허풍

07 Steven **bragged** to his sister that he would win the contest. 모의응용

---

01 그 탐정은 중요한 단서를 **간과했다**. **02** 이번엔 너의 실수를 **눈감아 줄** 것이지만, 다시는 이런 일이 일어나지 않도록 해라. **03** 이 장소는 언덕과 우리가 수영할 수 있는 아름다운 호수가 **내려다보인다**. **04** 내 친구들은 나를 **겁쟁이**라고 불렀는데, 내가 치과에 가는 것을 두려워했기 때문이다. **05** 나는 Jake가 나에게 돈을 좀 빌리려고 그저 **아첨하고** 있다는 것을 알았다. **06** 그 백화점은 가격 할인으로 소비자들을 **유혹하려** 애썼다. **07** Steven은 여동생에게 자신이 대회에서 우승할 것이라고 **자랑했다**.

old-fashioned*

[òuldfǽʃnd]

형 전통적인 사고방식을 지닌; 구식의, 유행이 지난

old(오래된) + -fashioned(방식의) → 옛날식의

01 People with **old-fashioned** mindsets don't want to see a boy dressed in pink.

---

hesitant

[hézitənt]

형 주저하는

02 Sujin was **hesitant** to volunteer at an international event due to fear of talking to foreigners. 모의응용

• hesitate 동 주저하다, 망설이다
• hesitation 명 주저, 망설임

---

blunt

[blʌnt]

형 1. 직설적인(= direct) 2. 무딘, 뭉툭한(↔ sharp 날카로운, 예리한)

03 To be perfectly **blunt**, I found her annoying.
04 a **blunt** knife / a **blunt** pencil

PART 8

Unit
45

---

settle** [sétl]

필수 다의어 1

핵심 의미 **놓다, 앉히다**

자리 잡고 머무는 곳을	1. 동 정착하다
문제 등을	2. 동 해결하다, 끝내다
	3. 동 결정하다, 결심하다(= decide)
마음 등을	4. 동 진정[안정]시키다

※ 다음 각 문장에 쓰인 다의어의 의미를 위에서 찾아 그 번호를 (_____)에 쓰시오.

05 Could you help me to **settle** the conflict? 모의응용 (_____)
06 It was hard to **settle** on the island because of the harsh environment. 모의응용 (_____)
07 Before an interview, Max took a deep breath to **settle** his nerves. (_____)
08 The details of our vacation have not been **settled** yet. (_____)

• settlement 명 1. 정착(지) 2. 해결, 합의
• settler 명 정착민

---

01 전통적인 사고방식을 지닌 사람들은 남자아이가 분홍색 옷을 입는 걸 보고 싶지 않아 한다. **02** 수진은 외국인과 대화하는 것에 대한 두려움 때문에 국제 행사에서 자원봉사하는 것을 **주저했다. 03** 완전히 **직설적으로** 말하자면, 나는 그녀가 짜증스럽다는 것을 알게 되었다. **04 무딘** 칼 / **뭉툭한** 연필 **05** 내가 그 갈등을 ²**해결하는** 것을 도와줄래? **06** 혹독한 환경 때문에 그 섬에 ¹**정착하는** 것이 힘들었다. **07** 면접 전에 Max는 신경을 ⁴**안정시키기** 위해 심호흡을 했다. **08** 우리 휴가의 세부사항은 아직 ³**결정되지** 않았다.

⚡ 각각의 주어진 문맥과 1~3의 의미 추론 과정을 통해, 굵게 표시된 단어의 의미를 추론해 보세요.

01 afflict

When loneliness **afflicts** a person, he realizes, in the long run, that only he can find his own cure. No lasting results can be achieved unless the individual convinces himself that loneliness is just a state of mind. 수능응용

1 품사 　□동 　□형 　□명 　□부

2 문맥 　외로움은 정신 상태이므로 그것이 한 사람을 _____ 때, 스스로 치유법을 발견할 수 있다.

3 분석 　af+flict(때리다, 치다)

02 backfire

When you are making a moral decision, an egocentric strategy **backfires**. Moral decisions require taking other people into account. Doing the right thing means thinking about everybody else, using the emotional brain to mirror the emotions of strangers. 모의응용

1 품사 　□동 　□형 　□명 　□부

2 문맥 　도덕적 결정은 다른 사람들을 고려해야 하므로 자기중심적인 전략은 _____.

03 defy

Kids who **defy** authority are often argumentative and disrupt the classroom process. They react to adults and rules, rather than making conscious, deliberate choices. Therefore, it's important to teach your child early that actions have consequences and behavior is a choice.

1 품사 　□동 　□형 　□명 　□부

2 문맥 　권위에 _____ 아이들은 흔히 따지기 좋아하고 교실 진행을 방해한다.

04 delude

During a World War II desert battle in North Africa, the English officer Dudley Clarke was able to **delude** the Germans with fake aircraft made of wood. From highflying airplanes, these fake aircraft looked like the real thing.

1 품사 　□동 　□형 　□명 　□부

2 문맥 　영국군 장교는 나무로 만든 가짜 비행기로 독일군을 _____ 수 있었는데, 높이 나는 비행기에서 보면 그것이 진짜처럼 보였다.

01 동, 시달리게 할　02 동, 역효과를 낳다　03 동, 반항하는　04 동, 속일

afflict
[əflíkt]

동 괴롭히다, 시달리게 하다

af(to) + **flict**(strike) → ~를 치다

01 Diabetes is **afflicting** a growing number of people.

• **affliction** 명 고통, 괴로움; 고민거리

backfire
[bǽkfàiər]

동 역효과를 낳다

02 It was a risky idea that could have **backfired**.

defy
[difái]

동 1. 반항하다, 저항[거역]하다 (= resist) 2. (설명하기) 불가능하다

03 There were antislavery activists who **defied** the law to help slaves reach freedom.

04 His face was so unique that it **defied** description.

• **defiance** 명 반항, 저항

delude
[dilú:d]

동 속이다 (= deceive); 착각하게 하다

05 His pride **deluded** him into believing he was the only important person.

• **delusion** 명 망상; 착각

---

01 당뇨병은 점점 더 많은 사람들을 **괴롭히고** 있다. 02 그것은 **역효과를 낳을** 수도 있었던 위험한 생각이었다. 03 노예들이 자유에 다다르도록 도와주기 위해 법에 **저항하는** 노예 제도 반대 활동가들이 있었다. 04 그의 표정은 너무나 독특해서 설명이 **불가능했다**. 05 그의 자만심은 자신만이 중요한 사람이라고 믿도록 그를 **착각하게 했다**.

05 futile

As he carefully took a step inside, the door slammed shut. His **futile** attempts to open the door again only increased his panic. He tried to calm his thundering heart by repeating to himself, "I am not afraid. I am not afraid," but to no avail. 모의응용

1 품사 　□ 동　□ 형　□ 명　□ 부

2 문맥 　그가 안으로 들어서자 문이 닫혔고, 문을 다시 열려는 그의 ＿＿＿＿＿＿ 시도는 공포를 증가시켰다.

---

06 gasp

For this year's National Astronomy Day, a public star party will be held on yet another moonless night. I rarely hear someone **gasp** in awe when viewing just stars. But the Moon? It's fantastic! It is highly recommended that the public gets an Astronomy Day that falls on a full moon. 모의응용

1 품사 　□ 동　□ 형　□ 명　□ 부

2 문맥 　별만 보면서 경탄하여 ＿＿＿＿＿＿ 사람은 거의 없고 달을 보는 것이 가장 멋진 광경이다.

---

07 gratify

During the dry months of the year, many residents of Paris are forced to drink Seine water. Six years ago, a scheme for purifying the river was proposed but then abandoned on account of the cost. The fact that the scheme has been taken up again will **gratify** such residents.

1 품사 　□ 동　□ 형　□ 명　□ 부

2 문맥 　센 강을 정화하는 계획의 재개 사실은 강의 물을 마셔야 하는 거주민들을 ＿＿＿＿＿＿ 것이다.

3 분석 　grat(기쁜)+ify(동)

---

08 linger

Like fragments from old songs, clothes can evoke cherished memories. A worn-thin dress may hang in a closet even though it hasn't been worn in years because the faint scent of pine that **lingers** on it is all that remains of someone's sixteenth summer. 수능응용

1 품사 　□ 동　□ 형　□ 명　□ 부

2 문맥 　옷은 소중한 추억을 떠올리게 할 수 있으므로, 그것에 ＿＿＿＿＿＿ 소나무 향 때문에 오랫동안 입지 않은 옷을 옷장에 걸어두기도 한다.

---

09 procrastination

If you've found yourself putting off important tasks over and over again, you're not alone. However, some people are so chronically affected by **procrastination** that it stops them from fulfilling their potential and disrupts their careers.

1 품사 　□ 동　□ 형　□ 명　□ 부

2 문맥 　중요한 일을 반복적으로 미루는 사람이 많지만 어떤 이들은 너무나 만성적으로 ＿＿＿＿＿＿ 이 있어 잠재력 실행과 경력에 방해를 받는다.

---

05 형, 헛된　**06** 동, 숨이 턱 막히는　**07** 동, 기쁘게 할　**08** 동, 남아있는　**09** 명, 미루는 버릇

futile

[fjúːtl]

형 헛된, 소용없는 (= vain)

01 You might be thinking that your efforts are **futile**, but I assure you they are not.

---

gasp

[gæsp]

동 (놀라서) 숨이 턱 막히다 명 숨 막힘

02 She **gasped** at the wonderful view.

---

gratify

[grǽtəfài]

동 기쁘게 하다; 만족시키다

grat(pleasing) + **ify**(동)

03 Her praise will **gratify** all who worked so hard to earn it.

• gratification 명 기쁨; 만족감

---

linger

[líŋgər]

동 남아있다, 오래 머무르다 (= stay)

04 We **lingered** for a while after the party.

---

procrastination

[proukrǽstənéiʃən]

명 미루는 버릇, 지연, 연기

05 Her constant **procrastination** led her to be late with most assignments.

• procrastinate 동 (해야 할 일을) 미루다, 질질 끌다

---

01 너의 노력이 **헛되다**고 생각하고 있을지 모르지만, 나는 그렇지 않다고 장담한다. **02** 그녀는 그 멋진 광경에 **숨이 턱 막혔다**. **03** 그녀의 칭찬은 그것을 얻기 위해 열심히 일한 모두를 **기쁘게 할** 것이다. **04** 우리는 파티 후에 잠시 **남아있었다**. **05** 그녀의 변함없이 **미루는 버릇**은 그녀가 대부분의 숙제를 늦게 제출하게 했다.

APPENDIX

Unit · 23 | 물리·화학

1 사물의 움직임

dangle	동 (달랑달랑) 매달리다	sway	동 (전후좌우로) 흔들리다, 동요시키다
constrict	동 수축하다		명 흔들림
floppy	형 헐렁한, 늘어진	twirl	동 빙빙 돌다, 회전시키다 (= whirl)
flutter	동 1. 펄럭이다 2. (날개를) 파닥이다		*cf.* vortex 명 소용돌이 (= whirlpool,
	명 펄럭임 ※ fluttery 형 펄럭이는		whirlwind)
flap	동 1. 펄럭이다 2. (새가) 날개를 퍼덕이며	splatter	동 후두두 떨어지다; (액체 방울 등이) 튀다
	날다 명 펄럭임		(= spatter)
flip	동 1. 확 뒤집히다 2. (손가락으로) 튀기다	hover	동 (허공을) 맴돌다
mingle	동 1. 섞이다 2. (사람들 사이를) 돌아다니다	backspin	명 (공의) 역회전

2 주요 화합물

carbonate	명 탄산염((탄산의 수소가 금속으로 치환된 염))	dioxide	이산화물
	동 탄산가스로 포화시키다	sulfide	황화물
calcium carbonate	탄산칼슘 (($CaCO_3$))	sulfuric acid	황산
carbon dioxide	이산화탄소 ((CO_2))	ammonia	암모니아
carbon monoxide	일산화탄소 ((CO))	ethanol	에탄올
hydrocarbon	탄화수소	methane	메탄
monoxide	일산화물 ((산소 원자 하나와 결합한 화합물))	ozone	오존

3 주요 원소

carbon	탄소 ((기호 C))	sulfur	(유)황 ((기호 S))
oxygen	산소 ((기호 O))	chlorine	염소 ((기호 Cl))
nitrogen	질소 ((기호 N))	calcium	칼슘 ((기호 Ca))
sodium	나트륨 ((기호 Na))	mercury	1. 수은 ((기호 Hg)) 2. ((M-)) 수성
magnesium	마그네슘 ((기호 Mg))	radium	라듐 ((기호 Ra))
alumin(i)um	알루미늄 ((기호 Al))	uranium	우라늄 ((기호 U))
silicon	규소 ((기호 Si))		

4 빛의 발산

flicker	동 1. (전깃불 등이) 깜박거리다(= glimmer)	glitter	동 반짝반짝 빛나다 (= twinkle, sparkle)
	2. (감정, 생각 등이) 스치다		명 반짝거림
gleam	명 1. 흐릿한 빛 2. (감정, 희망 등의) 번득임	dazzle	동 (강한 빛이) 눈부시게 하다
	동 어슴푸레 빛나다		※ dazzling 형 눈부신

5 금속의 종류

brass	명 1. 황동, 놋쇠 2. ((음악)) 금관 악기	nickel	명 1. 니켈 2. 5센트짜리 동전
bronze	명형 청동(빛의)	tin	명 1. 주석 2. 깡통
copper	명 구리 형 구리로 만든; 구릿빛의		

Unit · 24 │ 지구과학

6 광물·암석

crystal	1. 크리스털, 수정 2. 결정체	**turquoise**	1. 터키석 2. 청록색
	※ crystallize 〔동〕 결정체를 이루다	**graphite**	흑연
	crystalline 〔형〕 1. 결정체로 된; 결정의	**limestone**	석회석[암]
	2. 수정 같은; 투명한	**granite**	화강암
quartz	석영 《결정 형태로 산출되는 것은 수정》	**sandstone**	사암(沙岩)

7 지리·지형

brink	1. (벼랑, 강가 등의) 가장자리 (= edge)	**savanna(h)**	대초원, 사바나 《열대 지방 등의 대평원》
	2. 《the -》 (상황이 발생하기) 직전	**highland**	고랭지
contour	1. 등고선 2. 사물의 윤곽	**strait**	1. 해협 2. (특히 경제적인) 궁핍
bedrock	1. 기반암, 암반 2. (튼튼한) 기반	**coastline**	해안선
crevasse	크레바스 《빙하 속의 깊이 갈라진 틈》	**lagoon**	석호 《퇴적된 모래 등이 만의 입구를 막아
crevice	(지면 등의) 좁고 깊게 갈라진 틈		바다와 분리되어 생긴 호수》
	cf. chasm (지면 등의) 크게 갈라진 틈	**riverbank**	강둑, 강기슭
crust	1. 딱딱한 층[표면] 2. (빵) 껍질	**torrent**	1. 급류 2. 마구 쏟아짐
stratum	(암석 등의) 층, 지층, 단층	**creek**	시내
reef	암초	**brook**	개울
pebble	조약돌, 자갈	**cascade**	〔명〕 작은 폭포 〔동〕 폭포처럼 흐르다
gravel	〔명〕〔동〕 자갈(을 깔다)	**marsh**	습지 (= wetland)
prairie	(북미, 캐나다의) 대초원	**puddle**	(특히 비 온 뒤의) 물웅덩이
woodland	삼림 지대	**sinkhole**	(땅속의) 빗물에 패인 구멍, 움푹 파인 땅

8 위치 관계

❶ 위[꼭대기]

apex	〔명〕 꼭대기, 정점
atop	〔전〕 꼭대기에, 맨 위에
pinnacle	〔명〕 정점, 절정
crown	〔명〕 1. 맨 위, 꼭대기 2. 왕관; 《the -》 왕위
	3. (승리의) 화관; 영예
tip-top	〔형〕 최고의; 최상의

❷ 중간

amid	〔부〕 가운데에; 한창일 때에
midst	〔명〕 중앙, 한가운데

❸ 근처

periphery	〔명〕 주변
	※ peripheral 〔형〕 주변의; 덜 중요한
proximity	〔명〕 가까움, 근접
	※ proximal 〔형〕 가장 가까운, 인접한

❹ 그 외의 위치

frontal	〔형〕 정면의
forefront	〔명〕 맨 앞; 최전선
rearmost	〔형〕 가장 뒤쪽의
intersperse	〔동〕 (~ 속에, 사이에) 배치하다
stray	〔동〕 제 위치를 벗어나다; 옆길로 빗나가다

Unit · 25 | 생명과학

9 동물 관련 여러 어휘

① 양서류·파충류

bullfrog	황소개구리
toad	두꺼비
lizard	도마뱀
iguana	이구아나
salamander	도롱뇽
rattlesnake	방울뱀
python	비단뱀
tortoise	거북
chameleon	카멜레온
flipper	지느러미 모양 발

② 조류

rooster	수탉
goose	거위
pigeon	(보통 회색의) 비둘기
	cf. dove (보통 작고 밝은 색의) 비둘기
sparrow	참새
crow	까마귀
parrot	앵무새
	cf. parakeet (작은) 잉꼬[앵무새]
canary	카나리아
woodpecker	딱따구리
cuckoo	뻐꾸기
hummingbird	벌새
peacock	(수컷) 공작
ostrich	타조
swan	백조
seagull	갈매기 (= gull)
hawk	매 (= falcon)
chick	병아리
duckling	새끼 오리
peck	동 1. (부리로) 쪼다 2. 가볍게 입을 맞추다
feather	깃털
	※ feathered 형 깃털이 있는
	(↔ featherless 형 깃털 없는)
beak	부리

③ 포유류

canine	형 1. 개의; 개과(科)의 2. 송곳니의
hound	사냥개
wag	동 (개가 꼬리를) 흔들다
growl	동 으르렁거리다 (= snarl)
howl	명 (멀리서) 짖는 소리
	동 (개 등이) 길게 울부짖다
hare	산토끼
squirrel	다람쥐
hedgehog	고슴도치
raccoon	미국너구리
beaver	비버
reindeer	순록
swine	돼지
bull	황소
	cf. ox 《복수형 oxen》 황소
buffalo	물소
bison	들소
hippopotamus	하마 《줄여서 hippo》
rhinoceros	코뿔소 《줄여서 rhino》
polar bear	북극곰
calf	송아지
cub	(곰, 사자 등의) 새끼
leopard	표범
hyena	하이에나
pony	조랑말
tusk	(코끼리의) 상아
paw	(발톱이 달린) 발
claw	명 1. 발톱, 집게발 2. 갈고리 모양의 도구
	동 손발톱으로 할퀴다
foreleg	앞다리
hind	형 (동물의 다리를 가리킬 때) 뒤의
vertebrate	척추동물 *cf.* invertebrate 무척추동물

④ 수생 생물

seahorse	해마
jellyfish	해파리
starfish	불가사리
squid	오징어
octopus	문어
coral reef	산호초 《산호가 퇴적되어 형성된 암초》
plankton	플랑크톤 《물결에 따라 떠다니는 작은 생물을 통틀어 이르는 말》
shellfish	조개류, 갑각류
mussel	홍합

oyster	굴
clam	대합조개
seashell	조개껍데기
trout	송어
tuna	참치
fin	지느러미
gill	아가미

❺ 곤충·벌레 등

moth	나방
dragonfly	잠자리
firefly	반딧불이
ladybug	무당벌레
beetle	딱정벌레
dung beetle	쇠똥구리
silkworm	누에

termite	흰개미
hive	1. 벌집 (= beehive) 2. 벌떼
beeswax	밀랍
centipede	지네
earthworm	지렁이
cockroach	바퀴벌레
grasshopper	메뚜기
	cf. locust (떼를 지어 다니는 대형) 메뚜기
cricket	귀뚜라미
aphid	진딧물
mite	진드기
flea	벼룩
larva	《복수형 larvae》 유충, 애벌레
caterpillar	애벌레
cocoon	고치
antenna	1. 《복수형 antennae》 (곤충의) 더듬이
	2. (TV, 라디오의) 안테나

---

10 식물 관련 여러 어휘

underbrush	덤불
shrub	관목
bush	관목, 덤불
ivy	담쟁이덩굴
bulb	(양파 등의) 구근(球根) (식물), 알뿌리
cactus	《복수형 cacti》 선인장
algae	《단수형 alga》 해조류
seaweed	해조
reed	갈대
moss	이끼
seedling	묘목
photosynthesis	광합성 ※ photosynthetic 형 광합성의

❶ 식물 구조

stalk	명 줄기 동 뒤를 몰래 밟다
thorn	명 가시 ※ thorny 형 가시가 있는
bark	나무껍질
resin	1. 송진 2. 합성수지
prune	동 (가지를) 잘라 내다 명 말린 자두
stump	명 그루터기 동 당황하게 하다
leaflet	1. 작은 잎 2. 광고 전단
leafy	형 잎이 무성한
bushy	형 무성한
greenery	녹색 나뭇잎
floral	형 꽃의
petal	꽃잎
sepal	꽃받침

nectar	(꽃의) 꿀
pod	(콩이 들어 있는) 꼬투리, 깍지
	(= seedpod, hull)
kernel	알맹이
pulp	1. 과육(果肉)
	2. (부드럽게 으깨어서 만든) 걸쭉한 것
	3. 펄프 《종이의 원료》

❷ 꽃 이름

cherry blossom	벚꽃
dandelion	민들레
orchid	난초
lotus flower	연꽃
chamomile	캐모마일 《국화과 약용 식물》 (= camomile)
wildflower	들꽃, 야생초

❸ 열매·곡식 등

nut	견과 cf. nutshell 견과의 껍질
acorn	도토리
bean	콩
sesame	참깨
oats	귀리 ※ oat 형 귀리로 만든
sugarcane	사탕수수 (= cane)
cinnamon	계피
eggplant	가지
lettuce	상추

grapevine	포도 덩굴		bamboo	대나무
herb	허브, 약초 ※ herbal 형 허브[약초]의		ebony	흑단 《새까맣고 단단한 나무》
rosemary	로즈메리		vine	포도나무
mint	박하		maple	단풍나무

④ 나무 이름

oak	오크나무		pine	소나무, 솔 cf. pinewood 소나무 숲[재목]
mulberry	뽕나무, 오디		poplar	포플러 (나무)
willow	버드나무		evergreen	상록수
			cedar	삼나무, 향나무

Unit ✦ 26 | 자연·환경

11 날씨

hazy	형 1. 연무[실안개]가 낀 2. 모호한		frost	서리, 성에
smog	스모그, 연무		typhoon	태풍
downpour	폭우		cyclone	사이클론 《강한 회오리바람을 일으키는
monsoon	(동남아시아 여름철의) 우기(雨期), 장마			인도양의 열대성 폭풍》
snowflake	눈송이			

Unit ✦ 27 | 인생·교육

12 가정·가족

① 가족관계

extended family	대가족		fraternal twin	이란성 쌍둥이
nuclear family	핵가족		great-grandfather	증조부
foster parents	양부모		great-grandmother	증조모
stepfather	의붓아버지		son-in-law	사위
stepmother	의붓어머니		daughter-in-law	며느리
stepsister	이복누이		nephew	조카 (아들)
identical twin	일란성 쌍둥이		niece	조카딸, 질녀

13 한국의 중고등 교과 과목명

Korean	국어	earth science	지구과학
English	영어	Korean history	국사
mathematics	수학	world history	세계사
social studies[science]	사회	ethics	윤리
politics	정치	home economics	가정
economics	경제	classical Chinese	한문
geography	지리	second[foreign] language	제2외국어
science	과학	music	음악
physics	물리	fine arts	미술
chemistry	화학	PE (physical education)	체육
biology	생물		

14 학문명

❶ 인문학

the humanities	인문학
philosophy	철학
aesthetics	미학
metaphysics	형이상학
Chinese classics	한문(漢文)학
linguistics	언어학

❷ 사회과학

anthropology	인류학
	※ anthropologist 명 인류학자
	anthropological 형 인류학의
ethnography	민족학
geopolitics	지정학(地政學); 지정학적 요인
sociology	사회학
sociolinguistics	사회 언어학
	※ sociolinguist 명 사회 언어학자
	sociolinguistic 형 사회 언어학의, 언어의
	사회적인 면에 관한
pedagogy	교육학

❸ 자연과학

botany	식물학
zoology	동물학
	※ zoological 형 동물학의
	zoologist 명 동물학자
ecology	생태(학)
forestry	임학(林學); 삼림 관리
topography	지형(학)
	※ topographical 형 지형학의; 지형상의
meteorology	기상학
	※ meteorologist 기상학자
physiology	생리(학)
cosmology	우주론
engineering	공학
electronics	1. 전자 공학; 전자 기술 2. 전자 장치
arithmetic	산수, 연산; 계산
algebra	대수학
aeronautics	항공학; 항공술
aerodynamics	항공 역학, 공기 역학
	※ aerodynamic 형 공기 역학의
oceanography	해양학
anatomy	해부(학)
dentistry	치과학; 치과 의술
radiology	방사선학, 방사선 과학
neuroscience	신경 과학
	※ neuroscientist 신경 과학자

15 언어 학습·언어학 용어

grammatical	형 문법의 ※ grammarian 명 문법학자	predicate	명 술부(述部) 《주어에 대해 진술하는 동사 이하 부분》 ※ predication 명 술어
affix	명 접사 동 붙이다		
prefix	명 접두사	object	명 목적어
suffix	명 접미사	complement	명 1. 보어 2. 보완하는 것 동 보완[보충]하다
singular	명형 단수형(의) ※ singularity 명 1. 단독 2. 특이성	transitive	명형 타동사(의) cf. intransitive 명형 자동사(의)
plural	명형 복수형(의) ※ plurality 명 복수, 많은 수	infinitive	명 부정사
superlative	명형 최상의; 최상급(의) cf. comparative 명형 비교의; 비교급(의)	participle	명 (현재, 과거) 분사
		colon	명 콜론(:) cf. semicolon 명 세미콜론(;)
part of speech	명 품사	bracket	명 1. 괄호 2. 계층 동 괄호로 묶다
noun	명 명사	phoneme	명 《음성》 음소 《e.g. sip의 /s/와 zip의 /z/는 두 개의 다른 음소》
pronoun	명 대명사		
verb	명 동사	syllable	명 음절
adjective	명 형용사	phonological	형 음운적, 소리와 관련되는
adverb	명 부사	etymology	명 어원(학)
preposition	명 전치사	inflection	명 1. (단어의) 어형 변화 2. 억양, 어조
conjunction	명 접속사	lexical	형 1. 어휘의 2. 사전적인
interjection	명 감탄사	acronym	명 두문자어 《낱말의 머리글자를 모아서 만든 줄임말》
phrase	명 구(句) ※ phrasing 명 말, 표현		
clause	명 절(節)	homonym	명 동음이의어
subject	명 주어, 주부(主部) 《주어와 그에 딸린 부속 성분으로 이루어진 부분》	semantic	형 의미의, 의미론적인
		paraphrase	동 (이해 쉽게) 다른 말로 바꾸어 표현하다

16 글의 구조

preface	명동 서문(을 쓰다)	epilog(ue)	(연극, 책 등의) 끝맺는 말
prolog(ue)	프롤로그 《연극, 책 등의 도입부》	postscript	1. (편지의) 추신 《약어 P.S.》 2. (책 등의) 후기

17 fiction의 종류

tragedy	비극(적인 사건); 비극 (작품) cf. comedy 희극(적인 사건); 희극 (작품)	romance	연애 (소설) ※ romantic 형명 낭만적인 (사람)
science fiction	공상 과학 소설 (= SF)	fairy tale	동화 cf. folk tale 민간설화
fantasy fiction	공상 소설 cf. thriller 스릴러물 《범죄와 관련된 이야기를 담은 책·연극·영화》		

18 글의 분위기

desolate	형 1. 황량한, 적막한 2. 슬프고 외로운	**dreary**	형 음울한, 우울한
dismal	형 음울한; 울적하게 하는	**tranquil**	형 고요한, 평화로운

Unit · 29 | 사고 · 사상

19 학문 성격 · 이론

existential	형 (인간의) 존재에 관한; 실존주의적인	**positivism**	명 《철학》 실증주의
holistic	형 전체론의	**determinism**	명 《철학》 결정론
pragmatic	형 실용적인		

Unit · 30 | 역사 · 종교

20 종교 관련

종교의 종류

*로마제국의 국교인 기독교는 8세기에 그리스 정교회(the Greek Orthodox Church)가 갈려 나가고, 다시 16세기 종교 개혁에 의하여 구교(즉, 가톨릭교)와 신교로 분리되었다. 우리나라에서는 신교를 기독교라고도 한다.

Christianity	명 기독교 ※ Christian 형 기독교의 명 기독교도	**Confucianism**	명 유교 ※ Confucius 명 공자 《유교의 창시자》 Confucian 형 유교의
Catholic	명 천주교도 형 (로마) 가톨릭교회의, 천주교의 ※ Catholicism 명 (로마) 가톨릭교, 천주교	**Islam**	명 이슬람교 cf. Muslim 명 이슬람교도 형 이슬람교의
Protestant	명형 (개)신교도(의)	**Hinduism**	명 힌두교 ※ Hindu 명 힌두교 신자
Buddhism	명 불교 ※ Buddha 명 부처	**Jewish**	형 유대교의 ※ Jew 명 유대인
Buddhist	형 불교의 명 불교 신자	**Puritan**	형 청교도의 명 청교도; 청교도적인 사람; 철저한 금욕주의자

21 그 외의 종교 관련

cardinal	명 추기경 형 가장 중요한, 기본적인	**shaman**	명 샤먼, 주술사, 무당
bishop	명 주교 《한 교구를 관할하는 성직자》	**afterlife**	명 내세, 사후 세계
Easter	명 부활절	**orthodox**	형 정통의; (종교의) 정통파의
psalm	명 1. 찬송가 2. 기도	**benediction**	명 1. 축복 2. 감사기도

Unit · 31 | 경제 · 산업 1

22 기타 금융 · 재정

checkbook	수표장 《수표용지를 철한 장부》	**taxpayer**	납세자
payback	1. 자금[원금] 회수 2. 보상; 보복	**turnover**	1. (기업의) 매출량[액] 2. 이직률
reimbursement	갚음, 변제, 상환		3. (상점의 재고) 회전율
	※ reimburse 동 배상[변제]하다		

23 주식 관련

stockholder	《미》 주주 (= 《영》 shareholder)	**portfolio**	1. (사진, 그림 등의) 작품집
	cf. stockbroker 주식 중매인		2. 유가 증권 보유 목록
stock market	1. 증권 시장; 주식 시세 2. 가축 시장	**bondholder**	회사 채권 소유자

Unit · 32 | 경제 · 산업 2

24 컴퓨터

analog	형 1. 《컴퓨터》 아날로그(방식)의 2. 유사의	**coding**	명 코딩 《프로그램의 코드를 작성하는 일》;
digital	형 《컴퓨터》 디지털(방식)의		부호화
hightech	형 첨단 기술의	**clipboard**	명 클립보드 《복사되거나 삭제된 파일의
Artificial Intelligence (A.I.) 명 《컴퓨터》 인공 지능			사본을 한동안 저장하는 곳》
robotic	형 로봇을 이용하는	**cursor**	명 커서 《컴퓨터 화면에서 입력 위치를
	※ robotics 명 로봇 공학		나타내는 표시》
hardware	명 1. (컴퓨터) 하드웨어 2. 쇠붙이, 철물	**algorithm**	명 연산(법), 알고리즘
	3. 기계 설비		※ algorithmic 형 알고리즘의
hardwired	형 하드웨어에 내장된	**pixel**	명 화소 《화면의 화상을 구성하는 최소 단위》
disk	명 1. (컴퓨터) 디스크 2. (납작한) 원반	**browser**	명 1. 《컴퓨터》 브라우저 2. 둘러보는 사람
database	명 데이터베이스 《컴퓨터 정보의 축적 및	**cyberspace**	명 가상 현실 《컴퓨터 네트워크에 의해 형성
	정보의 제공 서비스》		되는 공간》

Unit · **33** │ 사회 · 사회문제

25 계급의 구분

the intellectual class	지식 계급	**the landed[landowning] class**	지주 계급
the proletariat[propertied class, bourgeoisie]		*cf.* landed 형 많은 토지를 소유한	
	무산[유산] 계급	**the upper[middle/lower] classes**	상[중/하]류 계급
the privileged class	특권 계급 《(부(富) 또는 높은 사회계급으로 인해 이득과 기회를 누리는 계층)》	**the working class**	노동 계급

26 기타 사회문제 · 활동

generation gap	명 세대차	**slum**	명 빈민가
workweek	명 주당 노동 시간[일수]	**boycott**	동 (항의의 표시로) 구매[사용/참여]를 거부하다

Unit · **34** │ 정치 · 외교

27 정치 · 외교 관련

prime minister	국무총리; 수상(首相)	**checkpoint**	(국경의) 검문소
senate	(미국 등의) 상원 ※ senator 상원 의원	**protocol**	1. 외교 의례, 의전
policymaker	정책 입안자[담당자]		2. (조약의) 초안, 원안; 보충 협약
cabinet	1. (정부의) 내각 2. 캐비닛, 보관장		

Unit · **35** │ 회사 · 법

28 주요 직위 · 직책명

❶ 고위직

		director	1. (회사) 임원 2. 책임자, 감독
CEO (chief executive officer)	최고 경영자		※ directory 안내 책자
COO (chief operating officer)	최고 운영자	**businessman**	1. (특히 높은 직급의) 경영인; 사업가
president	1. 대통령 2. (사업체 등의) 회장, -장(長)		2. 상인
vice president	1. 부통령 2. 부사장	**general manager**	1. 총지배인 2. 총감독
		adviser / advisor	조언자; 고문(顧問)

❷ 사원

boss	(직장의) 상관, 상사
sales rep(representative)	영업 사원
staff	몡 직원 동 직원으로 일하다
intern	인턴사원 《회사에 정식으로 채용되지 아니한 채 실습 과정을 밟는 사원》 ※ internship 인턴의 신분[기간]
workforce	(모든) 노동자[직원]; 노동 인구[력]
assistant	몡 조수 혱 부(副)-, 조(助)-

29 주요 직업명

❶ 농어업·목축업

herder	목동 (= herdsman)
shepherd	양치기
woodcutter	나무꾼

❷ 제조·기술

tailor	몡 재단사 (= dressmaker) 동 (특정한 목적, 사람 등에) 맞추다
electrician	전기 기사
engineer	기사, 기술자; 공학자
plumber	배관공 ※ plumbing 배관, 수도 시설
carpenter	목수 ※ carpentry 목수 일; 목공품
civil engineer	토목 기사
mason	석공; 벽돌공
blacksmith	대장장이; 대장간

❸ 판매

butcher	정육점 주인; 도살업자
florist	꽃집 주인; 화초 연구가
bookseller	서적 판매인
clerk	1. 점원 2. 사무원

❹ 서비스

catering	(연회 등을 대상으로 하는) 음식 공급(업) ※ cater 동 (행사에) 음식을 공급하다
barber	이발사
flight attendant	(비행기) 승무원
usher	몡 (극장, 교회 등의) 안내원 동 안내하다
janitor	문지기; 수위
maid	하녀, 가정부
housekeeper	1. 가정부 2. 호텔 객실 청소 매니저
porter	(호텔, 공항 등의) 짐꾼

❺ 학문

oceanographer	해양학자
alchemist	연금술사
chemist	화학자
economist	경제학자, 경제 전문가

❻ 작가

scriptwriter	시나리오 작가 (= playwright)
screenwriter	시나리오 작가, 영화 각본가
dramatist	극작가
songwriter	작사가 (겸 작곡가)
copywriter	광고 문안 작성자
columnist	정기 기고가, 칼럼니스트
cartoonist	만화가
essayist	수필가

❼ 그 외의 직업

lifeguard	인명 구조원
ranger	1. 삼림 관리원 2. 기습 공격대원
patrolman	순찰 경찰관
veterinarian	수의사 (= vet) ※ veterinary 혱 수의과의
librarian	도서관 사서
dietitian / dietician	영양사
mariner	선원
examiner	심사위원; 조사관

Unit · 36 범죄 · 재판

30 범죄 · 재판 관련

eyewitness	(범행. 사건 등의) 증인. 목격자	**parole**	가석방
lawbreaker	범법자	**courtroom**	법정
getaway	1. (범인의) 도주, 도망 2. (단기) 휴가(지)		

Unit · 37 군대 · 전쟁

31 무기 · 전쟁 관련

blade	칼날	**gunpowder**	화약
shotgun	엽총	**battleship**	전함
cartridge	1. 탄약통	**peacemaker**	(분쟁, 전쟁을 종식시키려 애쓰는) 중재자,
	2. 카트리지 《기계에 필요한 내용물을 바꿔 끼우는 용기》		조정자

32 육군 계급

원수: 《미》 **general of the army**
　　《영》 **field marshal**
대장: **general**
중장: **lieutenant general**
소장: **major general**
준장: **brigadier (general)**
대령: **colonel**
중령: **lieutenant colonel**
소령: **major**
대위: **captain**

중위: **(first) lieutenant**
소위: **second lieutenant**
원사: **command sergeant major**
상사: **master[first] sergeant**
중사: **sergeant first class**
하사: **staff sergeant**
병장: **sergeant**
상병: **corporal**
일(등)병: **private first class**
이(등)병: **private**

Unit · 38 | 교통 · 수송

33 탈것

① 차량

cab	택시
wagon	4륜 마차; 화물차
harness	마구 《말을 타거나 부리는 데 쓰는 기구》
cruise	몡 유람선(여행)
	동 유람선을 타고 다니다; 순항하다
van	밴, 지붕이 있는 화물차; 승합차
metro	《the M-》 (파리 등의) 지하철
tram	전차 《지상에 설치된 궤도 위를 다니는 차》
motorcycle	오토바이
scooter	스쿠터, 소형 오토바이
steam engine	증기기관(차)
steam locomotive	증기기관차
	cf. locomotive 몡 기관차
	혱 운동의, 이동하는
steering wheel	(자동차의) 핸들
training wheel	(초보용 자전거의) 보조 바퀴
footrest	(오토바이 등의) 발판
windshield	(자동차의) 앞 유리
	cf. windshield wiper (자동차 앞 유리) 와이퍼
bumper	몡 (차량의) 범퍼
	혱 대단히 큰
dashboard	(자동차의) 계기판
puncture	몡 구멍, (타이어의) 펑크
	동 1. 구멍을 내다
	2. (자존심 등이) 상하게 만들다

② 선박

ferry	몡 (카)페리 《사람, 차량 등을 운반하는 배》
	동 수송하다
steamer	1. 증기선 (= steamship, steamboat)
	2. 찜통
riverboat	강(江)배
sailboat	범선, 돛단배; 요트
sailing ship	(대형) 범선
canoe	카누
kayak	카약
yacht	요트 ※ yachting 요트 타기; 요트 경주

③ 항공

flyer	1. 비행기 승객
	2. (곤충, 새, 비행기 등이) 나는 것
glider	글라이더 《엔진과 같은 추진 장치 없이 기류(氣流)로 비행하는 항공기》
	cf. parachute 낙하산
airship	비행선
warplane	전투기

④ 그 외의 탈것 관련

tandem	2인용 자전거
rickshaw	인력거
motorize	엔진을 달다
shuttle	몡동 왕복 운행(하다)

34 육로 및 수로 관련

walkway	통로, 보도
overpass	고가 도로[철도], 육교
railroad	철로, 선로
waterway	(강, 운하 등의) 수로; 항로

bottleneck	(차량 흐름이 느려지는) 좁은[번잡한] 도로, 병목 지역
stoplight	정지 신호; 교통 신호등 (= traffic light)
tollbooth	통행료 받는 곳, 도로 요금소

Unit · 39 | 일상생활

35 생활용품

① 공구

gadget	(작고 유용한) 도구, 장치
ax / axe	명동 도끼(로 자르다)
rake	명동 갈퀴(질을 하다)
lever	《기계》 레버, 지레
	※ leverage 명 지레 작용 동 영향을 주다
rod	막대
clip	명 1. 클립[핀] 2. (짧게) 깎음
	동 1. 클립[핀]으로 고정하다 2. 자르다
	※ clipper 명 깎는 도구, 가위
hoop	1. 테, 고리 2. (농구의) 링
bolt	1. 볼트, 나사못 2. 빗장, 걸쇠
screw	나사(못)
screwdriver	드라이버
shovel	삽 (= spade)
spike	1. 못 2. 스파이크 《미끄러지지 않도록 운동화 바닥에 뾰족하게 박은 못이나 징》
sandpaper	명동 사포(로 닦다)
cable	케이블, 전선
wiring	배선 (장치)
wired	형 유선의 (↔ wireless 형 무선의)
cordless	형 무선의
toolbox	연장통, 공구통
net	명 1. 그물(망), 네트 2. 골대, 골문
	동 그물로 잡다
punch	동 1. 구멍을 뚫다 2. 주먹으로 치다 명 펀치

② 수납용품

sack	부대, 자루
carton	곽, 통
packet	1. 통 2. 소포
bin	(뚜껑 달린) 통 cf. tub (뚜껑 없는) 통

③ 미용·위생용품

conditioner	(두발용) 컨디셔너
sunscreen	자외선 차단제
razor	면도기
toothpick	이쑤시개
hand sanitizer	손 소독제
nail clipper	손톱깎이
diaper	기저귀
toilet-paper	화장실용 화장지

④ 청소·세탁용품

bucket	양동이, 들통; 한 양동이의 양
mop	자루걸레
broom	빗자루 cf. broomstick (대가 긴) 빗자루
trash can	쓰레기통 (= wastebasket)
ashtray	재떨이

⑤ 실내장식

wallpaper	1. 벽지 2. (컴퓨터의) 바탕화면
plaque	1. 액자; (기념) 명판 2. (치아에 끼는) 치석
candlelight	촛불
candlestick	촛대
lighting	조명 (시설)
light bulb	백열전구
chandelier	샹들리에
hourglass	모래시계

⑥ 주방용품

kitchenware	주방용품
houseware	가정용품, 주방용품
cookware	취사도구
glassware	유리 제품
dinnerware	식기류
silverware	은제품, 은식기류 《특히 나이프, 포크, 접시 등》
saucepan	냄비
pot	명 냄비; 항아리 동 화분에 심다
jug	(손잡이가 달린) 항아리
pitcher	1. 주전자 2. (야구의) 투수
kettle	주전자
teapot	(도자기로 된) 찻주전자
tray	쟁반; (다용도 플라스틱) 상자
saucer	(컵 등의) 받침
corkscrew	코르크 마개 뽑는 기구
tin can	통조림 통
canned	형 통조림으로 된
scoop	국자; (한) 숟갈
airtight	형 밀폐된
bubble wrap	버블랩 《완충 작용을 하도록 기포가 들어 있는 비닐 포장재》
burner	(취사용) 버너, 가열 기구; (난방용) 화덕

❼ 그 외의 용품

strap	(가죽, 천) 끈
quilt	누비이불, 퀼트
socket	1. 콘센트 2. (전기 기구에서 플러그 등을) 꽂는 곳, 소켓
cupboard	찬장; 장롱
rack	받침대, 선반

fireplace	벽난로
hanger	옷걸이
armchair	안락의자
backrest	의자 등받이
stool	(등받이와 팔걸이가 없는) 의자, 스툴
torch	명 손전등; 횃불 동 방화하다
stationery	문구류

36 의류·색깔

❶ 옷

overalls	멜빵 달린 작업복
hood	(외투에 달린) 모자
headgear	쓸 것, 모자
bridal veil	신부의 면사포
robe	예복; 길고 헐거운 겉옷
tuxedo	턱시도
cardigan	카디건
gown	(여성용) 드레스; 가운
underwear	속옷(= undergarment)
sportswear	평상복 cf. sporty 형 1. 운동복 같은 2. (차가) 빠르고 날렵한
sweatshirt	운동복 상의
jersey	(운동 경기용) 셔츠
shorts	반바지
vest	조끼
protective clothing	방호복
wetsuit	잠수복

❷ 옷의 부분 명칭

frill	주름 장식
collar	명 1. (윗옷의) 칼라, 깃 2. 목걸이 동 붙잡다
shirt-tail	셔츠 자락
tuck	동 (끝부분을) 밀어 넣다 명 (접어 넣은) 단
hem	명동 옷단(을 만들다)
sash	(몸에 두르는) 띠
buckle	명동 버클(로 잠그다)
braces	1. 《영》 바지 멜빵 2. 치아 교정기 cf. suspenders 《미》 바지 멜빵
lining	안감
knot	매듭
sleeve	명동 소매(를 달다)
patch	(작은) 부분; 조각
pad	명 패드, 덧대는 것 동 보호대를 내다

❸ 무늬

checked	형 체크무늬의 (= checkered)
grid	격자무늬; 격자판
polka dot	물방울무늬
zigzag	명동 지그재그(로 나아가다)

❹ 그 외의 의(衣) 관련

must-have item	필수품
fitting room	탈의실
wardrobe	옷(장)
glove	장갑 cf. mitten 손모아장갑
pouch	주머니
purse	《영》 지갑; 《미》 핸드백
briefcase	서류 가방
gem	보석 cf. gemstone 보석의 원석
pendant	펜던트 《목걸이 줄에 거는 보석》
eyewear	안경류
accessory	명 액세서리 형 보조적인
bracelet	팔찌
brooch	브로치
badge	1. 배지, 훈장 2. (경찰 등의) 신분증 3. 표; 상징
earplug	귀마개
headband	머리띠
leather	(동물의) 가죽; 가죽제품
wool	1. 모직, 울 2. (양)털; 털실
cotton	면직물; 목화
barbershop	이발소
salon	미용실
styling	1. 머리 자르기 2. 스타일
stylist	1. (헤어) 스타일리스트 2. 디자이너
wig	가발
apron	앞치마

⑤ 색깔

hue	몡 1. 빛깔 2. (신념 등의) 색깔, 경향
ivory	몡 상아(색), 아이보리색
beige	몡 베이지색
yellowish	혱 노르스름한
amber	몡 호박(색)
pinkish	혱 분홍빛을 띤
rosy	혱 장밋빛의
bloodred	혱 피처럼 붉은
crimson	혱 진홍색의

ruby	몡 1. 루비 2. 다홍색
reddish	혱 발그레한
brownish	혱 갈색을 띤 (= browny)
greenish	혱 녹색을 띤
bluish	혱 푸르스름한
indigo	혱 남색의, 쪽빛의
ultramarine	몡 군청색
blue violet	몡 남보라
maroon	몡 고동색, 적갈색 혱 밤색의

37 식재료·조리 관련

① 곡류

cereal	곡류; (우유에 말아 먹는) 시리얼
barley	보리
flour	(밀)가루
maize	《영》 옥수수 (= 《미》 corn)

② 고기

raw meat	생고기
beef	소고기
pork	돼지고기
mutton	양고기 *cf.* lamb (새끼 양의) 양고기
bacon	베이컨
patty	패티 《고기 등을 다져 동글납작하게 빚은 것》
pepperoni	페퍼로니 《양념이 들어간 소시지의 일종》

③ 채소·과일

spinach	시금치
turmeric	강황 《카레 요리 등에 쓰이는 생강과 식물》
jalapeno	할라페뇨 《멕시코 요리의 아주 매운 고추》
chil(l)i	고추, 칠리
ginger	1. 생강 2. 연한 적갈색
ginseng	인삼
radish	무
sweet potato	고구마
yam	얌 《마와 같은 뿌리채소》
chestnut	밤(나무); 밤색
soybean	콩, 대두(大豆)
chickpea	병아리콩
citrus	감귤류 과일 《오렌지, 레몬 등》
tangerine	탄제린 《오렌지의 일종》; 오렌지색
fig	무화과
plum	자두

④ 재료·양념

processed food	가공식품
dough	밀가루 반죽
paste	1. 반죽 2. 풀
pastry	페이스트리 (반죽)
filling	(음식 등의) 속
caviar	캐비아 《철갑상어 알을 소금에 절인 것》
vinegar	식초
syrup	시럽
soy	간장
dressing	1. (요리용) 드레싱[소스] 2. (상처 위에 덮는) 드레싱[붕대]
salsa	1. 살사 《멕시코 음식에 쓰이는 소스》 2. 라틴 아메리카계의 춤곡
gravy	그레이비 《고기를 익힐 때 나온 육즙에 밀가루 등을 넣어 만든 소스》
additive	(주로 식품) 첨가물

⑤ 그 외의 식품 관련

yolk	난황, 노른자(위)
noodle	《주로 복수형》 국수
raisin	건포도
yeast	이스트, 효모균

⑥ 조리 동작

stuff 	⑤ (빽빽이) 채워 넣다 ⑨ 물건, 것; 재료
	※ stuffed ⑱ 잔뜩 먹은

shred 	⑤ (작고 가늘게) 자르다
	※ shredder ⑨ 분쇄기

mince 	⑤ (기계에 고기를) 갈다

skim 	⑤ 1. (액체 위 기름 등을) 걷어내다
	2. (표면을) 스쳐 지나가다 3. 훑어보다

roast 	⑤ (고기 등을) 굽다

grill 	⑤ 1. 그릴[석쇠]에 굽다 2. 엄하게 심문하다

brew 	⑤ 1. (맥주를) 양조하다 2. (차를) 끓이다

---

38 식사 동작

crunch 	⑨ 으드득(하는 소리)
	※ crunchy ⑱ 아삭아삭한

munch 	⑤ 아삭아삭 먹다

crispy 	⑱ (기분 좋게) 바삭바삭한 (= crisp)

crumble 	⑤ 1. 바스러지다 2. (조직이) 무너지다
	※ crumb ⑨ 부스러기; 작은 것

---

39 음식 상태

greasy 	기름이 많은
	cf. oily 기름기가 함유된; 기름 같은

tender 	음식이 연한 (↔ tough 질긴)

caffeinated 	카페인을 함유한
	(↔ decaffeinated 카페인을 제거한)

---

40 주생활 관련

① 건물 종류

mansion 	대저택
condominium 	아파트
annex 	부속 건물, 별관
bungalow 	방갈로 《베란다가 있는 목조 단층집》
studio 	1. 원룸 2. (촬영) 스튜디오 3. 작업실
cottage 	(시골의) 작은 집
cabin 	1. 객실 2. 오두막집
lodge 	⑨ 오두막 ⑤ 숙박하다
	※ lodging 임시 숙소
hut 	오두막, 막사

② 공간·시설

utility room 	(특히 가정집의) 다용도실
lobby 	1. 로비 《공공건물 현관 안쪽 공간》
	2. (정치적) 압력 단체
corridor 	복도
hallway 	현관; 복도
stairway 	계단
cellar 	지하 저장고
repository 	저장소
barn 	헛간, 축사
conservatory 	(가옥에 붙어 있는) 온실

backyard 	뒷마당, 뒤뜰
courtyard 	안마당
balcony 	발코니; (극장 이층의) 발코니석
terrace 	(정원 등의) 테라스
sprinkler 	물 뿌리는 장치, 스프링클러
attic 	다락(방)
ceiling 	천장

③ 건축 구조

arch 	⑨ 아치형 구조물
	⑤ 1. 아치 모양을 그리다
	2. (몸을) 동그랗게 구부리다, 구부러지다

dome 	돔, 반구형 모양의 것

④ 욕실

basin 	대야
bathtub 	욕조
faucet 	(수도)꼭지
flush toilet 	수세식 화장실
	cf. lavatory (특히 기내의) 화장실
tap 	⑨ 1. 수도꼭지 2. (가스 등의) 잠금장치
	3. 치기
	⑤ 가볍게 치다

❺ 문·창문

porch	1. 현관 2. 베란다
hinge	(문 등의) 경첩 *cf.* hinged door 여닫이 문
groove	1. (문지방 등의) 홈 2. (음악의) 리듬
doorknob	문손잡이
doorstep	문간(의 계단)
threshold	1. 문지방 2. 출발점; 한계점
glaze	图 1. 유리를 끼우다 2. 눈이 게슴츠레해지다
shutter	1. 덧문, 셔터 2. 카메라의 셔터

❻ 가구

drawer	서랍; 《복수형》 장롱
couch	긴 의자, 소파
cabinet	보관장, 캐비닛
cupboard	찬장; 장롱; 벽장

Unit · 40 | 문화·여가

41 문화·예술

❶ 음악

octave	옥타브
repertory	연주[노래/공연] 목록, 레퍼토리
philharmonic	교향악단
chorus	1. 합창; 합창곡; 후렴; 합창대 2. 일제히 내는 소리
ballad	(이야기를 담은) 시, 노래; 민요
ensemble	(소규모의) 합주단[무용단/극단], 앙상블
aria	아리아 《오페라 등에서 악기의 반주가 있는 독창곡》
tempo	박자, 템포
funk	강한 비트의 음악, 펑크
podium	(올라서는) 단, (지휘)대
metronome	메트로놈, 박자 측정기

❷ 미술

artwork	1. 공예품, 예술품 2. 삽화
caricature	캐리커처 《어떤 사람의 특징을 과장하여 묘사한 그림이나 사진》

❸ 그 외의 예술 관련

fresco	프레스코화 《석회를 바른 벽이 마르기 전에 그린 그림》
watercolor	수채화; 《복수형》 수채화 물감
baroque	图 1. 바로크 양식의 2. 복잡하고 화려한
pigment	색소, 물감 재료
palette	팔레트
canvas	1. 캔버스 천 2. 화폭, 그림을 그리는 천 3. 유화

❸ 그 외의 예술 관련

hand(i)craft	수공예품
craftsmanship	장인의 기능; 숙련
bullfight	투우
ballet	발레 (작품); 발레단 ※ ballerina 발레리나
screenplay	영화 대본, 시나리오
stunt	(특히 영화에서의) 스턴트, 곡예
synopsis	(글, 희곡 등의) 개요
cliché	진부한 표현, 상투적인 문구

42 취미·스포츠·신체 단련

❶ 여가·취미

bait	图 미끼 图 미끼를 놓다[달다]
hook	图 1. (낚시) 바늘 2. 갈고리 图 갈고리에 걸다
soap opera	연속극, 드라마
sled	썰매 *cf.* sleigh (보통 말이 끄는) 썰매
rowing	조정; 노 젓기

snorkel	图 스노클 《잠수용 호흡기구》 图 스노클을 사용하여 잠수하다 ※ snorkeling 스노클 잠수
raft	图 뗏목, 고무보트 图 뗏목으로 건너다
mountaineer	등산가, 등산객
sunbathe	图 일광욕을 하다 ※ sunbather 일광욕을 하는 사람

② 스포츠

triathlon	철인 3종 경기, 트라이애슬론
	cf. pentathlon 5종 경기
weightlifting	역도
barbell	바벨, 역기
ballpark	야구장
outfielder	(야구, 크리켓 등에서) 외야수
	※ outfield 외야 *cf.* infielder 내야수
inning	《야구》 회(回), 이닝
play-off	플레이오프; 결승전; 연장전
wrestle	동 레슬링을 하다; 몸싸움을 벌이다
	cf. wrestle with (힘든 문제로) 씨름하다
judo	유도
ping-pong	탁구 (= table tennis)
billiard	형 당구의, 당구용의
polo	폴로 《말을 타고 하는 구기 종목》
rugby	럭비
volleyball	배구
softball	소프트볼 《야구를 변형한 경기》

rink	아이스링크, 스케이트장
bobsled	《미》 봅슬레이 (= 《영》 bobsleigh)
hurdling	허들[장애물] 경기 스포츠
	※ hurdle 명 허들, 장애(물)
	동 ~을 뛰어넘다
backstroke	《수영》 배영 *cf.* freestyle 《수영》 자유형
breaststroke	《수영》 평영

③ 신체 단련

fitness	신체 단련
workout	운동 (= exercise)
stamina	체력, 스태미나
dumbbell	아령
sit-up	윗몸 일으키기
pushup	엎드려 팔굽혀 펴기
aerobics	에어로빅
	※ aerobic 형 유산소(운동)의
treadmill	트레드밀 《회전식 벨트 위를 달리는 운동 기구》

Unit · **41** | 신체 · 건강

43 신체 여러 명칭

scalp	두피
full face	형 (얼굴의) 정면을 보여주는
profile	1. 옆얼굴 2. 개요; 프로필
eyelid	눈꺼풀
eyeball	안구, 눈알
eyebrow	눈썹
eyelash	속눈썹
eyesight	시력
nostril	콧구멍
nasal	형 코의; 콧소리의
olfactory	형 후각의
mustache	콧수염
beard	(턱)수염
retina	(눈의) 망막 ※ retinal 형 망막의
cornea	각막
eardrum	고막
palate	구개 《입천장》
gum	잇몸
taste bud	(혀의) 미뢰

airway	1. (코에서 폐까지의) 기도 2. 항공로
torso	1. 몸통, 동체
	2. 토르소 《몸통만으로 된 조각상》
breast	(젖)가슴
abdomen	배, 복부 ※ abdominal 형 복부의
belly	(볼록한) 배
tummy	《아동어》 배
waistline	허리둘레; 허리선
hip	골반 부위
buttock	엉덩이
wrist	손목
ankle	발목
fingernail	손톱
toenail	발톱
fingertip	손가락 끝
index finger	집게손가락 (= forefinger)
palm	손바닥
fist	주먹
elbow	팔꿈치

forearm	팔뚝	lap	(앉았을 때 허리에서 무릎마디까지) 무릎
armpit	겨드랑이 *cf.* underarm 웹 겨드랑이의	shin	정강이
thigh	넓적다리	birthmark	(날 때부터 몸에 있는) 점

44 해부·장기

❶ 혈관·분비(기관)·배설 등

cardiovascular	웹 심혈관의
bloodstream	혈류; 혈액 순환
capillary	모세 혈관
hemoglobin	혈색소, 헤모글로빈
gland	분비선
secretion	분비(물)
neuron	뉴런, 신경 세포
bladder	방광
urine	소변 ※ urination 배뇨 (작용)
excrete	동 배설하다
membrane	(인체, 피부 조직의 얇은) 막

❷ 뼈, 근육

spinal	웹 척추의
skull	두개골

cheekbone	광대뼈
jawbone	(아래) 턱뼈
rib	갈비(뼈)
bone density	골밀도
tendon	건(腱), 힘줄

❸ 장기

organ	1. 장기, 기관 (= apparatus)
	2. 《악기》 오르간
cerebral	웹 1. 뇌의 2. 지적인, 이지적인
lung	폐
kidney	신장, 콩팥
liver	간
intestine	《주로 복수형》 창자, 장
	※ intestinal 웹 창자의, 장에 있는
womb	자궁

45 여러 가지 신체 동작

❶ 얼굴 동작

behold	동 (바라)보다
pore	동 《over》 세세히 보다 명 (피부 등의) 구멍
spit	동 (침을) 뱉다; (음식물 등을) 토하다
snore	동 코를 골다 명 코 고는 소리
sneeze	동 재채기하다

❷ 손·팔 동작

flick	동 1. (손가락 등으로) 튀기다
	2. 잽싸게 움직이다
pat	동 쓰다듬다, 토닥거리다
pluck	동 잡아 뜯다
pinch	동 꼬집다
crumple	동 구기다
squash	동 짓누르다
scrape	동 (떼어 내기 위해) 긁다
snap	동 탁 부러뜨리다
	명 (부러질 때 나는) 탁 하는 소리
clutch	동 (꽉) 움켜잡다

seize	동 와락 붙잡다
	※ seizure 명 1. 붙잡음, 꼭 쥠 2. 압류
	3. (병의) 발작, 발병
snatch	동 잡아채다; 빼앗다
rip	동 찢다
pound	동 (여러 차례) 두드리다
rap	명 1. 툭 두드림 2. 《음악》 랩
fling	동 내던지다
toss	동 1. 던지다 2. 흔들리다
poke	동 쿡 찌르다
cram	동 (좁은 곳에) 밀어 넣다
rinse	동 (물로) 씻다, 헹구다

❸ 발·다리 동작

tread	동 발을 디디다
hobble	동 1. 절뚝거리다 2. 방해하다
trample	동 짓밟다
scramble	동 1. 재빨리 기어오르다 2. 서로 밀치다
hop	동 한 발로 깡충깡충 뛰다 명 짧은 도약

④ 전신 동작

dodge	图 재빨리 움직이다
jerk	图 (갑자기) 홱 움직이다
agile	圈 1. 날렵한 2. (생각이) 재빠른
	※ agility 圆 1. 날렵함 2. 재빠름
zoom	图 1. (아주 빨리) 쌩 하고 가다 2. 급등하다
	圆 1. 급등 2. 줌 《영상의 급격한 확대[축소]》
nimble	圈 1. (동작이) 빠른, 날렵한 2. (생각이) 영리한
glide	图 미끄러지듯 가다
fetch	图 (가서) 가져오다

flex	图 (준비 운동으로) 몸을 풀다
	※ flexible 圈 신축성 있는
perch	图 앉아 있다 圆 횃대: 높은 자리
huddle	图 1. 몸을 움츠리다: 모이다
	2. 뒤죽박죽 쌓아 올리다
cuddle	图 (애정의 표시로) 껴안다
tumble	图 굴러 떨어지다: 폭락하다
	※ tumbling 圆 《체조》 텀블링
wiggle	图 (씰룩씰룩) 움직이다
stagger	图 비틀거리다
hustle	图 (사람을) 밀치다 圆 혼잡

Unit ⋅ **42** | 질병 · 의료

46 주요 질환명

① 내과 질환

leukemia	백혈병
anemia	빈혈증
heatstroke	열사병, 일사병
asthma	천식
	※ asthmatic 圈 천식의 圆 천식 환자
rabies	광견병
ulcer	궤양
cardiac	圈 심장(병)의
migraine	편두통
nausea	메스꺼움

② 전염성 질환

pandemic	전국[전 세계]적인 유행병
catching	圈 전염되는
pinkeye	유행성 결막염
smallpox	천연두
chickenpox	수두
cholera	콜레라
measles	홍역
tuberculosis	(폐)결핵
pneumonia	폐렴
dengue	뎅기열 《모기를 통해 감염되는 열대 전염병》
AIDS (acquired immune deficiency syndrome)	
	에이즈, 후천성 면역 결핍증
	cf. syndrome 증후군: 일련의 증상
malaria	말라리아

③ 성인병

palsy	중풍, 마비
heart attack	심근 경색, 심장마비
high blood pressure	고혈압(= hypertension)
cholesterol	콜레스테롤

④ 정신의학

ADHD (attention deficit hyperactivity disorder)	
	주의력 결핍 및 과잉 행동 장애
autism	자폐증 ※ autistic 圈 자폐증의
phobia	공포증
nervous breakdown	신경쇠약
Alzheimer's disease	알츠하이머병, 치매
memory lapse	깜빡 잊음, 기억력 쇠퇴
amnesia	기억상실(증)
dyslexic	圈 난독증의 圆 난독증 환자
	※ dyslexia 난독증
lunatic	圈 미친, 정신이상의
psychedelic	圈 환각을 일으키는, 환각제의
trauma	정신적 외상, 트라우마; 충격적인 경험
	※ traumatic 圈 대단히 충격적인
PTSD (post-traumatic stress disorder)	
	외상 후 스트레스 장애
psychiatry	정신 의학
	※ psychiatric 圈 정신 의학[질환]의
	psychiatrist 圆 정신과 의사

psychotherapy	정신[심리] 요법, 정신치료	osteoporosis	골다공증
	※ psychotherapist 심리치료사	fracture	골절 *cf.* plaster 1. 깁스 2. 석고 반죽
psychoanalysis	정신 분석	backache	요통
	※ psychoanalyst 정신 분석가		

⑥ 그 외의 질환

hypnosis	최면 (상태); 최면술	acne	여드름 (= pimple)
	※ hypnotic 형 최면을 일으키는	freckle	주근깨
	명 최면술의 수면제	cavity	1. 충치 2. (물체 속의) 구멍
		abrasion	찰과상, 살갗이 벗어진 상처

⑤ 정형외과 질환

		sunburn	햇볕에 심하게 탐, 햇볕으로 입은 화상
arthritis	관절염 ※ arthritic 형 관절염의	lump	(특정 형태가 없는) 덩어리; 혹
rheumatism	류머티즘 《뼈, 관절, 근육이 굳거나 아픈 증상》		

---

47 의료 기관·관계자

clinic	진료소; (전문) 병원 *cf.* ward (병원에서 특정	hospice	호스피스 《말기 환자용 병원》
	상태의 환자들을 위한) -실[병동]	general practitioner	(전문의가 아닌) 일반의(醫)
	※ clinical 형 1. 임상의 2. 냉담한 3. 간소한		*cf.* specialist 전문의
emergency room (ER)	응급실	pediatrician	소아과 의사 ※ pediatric 형 소아과의
nursing home	(작은 사설) 양로원		pediatrics 명 소아과(학)

---

48 의료 기구·요법

first aid	응급 처치	prosthetic	형 보철의; 인공 기관의
anesthesia	마취; 무감각증		※ prosthetics (의족, 의안 같은) 인공
acupuncture	침술 (요법)		기관[삽입물]
	※ acupoint 침 놓는 자리; 혈	incubator	1. (조산아 등의) 인큐베이터, 보육기
aromatherapy	방향 요법 《향기를 이용한 치료법》		2. 부화 장치, 부화기
placebo	플라세보 《위약 투여에 의한 심리 효과로	stethoscope	청진기
	실제로 호전되는 일》	antiseptic	명 소독제, 소독약 형 소독된, 살균된
amputate	동 신체 부위를 절단하다	aspirin	아스피린
		ointment	연고

Unit · 45 │ 태도·성격 2

49 부정적 태도·성격

nag	동 잔소리를 하다, 들볶다	idle	1. 나태한, 게으른 (= lazy)
sneaky	교활한; 몰래 하는		2. (일이 없어서) 놀고 있는, 가동되지 않는
carefree	근심[걱정]이 없는, 태평한	egocentric	자기중심적인, 이기적인 (= selfish)
shortsighted	근시(안)의, 선견지명이 없는	ambivalent	반대 감정이 병존하는, 애증이 엇갈리는
tentative	1. 머뭇거리는, 자신 없는		
	2. (처리, 합의 등이) 잠정적인		

ANSWER 정답 및 해설

01 품사 동 문맥 **실수가 너를 의기소침하게 만들**지라도, 평판 회복이 가능하다는 것을 기억하라.

해석 기본적으로, 자신에 대한 평판은 자신의 가장 귀중한 자산이므로 그것을 잘 지켜라. 그리고 실수가 너를 의기소침하게 만들지라도, 평판을 회복하는 것은 가능하다는 것을 기억하라.

어휘 asset 자산; 재산 regain 되찾다, 회복하다

해설 사람이 실수를 저지르게 되면 의기소침해질 수 있는데, 평판은 회복 가능한 것이므로 그런 심리에 빠지지 말 것을 당부하는 문맥이 되어야 자연스럽다.

02 품사 동 문맥 비윤리적 행동에 대한 이야기에 의해 한 교수에 대한 평판이 **나빠졌다**.

해석 비윤리적 행동에 대한 이야기에 의해 한 교수에 대한 평판이 나빠졌다. 교수의 개인적인 위신 추락에도 불구하고, 그의 이론은 그 분야에서 여전히 놀라울 정도로 유용함을 유지하고 있다.

어휘 fall from grace ~의 위신 추락; 사람들의 신임을 잃다

해설 비윤리적 행동에 따른 평판은 '부정적'으로 되는 것, 즉 평판이 '나빠졌다'가 되어야 자연스럽다.

03 품사 동 문맥 사람들은 그것들(= 축구 경기 금지법)을 **무시하고** 축구를 계속했다.

해석 초창기 축구는 너무 거칠어서 많은 선수들이 경기 도중에 부상을 입었다. 사실, 일곱 명의 각기 다른 영국 왕들은 심지어 축구 경기를 금지하는 법을 만들기도 했다. 그러나 국민들은 그 법을 무시하고 축구를 계속했다.

어휘 a law against ~을 금지하는 법

해설 국민들이 축구를 계속하였다는 것은 왕이 제정한 축구 금지법을 '무시한' 것으로 보아야 한다.

04 품사 동 문맥 시의원들은 주민과 기업의 항의에 대응하기 위해 그 법 (= 노숙자들에게 음식 제공을 금하는 법안)을 **제정하였다**.

해석 최근 시의회는 자선단체들이 도심의 공원에서 노숙자들에게 음식을 제공하는 것을 금지하는 법안을 통과시켰다. 시의원들은 (도심) 주민과 기업의 항의에 응하기 위해 그 법을 제정하였다고 말했다.

어휘 bill 법안; 청구서; 계산서 ban A from v-ing A가 v하는 것을 금지하다 charity 자선[구호] (단체) in response to ~에 응하여[답하여]

해설 주민과 기업의 항의는 노숙자들에게 음식을 제공하는 자선 활동에 대한 것이다. 그 항의에 응하기 위해 노숙자들에게 음식 제공을 금지하는 법안을 '제정한' 것이라 추론할 수 있다.

05 품사 형 문맥 도덕은 일반적 원칙뿐만 아니라 예외도 있으므로, **변함없는** 도덕적 원칙으로 정의하면 안 된다.

해석 도덕적 진실의 존재는 우리가 변함없는 도더적 원칙이 면에서 도덕을 정의할 것을 요구하지는 않는다. (= 도덕적 진실이 존재한다고 해서 변함없는 도덕적 원칙으로 도덕을 정의 내려야 하는

것은 아니다.) 대신, 도덕은 체스를 가르치는 것과 같이 가르침을 받아야할지도 모른다. 즉, 일반적인 원칙뿐만 아니라 중요한 예외들도 있다.

어휘 moral 도덕(률); 교훈 morality 도덕(성), 도덕률 in terms of ~면에서, ~에 관하여

해설 도덕은 체스처럼 일반적 원칙과 예외가 다 있다는 것이므로, '변함없는' 도덕적 원칙으로 정의 내려야 하는 것은 아니라는 문맥이 되어야 한다.

06 품사 명 문맥 '부정적' 반응을 얻게 되는 말로 대화를 **시작**하면 극복하기 힘들다. 그러므로 능숙한 화자는 처음부터 '긍정적' 반응을 얻으려고 한다.

해석 사람들과 이야기를 할 때 "아니오"라는 반응을 얻는 것으로 토론을 시작하지 마라. 그것은 화자가 심리적으로 가장 극복하기 힘든 핸디캡이다. 그래서 능숙한 화자는 처음부터 "네"라는 반응을 얻으려고 한다.

해설 앞 내용은 대화의 시작이 부정적 반응을 이끌어내면 화자가 이를 극복하기 어렵다는 것이므로, 능숙한 화자는 대화의 '시작부터 긍정적 반응을 이끌어내려고 노력할 것이다.

07 품사 동 문맥 도둑들이 보안 시스템을 **중단시키고** 귀중품 몇 점을 훔쳤다.

해석 경찰은 도둑들이 밤사이 들키지 않고 그 건물에 몰래 들어갔다고 말했다. 어떻게든, 그 도둑들은 보안 시스템을 중단시키고 귀중품 몇 점을 훔쳤다.

어휘 sneak into ~에 몰래 들어가다 undetected 아무에게도 들키지 않는 somehow 어떻게든; 왠지 security 보안, 경비

해설 귀중품 몇 점을 들키지 않고 훔쳐낸 것이므로, 이는 그 도둑들이 보안 시스템을 '중단시킨' 것이다.

08 품사 동 문맥 회사가 현재의 지출을 미래로 미루는 것은 지출을 **축소해서** 말하기 위해서이다.

해석 회사는 지출을 축소하기 위해 현 시기에서 미래의 시기로 지출을 미룰지도 모른다. 이는 실제 그런 것보다도 현 시기에 더 많은 수익을 낸 것처럼 보이게 만든다.

해설 당장 써야 할 지출을 쓰지 않고 미래로 미루는 것은 현 시기의 지출을 '축소해서 말하는' 것이다.

09 품사 동 문맥 잠이 부족한 사람이 잠을 늘리면 긍정적 결과를 보인다. 즉, 잠을 보충하는 것은 수면 부족으로 인한 피해를 **없던** 일로 만들지도 모른다.

해석 만성적으로 잠이 부족한 사람들이 밤에 약 10시간을 자기 시작하면, 혈당을 처리하는 인슐린의 능력에 향상을 보인다. 이는 잠을 보충하는 것이 수면 부족이 가져오는 피해를 없던 것으로 만들지도 모른다는 것을 시사한다.

어휘 chronically 만성적으로 sleep-deprived 수면 부족의 catch up on ~을 따라잡다, 만회하다 deprivation 부족, 박탈

해설 잠을 자면 긍정적 결과를 가져온다고 하였으므로, 잠을 보충하면 당연히 수면 부족으로 인한 피해를 없애줄 것이다.

01 품사 동 문맥 사람들은 익숙한 것으로 되돌아가며, 이렇게 익숙한 것으로 **되돌아가는** 경향은 심각한 도전이다.

해석 개개인들은 자신들의 변화하고자 하는 욕구를 흔히 이해하고 변하려는 데 전념할 것임을 표현하겠지만, 그러고 나서는 익숙한 것으로 돌아갈 것이다. 익숙한 것으로 되돌아가는 이러한 경향은 개인들뿐만 아니라 사회 전체에도 심각한 도전이다.

어휘 commitment 전념; 약속; 헌신

해설 This tendency는 첫 문장에서 사람들이 변화하고자 해도 곧 익숙한 것으로 돌아가는 것을 뜻하므로 revert는 '돌아가다' 와 유사한 의미이다.

02 품사 명 문맥 심리 조사의 한 가지 중요한 점은 사전에 참가자들로부터 **동의**를 얻는 것이다. 조사를 꺼리는 사람들을 테스트하는 것은 비윤리적이다.

해석 심리 조사의 어떤 형태든지 한 가지 중요한 점은 사전에 참가자들로부터 동의를 얻는 것이다. (조사를) 꺼리는 대상자들을 테스트하는 것은 비윤리적일 것이다.

해설 조사를 꺼리는 대상자들을 테스트하는 것에 대한 부정적인 내용이 뒷받침되고 있으므로 그들로부터 동의를 얻어야 한다는 의미가 되어야 한다.

03 품사 형 문맥 호랑이들의 줄무늬는 키 큰 잔디와 잘 조화되지만, 얼룩말들은 정말로 **눈**에 잘 띈다.

해석 호랑이들의 줄무늬는 키 큰 잔디와 잘 조화되도록 도와주지만, 얼룩말들은 정말로 눈에 잘 띈다. 이렇게 우아한 생물들을 흑백으로 색칠한 대자연의 의도는 무엇이었을까?

어휘 blend in with ~와 조화를 이루다

해설 호랑이들의 줄무늬(주변 환경과 잘 조화됨)와 얼룩말들의 줄무늬가 서로 역접 관계이므로 '눈에 잘 띄다'라는 의미가 되어야 한다.

04 품사 형 문맥 철분이 풍부한 음식을 먹지 않으면 철분이 **부족한** 몸이 된다.

해석 철분이 풍부한 고기를 먹지 않거나 그럴 여유가 없어서 주로 곡류를 먹고 사는 사람들 중에는 몸에 철분이 부족한 경우가 일반적이다.

해설 음식을 통해 철분을 많이 섭취하지 못하는 것에 대한 결과에 해당하므로 몸이 철분 '부족'인 상태가 일반적이라는 맥락이 자연스럽다.

05 품사 동 문맥 사람들은 새 차를 더 좋아하지만, 차는 모는 즉시 **가치가 떨어진다**. 그리고 되팔 때의 가치를 계속해서 해마다 잃는다.

해석 대부분의 사람들은 살 여유가 있다면 중고차보다 신차를 고를 것이다. 그러나 신차는 도로상에 있는(모는) 즉시 가치가 하락하기 시작하여, 되팔 때의 가치를 매년 계속해서 잃는다.

어휘 resale value 되팔 때의 가치

해설 두 번째 문장이 But으로 연결되었으므로 첫 문장과는

대조적으로 신차의 부정적인 내용이 이어질 것을 알 수 있고 continue to lose resale value로 보아 '가치가 떨어진다' 라는 의미인 것으로 추론 가능하다.

06 품사 동 문맥 사진사는 지금 순간의 즐거움을 **손상시킬** 수 있다. 내가 아는 한 아버지는 첫 아이의 탄생을 찍느라 그 중요한 순간을 놓친 것을 후회했다.

해석 사진사의 역할을 하는 것은 지금 순간의 즐거움을 손상시킬 수 있다. 나는 첫 아이의 탄생 사진을 찍는 데 열정적으로 헌신한 한 아버지를 알고 있는데, 후에 그는 그렇게 중요한 순간을 놓친 것에 대해 후회했다.

해설 사진 찍느라 그 순간을 충분히 즐기지 못한다는 것을 말하고 있으므로, 사진사 역할은 바로 그 순간의 즐거움을 '손상시킬' 수 있는 것이다.

07 품사 명 문맥 탁자 위의 책은 두 가지 중력이 서로 상쇄되어 **평형** 상태에 있는 것이다.

해석 중력은 우주 어디에나 존재하며 우리가 보는 모든 것에 영향을 미친다. 탁자 위의 책을 생각해보자. 탁자는 책을 위로 밀어 올리고 중력은 똑같은 크기의 힘으로 책을 아래로 끌어내리고 있다. 이 두 가지 힘이 서로를 상쇄하기 때문에 책은 평형 상태에 있는 것이다.

해설 서로 반대로 작용하는 두 가지 힘이 탁자 위의 책에 똑같은 크기로 작용한다면 결국 어느 힘도 작용하지 않는 셈이 되어 책은 '평형' 상태에 있다고 할 수 있다.

08 품사 형 문맥 아메리카 원주민들은 그 전염병에 노출된 적이 없었기 때문에 아메리카의 **토착** 인구 대다수가 몰살되었다.

해석 천연두와 같은 전염병은 원래 유럽에서 남북 아메리카로 들어왔다. 남북 아메리카의 원주민들은 그 질병에 대한 사전 노출이 없었기 때문에 남북 아메리카의 토착 인구 대다수가 몰살되었다.

어휘 infectious 전염되는, 전염성의

해설 indigenous population of the Americas는 곧 앞의 people native to the Americas를 가리키므로 indigenous란 native와 유사한 의미일 것으로 추론할 수 있다.

09 품사 동 문맥 그 회사의 이미지가 손상되어 예약이 많이 **취소되었고**, 수요가 결코 완전히 회복되지 않았다.

해석 적극적인 광고에도 불구하고 그 회사의 이미지는 심각하게 손상되었다. 다음 달의 예약이 많이 취소되었고 수요는 결코 완전히 회복되지 않았다.

해설 이미지가 악화된 상황이고 수요가 회복되지 않았다고 했으므로 예약이 많이 '취소되었다'가 되어야 한다.

01 품사 동 문맥 정보가 과다하면 정보를 평가하는 데 어려움이 **심화된다**.

해석 정보를 평가하는 것의 어려움은 우리가 마음대로 이용할 수

있는 정보가 과다한 것에 의해 심화된다. 정보의 집합이 정리가 잘 된 것처럼 보일 때도, 정보 과잉, 즉 혼란과 결정 회피 상태는 여전히 일어날 수 있다.

어휘 assess 평가하다 overabundance 과잉, 과다 at one's disposal ~의 마음대로 이용할 수 있게 overload 지나치게 많음; 너무 많이 주다; 과적[과중]하다

해설 정보 과다는 혼란과 결정 회피 상태라고 했으므로, 정보를 평가하는 것의 어려움이 '심화된다'는 의미가 되어야 한다.

02 품사 동 문맥 자신의 기대를 조금 더 현실에 맞춰 조정할 수 있다면, 더 잘 살게 될 것이다.

해석 행복하다는 것은 불행할 때가 있을 것임을 깨달을 것을 요구한다. 도전에 맞닥뜨릴 것을 예상함으로써 자신의 기대를 조금 더 현실에 맞춰 조정할 수 있다면, 결국에는 더 잘 살게 될 것이다.

어휘 better off 형편이 더 나은

해설 행복이란 불행과 도전을 예상해야 한다고 했으므로, 더 잘 살려면 기대를 현실에 맞게 '조정해야 한다'는 의미가 되어야 한다.

03 품사 명 문맥 깨진 유리와 벽돌로부터 스스로를 보호하기 위해 장갑을 낀 사람들이 잔해를 치우는 일을 하기 시작했다.

해석 모든 사람들은 온통 깨진 유리와 벽돌로부터 스스로를 보호하기 위해 무거운 장갑을 꼈다. "어디든 시작하기 좋을 거예요."라고 Aaron이 말했다. 그들은 모두 고개를 끄덕이고 복도에서 잔해를 치우기 시작했고 그것을 산산이 부서진 창문 밖에 쌓았다.

어휘 shatter 산산이 부서지다

해설 문맥상 '온통 깨진 유리와 벽돌'을 치우는 것이므로 이를 한 단어로 표현하면 '잔해'가 적절하다.

04 품사 동 문맥 문화적 특성이 한 집단으로부터 확산될 때, 받아들이는 문화의 사람들에 의해 변화되고 개조된다.

해석 문화적 특성은 한 집단으로부터 확산되며 그것들은 받아들이는 문화의 사람들에 의해 변화되고 개조된다. 확산의 범위와 비율은 사회적인 접촉의 정도에 달려 있다.

어휘 trait 특성

해설 문맥상 한 집단에서 나온 문화적 특성이 다른 문화에 받아들여지는 것에 대한 설명이므로 '확산된'이 들어가야 적절하다.

05 품사 형 문맥 가장 많은 연구를 해왔고 가장 많이 인용된 과학자들이 그 분야에서 가장 저명할 것으로 예상된다.

해석 우리는 과거에 가장 많은 연구를 해왔고 연구가 가장 많이 인용된 과학자들이 그 분야에서 가장 저명한 과학자들일 것이라 예상할 것이다.

해설 가장 많은 연구를 해왔고 가장 많이 인용된 사람을 수식하는 자리이므로 '저명한'이 되어야 한다.

06 품사 형 문맥 바이올린 연주자에게 있어서 어렵고 가치 있는 순간이란 복잡한 악절을 완전히 익히는 순간일 것이다.

해석 최고의 순간은 대개 어렵고 가치 있는 일을 성취하려는

자발적인 노력으로 몸과 마음이 한계까지 최대한 발휘됐을 때에 생긴다. 그것은 단거리 주자로서는 자신의 기록을 깨려고 애쓰는 순간일 수 있고 바이올린 연주자로서는 복잡한 악절을 완전히 익히는 순간일 수 있다.

어휘 stretch (기술 등을) 최대한 발휘하다; 늘이다; 당기다

해설 문맥상 어렵고 가치 있는 일의 예를 제시한 부분에 해당하므로, 바이올린 연주자들에게 있어 그러한 것은 '복잡한' 악절이 적절하다.

07 품사 명 문맥 영어를 유창하게 말할 수 있는 방법에 관련된 질문들에 시달리는 것은 성가신 일이다.

해석 영어를 유창하게 말하는 가장 좋은 방법은 무엇인가? 혼자 힘으로 하려고 노력해야 하는가, 아니면 근처 어학원에 가야 하는가? 누구라도 그러한 질문에 시달리는 것은 몹시 성가신 일이다.

해설 영어를 말하는 가장 좋은 방법이라는 어려운 질문으로 시달리는 것은 '성가신 일일 것이다.

08 품사 형 문맥 쓰레기 처리에 대한 우려가 증가하여 종이 봉지와 비닐봉지에 대한 세금을 만장일치의 투표로 통과시켰다.

해석 이 도시에서는 쓰레기 처리에 대한 우려가 증가해왔다. 그래서 어제, 시의회는 종이 봉지와 비닐봉지 사용을 막기 위해 만장일치의 투표로 그것들에 새로운 5센트 세금을 통과시켰다.

해설 쓰레기 처리에 대한 우려가 증가하여 그것에 따른 조치를 투표한 것이고 그 투표를 수식하는 부분에 해당하므로 '만장일치'가 적절하다.

09 품사 형 문맥 그리스인들이 침입할 무렵, 저항은 약했고 한때 위대했던 고대 크레타 문명은 붕괴했다.

해석 고대 크레타 문명은 50년을 더 살아남았다. 그러나 기록된 역사상 가장 큰 화산 폭발로 촉발된 기후 변화는 전국적으로 작물을 파괴하였다. 그리스인들이 침입할 무렵, 저항은 약했고 한때 위대했던 고대 크레타 문명은 붕괴했다.

해설 그리스인들의 침입에 문명이 붕괴하였으므로 저항이 '약했다'는 것이 적절하다.

실전에 강해지는 훈련 ④ 본문 380쪽

01 품사 동 문맥 회사들은 프로젝트를 중단시키지 않고 끝까지 이행하는 경우가 자주 있다.

해석 많은 회사들이 프로젝트를 중단시키는 일은 상당히 드물다. 프로젝트가 더 이상 구제될 수 없을 때에도, 회사들은 비용과 상관없이 그것을 끝낼 때까지 이행하는 경우가 자주 있다.

어휘 follow through with ~을 이행하다, 완수하다

해설 이어지는 문장에서 프로젝트를 끝낼 때까지 이행하는 경우가 자주 있다고 했으므로 프로젝트를 중단시키는 일이 드물다는 맥락이 되어야 한다.

02 품사 [동] 문맥 재판관은 배심원들에게 평결이 소송의 증거에 의거해야만 한다는 것을 충고했다.

해석 재판관은 배심원들에게 '평결은 오로지 이 소송의 증거에 의거해야 한다'는 것과 배심원들이 어느 쪽에 대하여 느낄지 모르는 동정이 평결에 영향을 주어서는 안 된다는 것을 강력히 충고했다.

어휘 verdict 평결 solely 오로지; 단지; 혼자서

해설 재판관이 배심원들에게 평결 시 주의 사항을 말한 것이므로 '강력히 충고했다'라는 의미가 적절하다.

03 품사 [동] 문맥 중국과의 무역이 커진 데 대한 우려가 심화되어, 우려하는 사람들을 달래기 위한 치유책이 사용될 것이다.

해석 큰 무역 적자에 관한 우려가 심화되었다. 그러한 환경에서는 우려하는 사람들을 달래기 위해 특정한 무역 치유책을 사용하리라는 예상이 불가피하다.

어휘 inevitable 불가피한, 필연적인

해설 무역 적자에 관한 우려가 심화된 상황이므로 우려하는 사람들을 달래기 위한 치유책이 사용될 것이라는 맥락이 되어야 한다.

04 품사 [명] 문맥 세계적 불황에 따라 부의 증대가 끝난 것일지도 모른다는 생각에, 소비자들은 내핍 상태의 생활을 하고 있다.

해석 2008년에 시작된 세계적 불황은 사라진 것이 아니다. 소비자들은 부(富)의 증대는 끝난 것일지도 모른다는 사실을 받아들이려고 애쓰고 있다. 많은 소비자들은 이미 자신들의 생활을 이러한 내핍 상태에 맞추고 있고 지출도 그에 따라 조정하고 있다.

어휘 come to terms with (좋지 않은 일을) 받아들이려고 애쓰다

해설 세계적 불황에 따른 소비자들의 대응에 대한 것이므로 '내핍 상태'가 적절하다.

05 품사 [형] 문맥 고도로 사회적인 동물을 계속 혼자 내버려 두면 악영향을 받아 기이한 행동을 하고 자해를 할 수 있다.

해석 동물이 인간이 느끼는 외로움과 유사한 것을 느낄 수 있는지는 말하기 어렵다. 그러나 특정한 종류의 앵무새들과 같이 고도로 사회적인 동물들을 계속 혼자 내버려 두면 악영향을 받는 것 같다. 어떤 앵무새들은 기이한 행동에 빠지고 심각하게 자해를 할 수 있다.

해설 계속 혼자 내버려 두었을 때 받을 수 있는 악영향에 대한 예시에 해당하므로, 부정적인 의미인 '기이한'이 적절하다.

06 품사 [동] 문맥 주지사 입후보자가 자신의 당황스러운 과거 행적에 대한 비난을 피하기 위해 선거 사무장을 고용했다.

해석 Paladino씨는 뉴욕 주지사 선거에 출마하고 있다. 그는 일련의 당황스러운 사건들을 견뎌 왔는데, 이에는 그가 친구들에게 인종 차별주의자적인 말이 담긴 이메일을 전달했다는 폭로가 포함되어 있다. 그의 과거에 대한 비난을 피하는 것을 돕기 위해 그는 위기관리를 전문으로 하는 선거 사무장을 고용했다.

어휘 run for ~에 입후보하다, 출마하다 forward (물건이나 정보를) 보내다, 전달하다 racist 인종 차별주의자(의)

해설 자신에 대한 비난을 '피하기' 위해 선거 사무장을 고용했다는 맥락이 자연스럽다.

07 품사 [형] 문맥 끊임없는 걱정으로 6년을 보낸 뒤, 공포와 계속되는 불안을 극복했다.

해석 Brittney는 작가 겸 여행가이다. 그녀는 또한 걱정을 많이 하는 것에서 회복한 사람이다. 끊임없는 걱정으로 6년을 보낸 후, 그녀는 자신이 고안한 도구들인 명상과 세계 여행으로 공포와 계속되는 불안을 극복했다.

어휘 worrier 걱정을 많이 하는 사람

해설 계속되는 불안을 극복했다는 내용이 나오므로 그 이전에는 끊임없는 걱정으로 세월을 보냈다는 의미가 적절하다.

08 품사 [형] 문맥 적합한 인재들은 그 직종에서의 필수적인 기량과 경험을 갖추고 기업 문화에 맞는 사람들이다.

해석 그 직종에 필요한 필수 기량과 경험을 갖추고 있을 뿐 아니라 기업 문화에 맞는 적합한 인재들을 고용하는 것은 어려운 일일 수 있다. 그러므로 원하는 지원자를 끌어당길 정보 유형과 함께 구인 광고를 최대한 좋게 만드는 데 최선을 다해야만 한다.

어휘 optimize ~을 최대한 좋게 만들다

해설 고용하려는 적합한 인재들의 조건을 설명하는 부분이므로 그 직종에서의 '필수' 기량과 경험을 갖추는 것이 요구될 것이다.

09 품사 [형] 문맥 경제 위기 종식을 위한 노력이 인정받아 왔음에도 안심하지 말고 더 불굴의 노력을 해야 한다.

해석 경제는 고비에 와 있다. 경제 위기를 종식시키려는 우리의 노력이 인정받아 왔다는 사실이 우리가 안심할 수 있음을 의미하지는 않는다. 이는 경제를 완전히 회복시키기 위해 더 불굴의 노력이 필요하다는 것을 의미한다.

어휘 critical point 임계점; 고비, 결정적인 순간

해설 경제 위기를 종식시키려는 노력이 인정받아도 안심할 수 없다고 했다. 그러므로 '불굴의' 노력이 필요하다는 내용이 되어야 적절하다.

실전에 강해지는 훈련 ⑤

본문 428쪽

01 품사 [형] 문맥 방이 주차 지역과 가까워서 접근하기 편했고 사방으로 짐을 끌고 다니지 않아도 됐다.

해석 예약 없이도 우리 접수 담당자는 우리에게 할인된 가격으로 방을 제공할 수 있었다. 우리에게 배정된 방은 주차지역과 가까워서 접근하기 매우 편했다. 이로 인해 우리는 사방으로 짐을 힘들여 끌고 다니지 않아도 됐다.

어휘 drag (힘들여) 끌다, 끌고 가다

해설 접근하기 편했다는 것은 주차한 곳과 방이 가까웠음을 의미한다.

02 품사 [동] 문맥 Bridge 스위트룸의 고급 가구는 아늑한 객실을 꾸민다.

해석 Bridge 스위트룸은 그 호텔 내에서 가장 호화로운 최고 숙소이다. 그것은 투숙객에게 발코니에서 보이는 아름다운 경관을 제공하며, 고급 가구는 아늑한 객실을 꾸민다.

어휘 premier 최고의, 제1의 quality 고급의; 질; 우수함, 고급 cozy 아늑한; 친밀한

해설 호화로운 숙소의 객실을 고급 가구가 꾸민다는 의미가 되어야 자연스럽다.

03 품사 동 문맥 집을 부수고 다시 짓는 이유는 집을 수리하는 비용이 집을 허물고 새로 좋게 짓는 비용보다 많이 나가기 때문이다.

해석 사람들이 집을 허물고 처음부터 다시 시작하는 것을 선택하는 데는 몇 가지 이유가 있다. 한 가지 이유는 대대적인 수리비용이 부수고 새로 좋은 집을 짓는 비용보다 훨씬 더 많이 나가기 때문이다.

어휘 start from scratch 처음부터 시작하다

해설 집을 수리하는 비용이 더 많기 때문에 집을 '허물고' 새로 짓는다는 의미가 되어야 한다.

04 품사 동 문맥 첫 번째 서브 기회보다 두 번째 서브 기회를 더 중시 하면 두 서브 모두 **흔들린다**. 즉, 기회는 맨 처음부터 잡아야 한다.

해석 어떤 테니스 선수들은 서브하는 첫 번째 기회는 시험적인 것으로 생각하고 언제나 두 번째 기회를 이용한다. 결과는 그들이 너무나 자주 두 서브 모두 흔들린다는 것이다. 교훈은 인생에서 실수를 저지르는 것을 피해야 하고 기회는 처음부터 잡아야 한다는 것이다.

어휘 invariably 언제나, 변함[예외]없이

해설 교훈의 내용으로 보아, 첫 번째 서브 기회보다 두 번째 기회를 이용하려 하는 것은 두 서브 모두 실패한다는 맥락이 되어야 한다.

05 품사 동 문맥 행복과 만족을 이기적으로 추구하다가 다른 사람들 에게 고통을 **가하지만** 진정한 행복은 인류애로부터 나온다.

해석 사람들은 자신의 행복과 만족을 이기적으로 추구하다가 다른 사람들에게 고통을 가한다. 그러나 진정한 행복은 인류애로부터 나온다.

해설 앞뒤 문장이 서로 역접의 관계에 있으므로 인류애와 대치되는 개념은 타인들에게 고통을 '가한다'는 맥락이 되어야 한다.

06 품사 동 문맥 필라테스는 부상당한 선수들을 재활 치료하기 위해 이용되었던 것으로 회복 시 물리치료 프로그램을 도와주고 촉진 한다.

해석 필라테스는 원래 부상당한 선수들을 재활 치료하기 위해 이용되었다. 그것은 부상에서 회복할 때 물리치료 프로그램을 도와주고 촉진시키는 아주 좋은 도구이다.

어휘 accelerate 촉진하다; 속도를 높이다 physiotherapy 물리치료

해설 이어지는 부연설명은 부상당한 선수들에 대한 회복을 돕는다는 것이므로 필라테스는 '재활 치료'에 해당한다.

07 품사 동 문맥 스키를 타다가 부상을 당해 통증이 수일 내로 **가라 앉지** 않으면 즉각 정밀 검사와 치료가 필요하다.

해석 점점 더 많은 사람들이 겨울에 스키와 스노보딩을 즐기고 있다. 사람들이 빠른 속도를 즐길 수 있어서 그런 스포츠는 인기 있지만 사고의 위험 역시 증가하고 있다. 스키를 타다가 부상을 당해 통증이 수일 내로 가라앉지 않으면 즉각 정밀 검사와 치료가

필요하다.

해설 정밀 검사와 치료가 필요한 것은 부상 통증이 '가라앉지' 않는 경우일 것이다.

08 품사 명 문맥 대칭은 디자인에 균형을 더해주는 것으로, 축의 양옆으로 요소들이 같으면 배열에 균형이 잡혀 디자인이 편안하게 느껴진다.

해석 대칭은 디자인에 균형을 더해준다. 요소들이 하나의 축의 양옆으로 같으면 배열에 균형이 잡히므로 디자인이 편안하게 느껴진다.

어휘 axis (사물의 중심) 축

해설 요소들이 축의 양옆에 똑같이 늘어서는 것을 의미하는 것이어야 하므로 '대칭'이 되어야 한다.

09 품사 형 문맥 빙판은 거의 **투명하여** 밑에 있는 지표면이 그것을 통과하여 보이게 한다.

해석 빙판은 지표면 위의 윤기 나는 얇은 얼음막을 말한다. 실제로 검지는 않지만 거의 투명해서 밑의 지표면이 그것을 통과하여 보이게 한다. 빙판은 사실상 운전자들에게 흔히 보이지 않기 때문에 갑작스런 미끄러짐과 그에 따른 사고 위험이 생긴다.

어휘 black ice 빙판 glaze 윤기가 나게 하다; 피곤해 하는 표정이 되다 virtually 사실상, 거의; 가상으로 invisible 눈에 보이지 않는 subsequent 그 다음의

해설 지표면 위에 있는 빙판을 통하여 밑에 있는 지표면이 보인다고 하였으므로 '투명한'의 의미가 되어야 맞다.

실전에 강해지는 훈련 ⑥　본문 476쪽

01 품사 동 문맥 외로움은 정신 상태이므로 그것이 한 사람을 시달리게 할 때, 스스로 치유법을 발견할 수 있다.

해석 외로움이 한 사람을 시달리게 할 때, 결국 자신만이 자신의 치유법을 발견할 수 있다고 깨달을 것이다. 외로움은 그저 정신 상태인 것을 스스로 확신하지 않으면 어떤 오래 지속되는 결과도 달성할 수 없다.

해설 결국 치유법은 외로움을 겪는 사람들 스스로가 발견해야 한다는 것이므로 외로움이 한 사람을 '시달리게 할 때'라고 해야 의미가 통한다.

02 품사 동 문맥 도덕적 결정은 다른 사람들을 고려해야 하므로 자기 중심적인 전략은 **역효과를 낳는다**.

해석 도덕적 결정을 내리고 있을 때 자기중심적인 전략은 역효과를 낳는다. 도덕적 결정은 다른 사람들을 고려하는 것을 요구한다. 올바른 일을 한다는 것은 모르는 사람들의 감정을 반영하는 정서적인 뇌를 사용하여 다른 모두를 생각한다는 것을 의미한다.

어휘 egocentric 자기중심적인 mirror 반영하다; 비추다

해설 도덕적 결정을 내릴 때 타인을 고려해야 한다는 점을 주장하고 있으므로 자기중심적인 전략에 대해서는 부정적으로 언급하는 의미가 되어야 한다.

03 품사 동 문맥 **권위에 반항하는** 아이들은 흔히 따지기 좋아하고 교실 진행을 **방해한다.**

해석 권위에 반항하는 아이들은 흔히 따지기 좋아하고 교실 진행을 방해한다. 그들은 의식적이고 신중한 선택을 하기보다는 어른과 규칙에 반응한다. 그러므로 행동에는 결과가 따르고 행동은 선택이라는 것을 아이에게 일찌감치 가르치는 것이 중요하다.

어휘 argumentative 따지기 좋아하는, 시비를 거는 conscious 의식적인 deliberate 고의의; 신중한

해설 이어지는 아이들의 특성으로 보아, 권위에 따르기보다는 '반항하는' 아이들임을 알 수 있다.

04 품사 동 문맥 **영국군 장교는 나무로 만든 가짜 비행기로 독일군을 속일 수 있었는데,** 높이 나는 비행기에서 보면 그것이 진짜처럼 보였다.

해석 제2차 세계대전 때 북아프리카에서의 사막 전투에서, 영국군 장교인 Dudley Clarke는 나무로 만든 가짜 비행기로 독일군을 속일 수 있었다. 높이 나는 비행기에서 보면, 이런 가짜 비행기는 진짜처럼 보였다.

어휘 fake 가짜의, 거짓된

해설 높이 나는 비행기에서 보면 가짜 비행기가 진짜처럼 보이도록 독일군을 '속인' 것이다.

05 품사 형 문맥 그가 안으로 들어서자 문이 닫혔고, 문을 다시 열려는 그의 **헛된** 시도는 공포를 증가시켰다.

해석 그가 조심스럽게 안으로 한 발짝 내딛자, 문이 쾅 하고 닫혔다. 문을 다시 열려는 그의 헛된 시도는 공포를 증가시킬 뿐이었다. 그는 "나는 두렵지 않아. 나는 두렵지 않아."라고 자신에게 반복하면서 요동치는 심장을 진정시키려고 했지만 아무 효과가 없었다.

어휘 slam 쾅 닫다[닫히다] to no avail 보람 없이, 아무 효과 없이

해설 공포를 느끼는 상황이 이어지고 있으므로 문을 열려는 시도는 '헛된' 것으로 묘사해야 한다.

06 품사 동 문맥 별만 보면서 경탄하여 숨이 **턱 막히는** 사람은 거의 없고 달을 보는 것이 가장 멋진 광경이다.

해석 올해 국립 천문학의 날에 공개적인 별 잔치가 또다시 달이 뜨지 않는 밤에 열릴 것이다. 나는 별만 보고 경탄하여 숨이 턱 막히는 사람을 들은 적이 거의 없다. 하지만 달이라면? 달은 환상적이다! 대중들이 보름달이 뜨는 날에 천문학의 날을 가져야 한다고 적극 추천된다.

어휘 public 공개적인; 대중(의)

해설 사람들은 별만 보고 경탄하기보다 달을 보고 경탄한다는 내용이므로 경탄으로 인해 '숨이 턱 막힌다'는 의미가 되어야 자연스럽다.

07 품사 동 문맥 센 강을 정화하는 계획의 재개 사실은 강의 물을 마셔야 하는 거주민들을 **기쁘게 할 것이다.**

해석 연중 건조한 달에는 파리의 많은 거주민들이 센 강의 물을 마셔야 한다. 6년 전, 그 강을 정화하려는 계획이 제안되었지만 비용 때문에 무산되었다. 그 계획이 다시 받아들여졌다는 사실은 그

거주민들을 기쁘게 할 것이다.

어휘 purify 정화하다 take up (제의 등을) 받아들이다; (시간, 공간 등을) 차지하다

해설 강물을 마셔야 하는 주민들에게 강물 정화 계획은 긍정적으로 받아들여질 것이다.

08 품사 동 문맥 옷은 소중한 추억을 떠올리게 할 수 있으므로, 그것에 남아있는 소나무 향 때문에 오랫동안 입지 않은 옷을 옷장에 **걸어두기도 한다.**

해석 옛 노래들의 소절처럼 옷은 소중한 추억을 떠올려줄 수 있다. 누군가의 열여섯 살 적 여름이 남아있는 유일한 것이 그것에 남아있는 희미한 소나무 향이기 때문에, 닳아서 얇아진 원피스 한 벌이 여러 해 동안 입지 않았어도 옷장 안에 걸려있을지 모른다.

어휘 fragment 조각, 파편 evoke (감정을) 불러일으키다; 떠올리게 하다 cherish 소중히 하다 all that remains 남아있는 유일한 것 (= the only thing left)

해설 추억을 떠올려주는 것이므로 옷에 '남아있는' 소나무향의 의미가 되어야 한다.

09 품사 명 문맥 중요한 일을 반복적으로 미루는 사람이 많지만 어떤 이들은 너무나 만성적으로 미루는 **버릇이** 있어 잠재력 실행과 경력에 방해를 받는다.

해석 자신이 자꾸만 반복해서 중요한 일을 미루고 있는 것을 발견한다면 당신은 혼자가 아니다. 하지만 어떤 사람들은 너무나 만성적으로 미루는 버릇에 영향을 받아 그것이 그들로 하여금 잠재력을 실행하지 못하게 막고 경력을 방해한다.

어휘 chronically 만성적으로 disrupt 방해하다, 지장을 주다

해설 앞 문장에서 중요한 일을 반복적으로 미루는 사람들이 언급되었고 어떤 사람들이 과도하게 그러한다는 의미이므로 '미루는 버릇'이 되어야 적절하다.

INDEX

INDEX

INDEX

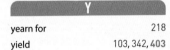

천일문을 앞서가는
천일문
E-BOOK 출시

＊○□ 천일문 × ⬮ SCONN

구매 후 1년간 학습 가능

온라인서점 구매가에서 추가 10% 할인

❶ 본책 ↔ 천일비급 원클릭 이동
서책보다 빠른 정답확인

❷ 필기까지 지원되는 스마트한 학습
시간·장소에 구애없이 언제든 학습가능

❸ 예문 MP3 재생기능
음성과 문장학습을 한 번에

천일문 시리즈 E-BOOK 무료체험
(일부 UNIT에 한해 무료체험 가능)

⬮ SCONN
스콘 북카페
bookcafe.sconn.io

---

* 서비스의 자세한 사용 방법은 쎄듀북 홈페이지(www.cedubook.com)를 확인해 주시기 바랍니다.

* 본 서비스는 제휴사와의 서비스 계약에 따라 예고없이 종료될 수 있습니다.

쎄듀

'나'에게 딱! 맞는 암기&문제모드만 골라서 학습!

5가지 암기모드

8가지 문제모드

암기모드를 선택하면, 최적의 문제 모드를 자동 추천!

미암기 단어는 단어장에! 외워질 때까지 반복 학습 GO!

쎄듀 고등 영어
서술형 시리즈

서술형, 가볍게 해결해 목표를 향해 도약하자

1 영작 기본서를 찾는다면

올씀 1권 **기본 문장 PATTERN**

- 패턴별 빈출 동사 학습 → 동사로 짧은 구 완성 → 동사로 문장 완성
- 필수 문·어법 학습하여 문장에 응용
- LEVEL ★★ (중3~예비고1)

2 감점은 DOWN! 점수는 UP!

올씀 2권 **그래머 KNOWHOW**

- 서술형 감점 막는 5가지 노하우와 빈출 포인트별 유형 적용 훈련
- 영작 → 개념 설명 역순 학습으로 우리말과 영어의 차이 능동적으로 터득
- LEVEL ★★☆ (예비고1~고2)

3 어법=영작, 고등 내신의 핵심

어법끝 서술형

- 어법 포인트별 빈출 유형 단계별 학습
- 출제자의 시각에서 출제/감점 포인트 바라보기 훈련
- LEVEL ★★★ (고1~고2)

4 전략적으로 학습하는 서술형

올씀 3권 **RANK 77 고등 영어 서술형**

- 전국 253개 고교 기출을 분석하여 구성된 시험 출제 빈도순 목차
- 모평, 수능, 교과서, EBS 출처의 예문 수록을 통한 실전 감각 향상
- LEVEL ★★★☆ (예비고2~고3)

5 서술형 집중 훈련이 필요하다면

올씀 3권 **RANK 77 고등 영어 서술형 실전문제 700제**

- <RANK 77 고등 영어 서술형>과 병행 가능한 서술형 집중 훈련 문제집
- 누적식 실전 모의고사로 실력 점검
- LEVEL ★★★☆ (예비고2~고3)

쎄듀

모르겠어?
까먹을 수 없는 암기 7회독, 쎄듀런!

쎄듀런

Mobile & PC | 단어암기 서비스 제공

모르겠어?
까먹을 수 없는 암기 7회독, 쎄듀런!

쎄듀런

Mobile & PC | 단어암기 서비스 제공

어휘끝 단어를 암기할 때, 어휘 가리개를 활용해보세요.

어휘끝 단어를 암기할 때, 어휘 가리개를 활용해보세요.

모르겠어?

까먹을 수 없는 암기 7회독, 쎄듀런!

쎄듀런

Mobile
&PC

단어암기
서비스 제공

모르겠어?

까먹을 수 없는 암기 7회독, 쎄듀런!

쎄듀런

Mobile
&PC

단어암기
서비스 제공

어휘끝 단어를 암기할 때, 어휘 가리개를 활용해보세요.

어휘끝 단어를 암기할 때, 어휘 가리개를 활용해보세요.